国家"双高计划"水利水电建筑工程高水平专业群活页式教材

水文学原理

主　编　田桂桂　朱永娇
副主编　曹伟丰　宋梦林

中国水利水电出版社
www.waterpub.com.cn
·北京·

内 容 提 要

本书是高职高专院校水文与水资源技术专业重要的专业基础课教材,也是普通高等学校水文与水资源工程专业的专业核心课程教材。全书共分14个项目,分别为:导论、水文循环与水量平衡、河流与流域、降水、土壤水、下渗、蒸散发、径流、流域产流、河槽洪水演算、流域汇流、冰川与融雪、湖泊与湿地、水文学的创新研究及进展。

本书不仅适用于高职高专院校水文与水资源技术专业教学,也适用于普通高等学校水文与水资源工程专业教学,同时,对于水利水电工程、城市给排水工程以及农业类、林业类和生态环境类相关专业的师生、工程技术人员也有参考价值。

图书在版编目(CIP)数据

水文学原理 / 田桂桂,朱永娇主编. -- 北京:中国水利水电出版社,2023.7
国家"双高计划"水利水电建筑工程高水平专业群活页式教材
ISBN 978-7-5226-1710-7

Ⅰ.①水… Ⅱ.①田… ②朱… Ⅲ.①水文学-高等职业教育-教材 Ⅳ.①P33

中国国家版本馆CIP数据核字(2023)第141984号

书 名	国家"双高计划"水利水电建筑工程高水平专业群活页式教材 **水文学原理** SHUIWENXUE YUANLI
作 者	主 编 田桂桂 朱永娇 副主编 曹伟丰 宋梦林
出版发行	中国水利水电出版社 (北京市海淀区玉渊潭南路1号D座 100038) 网址:www.waterpub.com.cn E-mail:sales@mwr.gov.cn 电话:(010)68545888(营销中心)
经 售	北京科水图书销售有限公司 电话:(010)68545874、63202643 全国各地新华书店和相关出版物销售网点
排 版	中国水利水电出版社微机排版中心
印 刷	北京市密东印刷有限公司
规 格	184mm×260mm 16开本 15.25印张 362千字
版 次	2023年7月第1版 2023年7月第1次印刷
印 数	0001—2000册
定 价	55.00元

凡购买我社图书,如有缺页、倒页、脱页的,本社营销中心负责调换

版权所有·侵权必究

前 言

党的十八大以来,习近平总书记站在实现中华民族永续发展的战略高度,就治水发表了一系列重要讲话,作出了一系列重要指示和批示,开创性地提出"节水优先、空间均衡、系统治理、两手发力"的治水思路,形成了科学严谨、逻辑严密、系统完备的理论体系,系统回答了新时代为什么要做好治水工作、做好什么样的治水工作、怎样做好治水工作等一系列重大理论和实践问题,为推进新时代治水提供了强大思想武器。党的二十大擘画了全面建设社会主义现代化国家、以中国式现代化全面推进中华民族伟大复兴的宏伟蓝图。新时代、新征程,水利工作面临新形势、肩负新使命、承担新任务。

推动水利事业的高质量发展是时代赋予水利人的使命和责任,这种使命和责任不仅是我们这一代的,更是青年一代的。在这种背景下,如何更好地培养适应当代水利事业高质量发展的优秀人才,成为水利院校共同面临的课题。为此,黄河水利职业技术学院联合其他单位水文与水资源专业相关教师、科技工作者,结合多年的课堂教学经验和工作实践经验,编写了这部教材。

本书共分 14 个项目:项目 1 简要介绍了水文现象、水文学的研究内容与研究方法、水文学在水利工程各阶段的作用、水文学的发展历程与展望;项目 2 至项目 8 阐述了水文要素的机理及其定量描述方法,这部分是本书重要的理论基础;项目 9 至项目 11 分析了流域产汇流过程及其计算方法,这部分是本书的核心及难点;项目 12、项目 13 简要介绍了冰川与融雪、湖泊与湿地等的水文现象和特征;项目 14 介绍了水文学的创新研究及进展。为了巩固知识和实际应用,每个项目最后均对应有思考与练习题。

本书编写人员及分工如下:项目一、项目三、项目四、项目五、项目六、项目七、项目八由黄河水利职业技术学院田桂桂编写;项目二、项目九、项目十一由黄河水利职业技术学院朱永娇编写;项目十、项目十二由河南抗天水利工程有限公司曹伟丰编写;项目十三、项目十四由辽宁省河库管理服务中心（辽宁省水文局）宋梦林编写；附录和思考练习题由黄河水利委员会宁蒙水文水资源局侯祥宁参与选编。本书由田桂桂、朱永娇担任主编，曹伟丰、宋梦林担任副主编，黄河水利职业技术学院刘洪波担任主审，田桂桂负责全书的规划和统稿。

  本书在编写过程中，参阅并引用了国内外相关领域的教材、专著、期刊、网络电子资源等资料，在此，对所有文献的作者们表示诚挚的感谢。

  由于编者水平有限，书中难免存在不妥之处，恳请读者批评指正。

编者

2023 年 5 月

目 录

前言

项目 1 导论 ·· 1
  1.1 水文现象 ·· 1
  1.2 水文学的研究内容与研究方法 ·· 3
  1.3 水文学在水利工程各阶段的作用 ·· 4
  1.4 水文学的发展 ·· 5
  1.5 水文学的机遇与挑战 ·· 8
  思考与练习题 ··· 9

项目 2 水文循环与水量平衡 ··· 11
  2.1 地球上的水 ··· 11
  2.2 水文循环 ·· 13
  2.3 水量平衡原理 ··· 15
  2.4 人类活动和气候变化对水文循环的影响 ······························· 17
  思考与练习题 ··· 20

项目 3 河流与流域 ··· 21
  3.1 河流及其特征 ··· 21
  3.2 水系的分级与水系形状分类 ··· 23
  3.3 流域及其特征 ··· 25
  思考与练习题 ··· 27

项目 4 降水 ··· 29
  4.1 降水的成因与分类 ·· 29
  4.2 降水特性的表达 ··· 30
  4.3 降水量的观测及降水资料的分析插补 ·································· 33
  4.4 流域面平均降雨量的推算 ·· 35
  4.5 降水量时空分布特点 ·· 37
  思考与练习题 ··· 40

项目 5 土壤水 ·· 42
  5.1 土壤水分的作用力与类型 ·· 42
  5.2 土壤含水率与水分常数 ··· 45

5.3 土壤的水分特性 ……………………………………………………………… 48
  5.4 土壤水运动的基本方程 ………………………………………………………… 50
  思考与练习题 ………………………………………………………………………… 54

项目 6 下渗 …………………………………………………………………………… 55
  6.1 下渗的物理过程 ………………………………………………………………… 55
  6.2 下渗理论和下渗公式 …………………………………………………………… 58
  6.3 天然条件下的实际下渗 ………………………………………………………… 65
  思考与练习题 ………………………………………………………………………… 66

项目 7 蒸散发 ………………………………………………………………………… 67
  7.1 蒸散发概述 ……………………………………………………………………… 67
  7.2 水面蒸发 ………………………………………………………………………… 69
  7.3 土壤蒸发 ………………………………………………………………………… 78
  7.4 植物散发 ………………………………………………………………………… 82
  7.5 流域蒸散发 ……………………………………………………………………… 87
  思考与练习题 ………………………………………………………………………… 90

项目 8 径流 …………………………………………………………………………… 92
  8.1 径流形成过程 …………………………………………………………………… 92
  8.2 径流的表示方法 ………………………………………………………………… 96
  8.3 径流的分割与计算 ……………………………………………………………… 97
  8.4 径流的影响因素 ………………………………………………………………… 100
  8.5 我国河川径流的分布 …………………………………………………………… 103
  思考与练习题 ………………………………………………………………………… 105

项目 9 流域产流 ……………………………………………………………………… 108
  9.1 产流机制研究 …………………………………………………………………… 108
  9.2 产流模式 ………………………………………………………………………… 111
  9.3 流域产流面积的变化 …………………………………………………………… 114
  9.4 蓄满产流模式的产流计算 ……………………………………………………… 118
  9.5 超渗产流模式的产流计算 ……………………………………………………… 121
  思考与练习题 ………………………………………………………………………… 125

项目 10 河槽洪水演算 ……………………………………………………………… 127
  10.1 河槽洪水波概念 ………………………………………………………………… 127
  10.2 洪水波的分类和运动特征 ……………………………………………………… 130
  10.3 河段槽蓄原理和槽蓄方程 ……………………………………………………… 135
  10.4 洪水波特征河长演算法 ………………………………………………………… 138
  思考与练习题 ………………………………………………………………………… 144

项目 11	流域汇流	146
11.1	地面径流汇流计算	146
11.2	地下径流的汇流计算方法	159
11.3	分布式流域汇流模型简介	160
	思考与练习题	161
项目 12	冰川与融雪	163
12.1	冰川概述	163
12.2	冰川径流及其应用	166
12.3	积雪的形成及其物理性质	170
12.4	融雪径流	174
	思考与练习题	177
项目 13	湖泊与湿地	179
13.1	湖泊	179
13.2	湿地	183
	思考与练习题	186
项目 14	水文学的创新研究及进展	188
14.1	水文学创新研究的典型案例	188
14.2	数字水文的研究与进展	195
14.3	数字孪生流域的研究与进展	200
14.4	生态水文学发展趋势与研究方向	202
	思考与练习题	209
附录 1	2018—2022 年全国水文大事记	210
附录 2	瞬时单位线 S 曲线查用表	222
参考文献		232

项目 1

导 论

【知识要点】

通过本项目的学习,熟练掌握水文现象的概念与基本规律、水文学的概念与研究方法、水文学在水利工程中的作用、水文学的发展历程、水文学所面临的机遇与挑战等理论知识。

【技能要求】

通过本项目的学习,能列举几种常见的水文现象,阐述水文现象的基本规律,区分水文学的几种研究方法,把握水文学在水利工程实施不同阶段的作用,阐明水文学发展历经的阶段及当前所面临的机遇与挑战。

【重点与难点】

重点:水文现象的概念与基本规律,水文学的研究内容与研究方法。

难点:区分水文学每个发展阶段的特点。

1.1 水 文 现 象

水是万物之母、生存之本、文明之源。早在 4000 年前,中国就有"大禹治水"的传说,认识了"水性就下"的水文规律。2200 年前,李冰父子在都江堰设立"石人"水尺观测水位。从唐广德二年(764 年)到 1949 年的近 1200 年间,长江涪陵白鹤梁刻有石鱼图的特枯水位题记就有 72 年,是中国历史上最长的实测枯水位记录。

中华人民共和国成立以后,党中央、国务院高度重视水文工作。毛泽东主席多次对水文工作作出重要指示,他在视察长江时曾关切地询问长江水文资料的情况,还要求水文资料要一式三份妥善保存。2018 年 4 月 25 日,习近平总书记深入被誉为洞庭湖及长江流域水情"晴雨表"的城陵矶水文站视察水文测报工作。经过多年建设与发展,我国已建立起比较完善的水文站网体系、管理体系和服务体系。截至 2022 年底,全国水文部门共有各类水文测站近 12 万处,从业人员近 7 万人。

一直以来,水文在支撑我国经济社会发展和水旱灾害防御、水资源管理、水环境保护、水生态修复、水工程建设运行等方面,成绩显著。随着经济社会和水利高质量发展的不断推进,水文的基础性支撑作用日益凸显,社会公众对水文的关注度也越来越高。

1.1.1 水文现象相关概念

从外太空看,地球是一颗美丽的水蓝色星球,地球表面的71%都被水所覆盖。从表面上看,地球上的总水量是非常丰富的。看上去被水包围的地球,其中海水占水资源总量的97%,但这部分巨大的水体属于高含盐量的咸水,绝大多数不能被人类所利用,而陆地上的有限水体也不完全都是淡水,淡水储量仅占全球总水量的2.53%。然而,这些极少的淡水大部分冻结在南极冰盖和高山冰川中,可被人类直接利用的水不到全球总水量的1%。我国幅员辽阔,资源储量丰富,水资源总量位居世界第六位。但是,由于我国人口众多,人均水资源占有量仅占世界平均水平的1/4。水资源紧缺问题已成为制约我国经济社会可持续发展的关键因素。

从人类社会的起源和发展、生态系统的维持和稳定来看,水资源都起着不可替代的重要作用。众所周知,水是生命之源、生产之要、生态之基。同时,我国水资源又面临着人多水少、水资源时空分布不均、洪涝灾害频发、水生态环境不容乐观等一系列问题。兴水利、除水害,事关人类生存、经济发展、社会进步,历来都是治国安邦的大事。为了合理开发利用水资源、减少水害,人们从各个方面对各种水体进行系统地观测、实验、分析、归纳、总结,逐步形成了以研究水文现象规律为基础的水文科学。

何谓"水文"?从字面意思上看,"文"是指自然界或人类社会某些规律性的现象,由此,"水文"即指自然界中水体的运动规律和现象。水体是指以一定形态存在于自然界中水的总体,包括大气中的水汽、地表水和地下水。地球上不同形态的各种水体,在太阳辐射和地心引力的作用下,不断地发生相态转化和运动,其表现形式可概括为降水、蒸散发、下渗和径流等,这些统称为水文现象。

(1) 降水。降水是指大气中的水汽以液态或固态的形式冷凝并降落在地表的现象。降水的形式包括雨、雪、雹、雾、霰、霜等。

(2) 蒸散发。蒸散发是指地表水分由液态或固态变成气态向大气中扩散的现象。具有水分子的物体表面称为蒸发面。自然界的蒸发面有各种形态,性质各不相同,主要包括水面、土壤表面和植物枝叶。根据蒸发面的不同,蒸散发可以分为水面蒸发、土壤蒸发和植物散发。土壤蒸发和植物散发又合称为陆面蒸发。

(3) 下渗。下渗是指水分从地表渗入地下的现象。对于降雨径流而言,下渗是指降落到地面上的雨水从地面渗入地下的现象,是降雨径流形成过程的重要环节。下渗的水量一部分被土壤所保持,雨后将以蒸发的形式返回到大气中,成为降雨径流过程的主要损失量,直接影响着降雨形成的径流量的大小;另一部分将沿着土壤孔隙及岩石孔隙流动,最终汇入河流、湖泊、水库等水体,形成壤中流和地下径流。

(4) 径流。根据补给来源的不同,径流可分为降雨径流和融雪径流,由于我国大部分河流以降雨径流为主,本书将主要探讨降雨径流的形成过程。径流是指降水到达陆地地表,除去雨期蒸发、植物截留、填洼、下渗损失后,沿着地表或者地下向河川、湖泊、水库等汇集流动的水流。按照所处空间位置的不同,径流可以分为地面径流、壤中流和地下径流三种。地面径流又称地表径流,是指在地面上流动的水流,包括坡地漫流和河网水流;壤中流是水分在土壤中沿土层坡度倾向流动的水流;地下径流是水分在地下含水层内流动的水流。

水文现象可以说是自然界中极为常见又十分重要的自然现象，人们研究水文现象的目的是能够更好地认识水和利用水。

1.1.2 水文现象的基本规律

水文现象受气象、自然地理因素、地形地质条件的综合影响，处于不断的运动变化之中，而这些因素的组合与变化决定了水文现象的基本规律。水文现象的基本规律主要包括随机性、周期性和地区性。

（1）随机性。水文现象受到各种复杂因素共同作用的影响，各因素自身也在不断变化，因而水文现象在时间上和数量上的变化过程存在着不重复的随机特点。例如，一条河流的流量过程不会完全重复，汛期出现的时间、流量的大小都不相同，这些水文现象的发生在时间上和数量上都表现为随机性。水文特征的随机性，无疑增大了水资源开发利用与保护的难度和复杂性。

（2）周期性。虽然水文现象存在很大的随机性，但是受地球自转及公转的周期性影响，水文现象又表现出周期性规律的特点。河流水量因受气温、降雨等气象因素的影响总是呈现以年为周期的丰枯交替变化规律，如一年四季中的降水有多雨季和少雨季的周期变化，河流中的来水则相应呈现丰水期和枯水期的交替变化。我国大部分河流夏秋为汛期，冬春为枯期。不仅如此，河流水文由于受长期气候变化的影响还表现出年际变化的周期性特征。

（3）地区性。由于气象因素和地理因素具有地区性变化规律，因此，受其影响的水文现象在一定程度上也具有地区性的特征。如果不同流域所处的自然地理因素、气候因素、地质地形条件等相似，则其水文现象的变化规律也具有相似性。例如，同一自然地理区的两条河流，其汛期和枯水期十分相似，径流变化过程也都十分相似。另一方面，相邻流域所处的地理位置与气候虽然近似，由于地形地质等条件的差异，会产生不同的水文变化规律。如在同一地区，山区河流与平原河流，其洪水运动规律就各不相同；地下水丰富的河流与地下水贫乏的河流，其枯水水文动态就有很大差异。

由于水文现象具有时程上的随机性和地区上的特殊性，故需要对各个不同流域的各种水文现象进行年复一年的长期观测，积累资料，进行统计并分析其变化规律。又由于水文现象具有地区上的相似性，故只需有目的地选择一些有代表性的河流设立水文站进行观测，将其成果移用于相似地区即可。为了弥补观测年限的不足，还应对历史上和近期发生过的大暴雨、大洪水及特枯水等进行调查研究，以便全面了解和分析水文现象的变化规律。

1.2 水文学的研究内容与研究方法

1.2.1 水文学的研究内容

水文学主要研究各种水体的存在、运动、循环和分布，水体的物理化学性质，以及水体与环境的相互作用和影响，包括与生物特别是人类的相互作用和影响。水文学的研究内容十分丰富，随着水文学的发展，逐渐形成了研究重点和研究对象各有侧重的水文学分支。根据研究的水体不同，水文学可分为水文气象学、海洋水文学、陆地水文学、地下水文学等。本教材主要讲述陆地水文的现象和原理,以水文循环为核心,以研究河流水文过程形成原理和机理为目的,重点阐述水文循环各要素的物理机制和相互转化关系以及时空分布规律。

1.2.2 水文学的研究方法

开展水文学研究,要结合水文现象的规律特点,选用合适的数学、物理分析方法。水文学的研究方法可归纳总结为成因分析法、数理统计法和地理综合法三类。这些水文学的研究方法都要以实际观测资料为依据。

(1) 成因分析法。根据水文站网和室外、室内试验的观测资料,从物理成因出发,研究水文现象的形成过程,以阐明水文现象的本质及其内在联系,揭示水文现象的成因规律,建立水文现象各要素间的定性或定量关系。成因分析法建立在水文过程的物理基础之上,比单纯用经验方法或统计方法更具科学性。但由于影响水文现象的因素极其复杂,其形成机理还不完全清楚,因而本法在定量方面仍然存在着很大困难,目前尚不能完全满足人类生产活动的需要。

(2) 数理统计法。基于水文现象具有的随机特性,可以根据概率论和数理统计的方法,处理长期实测所获得的水文资料,求得水文现象特征值的统计规律,为工程规划、设计提供所需的设计水文数据。这种方法是根据过去与现在的实测资料来统计外推水文现象未来的变化,而不去阐明水文现象的因果关系。如果将本法与成因分析法结合起来运用,可望获得比较满意的成果。

(3) 地理综合法。由于气候因素和地形地质等因素的分布具有地区特征,从而使水文现象的变化在地区的分布上也呈现出一定的规律性。因此,可建立水文现象的地区性经验公式,也可与地图结合在一起绘制水文特征的等值线图等,以分析水文现象的地区特性,揭示水文现象的地区分布规律。自然地理相似的流域,其水文现象和水文特征也相似,可以将一个地区的水文特征值直接移用于另一个地区,这种方法通常称为水文比拟法,也属于地理综合法。地理综合法特别适用于无资料(或资料不全)地区的各种水文分析计算及水资源评价任务。另外,在水文站网布设时,如果充分考虑水文现象具有地区性规律的特点,则可以用最少的测站观测到的资料,去解决各种自然地理特点相同流域的水文分析和计算问题。

在解决实际问题时,以上三类方法常常同时使用、相辅相成、互为补充。经过多年实践,我国已初步形成一种具有自己特点的研究方法,概括为"多种方法、综合分析、合理选定"的原则。我们在使用时,应根据工程所在地的地区特点,以及可能收集到的资料情况,对采用的方法有所侧重,以便为工程规划设计提供可靠的水文依据。

1.3 水文学在水利工程各阶段的作用

水资源的天然来水过程与生产、生活各环节的需水过程常常相互矛盾,水利工程就是为了解决这一矛盾而采取的技术措施。每一项水利工程在实施过程中,都可划分为规划设计、施工和运行管理三个阶段,每个阶段都需要水文学的服务。毫不夸张地说,一切水利工程,水文先行!

1.3.1 规划设计阶段

在此阶段，水文计算的主要任务是确定工程的规模。规模过大，造成工程投资上的浪费；规模过小，又使水资源不能充分利用，也是一种浪费。如果标准过低，可能导致工程失事，造成工程本身和下游人民生命财产的巨大损失。在多沙河流兴建水利工程还需估算蓄水引水工程的泥沙淤积量，以便考虑延长工程寿命的措施。水利工程的使用期限一般为几十年甚至上百年，规划设计时，必须知道控制水体在使用期间的水文情势，提出作为工程设计依据的水文特征数值，如设计年径流量、设计洪峰、设计洪水过程线等。

1.3.2 施工阶段

施工阶段水文计算的任务是为确定临时性水工建筑物的规模提供施工期设计洪水。水利工程工期一般较长，往往需要一个季度甚至长达几年的时间，在施工期间必须对施工期水文情势有所了解。对水文情势的了解应包括两个方面：一方面为确定临时性建筑物如围堰、引水隧洞或渠道的工程规模，须预报整个施工期的天然来水情势，而通常的水文和气象预报，往往不能提供如此长期的预报，仍需要通过水文计算来解决这个问题；另一方面，为了安排日常工作也必须了解近期更为确切的水情，这需要提供短期（如几天之内）的水文预报。

1.3.3 运行管理阶段

运行管理阶段的主要任务在于使建成的水利工程充分发挥作用，为此需要了解未来一定时期的来水情况，以便编制水量调度方案，合理调度水量，充分发挥工程效益。因此，水文预报工作十分重要。例如：汛前根据洪水预报信息，在洪水来临之前，预先腾出库容拦蓄洪水，使水库安全度汛，以免下游遭受洪水灾害；到汛期结束时，及时拦蓄尾部洪水，以保证灌溉、发电等兴利用水的需求。

1.4 水文学的发展

水文学的发展，是随着社会经济发展和水利工程发展的需要，从萌芽到成熟、由经验到理论逐步发展起来的。今后的发展仍将遵循这一规律更快地向前发展，以满足社会继续发展的需求。水文学的发展，大体可分为以下几个阶段。

1.4.1 萌芽时期（远古至公元1400年）

古今中外，从历代古籍、文献、碑刻古迹和发掘的文物中，可以发现水文学的萌芽最早可以追溯到远古时期。古埃及在公元前3500至前3000年因灌溉引水开始观测尼罗河水位，至今还保存有公元前2200年所刻水尺的崖壁。

中国古代修建的很多水利工程，时至今日依然在发挥着作用，这都与我国古人对水文知识的探索有关。比如：秦昭王后期（公元前276年至前251年）李冰父子支持修建的都江堰，至今仍然在发挥着巨大的效益。《吕氏春秋》（公元前239年）完整地提出了水循环的概念："云气西行云云然，冬夏不辍，水泉东流，日夜不休；上不竭，下不满，小为大，重为轻，圜道也。"《吕氏春秋》最先提出水文循环的概念，至今仍为世界水文学界所称道。西汉四年（公元4年）张戎最先提出的"以水攻沙"，对当时和后世治理黄河有很大的影响。中国的测雨可追溯到公元前11世纪以前的商代，甲骨文中有细雨、大雨和骤雨的分类。宋秦九韶在《数书九章》中记有当时"州郡都有天池盆以测雨水"。北魏郦道元的《水经注》(527年)记述了干支河流达1252条之多，比欧洲同类水平的著作约早1000年，是一部水文地理巨著。从唐广德二年(764年)到1949年的近1200年间，长江涪陵白鹤梁刻有石鱼图的特枯水位题记就有72年，为中国历史上最长的实测枯水位记录。

总的说来，在这个阶段，水文学的发展主要以经验观测和概念描述为主，这一时期中国水文学的发展居于世界领先地位。

1.4.2 奠基时期（1400—1900年）

14—16世纪欧洲文艺复兴和18—19世纪工业革命对自然科学的发展有很大影响。此时期水文方面雨量器、蒸发器和流速仪等一系列观测仪器的发明，为水文现象的实地观测、定量研究和科学实验提供了必要条件。水文循环在观测和实验基础上得到了验证，水文现象由概念描述深入到定量表达，为水文科学的建立奠定了基础。这一时期，水文学首先在西欧发展，后在北美兴起，而同时期我国水文事业的发展和成就较为落后。

1610年意大利B.卡斯泰利提出了流量测量方法，英国C.雷恩发明了自记雨量计，1790年法国R.沃尔特曼发明了转子式流速仪，1870年美国T.G.埃利斯发明了旋桨式流速仪，1885年美国W.G.普赖斯发明了旋杯式流速仪，为水文定量观测和水文科学的发展提供了有力的工具。在欧洲，实测水文资料的积累和许多实验研究的开展揭示了一系列水文基本规律。18—19世纪西欧产业革命促进了城市、交通和工业的发展，大量的水利建设要求解决各种设计中的水力计算问题，使水力学理论取得较大进步，由此又为一些水文规律的理论研究提供了有力的工具，使得水文学的基本理论和方法逐步完善，水文计算和水文预报水平得到提高。

中国在1424年开始全国统一制作和使用标准测雨器。徐霞客经过28年的野外考察，记述了在关于岩溶地貌和水文地理的知识，早于国外同类著作近300年。

总的说来，这个阶段水文研究的主要特点是由萌芽期的概念描述深入到了定量表达，而中国水文科学在这一时期的进展则比较缓慢。

1.4.3 起步应用时期（1900年至20世纪80年代）

进入20世纪，特别是经过两次世界大战的破坏后，各国都致力于经济恢复和发展，迫切需要解决城市建设、动力开发、交通运输、工农业用水和防洪等水利工程中的一系列水文问题，促进了水文学的迅速发展。此时期水文站网扩大，实测资料积累丰富，为水文分析研究提供了前所未有的条件，应用水文学取得了许多新进展。

在国外，美国在这一时期的成果较多。1900年美国J.A.塞登提出了著名的塞登定律，为天然河道洪水演进提供了理论。1935年美国的G.T.麦卡锡提出的马斯京根方法简化了河道的洪水演进计算。1932年美国L.R.K.谢尔曼提出的单位过程线被誉为水文学进展的里程碑。

中华人民共和国成立，我国在水文学研究上停滞了半个多世纪。自1950年以后，我国水文事业蓬勃发展。在这一时期，我国开始从西方引进新的水文科学理论和方法，为适应水利工程设计和防洪的要求，根据工程水文的需要设立全国范围内的水文站网，主要从事中国江河水文学的研究。在这一时期，中国水文学的发展主要为水利工程服务，是工程水文的应用阶段。

1.4.4 发展变革时期（20世纪80年代至今）

20世纪后期，随着治水理念逐渐从传统水利向现代水利转变，水文学的发展出现了新的形势。本时期发展变革的原因主要有以下几个方面：

（1）由于新技术特别是计算机的应用，使水文信息（实时资料）的获取、传递和处理大为方便迅速，节省了大量人力和时间。

（2）由于工农业和城市建设的需要，应用水文学发展迅速。

（3）由于生产和生活用水的增长，环境污染日益严重，出现了水资源紧张局面，迫使水文学特别侧重于水资源研究，不仅注重水量还要注重水质，不仅注重洪水，还要注重枯水；不仅研究一条河流、一个流域的水文特性，还要研究跨流域、跨地区的水资源联合调度问题；不仅要研究短期、近期的水文预报，还要研究长期的水文趋势预估。

总的来说，这一时期的水文工作不再单为工程设计服务，而是追求水资源的可持续开发利用。

在国外，美国在20世纪80年代前期先后发射了4颗陆地卫星，取得了许多水文研究成果，并为国际服务。美国、英国和挪威等国采用测深仪直接绘制断面图。

中国水文站网在这一时期发展迅速，全国基本站达21600处，基本上可以全面掌握全国主要河流的水文情势、水质状况等。在长江、黄河等流域开始应用卫星图片和遥感技术研究水文和水资源问题。20世纪90年代我国开展了古洪水研究，利用放射性同位素^{14}C获得全新世（约距今10000年）以来的古洪水资料，在长江三峡、黄河小浪底等水利枢纽工程的洪水计算中取得了丰硕的成果。此外，我国还相继编绘出版了《全国可能最大降水等值线图》和《全国暴雨参数等值线图》等，为中国的暴雨洪水研究和计算做出了贡献。

党的十六届三中全会后，水利部提出了可持续发展的治水新理念：坚持人与自然和谐相处，实现从传统水利向现代水利、可持续发展水利转变，建设节水防污型社会，以水资源的可持续利用支持经济社会的可持续发展。为了加强水文管理，规范水文工作，促进经济社会的可持续发展，2007年3月28日国务院第172次常务会议通过了《中华人民共和国水文条例》。2011年中央一号文件——《中共中央 国务院关于加快水利改革发展的决定》明确提出"实行最严格水资源管理制度"并划定用水总量、用水效率和水功能区限制纳污"三条红线"。2014年3月14日，习近平总书记明确提出"节水优先、空间均衡、系统治理、两手发力"的治水思路。2016年3月，习近平总书记在《长江经济带发展规划纲要》中强调"长江经济带发展的战略定位必须坚持生态优先、绿色发展，共抓大保护、不搞大开发"。2019年9月18日，习近平总书记视察黄河并主持召开"黄河流域生态保护和高质量发展座谈会"，并提出"让黄河成为造福人民的幸福河"。党的二十大后，对标对表习近平总书记重要讲话精神和水利行业发展规律，构建水利新发展格局、推动水利高质量发展、为经济社会高质量发展提供坚实水利支撑，成为新时代水利人的责任、担当和使命。

近年来，水利部为深入贯彻落实党中央、国务院的重大战略部署，一方面加强国家水网重大工程和流域治理体系建设，着力构建数字孪生流域和智慧水利体系，强化"四预"措施，多次打赢水旱灾害防御硬仗，为人民群众生命财产安全和供水安全提供了坚实保障；另一方面，不断强化复苏河湖生态环境，启动华北地区地下水超采综合治理、京杭大运河全线贯通生态补水等系列行动，有效推动了华北地区地下水综合治理和全国重要河湖生态环境复苏。在水旱灾害防御、河湖生态环境复苏，以及在推进江河水量分配、河湖生态流量管控、实施最严格水资源管理等各项工作中，水文工作提供了大量及时准确的监测和分析成果，发挥了重要作用。

新时代新征程下，计算机、人工智能等技术的进步推动着水文研究向纵深发展，在黄河流域生态保护和高质量发展、长江大保护等国家重大发展战略的需求牵引下，我国的水文事业逐渐踏上了高质量发展的新阶段。

1.5 水文学的机遇与挑战

水文学是研究地球上水的起源、存在、分布、循环运动等变化规律，并运用这些规律为人类服务的知识体系。相对来说，水文学是传统学科，水文学科学体系的演进与科学技术的进步、社会发展的需求联系十分紧密。回顾水文学的发展史，从古代的萌芽时期到如今的高质量发展时期，水文学研究经历了由经验到理论、由简单过程到复杂系统、由定性描述到定量模拟、由传统水利向现代水利的转变历程，并由此衍生出诸如生态、冰冻圈、遥感、同位素、城市、社会水文学等多种交叉研究领域与分支学科。

近年来，特别是党的十八大以来，我国水文事业快速发展，水利基础设施保障能力全面提升，民生水利建设取得重大进展，水资源管理和节水型社会建设稳步推进，全国防洪抗旱减灾体系得到进一步完善，为保障水安全、改善水生态、促进经济社会可持续发展做出了突出贡献。但必须认识到，人多水少、水资源时空分布不均、自然分布与经济社会发展空间布局不相匹配仍然是我国的基本国情和基本水情。与此同时，地表水污染、地下水超采、河道断流等水环境、水生态问题仍然突出，水利基础设施网络仍不完善，水资源统筹调配能力不强，全国治水兴水缺乏整体规划、系统推进。水源不够、水量不足、水质不优、节水意识不强等问题已成为制约我国经济高质量发展的"水瓶颈"。由于水文发展与人类社会的发展是密不可分的，而人类活动不可避免地对水文过程产生复杂的影响，如全球气候变化、土地利用、下垫面变化以及人口增长对地球水圈及水文循环造成的影响，进而引发水资源及洪水、干旱等水灾害时空分布发生变化。水资源短缺、水污染严重、水生态环境恶化等问题，导致全球和各个国家的水安全面临诸多挑战。水文科学正是解决这些复杂问题的核心关键。水文循环变化规律及其效应、生态水文观测与模拟、水文与自然和社会等研究，都是当前水文科学面临的挑战。

人们常说机遇与挑战并存，水文科学当前面临的挑战很多，拥有的机遇也是巨大的。计算机和遥感技术、同位素追踪技术、地球大数据和人工智能等新技术的应用，为水文学研究提供了基础支撑，推动研究向纵深发展。在"一带一路"合作倡议、黄河流域生态保护和高质量发展、长江大保护等国家重大发展战略的需求牵引下，水文学研究从原有的"就水论水"的研究思路转向在自然地理综合分析框架下以水循环为纽带开展的多尺度、多过程集成研究。下面总结了当代水文学研究的一些重点方向，同时也是目前水文科学研究所面临的机遇和挑战。

(1) 防洪减灾。研究重点方向包括：①实时洪水预报调度模型；②防洪减灾决策支持系统；③国家防汛指挥系统的优化与提升；④城市洪涝灾害风险评估；⑤短时临近精细化雨量预报技术；⑥精细化网格预报与智能化预报技术。

(2) 水资源优化配置与规划管理。研究重点方向包括：①水资源评价及供需平衡分析；②水资源保护与水生态环境修复；③水资源节约集约利用效果评价；④水资源优化配置模型构建。

(3) "一带一路"倡议。研究重点方向包括：①全球水治理下的中国智慧、中国经验、中国方案；②跨界河流水文报汛系统建设；③跨界河流防灾减灾系统建设；④跨界河流联合水利工程建设。

(4) 黄河流域生态保护和高质量发展战略。研究重点方向包括：①黄河水患与防洪防凌问题；②黄河水沙关系问题；③黄河水资源开发利用程度与断流问题；④黄河流域水土保持和生态环境问题；⑤气候变化与黄河水资源时空演变的关系；⑥黄河水电梯级开发问题；⑦大规模水利工程对黄河的影响；⑧黄河流域水沙变化机理与趋势预测。

(5) 长江经济带发展战略。研究重点方向包括：①长江的洪水灾害及防洪问题；②长江的水资源问题；③长江的水污染和水环境问题；④长江航道问题；⑤长江河口拦门沙和咸潮上溯问题；⑥长江水电开发问题；⑦大规模水利、交通工程对长江的影响。

(6) 京津冀协同发展。研究重点方向包括：①京津冀跨省、市水资源共享；②京津冀水资源节约集约利用；③京津冀干旱地区水资源开发；④京津冀水利基础设施建设。

(7) 粤港澳大湾区建设。研究重点方向包括：①粤港澳大湾区城市群建设水资源现状分析；②粤港澳大湾区水环境现状及治理对策；③粤港澳大湾区供水安全问题；④粤港澳大湾区水资源区域联动性提升；⑤粤港澳大湾区生态环境治理制度优化及完善。

(8) 气候变化对水文、水资源的影响。研究重点方向包括：①气候变化对水循环定量影响分析和未来预测；②气候变化对城市洪涝等极端事件的定量影响评估；③气候变化下的水安全保障。

在研究水文学相关课题时，应该把水资源的承载能力作为最大的刚性约束，以把水资源的经济－社会－生态环境综合效益的最大化作为目标函数，根据可开发利用的水资源量确定经济社会发展的结构规模以及人类活动的尺度，最终达到经济社会发展与生态环境保护相协调的目标，助力我国水文事业的绿色、均衡和高质量发展，为经济社会的高质量发展提供坚实的水文支撑。

思 考 与 练 习 题

1.1 什么是水文现象？常见的水文现象有哪些？

1.2 水文现象的基本规律有哪些？

1.3 水文学的研究方法有哪些？

1.4 试论述水文学在水利工程中的作用。
1.5 水文学的发展历经了哪几个阶段？每个阶段水文学发展的特点是什么？
1.6 试论述我国水文学发展所面临的机遇与挑战。

扫码查看答案

项目 2

水文循环与水量平衡

【知识要点】

通过本项目的学习,掌握地球上水的概况、水文循环的概念与作用、水量平衡原理、人类活动对水文循环的影响等理论知识。

【技能要求】

通过本项目的学习,能分辨"水资源可再生性""水资源不是取之不尽用之不竭的"与水文循环之间的因果关系,能熟练运用水量平衡原理对不同研究对象(流域、陆地、海洋、全球)开展水量平衡计算,能阐述人类活动对天然水循环的影响。

【重点与难点】

重点:水文循环的概念与作用、水量平衡原理、水量平衡方程的计算。

难点:水量平衡方程的计算。

2.1 地球上的水

2.1.1 水量的分布

地球的近地表层是一个庞大的水圈系统,包括了地球上所有形式的各种水体,主要有大气水、地表水、地下水和生物水四部分。大气水是指存在于地球大气层中的水汽;地表水主要指储存于海洋、湖泊、河流、冰川、水库、沼泽等水体的水,它是地球上水量组成的主要部分;地下水通常指赋存于土壤和岩石空隙、洞穴、溶穴中的水;生物水是指地球上一切生物体内的水分。

根据联合国教科文组织(UNESCO)1978 年公布的资料(表 2.1),地球上水的总储量为 138598.05 万 km^3。其中,地表水为 136258.05 万 km^3,占地球总水量的 98.3%;地下水为 2340 万 km^3,占地球总水量的 1.69%;生物水为 0.11 万 km^3,占地球总水量的 0.0001%;大气水为 1.29 万 km^3,占地球总水量的 0.001%。大气水量虽小,却是各种水体中最活跃的,大气水因降水而减少,又通过各种水体的蒸发而得到补充,保持着动态平衡。

全球水主要分海洋水和陆地水两大部分。虽然由于水文循环的影响,各种水体的数量是动态变化的,但从多年平均情况来看,储存在海洋里的总水量为 133800 万 km^3,

表 2.1 地球上各种水体的储量（多年平均值）

序号	水体种类		储量/万 km³	占总量的百分比/%	占淡水的百分比/%
1	海洋水		133800	96.54	
2	地下水（2340 万 km³）	地下咸水	1287	0.93	
		地下淡水	1053	0.76	30.06
3	土壤水		1.65	0.001	0.05
4	冰川及永久积雪		2406	1.74	68.69
5	永久冻土层		30	0.022	0.86
6	湖泊水（17.64 万 km³）	咸水	8.54	0.006	
		淡水	9.10	0.007	0.26
7	沼泽水		1.15	0.0008	0.0328
8	河网水		0.21	0.0002	0.0060
9	生物水		0.11	0.0001	0.0031
10	大气水		1.29	0.0009	0.0368
	合计		138598.05	100	
	其中淡水		3502.51	2.53	100

占地球总水量的 96.54%，而海洋面积占地球表面积的 71%，所以从太空看地球是蓝色的，且地球在太阳系中有"水行星"之称。而分布在陆地上的水量仅为 4600 万 km³，占地球总水量的 3.46%，其中淡水仅占 2.53%，这部分极少的淡水分布在河流、湖泊及沼泽、地下水等水体中。地球上可被人类利用的淡水只占地球总水量的约 0.768%，且主要是地下水。储存于陆面的总水量为 2425.11 万 km³，占地球总水量的 1.75%，其中淡水总量为 2416.01 万 km³，占地球总水量的 1.74%。这些陆面淡水中，分布在两极不能被人类直接开发利用的冰川积雪为 2406 万 km³，占地球淡水总量的 68.69%。因此，陆面可被人类直接开发利用的淡水仅占地球总水量的约 0.008%。

由此可知，地球是一个水量丰富的星球，同时对人类来说又是一个水资源短缺的星球。可开发利用水资源的紧缺必然制约经济社会的发展和人类文明的进步，水资源的可持续开发利用已成为人类社会可持续发展的重要课题。

2.1.2 水体更新

水文循环周而复始、永不停息，使地球上各种水体不断更新。水体中的全部水量更新一次所需要的时间称为更新周期。水体更新周期 T 的计算公式如下：

$$T=\frac{W}{q} \tag{2.1}$$

式中 W——水体的储量，km³；
q——水体与外界的交换率，km³/a；
T——水体更新周期，a。

【例 2.1】 大气水的储量 W 为 1.29 万 km^3（表 2.1），交换率 q 为 57.7 万 km^3/a，求大气水的更新周期。

$$T=\frac{W}{q}=\frac{1.29}{57.7}=0.022(a)=0.022\times365(d)=8.16(d)$$

根据全球各水体的储量和交换率之间的关系可以计算出相应的更新周期，见表 2.2。由水体更新概念可知，地球上总水量有 138598.05 万 km^3，但平均每年只有 57.7 万 km^3 的水参与水文循环，按此速度，地球上全部水量参与循环一次，或者说全部水量更新一次，大约需要 2400 年。地球上不同水体的更新速度是不同的，除生物水外，地球上更新最快的水体是大气水，只有 8.16 天；其次为河流水，为 16 天。河流水的这种快速更新对人类获取淡水资源具有特别重要的意义，因为这种更新是水资源在陆地上能自行恢复或再生的根本原因。相反，深层地下水的更新周期长达 1400 年，大量开采、超采深层地下水而得不到及时补充和恢复时，就会导致各种负面影响，如海水入侵地下水，造成地裂缝、地面沉降等。

表 2.2   各种水体的更新周期

水 体	更新周期	水 体	更新周期
极地冰川、常年积雪	约 10000 年	土壤水	1 年
世界大洋	2500 年	河流水	16 天
高山冰川	1600 年	大气水	8 天
深层地下水	1400 年	生物水	几个小时
湖泊水	17 年	全球	2400 年
沼泽水	15 年		

2.2 水 文 循 环

2.2.1 水文循环的概念

地球上的液态和固态水在太阳辐射作用下蒸发而变成水汽，水汽被上升气流带离地面，并在空中飘移，在适当条件下凝结成固态或液态水降落到地面，在重力作用下由高向低流动，直接地或以径流的形式补给地球上的海洋、河流、湖泊、土壤、地下和生态水等，如此永不停止的反复循环，就是水循环的过程。简言之，地球上各种形态的水，在太阳辐射、地心引力等作用下，通过蒸发、水汽输送、凝结降水、下渗以及径流等环节，不断地发生相态转换和周而复始运动的过程称为水文循环，如图 2.1 所示。

形成水文循环的内因是水存在三态变化，即水在常温下能够实现固态、液态和气态的相互转化而不发生化学变化。水文循环的外因是太阳辐射和地心引力，太阳辐射分布的不均匀性和海陆的热力性质的差异，造成空气的流动，为水汽的移动创造了条件。地心引力（重力）则促使水从高处向低处流动，从而实现了水文循环。

2.2.2 水文循环的分类

（1）大循环。从海洋蒸发的水汽，被气流输送到大陆上空，凝结形成降水落到陆

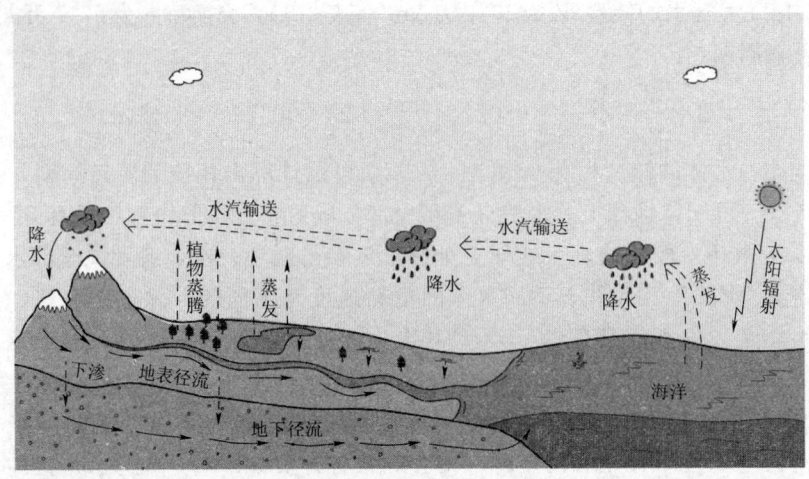

图2.1 水文循环示意图

面,其中一部分以地面和地下径流的形式通过河流汇入海洋;另一部分重新蒸发返回大气。这种海陆间的水分交换过程,称为大循环或外循环。大循环也称为全球尺度的水文循环,在大循环中,一方面水分在地面和大气中通过降水和蒸发进行纵向交换,另一方面水分还通过河流在海洋和陆地之间进行横向交换。大循环是空间尺度最大的水文循环,也是最完整的水文循环,它涉及海洋、大气、陆地之间的相互作用,它与全球气候变化有密切关系。

(2)小循环。小循环又称内循环,包括海洋小循环和陆地小循环。海洋上蒸发的水汽在海洋上空凝结后,以降水的形式直接降落到海洋里称海洋小循环;陆地上的水经蒸发或散发凝结后又降落到陆地上称为陆地小循环。小循环也称为区域或流域水文循环,主要是水分通过降水与蒸发进行纵向交换。此外,在陆地小循环中还有一类特殊的小循环,称为内陆水循环,它对内陆地区的降水有着重要作用。因为内陆地区远离海洋,从海洋直接输送至内陆的水汽有限,通过内陆局部地区的水文循环,使水汽逐步向内陆输送,这是内陆地区主要的水汽来源。由于水汽在向内陆输送的过程中,沿途会逐渐损耗,故而内陆距离海洋越远,输送的水汽量越少,降水量越小。小循环往往是区域性的,多数是以流域为研究单元,等同于流域降雨径流形成过程。例如我国比较典型的内陆水循环流域有塔里木河流域、甘肃黑河流域以及青海的格尔木河流域等。

流域或区域水文小循环的空间尺度一般在1~10000km,相对于全球水文循环而言,它是一种开放式的水文循环系统。

2.2.3 水文循环的作用与意义

水文循环是海陆间联系的纽带,也是自然界物质运动、能量转化和物质循环的重要方式之一,它对自然环境的形成、演化和人类的生存产生巨大的影响。

(1)形成可再生的水资源。由于地球上存在水文循环作用,蒸发等被消耗和利用掉的水资源可以通过大气降水(雨、雪等)不断地对水资源进行补给,所以水资源是一种可再生的资源。但是水资源的这种可恢复性在一定时间、一定区域内却是有限的,如果不讲究科学,超过限度地开发利用水资源,导致水资源的开采利用及污染的速度超过其更新速度，就会使得原本就极少的可用淡水资源难以及时更新。因此，水资源不是取之不尽用之不竭的。超过水资源承载能力的开采必然会造成严重后果，有些地区长期超采地下水，使地下水位下降造成地面沉降、海（咸）水入侵等就是例子。

（2）形成丰富多样的地形地貌。地表径流在陆地上是塑造地貌最重要的外动力。它在流动过程中，不仅能侵蚀地面，形成各种侵蚀地貌（如冲沟和河谷），而且把侵蚀的物质，经搬运后堆积起来，形成各种堆积地貌（如冲积平原），这些侵蚀地貌和堆积地貌，统称为流水地貌。而水对可溶性岩石（碳酸盐岩、石膏、岩盐等）进行以化学溶蚀为主，以流水的冲蚀、潜蚀和崩塌等机械作用为辅的地质作用可形成岩溶地貌等。

（3）影响全球的气候变化。通过蒸散发进入大气中的水汽，是产生云、雨和闪电等现象的主要物质基础。蒸发产生水汽，水汽凝结成雨（冰、雪），吸收或放出大量潜热。空气中的水汽含量直接影响气候的湿润或干燥，调节地面气候。

（4）为生态系统提供生命支撑。水文循环运动既为地球上一切生物提供了不可缺少的水分，又可对生物循环产生积极的促进作用。大气降水可以把空气中游离的氮元素带到地面，供植物吸收；土壤水则是植物吸收营养物质的必要介质；地面径流又把地面上大量的有机物带入海洋，为海洋生物的繁衍提供养料。同时，生物体内也存在着微小的水文循环系统，如人体组织中70%是水，并且它们积极参与水文循环过程，其平均循环周期仅为几小时，远高于一般水体的循环速度。因此，没有水文循环，就不会有生命活动。

（5）形成一切水文现象。水文循环是一切水文现象的根源。没有水文循环，就不存在水的运动和更替，也就没有一切水文现象。水文循环不是一个简单的环节，而是一组路径，水通过这些路径在自然界中循环并从一种状态变到另一种状态，这就形成了水文现象的千变万化。

2.3 水量平衡原理

2.3.1 基本原理

水量平衡基于物质不灭定律或质量守恒定律，是定量研究水文现象的基本工具。在水文循环中，任一区域（或水体）、任一时段内，其输入的水量和输出的水量之差等于其蓄水量的变化量，即水量平衡原理。

根据此原理可以列出水量平衡方程式，即任一区域（或水体）、任一时段 Δt 内的水量平衡方程如下：

$$I - O = \Delta W \tag{2.2}$$

式中 I、O——时段 Δt 内输入和输出水量，m^3；

ΔW——时段 Δt 内蓄水量的变化量，m^3，当 $\Delta W > 0$ 时，蓄水量增加；当 $\Delta W = 0$ 时，蓄水量不变；当 $\Delta W < 0$ 时，蓄水量减小。

2.3.2 全球水量平衡方程

根据水量平衡原理，降水（P）、蒸发（E）、径流（R）水量应该满足收支平衡。分别以海洋和陆地为研究对象，时段 Δt 内的水量平衡方程如下：

海洋： $$P_o + R - E_o = \Delta W_o \qquad (2.3)$$
陆地： $$P_l - R - E_l = \Delta W_l \qquad (2.4)$$

式中 P_o、P_l——时段 Δt 内海洋和陆地上的降水量；

E_o、E_l——时段 Δt 内海洋和陆地的蒸发量；

R——流入海洋的径流量；

ΔW_o、ΔW_l——时段 Δt 内海洋和陆地的蓄水量的变化量。

合并式（2.3）和式（2.4），两式相加得到时段 Δt 内全球水量平衡方程如下：
$$P_o + P_l - (E_o + E_l) = \Delta W_o + \Delta W_l \qquad (2.5)$$
即
$$P - E = \Delta W \qquad (2.6)$$

式中 P——时段 Δt 内的全球降水量，$P = P_o + P_l$；

E——时段 Δt 内的全球蒸发量，$E = E_o + E_l$；

ΔW——时段 Δt 内全球蓄水量的变化量。

在短时间内 ΔW 可正可负，但对于多年平均情况来说，全球水资源量不变，ΔW 正负可以抵消，蓄水量的变化量 ΔW 多年平均值趋于零。因此，多年平均情况下海洋和陆地的水量平衡方程如下：

海洋： $$\overline{P_o} + \overline{R} = \overline{E_o} \qquad (2.7)$$
陆地： $$\overline{P_l} - \overline{R} = \overline{E_l} \qquad (2.8)$$

式中 $\overline{P_o}$、$\overline{P_l}$——海洋、陆地的多年平均降水量；

$\overline{R}$——多年平均汇入海洋的径流量；

$\overline{E_o}$、$\overline{E_l}$——海洋、陆地的多年平均蒸发量。

合并式（2.7）和式（2.8），得到全球多年平均水量平衡方程如下：
$$\overline{P_o} + \overline{P_l} = \overline{E_o} + \overline{E_l} \qquad (2.9)$$
$$\overline{P} = \overline{E} \qquad (2.10)$$

式中 $\overline{P}$——全球多年平均降水量；

$\overline{E}$——全球多年平均蒸发量。

由式（2.10）可知，全球多年平均降水量等于全球多年平均蒸发量，为 1330mm。

2.3.3 流域水量平衡方程

流域水量平衡方程即任意流域、任一时段 Δt 内的水量平衡方程如下：
$$P + R_I - (E + R_O + q) = \Delta W \qquad (2.11)$$

式中 P——时段 Δt 内流域的降水量；

R_I——时段 Δt 内流入流域内的径流量（包括地表径流量和地下径流量）；

E——时段 Δt 内流域的蒸散发量；

R_O——时段 Δt 内流出流域的径流量（包括地表径流量和地下径流量）；

q——时段 Δt 内流域的用水量；

ΔW——时段 Δt 内流域内蓄水量的变化量。

式（2.11）为流域水量平衡的一般形式，如果流域为闭合流域，用水量 $q \approx 0$，则式（2.11）简化如下：

$$P-E-R=\Delta W \tag{2.12}$$

式中 R——时段 Δt 内流出流域的地表、地下径流量之和。

在短时间内 ΔW 可正可负，但对于多年平均情况来说，ΔW 正负可以抵消，蓄水量的变化量 ΔW 多年平均值趋于零。因此，多年平均情况下闭合流域水量平衡方程如下：

$$\overline{P}=\overline{E}+\overline{R} \tag{2.13}$$

式中 $\overline{P}$——流域多年平均降水量；
  $\overline{E}$——流域多年平均蒸发量；
  $\overline{R}$——流域多年平均径流量。

我国主要河流的多年平均水量平衡要素见表2.3。

表 2.3　　　　　　　　我国主要河流的多年平均水量平衡要素

河流	流域面积 /万 km^2	降水量 /mm	径流量 /mm	蒸发量 /mm
辽河	21.9	472.5	64.5	408
松花江	55.68	526.8	136.8	390
海河	26.34	558.7	86.5	472.2
黄河	75.2	464.6	87.5	387.1
淮河	26.9	888.7	231	657.7
长江	180.5	1070.5	526	544.5
珠江	44.2	1469.2	751.2	718
雅鲁藏布江	24.05	949.4	687.8	261

2.4　人类活动和气候变化对水文循环的影响

水文循环是地球上最基本的物质大循环和最活跃的自然现象，它影响着水文气象变化、生态平衡及水资源的开发利用。由于人类活动使得自然地理条件（如下垫面条件）发生变化，从而导致水文循环要素、过程、强度、水文情势等发生变化，进而水量平衡也随之产生变化。人类活动不仅可以改变水文循环的量值，也可以改变水文循环过程中水的质量，即水的物理化学性质。由于水文循环受气象因素影响显著，因此全球气候变化也影响着水文循环过程。下面具体分析人类活动和气候变化对水文循环的影响。

2.4.1　人类活动对水文循环的影响

（1）人工引用水增加水文循环的复杂性，加剧水资源消耗和供需矛盾。

天然条件下的水文循环经历了蒸发、水汽输送、凝结降水、下渗以及径流等环节，进行着周而复始的复杂循环运动。人类由于生活、生产的需要，从地表、地下取水，其中一部分水分被消耗，一部分水分在使用后又排入河道、渠道或其他水体，改变了天然水循环过程，使原本复杂的水文循环过程变得更加复杂。另外，由于人工引用水，导致部分水分被消耗，可能会加剧水资源的供需矛盾。

人工大量引用水致使水资源超采，从而导致河流断流的现象时有发生。例如我国新疆地区气候干旱，农田灌溉需大量引水，致使许多河流出现季节性断流；在黄河流域，因内蒙古河套地区大量引水灌溉，出现了河套地区流量比上游兰州段流量小的反常现象；由于大量引水灌溉，河水大量引入农田，增大了陆面蒸发，减小了河川径流，造成黄河年径流量有逐年下降的趋势，同时，随着人口增长和工业化发展，生活与工业引水量也日益加大，这些因素使得用水量急剧增大，以至于 20 世纪末黄河发生了连续数年的断流现象。

上述断流现象发生的根源是水资源超采使水文循环的"径流"环节遭到了破坏，从而导致生态系统失去了平衡和稳定。由于自然界中的水资源是有限的，水资源的开发利用程度必须要保持在水资源的可承载能力范围内，使得水资源在一定时间内能够得到补充、更新和恢复。

(2) 城市化改变天然水循环路径，形成"自然-社会"二元水循环模式。

城市是一个国家、一个地区政治、经济、文化、科技、交通的中心，也是人类活动集中区域，属于高强度人类活动区。城市道路、广场、房屋、各种管网及其他建筑物密布，改变了天然水循环的路径，使得城市水循环过程较天然流域更为复杂，更具有特殊性。**城市水循环是以"社会水循环"为主导的"自然-社会"二元水循环模式，如图 2.2 所示。**

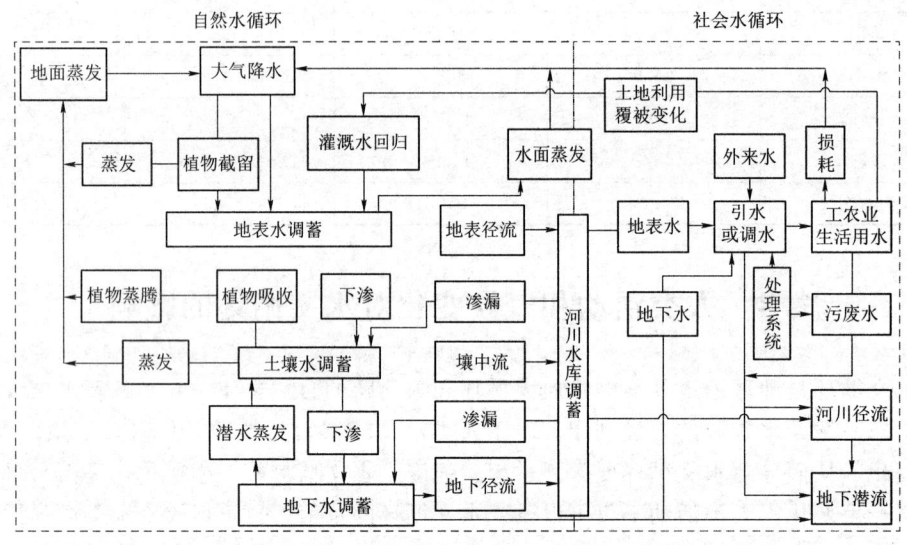

图 2.2 "自然-社会"二元水循环示意图

从蒸发过程来看，由于城市建设，使原来的自然陆面（如土壤、植物）变成城市区建筑物广布的人工陆面（如硬化路面、楼房等）。原本大量的土壤蒸发和植物散发变成了不透水下垫面的蒸发，使得蒸发量变得集中但总量减少。原本的自然河流变成了宽度较窄的人工渠道，蒸发量也相对减小。另外，由于城市人口和建筑物集中，平均气温较城市建设前略高，也影响着蒸发量。

从降水过程来看，自然条件下的降水直接降落到天然水面、土壤、植物冠层等，而城市覆盖区的降水多直接降落到硬化的路面、广场地面、房屋屋顶等，接受降水的覆盖条件发生了变化。

从下渗过程来看，由于原本透水的地面变成了不透水或弱透水的地面，使降水下渗的天然下垫面通道发生了改变，下渗率和下渗量显著降低。

从径流过程来看，天然流域的径流形成过程主要表现为：降落到地面的降水，在扣除蒸发、植物截留、填洼、下渗损失后，多余的水分形成地表径流，渗入地下的水分逐渐形成地下径流。而在城市建设后，大气降水降落到地面，很快便流入地下管道或排水渠，由于失去了原本透水下垫面的土壤调蓄功能，使得城市降水形成的地表径流汇流时间缩短，流速增大，体现出"峰高量大"的特点，此外，由于下渗水量的减小使得城市地下水补给量减小，整体径流表现出"地表径流量大、地下径流量小"的现象。

根据加拿大环境监测调查分析，城市化后的地表径流由10%增加到30%，蒸发量由40%减少到25%，地下径流由50%减少到32%。

（3）兴建水库、大坝等水利工程，改变水资源天然形成和转化关系。

在世界水利发展史上，修建了很多水库、大坝等水利工程，这些水利工程为国民经济建设做出了巨大贡献，也是人类"除水害、兴水利"的重要工程举措。然而，由于兴建水库、大坝等水利工程，改变了水资源的天然形成和转化关系，对下游水资源系统和滨河居民的生产、生活造成一定的负面影响，这些影响涉及洪泛平原上的农牧业、渔业以及依赖天然河水直接或间接补给的生态系统。

比如，在河流上修建拦河水库大坝，把上游来水暂时拦蓄下来，以供灌溉、工业、生活、发电之用。这样，就可以按照人们的意愿来控制下泄水量，且下泄总水量也有所减小。与天然径流过程相比，人为调控后的径流过程减少了洪水发生的次数和强度，对防洪具有重要意义。但同时也改变了下游水沙的天然运移规律，必然对河道冲沙、洪泛区洪水补给地下水、某些依靠洪水繁衍的植物（如胡杨林）生长带来一定影响。此外，这些工程在蓄水过程中改变了径流的运动条件，改变了水的温度状况以及水中微生物和生物的生存条件，致使水物理化学性质发生变化。

2.4.2 气候变化对水资源的影响

气候变化是当今科学界、各国政府、社会公众普遍关注的环境问题之一。引起气候变化的因素有很多，既有自然因素，也有人为因素。"温室效应"已成为未来全球气候变化的主流趋势。

气候变化必然会引起水文循环的变化，特别是降水变化直接决定着水文循环的强弱，引起水资源在时空上的重新分配和水资源数量的改变，进而影响生态系统格局和经济社会发展布局。因此，研究和了解气候变化对水资源的影响，对于有效开发利用和保护水资源，为国民经济可持续发展提供水资源保障具有重要意义。在我国某些地区，近年来，由于降水量的减少，致使地表水资源量和地下水资源量呈减少趋势，同时由于气温的逐年升高，致使蒸发量加大，也加剧了水资源总量的减少。

不同的人类活动，其水文效应的影响规模、变化过程和变化性质，以及可否逆转等均不同。例如跨流域引水、大型水库等水利工程，这些人类活动虽然时间短暂，但可以骤然改变水文循环要素，而且一旦改变就将持久发生而不可逆转地存在下去。植树造林、城市化等历时较长的人类活动，对水文要素的影响则是逐渐变化的。水文效应的影响与原水体水量大小有关，改变的量和质与总量和总体水质都是相对而言的。总而言之,人类活动对水文循环的影响越来越大,而水文循环的改变又会引起自然环境的变化。这种变化可以朝着有利于人类的方向发展,也可能朝着不利于人类的方向发展,弄清其机理,在理论和实践上都有重大的意义。

思 考 与 练 习 题

2.1 按水文循环的规模和过程不同,水文循环可分为_____循环和_____循环。

2.2 自然界中,海陆之间的水文循环称_____。

2.3 自然界中,海洋或陆地局部的水文循环称_____。

2.4 使水资源具有再生性的原因是自然界的(　　)。[单选]

A. 径流　　　　　B. 水文循环　　　　　C. 蒸发　　　　　D. 降水

2.5 自然界中,海陆间的水文循环称为(　　)。[单选]

A. 内陆水循环　　B. 小循环　　　　　C. 大循环　　　　D. 海洋水循环

2.6 将全球的海洋作为一个独立的单元系统,海洋面上的多年平均降水量 $P_o=1269\text{mm}$,多年平均蒸发量 $E_o=1399\text{mm}$,试根据区域水量平衡原理计算多年平均情况下每年从陆地流入海洋的径流量 R。

2.7 将全球的陆地作为一个独立的单元系统,已知多年平均降水量 $P_l=798\text{mm}$,多年平均蒸发量 $E_l=483\text{mm}$,试根据区域水量平衡原理(质量守恒原理),计算多年平均情况下每年从陆地流入海洋的径流量 R。

2.8 将全球作为一个独立的单元系统,已知全球海洋的多年平均蒸发量 $E_o=40079\text{mm}$,陆地的多年平均蒸发量 $E_l=483\text{mm}$,试根据全球的水量平衡原理推算全球多年平均降水量。

2.9 有人认为水资源是取之不尽、用之不竭的,这种说法其实并不正确,为什么?

2.10 结合习近平总书记在"黄河流域生态保护和高质量发展"座谈会上所提出的"让黄河成为造福人民的幸福河",用本章所学知识谈一谈应该如何保护水资源?

扫码查看答案

项目 3

河流与流域

【知识要点】

通过本项目的学习,熟练掌握河流及其组成、水系分级及分类、流域及其特征等理论知识。

【技能要求】

通过本项目的学习,能计算河流比降、河网密度,能运用不同方法对水系进行分级,能区分水系的形状和特征,能区分闭合流域和非闭合流域,能计算流域的形状系数等几何特征。

【重点与难点】

重点:河流的组成、水系的分级、水系的形状与特征、流域的特征。

难点:水系的分级。

3.1 河流及其特征

3.1.1 河流及其组成

在重力作用下,沿着连续延伸的凹地流动的天然水体称为河流。河流流经的谷地称为河谷;河谷底部有水流的部分称为河床,或称河槽。枯水期水流所占部位为基本河床,或称主槽;洪水泛滥所及部位为洪水河床,或称滩地(图3.1)。面向河流下游,左边的河岸称为左岸,右边的河岸称为右岸。一条河流是由众多的支流组成的,将河长最长的或水量最大的一条支流作为干流,其余为支流,这是一种模糊分级法,具体更细化的河流分级方法将在3.2节中详细介绍。

一条河流沿水流方向,自高向低可分为河源、上游、中游、下游和河口五部分,下面对这五部分进行详细说明。

(1)河源。河源是指河流的发源地,多为泉水、溪涧、冰川、湖泊或

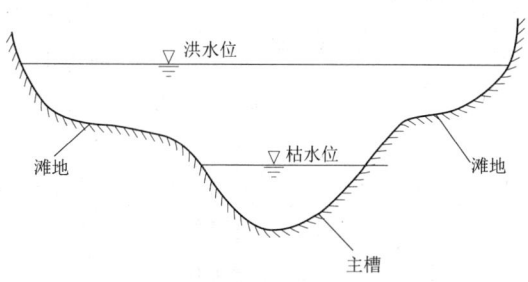

图 3.1 河流主槽和滩地示意图

沼泽等。

（2）上游。上游紧接河源，多处于深山峡谷中，坡陡流急，河谷下切强烈，常有急滩和瀑布。

（3）中游。中游的河段坡度渐缓，河槽变宽，两岸常有滩地，河床较稳定。

（4）下游。下游是指河流的最下段，一般处于平原区，河槽宽阔，淤积明显，浅滩和河湾较多。

（5）河口。河口是指河流的终点，是河流注入海洋或内陆湖泊的地段，因流速骤减，泥沙大量淤积，往往形成三角洲。

最终注入海洋的河流，称为外流河，如长江、黄河等；流入内陆湖泊或消失于沙漠中的河流，称为内流河或内陆河，如新疆的塔里木河和青海的格尔木河等。

3.1.2 河流的基本特征

（1）河长 L。自河源沿主河道至河口的长度称为河流长度，简称为河长，通常以 km 计。

（2）河流横断面。垂直于水流方向的断面为河流横断面，可分为单式断面和复式断面。只有主槽而没有滩地的断面称为单式断面，既有主槽又有滩地的断面称为复式断面。

（3）河流纵断面。河流中沿水流方向各断面最大水深点的连线称为中泓线；沿中泓线的水流切面称为河流的纵断面。河流纵断面能反映河床的沿程变化。

（4）河道纵比降 J。任意河段两端（水面或河底）的高差 Δh 称为落差，单位河长的落差称为河道纵比降，简称比降，常用小数或千分数表示。常用的比降有水面比降和河底比降。河流沿程各河段的比降都不相同，一般自河源向河口逐渐减小。水面比降随水位的变化而变化，河底比降则较稳定。

当河段纵剖面近似于直线时，河段平均比降 J 可按下式计算：

$$J=\frac{h_1-h_0}{l}=\frac{\Delta h}{l} \tag{3.1}$$

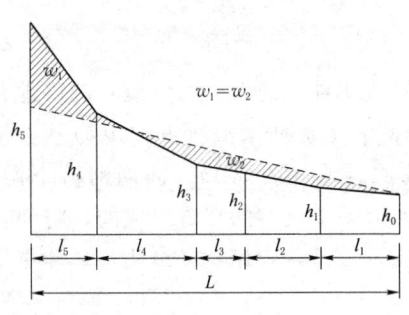

图 3.2 河流纵断面示意图

式中　J——河段纵比降；
　　　h_1、h_0——河段上、下断面河底高程，m；
　　　l——河段长度，m。

当河段剖面为折线时，如图 3.2 所示，在纵断面图上从下断面最低点作一直线，该直线以下的面积与原河底线下面积相等，直线的斜率即为河道的平均比降，其计算公式为

$$J=\frac{(h_0+h_1)l_1+(h_1+h_2)l_2+\cdots+(h_{n-1}+h_n)l_n-2h_0L}{L^2} \tag{3.2}$$

式中　h_0、h_1、$\cdots$、h_n——自下游到上游沿程各点的河底高程，m；
　　　l_1、l_2、$\cdots$、l_n——河段长度，m；
　　　L——河长，m。

（5）河网密度。流域内河流干支流总长度与流域面积的比值称为河网密度，常以

km/km² 计，即流域单位面积上的平均河流长度。它表示河网的疏密程度，能综合反映一个地区的汇流能力和自然地理条件。河网分布较密，河网密度大，则汇流能力强；反之则汇流能力弱。河网密度表达式为

$$\varphi = \frac{\sum L_i}{F} \tag{3.3}$$

式中　φ——河网密度，km/km²；

　　　$\sum L_i$——流域内所有干支流总长度，km；

　　　F——流域面积，km²。

3.2　水系的分级与水系形状分类

3.2.1　水系的分级

水系，又称河系或河网，是由地区或流域内大大小小的河流所构成的脉络相通的网状系统。为了对水系中大小不同的河流进行区别，有必要对河流进行分级。在20世纪以前人们对水系中大小不同的河流只有定性的认识，仅将水系中的河流区分为支流和干流两级。这种分级方法看起来简单，实际上却是一种模糊分级方法。这样一种模糊的分级方法显然不能满足水文学上定量分析的需要。

1914年以后，地貌学界普遍主张采用序列命名的法则，即将水系中各条河流按一定的次序排列成序列，并以序号对序列中的河流逐一加以命名。这种序列命名法可把整个水系中的河流按次序划分完毕，以满足定量分析需要。下面所列5种方法代表了序列命名法的不同发展阶段。

(1) 格雷夫利厄斯（Gravelius）分级法。这是格雷夫利厄斯于1914年提出的方法，该法规定：水系中最大的主流为1级河流，汇入主流的支流为2级河流，汇入支流的小支流为3级河流，依此类推，就可以将水系中所有的干、支流命名完毕。

(2) 霍顿（Horton）分级法。这是霍顿于1945年提出的方法，如图3.3（a）所示。该法将最小的不分叉的河流称为1级河流，只接纳1级河流汇入的河流称为2级河流，只接纳1、2两级河流汇入的河流称为3级河流，其余类推，直至将水系中所有的河流命名完毕。

(3) 斯特拉勒（Strahler）分级法。这是斯特拉勒于1953提出的方法，如图3.3（b）所示。该法定义从河源出发的河流为1级河流；同级的两条河流交汇形成的河流的级比原来增加1级；不同级的两条河流交汇形成的河流的级等于两者中较高者。借助于数学符号，后两条规则还可以表达为

$$w * w = w + 1 \tag{3.4}$$

和

$$w * n = n \quad (n > w) \tag{3.5}$$

式中　w、n——河流的级，w、$n = 1, 2, \cdots, \Omega$，Ω 为水系中最高级河流的级；

　　　$*$——两条河相交汇的运算符号。

(4) 施里夫（Shreve）分级法。这是施里大于1966年提出的方法，如图3.3（c）

所示。该法将水系中最小的、不分叉的河流定义为 1 级河流，两条河流交汇形成的河流的级为这两条河流级的代数和。

（5）沙伊达格（Scheidagger）分级法。这是沙伊达格于 1967 年提出的方法，如图 3.3 (d) 所示。该法的分级原则与施里夫分级法相同，差别是该法将水系中最小的、不分叉的河流定为 2 级河流，这样水系中所有河流的级将均以偶数标记之。

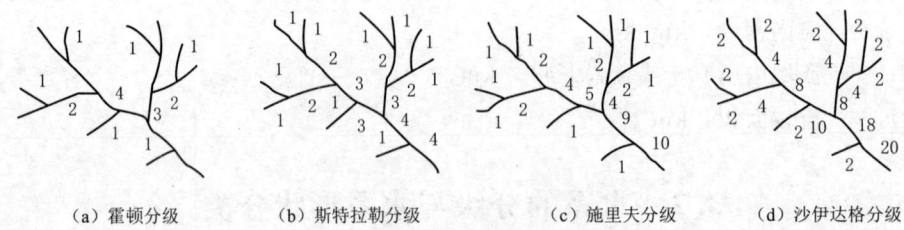

(a) 霍顿分级　　(b) 斯特拉勒分级　　(c) 施里夫分级　　(d) 沙伊达格分级

图 3.3　河流分级法

按照格雷夫利厄斯分级法，水系中河流越小，级数就越大。这显然是有缺点的。这样既难以区分水系中的主流和支流，而且在大小不同的两个流域内，同样为 1 级的河流可能相差较大，故现在已不再使用格雷夫利厄斯分级法了。

霍顿分级法采用了不同于格雷夫利厄斯分级命名河流级的原则。这样虽然可以克服格雷夫利厄斯分级法的主要缺点，但也存在不妥之处，例如，按照霍顿分级法，2 级以上的河流均可以一直延伸到河源，但实际上它们的最上游都只具有 1 级河流的特征。

斯特拉勒分级法与霍顿分级法的关系显然是每条 w 级的霍顿河流将由 w 条 $1\sim w$ 级的斯特拉勒河流首尾相接而成，而每条斯特拉勒河流仅仅是一条霍顿河流的一部分，这就表明，斯特拉勒分级法不可能像霍顿分级法一样将 2 级以上河流都一直延伸到河源，因而总是将能通过全流域水量和泥沙量的河流作为水系中最高级的河流的。斯特拉勒分级法的主要缺点是不能反映"流域内河流级越高，通过的水量和泥沙量也越大"的事实。

施里夫分级法和沙伊达格分级法就是为弥补这一缺点而提出来的，它们的区别仅是前者比后者更便于进行数值处理。

梅尔顿（Melton）曾指出，斯特拉勒分级法是根据对水系形态与水文要素的综合分析引导出来的，便于作为寻求水系地貌规律的基础，因此，斯特拉勒分级法是目前最广泛使用的一种河流分级法。

流域也可以分级，其分级的原则与河流分级相同。以斯特拉勒分级法为例，1 级河流的汇水范围称为 1 级流域，2 级河流的汇水范围称为 2 级流域，依此类推，最高级河流的汇水范围即为全流域。这就是说，流域的级与其中最高级河流的级是相同的。

3.2.2　水系形状分类

根据水系的干流与其下一级支流在地理上的分布形态特征，可将水系形状分为以下几种类型，见表 3.1。

表 3.1　　　　　　　　　　　水系形状分类及特点

水系形状	水系特点	示意图	中国典例
扇形水系	干支流汇合点集中，支流的排列和分布呈扇形	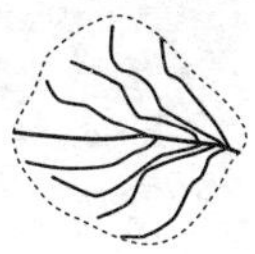	海河水系
羽形水系	支流从左右岸相间汇入干流，呈羽毛状	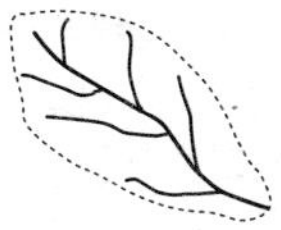	滦河水系
平行状水系	若干近乎平行的支流汇入干流	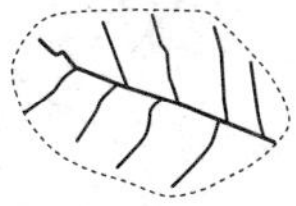	淮河水系
树枝状水系	干支流呈树枝状	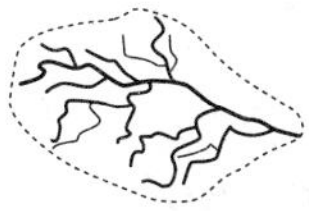	珠江西江水系

（1）扇形水系。支流的排列和分布呈扇形分布，干支流汇合点较为集中，如华北的北运河、永定河、大清河、子牙河、南远河等五河，于天津汇入海河。

（2）羽形水系。干流两侧支流分布较均匀，干流比较长，支流从左右两岸相间汇入干流，呈羽毛状，如滦河水系。

（3）平行状水系。由几个近乎平行的支流至入海口附近汇入干流，如苏北的沂沭河、淮河蚌埠以上的涡河、颍河和洪河等支流。

（4）树枝状水系。干支流呈树枝状，是水系发育中最普遍的一种类型，一般发育在抗侵蚀力比较一致的沉积岩或变质岩地区，如西江上游接纳柳江、郁江、桂江等支流。

水系的形状决定了流域形状，并对流域汇流有一定的影响。如扇形水系汇水时间短、集流快，洪水往往表现为陡涨陡落，洪水历时短；而羽毛状水系暴雨洪水过程较平缓，洪水历时长。

3.3 流 域 及 其 特 征

3.3.1 闭合流域和非闭合流域

（1）分水线。分水线又称分水岭线，是分水岭的脊线，是相邻流域的界线，一般为分水岭最高点的连线，如图 3.4（a）所示。分水线包括地面分水线和地下分水线。地面分水线是由于地形向两侧倾斜使得降水产生的径流分别汇集到两条河流中去的脊岭线，如图 3.4（b）所示。地下分水线决定于水文地质条件。地面分水线与地下分水线的位置不一定重合，地下分水线的位置或取决于地下基岩的倾向，或取决于地下水的水力坡度，如图 3.4（c）所示。

（2）流域。汇集地面径流和地下径流的区域称为流域，也就是分水线包围的区域。

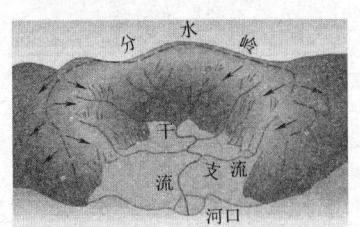

(a)分水线为分水岭最高点的连线

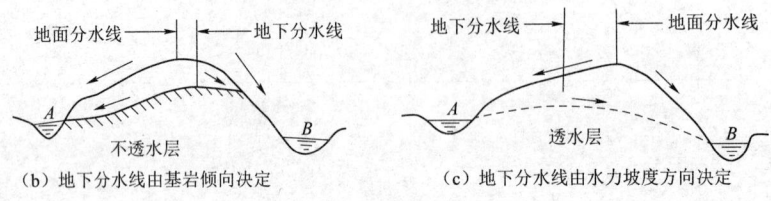

(b)地下分水线由基岩倾向决定　　(c)地下分水线由水力坡度方向决定

图 3.4　分水线示意图

(3)闭合流域和非闭合流域。当地面分水线和地下分水线相重合时,称为闭合流域;否则,称为非闭合流域。如图 3.5 所示。

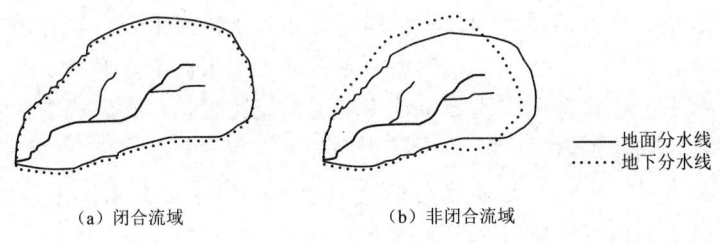

(a)闭合流域　　　　　　(b)非闭合流域

图 3.5　闭合流域和非闭合流域

3.3.2　流域的基本特征

3.3.2.1　几何特征

(1)流域面积 F。流域面积是指流域分水线包围区域的平面投影面积,常用单位为 km^2。

(2)流域长度 L。流域长度是指从流域出口到流域最远点的流域轴线长度,常用单位为 km。在地形图上以流域出口为中心,作若干个同心圆,在同心圆与流域分水线相交处,绘制出许多割线,各割线中点连线的长度即为流域长度,如图 3.6 所示。

(3)流域平均宽度 B。流域面积 F 与流域长度 L 的比值称为流域平均宽度,常用单位为 km,即

$$B=\frac{F}{L} \tag{3.6}$$

(4)流域形状系数 K。流域形状系数是指流域平均宽度与流域长度的比值。流域形状系数可以反映流域形状特征,K 越小,表示流域形状越狭长。扇形水系 K 值较大,羽形水系 K 值较小。

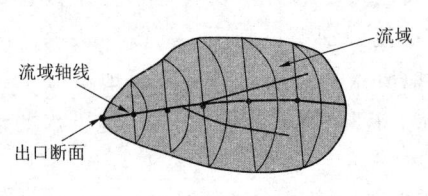

图 3.6　流域长度示意图

$$K = \frac{B}{L} \qquad (3.7)$$

3.3.2.2 自然地理特征

自然地理特征包括流域的地理位置、气候特征、下垫面条件等。

（1）流域的地理位置。流域的地理位置以流域所处的经纬度来表示，它可以反映流域所处的气候带。流域距离海洋的远近和与较大山脉的相对位置，影响着水汽输送条件、降雨量的大小和水文循环的强弱。

（2）流域的气候特征。包括降水、蒸发、湿度、气温、气压、风等要素，它们是河流形成和发展的主要影响因素，也是决定流域水文特征的重要因素。比如：降雨量的大小和分布，直接影响河流年径流量的多少；蒸发量的大小，对年、月径流量影响极大；气温、湿度、风速、气压等因素，主要通过影响降水和蒸发间接影响流域径流。

（3）流域的下垫面条件。下垫面是指流域的地形、地质构造、土壤和岩石性质、植被、湖泊、沼泽等情况，这些要素以及上述河流特征、流域特征都反映了水系形成过程的具体条件，并影响径流的变化规律。在天然情况下，水文循环中的水量、水质在时间上和地区上的分布与人类的需求是不相适应的。为了解决这一矛盾，长期以来人类采取了许多措施，如兴修水利、植树造林、水土保持、城市化等，来改造自然，以满足人类的需要。人类的这些活动，在一定程度上改变了流域的下垫面条件，从而引起了水文特征的变化。因此，当研究河流及径流的动态特性时，需对流域的自然地理特征及其变化状况进行专门的分析研究。

思 考 与 练 习 题

3.1 一条河流，沿水流方向，自上而下可分为_____、_____、_____、_____、_____五段。

3.2 汇集地面径流和地下径流的区域称为_____。

3.3 地面分水线与地下分水线在垂直方向彼此相重合的流域称为_____流域；否则，称为_____流域。

3.4 自河源沿主河道至河流某一断面的距离称该断面以上的_____。

3.5 单位河长的落差称为_____。

3.6 流域平均单位面积内河流干支流的总长度称为_____。

3.7 三江源是_____、_____、_____三条河流的源头。

3.8 黄河上游是指从_____到_____；黄河中游是指从_____到_____；黄河下游是指_____以下。

3.9 某河段上、下断面的河底高程分别为 725m 和 425m，河段长 120km，则该河段的河道纵比降为（　　）。［单选］
A．0.25　　　　B．2.5　　　　C．2.5%　　　　D．2.5‰

3.10 山区河流的水面比降 般比平原河流的水面比降（　　）。［单选］

A. 相当 B. 小 C. 平缓 D. 大

扫码查看答案

项目 4

降　水

【知识要点】
通过本项目的学习，熟练掌握降水的成因与分类、降水特性的表示方法、降水量的观测、降水资料的分析插补、流域面平均降雨量的推算等理论知识。

【技能要求】
通过本项目的学习，能划分降水等级，能使用仪器对降水量进行观测，能对降水资料进行分析插补，能使用算术平均法、泰森多边形法、等雨量线法对流域面平均降雨量进行推算。

【重点与难点】
重点：降水的成因与分类、降水特性的表示方法、流域面平均降雨量的推算。
难点：流域面平均降雨量的推算。

4.1　降水的成因与分类

4.1.1　降水的成因

降水是指液态或固态的水汽凝结物从空中降落到地面的现象，如雨、雪、霰、雹、霜、露等，其中以雨、雪为主。我国大部分地区的降水都以雨为主，雪只占少部分，故降水主要是指降雨。降水是水文循环中最活跃的因子，它是一种水文要素，也是一种气象要素。影响降水的气象因素有气温、气压、风、湿度等。

（1）水汽压（e）。水汽压指空气中的水汽压力，以 hPa 计。在一定温度下，空气中所含水汽量的最大值，称为饱和水汽压 E。饱和水汽压随气温而变，温度越高，空气中饱和水汽压越大，反之则越小。

（2）饱和差。在一定温度下，饱和水汽压与空气中的实际水汽压之差 $E-e$，称为饱和差。若实际水汽压超过了饱和水汽压，空气中多余的水汽就会发生凝结。

（3）露点（T_d）。水汽量不变，在气压一定的条件下，气温下降，空气达到饱和水气压时的温度称为露点温度。露点高，实际水汽压大；露点低，实际水汽压小。

（4）饱和湿度。在一定温度下空气中最大的水汽含量称为饱和湿度。如果空气中的水汽量达到了饱和或过饱和，多余的水汽就可能发生凝结。

降水的形成主要是由于地面暖湿气团因各种原因而上升,体积膨胀做功,消耗内能导致气团温度下降,称为动力冷却。当气温降至露点温度以下时,空气就处于饱和或过饱和状态。这时,空气里的水汽就开始凝结成小水滴或小冰晶块,在高空则成为云。由于凝结继续,或相互碰撞合并,水滴或冰晶块不断增大,当不能为上升气流所顶托时,在重力作用下就形成降水。因此,水汽、上升运动和冷却凝结是形成降水的三个因素。在水汽条件具备时,水汽冷却凝结的条件是空气垂直上升运动。

4.1.2 降雨的分类

按照气团形成动力冷却的原因不同,可以把降雨分为以下四种类型。

(1) 对流雨。因地表局部受热,气温向上递减率过大,大气稳定性降低,下层湿度比较大的空气膨胀上升,与上层空气形成对流,动力冷却致雨,这种降雨称为对流雨。因对流上升速度快,形成的云多为垂直发展的积状云。对流雨一般降雨强度大、历时短、范围小,多发生在夏季酷热的午后。

(2) 地形雨。当近地面的暖湿空气在运移过程中遇山坡阻挡时,将沿山坡爬升,由于动力冷却而致雨,称为地形雨。地形雨多集中在迎风坡,背风坡雨较少。例如,位于秦岭南麓的地区,年降水量都超过 800mm,而位于北麓的地区,年降水量不足 600mm。

(3) 锋面雨。温度、湿度、气压等物理性质比较均匀、相似的大团空气称为气团,其范围一般较大,从数百公里到数千公里。根据温度特征可将气团分为冷气团和暖气团,根据湿度特征分为海洋气团和大陆气团。两个温湿特性不同的气团相遇时,在其接触区由于性质不同来不及混合而形成一个不连续面,称为锋面。锋面实际上是一个过渡带,所以又称为锋区。锋面的长度从几百公里到几千公里不等。伸展高度低的离地面 1~2km,高的可达 10km 以上。由于冷暖空气密度不同,暖空气总是位于冷空气上方,在地转偏向力的作用下,锋面向冷空气一侧倾斜,冷气团总是楔入暖气团下部,暖空气沿锋面上升。由于锋面两侧温度、湿度、气压等气象要素有明显的差别,因此锋面附近常伴有云、雨、大风等天气现象。锋面活动产生的降水统称为锋面雨。

(4) 气旋雨。气旋是中心气压低于四周的大气漩涡。由于地球偏转力影响,北半球辐合气流是按逆时针方向流入的,而南半球恰好相反。当局部地区气压较低时,四周气流会向中心辐合运动,然后转向高空,气流中的水汽因动力冷却而导致的降雨,称为气旋雨。

4.2 降水特性的表达

降水特性通常用降水量、降水历时、降水强度、降水面积、降水中心等降水要素来定量或定性描述。同时,降水特性也常用一些图形来直观表达。

4.2.1 降水要素

(1) 降水量(P)。降水量是指从天空降落到地面上的液态和固态(经融化后)降水,没有经过蒸发、渗透和流失而在水平面上积聚的深度,以 mm 计。

(2) 降水历时。降水历时是指一次连续降水过程所持续的时间,以 min 或 h 计。

(3) 降水强度。降水强度是指单位时间内的降水量，以 mm/min 或 mm/h 计。

(4) 降水面积。降水面积是指降水笼罩范围的水平投影面积，以 km^2 计。

(5) 降水中心。降水中心是指降水量最大的局部地区。在一次降水过程中，降水中心通常是移动的。

4.2.2 降水量等级划分

中国气象局根据时段降水量的大小，提出了降水等级划分的国家标准——《降水量等级》（GB/T 28592—2012）。该标准由国家气象中心起草，由中华人民共和国国家质量监督检验检疫总局和中国国家标准化管理委员会于 2012 年 6 月 29 日发布，自 2012 年 8 月 1 日起实施。标准中，将降雨量和降雪量等级按 24h 和 12h 两个时间段进行划分。

（1）降雨量等级划分。根据 12h 或 24h 降雨量的大小，把降雨划分为微量降雨（零星小雨）、小雨、中雨、大雨、暴雨、大暴雨、特大暴雨 7 个等级，具体划分标准见表 4.1。

表 4.1 降雨量等级划分标准

降雨量等级	时 段 降 雨 量	
	12h 降雨量/mm	24h 降雨量/mm
微量降雨（零星小雨）	<0.1	<0.1
小雨	0.1～4.9	0.1～9.9
中雨	5.0～14.9	10.0～24.9
大雨	15.0～29.9	25.0～49.9
暴雨	30.0～69.9	50.0～99.9
大暴雨	70.0～139.9	100.0～249.9
特大暴雨	≥140.0	≥250.0

（2）降雪量等级划分。根据 12h 或 24h 降雪量的大小，把降雪划分为微量降雪（零星小雪）、小雪、中雪、大雪、暴雪、大暴雪、特大暴雪 7 个等级，具体划分标准见表 4.2。

表 4.2 降雪量等级划分标准

降雪量等级	时 段 降 雪 量	
	12h 降雪量/mm	24h 降雪量/mm
微量降雪（零星小雪）	<0.1	<0.1
小雪	0.1～0.9	0.1～2.4
中雪	1.0～2.9	2.5～4.9
大雪	3.0～5.9	5.0～9.9
暴雪	6.0～9.9	10.0～19.9
大暴雪	10.0～14.9	20.0～29.9
特大暴雪	≥15.0	≥30.0

4.2.3 降水特性图示法

(1) 降雨量过程线。降雨量过程线是以时段降雨量为纵坐标、时间为横坐标绘制而成的柱状图,它表示时段降雨量的变化过程。根据研究的需要,横坐标时段的选取可以是分钟、小时、日等。如图 4.1 中的柱状图,就是以 1h 单位时段长为横坐标,以时段降雨量为纵坐标,绘制出的时段 (1h) 降雨量过程线,此时的纵坐标——时段降雨量,同时也表示该时段的平均雨强。因此,降雨量过程线又称为平均雨强过程线。

(2) 瞬时雨强过程线。该曲线是以时间为横坐标,以瞬时降雨强度为纵坐标的一条先增后减的曲线。当上述平均雨强过程线的横坐标时段很小并趋于 0 时,柱状图就变为光滑曲线,即为瞬时雨强过程线。

(3) 降雨量累积曲线。该曲线是以时间为横坐标,以降雨开始到该时刻的累积降雨量为纵坐标,绘制而成的一条单调递增的曲线。自记雨量计的记录曲线,就是降雨量累积曲线。该曲线上任意一点的切线斜率(坡度)为该时刻的瞬时雨强,而某一时段的平均坡度就是该时段的平均雨强。

(4) 等雨量线。等雨量线是流域内降水量相等点的连线,其作法与地形图上的等高线作法类似,如图 4.2 所示。等雨量线综合反映了一定时段内降水量在空间上的分布变化规律,按各时段顺序降雨量绘制的等雨量线图还能反映暴雨中心的移动路径。等雨量线是研究降雨分布、暴雨中心移动以及计算流域平均雨量的有力工具。但在绘制等雨量线时,要求有足够的且控制性较好的雨量站点,这样才能真实地反映降雨的空间分布,如测点稀少或控制性不好,不能反映暴雨中心的极大值或暴雨的极小值,则所绘制的等雨量线的真实性就很差,从而失去意义。地形和降水关系密切,在绘制等雨量线时应考虑其影响。另外,从等雨量线图上可以查取各地的降水量以及降水的面积,但无法判断出降水强度的变化过程与降水历时。

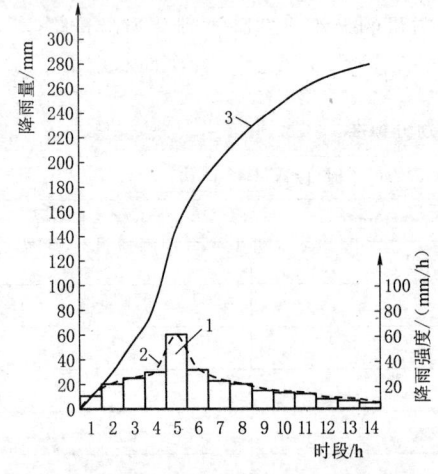

图 4.1 某水文站一次降雨过程
1—降雨量过程线;2—瞬时雨强过程线;3—降雨量累积曲线

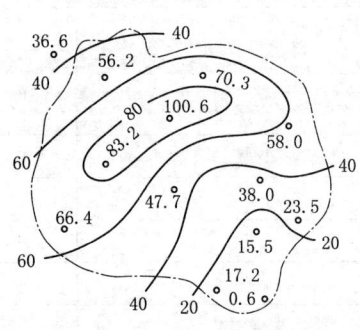

图 4.2 等雨量线图

4.3 降水量的观测及降水资料的分析插补

4.3.1 降水量的观测

降水量用降落在地面上的雨水层的深度来表示，单位为 mm。降水量的观测可采用仪器观测、雷达探测、气象云图估算等方法。

4.3.1.1 仪器观测

（1）雨量器。雨量器是直接观测降水量的器具，由承雨器、漏斗、储水瓶和雨量杯组成，如图 4.3 所示。承雨器口径为 200mm，安装时一般距地面 700mm，筒口保持水平，分辨率为 0.1mm。一般采用 2 段制观测，即每日 8 时及 20 时各观测一次。雨季增加观测段次，如采用 4 段制或 8 段制，雨大时还需要加测。观测时，用空的储水瓶将雨量器内储水瓶换出，用雨量杯量出降水量。一般选用的雨量杯口径为 40mm，雨量杯的读数经换算后即为降雨量。当降雪时，仅用外筒作为承雨器具，待雪融化后计算降水量。

（2）称重式自记雨量计。称重式自记雨量计可以随时间连续记录承雨器收集的累积降水量。记录方式可以用机械发条装置或平衡锤系统，降水时全部降水量的重量如数记录下来。此仪器能够记录雪、冰雹及雨雪混合降水。

（3）翻斗式自记雨量计。如图 4.4 所示，承雨器接受的雨水流入对称的翻斗的一侧，当接满 0.1mm 雨量时，翻斗倾于一侧把雨水全部泼掉，另一翻斗则处于进水状态。每次翻转将发出一个脉冲信号，由记录设备记下这些信号并换算为雨量。

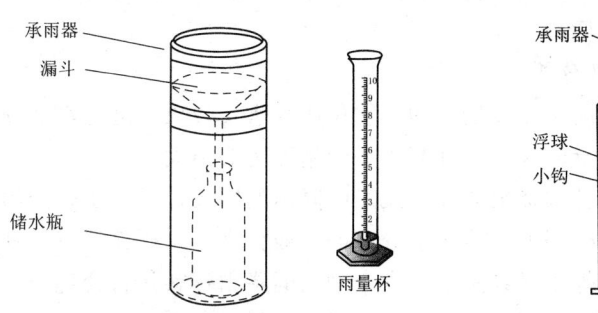

图 4.3　雨量器示意图　　图 4.4　翻斗式自记雨量计示意图

（4）虹吸式自记雨量计。如图 4.5 所示，承雨器将雨量导入浮子室，浮子随注入的雨水增加而上升，带动自记笔在附有时钟的转筒记录纸上连续记录随时间累积增加的雨量。当累积雨量达 10mm 时，自行进行虹吸，使自记笔立即垂直下落到记录纸上纵坐标的 0 点，以后又开始记录。

4.3.1.2 雷达探测

气象雷达是利用云、雨、雪等对无线电波的反射现象，随时探测降水的位置、移动速度、方向和变化情况，进行降水预报。此种方法属于定性预报，还未能达到定量预报的程度。用于水文方面的雷达，有效范围一般是 40~200km。雷达的回波可以在雷达显示器上显示出来。雷达测雨的优点有：①能观测区域雨量；②能观测短期雨量（暴雨）；③可以追踪云雾的移动。缺点是电波反射值有误差。

4.3.1.3 气象卫星云图

气象卫星按其运行轨道分为极轨卫星和地球静止卫星两类。目前，地球静止卫星发回的高分辨数字云图资料有两种：一种是可见光云图，另一种是红外云图。可见光云图的亮度反映云的反照率。反照率强的云，云图上的亮度就大，颜色较白；反照率弱的云，亮度弱，色调灰暗。红外云图能反映云顶的温度和高度，云层的温度越高，云层的高度越低，发出的红外辐射越强。在卫星云图上，一些天气系统也可以根据特征云型分辨出来。

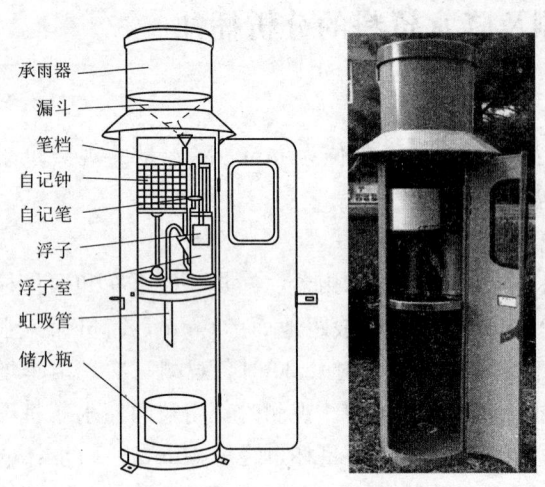

图 4.5　虹吸式自记雨量计

用卫星资料估计降雨的方法很多，目前投入水文业务应用的是利用地球静止卫星短时间隔云图资料，再用某种模型估算。这种方法可引入人机交互系统，自动进行数据采集、云图识别、降雨量计算、雨区移动预测等项工作。

目前，利用气象卫星云图估测降雨的精度还有待提高，一般只用于趋势预报。尽管如此，气象卫星云图和雷达探测技术仍是测雨技术今后必然的发展方向之一。

4.3.2 降水资料的分析与插补

4.3.2.1 降水资料的合理性分析

降水资料是通过一定观测手段收集到的，它是研究水文现象、进行水文预报和水文分析计算的基本资料，其质量的好坏对计算成果的精度影响很大。

在分析时，应着重分析各次降雨的成因及影响降雨的因素，深入了解降雨地区的地理特征，掌握该地区降雨在时程上、地区上分布的一般特性。分析途径有下列几种：

(1) 利用本地区绘制的等雨量线图来审查个别站的降雨资料是否合理。

(2) 从降雨类型、性质、地形等方面分析雨量资料是否合理。

(3) 利用相邻站同时期的雨量、降雨强度及降雨历时作对比检查。

(4) 利用双累积曲线分析技术，对测站记录的不一致性进行判别和校正。

测站位置、仪器设备、观测方法的改变，会导致降水观测资料的相应变化，破坏历年资料的一致性，双累积曲线分析技术正是用来检查此种不一致的工具。双累积曲线是指被检验雨量站的累积降雨量与周围若干雨量站平均值的累积降雨量的相关曲线。具体做法是：①选定检验时段，可以是月、季、年等；②选定被检验测站邻近的一个或一组可靠雨量站；③统计整理被检验测站以及邻近测站的降水资料系列，并计算出累积降水量；④绘制曲线；⑤判断被检验测站的降水资料系列是否具有一致性。如果绘制出的双累积曲线连续完整，没有明显的转折点，证明被检验测站的全部资料的一致性较好；反之，则不满足一致性。

图 4.6 是依据某流域内 A 站与其邻近相对稳定的 12 个测站的平均雨量绘制的曲线。由图 4.6 可知，A 站年降水量与 12 站均值的关系在 1975 年发生突变，曲线的斜率由 1975 年前的 0.95 变为 1975 年后的 0.75。为了使资料满足一致性要求，可以利用双累积曲线对资料系列进行修正使其满足一致性要求。如图 4.6 所示，如果将 1975 年以前的降水资料乘以按式（4.1）求得的修正系数 α，就可以将其修正到与 1975 年以后相一致的降水资料。

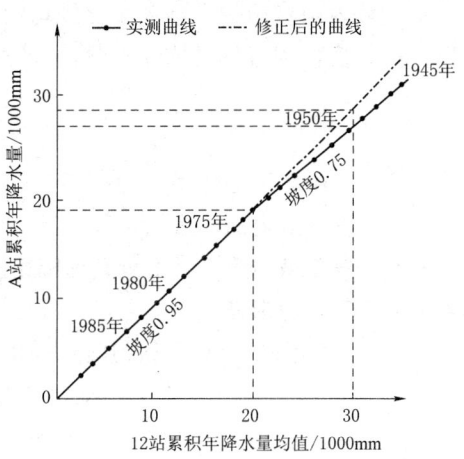

图 4.6　降雨量的双累积曲线示意图

$$\alpha = \frac{K_2}{K_1} \quad (4.1)$$

式中　K_1、K_2——改变点前、后的双累积曲线斜率。

4.3.2.2　降水资料的插补

由于缺测或仪器故障使资料短缺时，为了分析计算需要，对缺测资料要进行插补，常用的方法如下。

（1）算术平均法。如周围相邻 3 个雨量站的多年平均降雨量与缺测站的多年平均降雨量相差在 10% 以内，则可用这 3 个站的降雨量的平均值作为缺测站的估算值。

（2）比例法。如相邻站多年平均降雨量与缺测站多年平均值相差在 10% 以上，用相邻站多年平均值的比例关系来估算缺测站的降雨量，计算公式如下：

$$P_x = \frac{1}{n}\left(\frac{\overline{P_x}}{\overline{P_1}}P_1 + \frac{\overline{P_x}}{\overline{P_2}}P_2 + \cdots + \frac{\overline{P_x}}{\overline{P_n}}P_n\right) \quad (4.2)$$

式中　　P_x——缺测站插补的某年降雨量，mm；

$\overline{P_x}$——缺测站多年平均降雨量，mm；

P_1、P_2、$\cdots$、P_n——与缺测站同期相邻的第 1 至第 n 个站的年降雨量，mm；

$\overline{P_1}$、$\overline{P_2}$、$\cdots$、$\overline{P_n}$——与缺测站同期相邻的第 1 至第 n 个站的多年平均降雨量，mm。

（3）等雨量线法。上述两种方法主要用于插补年、月降雨量，对于暴雨量，可用等雨量线法插补，即根据周围各站雨量绘制的等雨量线图，由缺测站的地理位置，用比例内插法求得缺测站的雨量值。

（4）图解相关法。选择与缺测站降雨类型相似、处于同一气候区且自然地理条件一致、资料完整的邻近雨量站作为参证站，建立两个站降雨量的相关关系，据以进行插补。

4.4　流域面平均降雨量的推算

雨量站观测的降雨量，只表示流域中某点或小范围的降雨情况，水文计算往往需要推求全流域的平均降雨量。由雨量站的点降雨量推求流域面平均降雨量的计算方法有算数平均法、泰森多边形法和等雨量线法。

4.4.1 算数平均法

当流域内雨量站较多且分布比较均匀、地形起伏变化不大时，可用流域内各站雨量的算术平均值作为流域平均降雨量，计算公式如下：

$$\overline{P}=\frac{P_1+P_2+\cdots+P_n}{n}=\frac{1}{n}\sum_{i=1}^{n}P_i \tag{4.3}$$

式中　$\overline{P}$——流域平均降雨量，mm；

　　　n——流域内的雨量站个数；

　　　P_i——流域内第i个雨量站的降雨量，mm。

4.4.2 泰森多边形法

当流域内雨量站分布不均匀时，采用泰森多边形法更合理。该法由美国水文学家泰森提出，故名为泰森多边形法。该法选取的雨量站降雨量不仅包括流域内的雨量站，还包括流域周边外不远的雨量站，如图4.7中的2站。具体做法是：

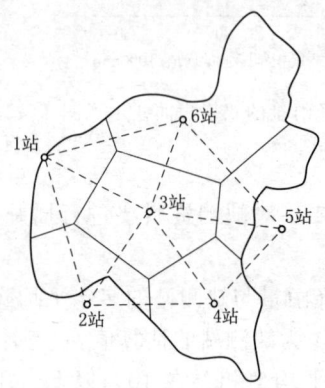

图4.7　泰森多边形作图方法

(1) 先用直线连接相邻雨量站，构成若干个三角形（应尽量避免出现钝角三角形）。

(2) 作每个三角形各条边的垂直平分线，这些垂直平分线及流域边界线将流域划分成了若干个多边形，而每个多边形正好对应一个代表雨量站。

(3) 计算流域平均降雨量。

泰森多边形法的计算公式如下：

$$\overline{P}=P_1\frac{f_1}{F}+P_2\frac{f_2}{F}+\cdots+P_n\frac{f_n}{F}=\sum_{i=1}^{n}P_i\frac{f_i}{F} \tag{4.4}$$

式中　f_i——第i个雨量站对应的多边形面积，km²；

　　　F——流域面积，km²；

　　　其余符号意义同前。

4.4.3 等雨量线法

如图4.2所示，等雨量线是降雨量相等的点连成的线，等雨量线图可以表示降雨的空间分布情况。当流域内、外雨量站分布较密时，可根据各站降雨量资料绘制出等雨量线图，再用面积加权法计算流域平均雨量。计算公式如下：

$$\overline{P}=P_1\frac{f_1}{F}+P_2\frac{f_2}{F}+\cdots+P_n\frac{f_n}{F}=\sum_{i=1}^{n}P_i\frac{f_i}{F} \tag{4.5}$$

式中　f_i——相邻两条等雨量线之间的流域面积，km²；

　　　P_i——相邻两条等雨量线的平均值，mm；

　　　其余符号意义同前。

以上各法中，算术平均法最为简便，但该法只适用于区域（流域）面积不大、地形起伏较小、雨量站分布比较均匀的情况。在这种情况下采用该法，精度是可以得到保证的。

当区域（流域）内雨量站分布不均匀、地形起伏变化较大时，可以采用泰森多边形法，该法相对比较简单，精度较好，但该法将各雨量站权重视为定值，不适应降雨空间分布复杂多变的特点。此外，不论雨量站之间的距离有多远，中间是否有地形阻碍，该法一律假定雨量在站与站之间呈线性变化，也不一定符合实际情况。

等雨量线法在理论上是比较完善的，但要求有足够大的雨量站网密度，而且对每次降雨都必须绘制等雨量线图，故计算工作量较大。

实践证明，对于长历时降雨量，例如年降雨量，上述各种计算区域（流域）平均降雨量的方法，都能得到相近的结果。随着降雨历时的减小，各种方法计算结果的差异就会越来越明显地显示出来。

4.5 降水量时空分布特点

4.5.1 影响降水的因素

研究影响降水的因素对掌握降水特性、判断资料的合理性、分析不同地区河流径流情势及洪水特点均有重要意义。

（1）地理位置的影响。一般来说，低纬度地区由于空气中水汽含量大，故降雨多。地球上降水总的分布趋势是由赤道向两极递减。沿海地区雨量充沛，越向内地雨量越少。如我国青岛年降水量为646mm，济南为621mm，西安为566mm，兰州为325mm。华北地区因距热带海洋气团源地较远，降水量较华南地区少。

（2）气旋、台风途径的影响。我国江淮地区，由于气旋于春夏之间东移，形成这一地区的持续阴雨——梅雨天气。7月、8月间锋面北移，华北地区雨量增加。台风对我国东南沿海各省的降雨影响颇大，影响我国的台风多数在广东、福建、浙江、台湾等省登陆。登陆后，有的绕向北上，在江苏北部或山东沿海再进入东海，有的可深入到华中内陆地区，减弱后变为低气压。台风经常登陆和经过的地方，容易形成暴雨或大雨。

（3）地形的影响。山地地形有强迫抬升气流的作用，从而使降雨量有随高程增加的趋势，降雨量增加的程度，则取决于水汽的含量。

台湾、湖南、广东、福建、浙江若干山地高雨区，就是山地抬升作用所造成的。西北内陆地区，由于水汽含量少，即使有山地抬升，降水随高程的增加也不显著，如柴达木盆地西北部的阿尔金山高出地面2000~3000m，但年降雨增加并不多。

山地抬升作用与坡度有关，坡度越陡，降雨增率越大，但当高程达到某一高度后，雨量即达到最大值，不再随高程增加。在山顶，气流又变通畅，阻挡作用减弱，降雨量有减小的趋势。山脉的缺口和海峡是气流的通道，由于这些地方对气流有加速作用，水汽难以停留，降雨机会少。如台湾海峡、琼州海峡两侧，雨量减少很多；阴山山脉和贺兰山脉之间的缺口，使鄂尔多斯和陕北高原的雨量减少。

（4）森林和水面。森林可减小气流运动速度，使潮湿空气积聚，有利于降雨。海面和湖面上空，由于气流阻力小而加速前进，减小了降雨的机会。温暖季节，水面上空有逆混现象，使气团不易上升，也不易降雨。海洋暖流所经之处，由于地面上空气团不稳定，则易降雨。

4.5.2 降水量的空间分布

我国绝大都分地区受东南和西南季风的影响，年降水量的空间分布特点是东南部湿润多雨，西北部干旱少雨，由东南沿海向西北内陆逐渐递减。全国多年平均降水量为648mm，低于全球陆面平均降水量（800mm），也小于亚洲陆面平均降水量（740mm）。降水量最大的地区是台湾的火烧寮，多年平均降水量为6557.8mm，年最大降水量达8409mm，也被称为全国的"雨极"；降水量最小的地区是新疆塔里木盆地东南缘的且末县，年降水量仅9.2mm。

根据我国各地降水量分布的特点，全国大致可划分为四个不同的类型地带。

(1) 湿润带。年平均降水量超过800mm，主要包括秦岭淮河以南、青藏高原以东的南方地区和东北的部分地区，如海南、台湾、浙江、福建、江西、广东、湖北、湖南、贵州、广西、云南、四川大部和西藏东南隅等地区。

(2) 半湿润带。年平均降水量为400～800mm，主要包括黄淮海平原、东北、山西、陕西的大部、甘肃、青海东南部、新疆北部、西部山地、四川西北部和西藏东部地区。

(3) 半干旱带。年平均降水量为200～400mm，主要包括东北西部、内蒙古、宁夏、甘肃大部、青海、新疆西北部和西藏部分地区。

(4) 干旱带。年平均降水量少于200mm，主要包括内蒙古大部、宁夏、甘肃北部地区、青海的柴达木盆地、新疆塔里木盆地、新疆准噶尔盆地及广阔的藏北羌塘地区。

4.5.3 降水量的时间分布

4.5.3.1 降水量的年际变化

我国的降水由于受季风气候的影响，降水的年际变化较为突出，常用极值比K_m和变差系数C_v来反映降水量的年际变化规律。

(1) 年降水量系列的极值比K_m。在统计学中，将系列的最大、最小值的比值称为极值比。降水量年际变化的大小，通常可用实测年降水量的极值比K_m来反映。K_m越大，说明降水量的年际变化就越大；K_m越小，说明降水量年际之间均匀，变化很小。

就全国而言，年降水量变化最大的是华北和西北地区，丰水年和枯水年降水量之比一般可达3～5倍，个别干旱地区高达10倍以上。这是因为越是干旱地区，其年降水量绝对值越小，相对误差大的因素起了一定作用。我国南方湿润地区降水量的年际变化相对北方要小，一般丰水年降水量为枯水年的1.5～2.0倍。

(2) 年降水量系列的变差系数C_v。水文统计学中，将均方差与均值的比值称为变差系数C_v，用于衡量系列的相对离散程度。年降水量系列的变差系数C_v值的变化越大，表示年降水量的年际变化越大；反之则越小。

我国年降水量变差系数在地区上的分布情况如下：西北地区，除天山、阿尔泰山、祁连山等地年降水量变差系数较小以外，大部分地区的C_v值在0.40以上，个别干旱盆地的年降水量C_v值可高达0.70以上。

广大西北地区的年降水变差系数是全国范围内的高值区；次高值区是华北和黄河

中、下游的大部地区，为 0.25～0.35。黄河中游的个别地区也在 0.40 以上。东北大部地区年降水量 C_v 值一般为 0.22 左右，东北的西部地区，可高达 0.30 左右。南方湿润带是全国降水量变差系数 C_v 值变化最小的地区，一般在 0.20 以下，但东南沿海某些经常遭受台风袭击的地区，受台风暴雨的影响，年降水变差系数 C_v 值一般在 0.25 以上。

4.5.3.2 降水量的年内分配

我国大部分地区的降水受东南季风和西南季风的影响，雨季随东南季风和西南季风的进退变化而变化。除个别地区外，我国大部分地区降水的年内分配很不均匀。冬季，我国大陆受西伯利亚冷气团的控制，气候寒冷，雨雪较少。春暖以后，南方地区开始进入雨季，随后雨带不断北移。进入夏季后，全国大部地区都处在雨季，雨量集中，是全国的防汛期。因此，我国的气候具有雨热同期的显著特点。秋季，随着夏季风的迅速南撤，天气很快变凉，雨季也告结束。

从年内降水时间上看，我国长江以南广大地区夏季风来得早、去得晚，雨季较长，多雨季节一般为 3—8 月或 4—9 月，汛期连续最大四个月的雨量约占全年雨量的 50%～60%。

华北和东北地区的雨季为 6—9 月，这里是全国降水量年内分配最不均匀和集中程度最高的地区之一，汛期连续最大 4 个月的降水量可占全年降水量的 70%～80%，有时甚至一年的降水量中绝大部分集中在一两场暴雨中。例如 1963 年 8 月，海河流域发生了一场特大暴雨，暴雨中心为獐么，最大 7d 降水量占年降水量的 80%。北方不少地区汛期 1 个月的降水量可占年降水量的半数以上。

与世界上其他国家相比，我国降水的年内分配不均的程度和印度大体相仿，但与西欧一些国家相比则大得多。以法国为例，法国各地全年降水量除山地外，一般在 500～1000mm，自西向东递减。法国各地汛期连续最大 4 个月降水量占年降水量的比例大都在 40% 左右，发生月份一般为 7—10 月或 9—12 月。

此外，欧洲其他国家，如英国、德国、匈牙利等，境内降水量年内分配都比较均匀，它们的最大月降水量一般占年降水总量的 9.6%～14.9%，而我国高达 24.2%～32.9%。也就是说，我国一些雨量站最大月降水量的集中程度是欧洲国家的 2 倍以上。欧洲各国连续最大月降水量一般占全年降水量的 36.2%～54.5%，而我国高达 72.2%～81.9%，也是 2 倍左右。

由于我国降水年内分配不均，尤其广大北方地区较南方地区更为严重，这是造成我国旱涝灾害频繁的主要原因之一，也给农业生产带来很大威胁。因此，在我国如果不发展灌溉，农业生产就没有保证。

4.5.4 我国大暴雨的时空分布

我国是暴雨发生较频繁的国家，暴雨分布受季风环流、地理纬度、距离海洋远近、地势与地形条件的影响十分显著。不同的地理条件和气候区，暴雨类型、极值、强度、持续时间以及发生季节都不同。

4—6 月，东亚季风初登东亚大陆，大暴雨主要出现在长江以南地区，是华南前汛期和江南梅雨期暴雨出现的季节。在此期间出现的大暴雨，其量级从南向北有明显递减的趋势。华南沿海出现的特大暴雨，大多是锋面和低空急流作用的产物。华南沿海山地和南岭山脉对大暴雨的分布有明显的影响。江淮梅雨期暴雨，多为静止锋、涡切变型暴雨，降雨持续时间长，但强度相对较小。两湖盆地四周山地的迎风坡是梅雨期暴雨相对高值区，而南岭以北和武夷山以东的背风坡则为相对低值区。江南丘陵地区大暴雨的量级明显较华南地区小。

7—8月，西南和东南季风最为强盛，随西太平洋副高压北抬西伸，江南梅雨结束，大暴雨移到川西、华北一带。同时，受台风影响，东南沿海多台风暴雨。在此期间，大暴雨分布范围很广，苏北、华南、黄河流域的太行山前、伏牛山东麓，都出现过特大暴雨。个别年份台风深入内陆或在转向北上的过程中，受高压阻挡停滞少动或打转，若再遇中纬度冷锋、低槽等天气系统的影响，以及地形强迫抬升作用，常造成特大暴雨。例如，1958年8月5—7日，7503号台风在福建登陆后深入河南，由于在台风北面有一条高压坝，使台风停滞徘徊超过20h，林庄站24h降雨达1060.3mm，其中，6h降雨830.1mm，是我国大陆强度最大的降雨记录。川西、川东北、华中、华北一带在此期间常受到西南涡的影响，也发生过多次特大暴雨。例如，1963年8月2—8日，华北海河流域受三次低涡的影响，在太行山东侧山区，连降7天7夜大暴雨，獐么站降雨总量达2051mm，其中最大24h降雨量为950mm。在此期间，北方黄土高原及干旱地区，夏季受东移低涡、低槽等天气系统的影响，也曾多次出现历时短、强度特大但范围较小的强雷暴暴雨。例如1977年8月1日，内蒙古、陕西交界的乌审召发生强雷暴暴雨，据调查，有4处在8~10h内降雨量超过1000mm，最大处超过1400mm，强度之大世界罕有。

9—11月，北方冷空气增强，雨区南移，但东南沿海、海南、台湾一带受台风和南下冷空气的影响而出现大暴雨。例如台湾新寮1967年10月17—19日曾出现24h降雨量达1672mm、3d降雨量达2749mm的特大暴雨，是我国历史上最大的暴雨记录。

思 考 与 练 习 题

4.1 露点温度是指_____。

4.2 当气温降至露点温度以下时，空气将处于_____状态。

4.3 一般情况下，某一地点的露点温度将比当地当时的气温_____。

4.4 当气温一定时，水汽含量越大表示露点越_____。

4.5 使暖湿空气达到饱和主要靠空气的_____运动引起的_____冷却。

4.6 按暖湿空气动力冷却的原因不同，降雨可分为_____雨、_____雨、_____雨和_____雨。

4.7 自记雨量计按传感方式不同可分为_____式、_____式和_____式。

4.8 计算流域面平均降雨量的方法通常有_____、_____和_____。

4.9 降水量累积曲线上每个时段的平均坡度是_____，某点的切线坡度则为_____。

4.10 根据我国各地降水量分布的特点,全国大致可划分为四个不同的类型地带,分别是_____、_____、_____、_____。

4.11 可以反映降水量的年际变化的两个参数是_____、_____。

4.12 简述我国降水量的时空分布特点。

4.13 某流域及边界附近雨量站共有 7 个,详见题图 4.1,各雨量站的实测降雨量 P_i 和其控制面积 f_i,见题表 4.1,试用算术平均法和泰森多边形法分别求该流域平均降雨量,并作出泰森多边形图。

题表 4.1　　　　　　　　　　某流域雨量站分布图

雨量站	实测降雨量 P_i/mm	控制面积 f_i/km²
A	30	200
B	19	400
C	20	150
D	30	100
E	35	250
F	40	500
G	15	200

4.14 已知某次暴雨的等雨量线图(题图 4.2),图中等雨量线上的数字以 mm 计,各等雨量线之间(被流域边界线包围)的面积 f_1、f_2、f_3、f_4 分别为 500km²、1500km²、3000km²、4000km²,试用等雨量线法推求该流域的平均降雨量。

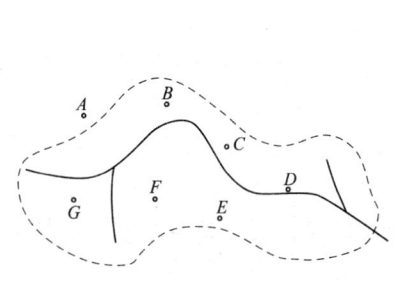
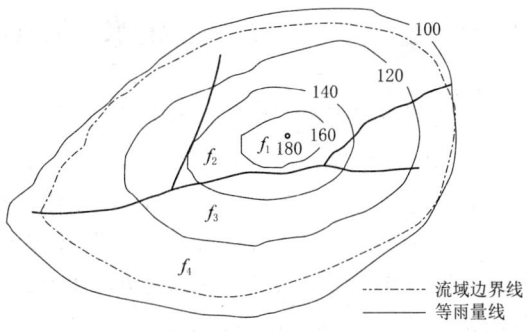

题图 4.1　某流域雨量站分布　　　题图 4.2　某流域一次降雨的等雨量线图

扫码查看答案

项目 5

土 壤 水

【知识要点】

通过本项目的学习,熟练掌握土壤水分的作用力与类型、土壤含水率及水分常数、土壤的水力特性、土壤水运动的基本方程等理论知识。

【技能要求】

通过本项目的学习,能区分土壤水分的几种作用力,能解释六种土壤水分常数的表征意义,会运用不同的方法测定土壤含水率,能运用公式表达土壤的土水势,能写出土壤水运动的基本方程。

【重点与难点】

重点:土壤水分的作用力与类型、土壤含水率及水分常数。

难点:土壤的水力特性、土壤水运动的基本方程。

5.1 土壤水分的作用力与类型

土壤是指地球表面风化的散碎外壳,是一种由大小不同的固体颗粒集合而成的具有空隙或孔隙的散粒体,属多孔介质。土壤水则是指包含在土壤孔隙中的水分。地球表面的土壤覆盖层是一个巨大的"蓄水库",全球蓄于土壤中的水量估计有 16500km³,约为河道蓄水量的 8 倍。在水文循环中,土壤起着十分重要的调节和分配水量的作用。水分是怎样被吸收到土壤中去的?进入土壤中的水分是怎样储存、变化和运动的?这是水文学家研究土壤水最关注的问题。

5.1.1 包气带和饱和带

土壤是一种多孔介质,是固体颗粒、水(或水溶液)和空气组成的三相体系,其中固相为土壤的固体颗粒,液相为土壤水,气相为土壤孔隙中的空气。由此可见,土壤水是指吸附于土粒和存在于土壤孔隙中的水分。土壤中所含水分的多少,称为土壤含水率。土壤含水率是由三相体中水分所占的相对比例表示的。通常,根据土壤含水率是否达到饱和,将地表以下的土层划分为包气带和饱和带,两者被地下潜水面分开。如图 5.1 所示,地表以下、

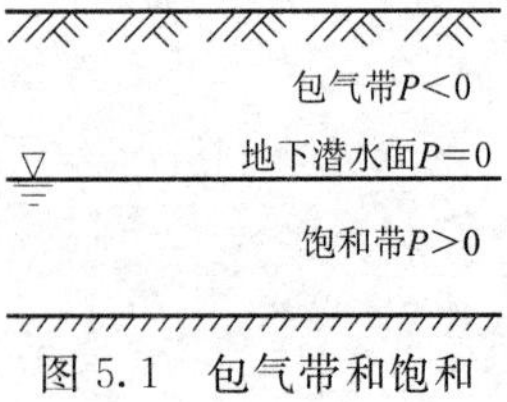

包气带 $P<0$
地下潜水面 $P=0$
饱和带 $P>0$

图 5.1 包气带和饱和带示意图

地下潜水面以上，包含有空气、水和土粒三相系统的土层称为包气带；地下潜水面以下，包含土粒和水二相系统的土层称为饱和带。显然，饱和带土层中的水分充满所有的土壤空隙，土壤含水率达到饱和；包气带土层中的水分没有充满所有土壤空隙。

由此可见，包气带中土壤水分既要承受降雨的补给，又要满足蒸发等需求，因此水分变化较为剧烈，包气带中含水率的大小直接影响着下渗和蒸发量的大小，同时也决定着地面、土壤中和地下径流的比例。因此，认识包气带中土壤水分的运动和变化规律，对于弄清水文现象有重要意义。

5.1.2 土壤水分的作用力

水文学中把存在于包气带中的水分称为土壤水，而将存在于饱和带中的水分称为地下水，地下水又包括地下潜水和承压水。地下潜水是指埋藏在地表以下第一个稳定隔水层之上，具有自由表面的重力水，潜水的自由表面称为潜水面。充满于两个隔水层之间的含水层中的地下水称为承压水。本书主要探讨包气带中土壤水分的作用力。

作用于土壤水的力主要有分子力、毛管力和重力。

（1）分子力。土壤颗粒表面的分子对水分子的吸引力称为分子力。根据万有引力定律，分子力是与土壤固体颗粒分子和水分子之间的距离平方成反比的。因此，紧挨着土壤颗粒表面的水分子受到的分子力非常大，可达到 10000 个大气压，但到几个水分子厚度处，分子力就会迅速减小，而到几十个水分子厚度处，分子力就几乎不起作用了。土壤固体颗粒越小，单位体积的土壤颗粒的总表面积一般越大，单位体积的土壤颗粒对水分子的作用就越大。因此，土壤颗粒对水分子的作用不仅与孔隙度有关，更重要的是与土壤颗粒的大小有关。

（2）毛管力。由土壤中毛管现象引起的力称为毛管力。毛管现象是指水在细小管子中沿管壁上升的现象。从液体表面分子受力特点可以解释毛管现象的物理本质。处于液体内部的水分子，受到来自各个方向上且大小相同的水分子的吸引力，而处于液体表面的水分子只受到液体内部方面的吸引力。这种单方面的水分子吸引力形成了液体的表面压力，液体表面压力的存在就是产生毛管现象的物理原因。如图 5.2 所示，将一根细管子插入静止的水体，则可以发现细管内的水面在管壁分子对水分子吸引力的作用下，形成半球形凹面。毛管上升的高度一般可由下式近似计算：

$$H = \frac{0.15}{r} \quad (5.1)$$

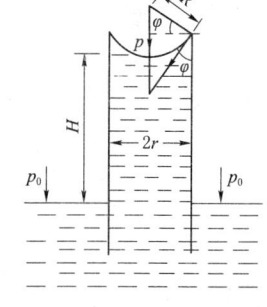

图 5.2 毛管力示意图

式中 H——毛管上升高度，mm；
　　r——毛管半径，mm。

从式（5.1）可以看出，毛管上升高度 H 与毛管半径 r 成反比，r 越小，H 越大。毛管力的大小完全可以用 H 来衡量。土壤颗粒越细，形成的孔隙越细，毛管力越大。但若孔径太粗或太细，毛管力则不再存在。

（3）重力。土壤水处于重力场之中，水分受到的地心引力称为重力，其作用方向总是指向地心，近似地可认为垂直向下。

5.1.3 土壤水分的类型

土壤中存在的液态水分，根据作用力的情况，可分为结合水和自由水两类。结合水又称为束缚水，分为吸湿水和薄膜水，而自由水又可分为毛管水和重力水。毛管水还可以分为毛管悬着水和毛管上升水，重力水也可再分为渗透重力水和支持重力水。依作用力不同，土壤水的分类如图5.3所示。

（1）吸湿水。吸湿水是指被干燥土粒表面分子引力强烈吸附的水分。这时的分子引力将大于31个大气压。由于这时水分子被吸附得极紧，故土粒表面分子与水分子之间的距离小于液态水分子之间的距离，从而表现出固态水的性质。吸湿水没有溶解能力就是这个原因。土壤颗粒越小，所吸附的吸湿水也越多。含有机质多的土壤比含有机质少的土壤吸湿水大。此外，吸湿水还与空气湿度有关。吸湿水是不能移动的，只有受热转化为气态水时才能以气态形式移动。

（2）薄膜水。当具有吸湿水包围层的土壤颗粒与液态水接触时，土壤颗粒分子仍可以吸附一定的水分子，可形成包裹在土壤颗粒外围的水膜，这种土壤水称为薄膜水。由于薄膜水是由土壤颗粒表面形成吸湿水层后的剩余分子力引起的，因此它所受到的分子引力比吸湿水小，为6.25~31个大气压。薄膜水的性质与液态水相似，但由于其分子的排列较紧，故其密度大于$1g/cm^3$。薄膜水能够移动，其移动方式是以湿润的方式从水膜较厚的土壤颗粒向水膜较薄的土壤颗粒移动，且移动速度十分缓慢，为0.2~0.4mm/d，如图5.4所示。

（3）毛管水。由毛管作用保持在土壤毛管孔隙中的水称为毛管水。根据其与地下水的关系，毛管水又有毛管上升水和毛管悬着水两类，如图5.5所示。

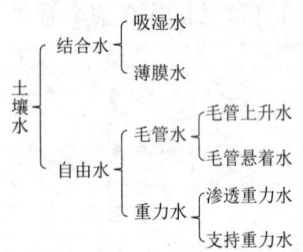
图5.3 土壤水分类图

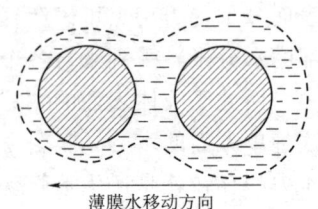
图5.4 两土粒间薄膜水的移动

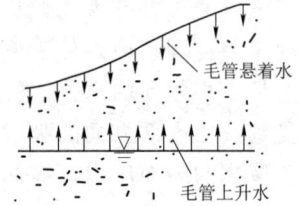
图5.5 不同部位的毛管水

1）毛管上升水。地下水可凭借毛管作用上升进入土壤孔隙中。这种沿毛管上升的水分称为毛管上升水。毛管水上升的高度与土壤颗粒的大小和土壤结构状况有关，通常在1~5m之间。

2）毛管悬着水。当地面获得降雨或灌溉后，凭借毛管作用而保持在靠近地面的土层中的水分称为毛管悬着水。因其与地下水无毛管上联系，又与下层土层有明显界限而呈"悬挂"状态存在于土层中而得名。

虽然毛管上升水从下面接触自由水（地下水），而毛管悬着水从上面接触自由水（降雨或灌溉），但它们都是由毛管作用引起的。因此，它们均表现为从毛管力小或湿度大的地方向毛管力大或湿度小的地方运动，且移动速度与土壤的质地和结构有关。

（4）重力水。在重力作用下能自由在土壤中运动的水称为重力水。重力水总是从受重力小的地方向受重力大的地方运动的。重力的大小与位置有关，离地心远的地方受到的重力总比离地心近的地方小。重力水一般有渗透重力水和支持重力水之分。

1) 渗透重力水。在重力作用下，沿着土壤中大的非毛管孔隙向下渗透的水称为渗透重力水。

2) 支持重力水。由地下水所支持而存在于毛管孔隙中的连续水体或由土层中相对不透水层阻止渗透水继续向下而形成的水体称为支持重力水。

5.2 土壤含水率与水分常数

5.2.1 土壤含水率

5.2.1.1 土壤含水率的表示方法

土壤中所含水分的数量不仅与土壤特性密切相关，同时也受到降雨、下渗、蒸发等水循环过程的影响。因此，土壤所含水量是动态的、不断发生变化的。为了描述土壤水分的时空变化状态，通常引入土壤含水率概念。所谓土壤含水率就是表示某一单位土体中所含水分的数量，有时又称土壤含水量或土壤湿度。土壤含水率有多种表示方法，以下介绍常见的几种类型。

(1) 重量含水率。单位质量土壤中所含有的水分数量，通常用 θ_m 表示，计算公式为

$$\theta_m = \frac{m_{湿} - m_{干}}{m_{干}} \times 100\% \tag{5.2}$$

式中　$m_{湿}$——湿土重量，g 或 kg；

$m_{干}$——干土重量，一般指在 105℃ 条件下，在烘箱中烘干的土壤重量，即不含吸湿水的干土重，g 或 kg。

由于重量含水率与土壤的容重（单位体积内土壤的重量）有关，对于不同的土壤来说，即使重量含水率相同，但由于容重不同，其体积含水率也不会相同。如两种土壤的重量含水率均为 15%，其容重分别为 1300kg/m³ 和 1000kg/m³。则前者的含水率为后者含水率的 1.3 倍。因此，采用重量含水率时，很难在不同的土壤之间以及同一土壤不同空间进行含水率的对比，这在水文计算中是很不方便的。

(2) 体积含水率。单位体积土壤中含有的水分数量，通常用 θ_v 表示，计算公式为

$$\theta_v = \frac{V_{水}}{V} \times 100\% \tag{5.3}$$

式中　$V_{水}$——土壤水分所占的体积，m³；

V——土壤的体积，m³。

根据体积含水率可以直接计算出土壤中所含水量的容积，便于不同土壤间进行比较，因此常用于水文计算。

(3) 饱和度。单位体积土壤中，水的体积与土壤孔隙体积的比值称为水的饱和度，表示孔隙被水充满的程度。

$$\omega = \frac{\Delta V_w}{\Delta V_v} \tag{5.4}$$

式中 ω——饱和度；

ΔV_w——水的体积，cm^3 或 m^3；

ΔV_v——土壤孔隙的体积，cm^3 或 m^3。

饱和度和体积含水率的关系为

$$\omega = \frac{\theta_v}{\theta_v - 1} \tag{5.5}$$

在实际工作中，为了便于同降雨、蒸发、径流量进行比较并参与水量平衡计算，一般以一定厚度土层中所含的水层深度来表示土壤所含水量，称为土壤蓄水量W，单位以 mm 计。

5.2.1.2 土壤含水率的确定方法

土壤含水率的确定对于土壤水分特性的研究具有重要意义。土壤含水率的确定方法很多，常见的有以下几种类型。

(1) 烘干法。土壤含水率一般采用烘干法测定。具体方法为从土壤中某一点取土后立即称重，然后在 105～110℃的温度下用烘箱烘干（一般为 6～8h）后再次称重，即可计算出该点土壤的重量含水率。其计算公式见式 (5.2)。烘干法是测定土壤含水率的基本方法，同时也是检验其他方法的标准。

(2) γ 射线法。γ 射线法是 20 世纪 50—60 年代发展起来的一种采用放射性同位素测定土壤含水率的方法。它利用放射性同位素^{137}Cs、^{241}Am 等发射的 γ 射线穿透土壤时，被土壤固相部分和土壤水分所吸收而发生有规律衰减的原理来测定土壤的含水率。当土壤的固相部分不变时，γ 射线的衰减程度主要与土壤的含水率有关，土壤含水率越大，γ 射线的衰减量越大。根据 γ 射线衰减量与土壤含水率的关系即可确定土壤的含水率。γ 射线法的优点是可以不破坏土壤；其精度也较高。

(3) 中子法。中子法是用镭-铍中子源在田间测定各土层的含水率的一种方法。它是目前国际上公认的较为准确和效率较高的快速测定土壤体积含水率的方法，从 20 世纪 50 年代起发展起来并迅速推广。中子法测定的基本原理是将放射源释放的具有高能量的快中子发射到土壤中，他们与土壤水中的氢原子发生一系列的碰撞后，能量变小，快中子变为慢中子，这种慢中子沿特定的传感器返回并为计数器所接收。土壤含水率越大，氢原子越多，单位时间内计数器所接收的慢中子也越多，这样即可通过测定单位时间内返回的慢中子数来计算土壤的含水率。

中子法的优点是可以快速地测量土壤不同深度的含水率，且不破坏土壤结构，对某一处的土壤含水率可重复测定。与 γ 射线法相比，更适合于野外测定。但由于辐射源一般为球形，因此对土壤表层含水率的测定误差较大。

有时在野外不具备上述条件的地方，也可采用酒精燃烧法快速测定土壤含水率，也可用手摸看土壤的湿度情况和土壤的可塑性等，粗略估计土壤含水率。

5.2.2 土壤水分常数

各种类型的土壤水均与土壤的质地和结构有关。因此，对一定质地和结构的土壤来说，各种类型的土壤水均存在一个可能的极限值，这些极限值包括最大吸湿量、最大分子持水量、凋萎系数、田间持水量、毛管断裂含水量和饱和含水量等，它们统称为土壤水分常数。

(1) 最大吸湿量。在水汽达到饱和的空气中，土壤的吸湿水达到最大数量时的土壤含水量称为最大吸湿量，又称吸湿系数。这时被吸附的水分子层的厚度相当于 15～20 个水分子厚，约 $0.004～0.005\mu m$，其最外层的水分子所受到的土壤颗粒的分子引力为 31 个大气压。

(2) 最大分子持水量。薄膜水达到最大数量，也就是水膜厚度达到最大时所对相应的土壤含水量称为最大分子持水量，它是靠土壤颗粒的分子力结合水分的最大值。此时，水膜最外层水分子受到的土壤颗粒分子引力为 6.25 个大气压。

(3) 凋萎系数。植物生长需要通过根系不断地从土壤中吸收水分。根毛的吸水力量约为 15 个大气压。当土壤颗粒对水分子的吸力超过 15 个大气压时，植物就会因吸取不到土壤水而凋萎枯死。因此，所谓凋萎系数就是指土壤颗粒对水分子的吸力为 15 个大气压时的土壤含水量。作物品种不同，土壤种类不同，其凋萎系数也不同。凋萎系数总是大于最大吸湿量，而小于最大分子持水量的。一般来说，凋萎系数约为最大吸湿量的 1.5 倍，是最大分子持水量的 38%～75%。

(4) 田间持水量。土壤中毛管悬着水达到最大时的土壤含水量称为田间持水量，它是不受地下水影响条件下土壤在田间或自然状况时所能保持水分的最高数量。也就是说，降雨或灌溉水进入土壤后，若超过田间持水量，则超过部分将不能为土壤保持而以自由重力水形式向下渗透。因此，田间持水量是将土壤水划分为土壤持水量和向下渗透水分的"门槛"。土壤含水量达到田间持水量时，土壤颗粒对水分子的吸引力为 1/10～1/3 个大气压。若用体积含水率表示田间持水量和饱和含水量，不同土壤的田间持水量和饱和含水量取值范围见表 5.1。

表 5.1　　　　　不同土壤的田间持水量和饱和含水量

土壤名称	田间持水量（体积含水率）	饱和含水量（体积含水率）
紫砂土	26～32	—
沙壤土	32～42	45～52
轻壤土	30～36	40～52
中壤土	30～35	44～54
重壤土	32～42	40～50
轻土	40～45	45～54
中土	35～45	48～53
重黏土	40～50	48～55

(5) 毛管断裂含水量。毛管悬着水的连续状态开始断裂时的土壤含水量称为毛管断裂含水量。当土壤含水量大于此值时，毛管悬着水就能向土壤水分的消失点或消失面转移；反之，连续输移水分就会遭到破坏，并将变为以薄膜水和水汽的形式进行。一般来说，毛管断裂含水量约为田间持水量的 65%。

(6) 饱和含水量。土壤中所有孔隙均被水充满时的土壤含水量称为饱和含水量。显然，若用体积含水率表示饱和含水量，则它与孔隙率是一致的。饱和含水量与田间持水量之差即为受重力支配的自由重力水。当土壤含水量达到饱和含水量时，土壤颗粒对外层水分子的吸引力大约只有 0.001 个大气压。不同土壤的饱和含水量的取值范围见表 5.1。

5.3 土壤的水分特性

5.3.1 土水势

土壤水与自然界其他物质一样，具有不同形式和数量的"能"。经典物理学将机械能分为动能和势能两种。土壤水运动缓慢，其动能一般可以忽略不计。因此，对土壤水来说，势能是其主要的能量形式。土壤水的势能称为土水势，它是土壤水与标准参照状态下的水相比较所具有的特定势能。这里所谓标准参照状态是指在大气压下，与土壤同温度、具有固定高度的一个假想纯自由水的储水池。显然，土水势是一个表示土壤水势能的相对指标。由于驱使土壤水在两点之间的运动的原因是两点土水势之差，所以事实上只有这种相对土水势的概念才是更重要的。

国际土壤学会土壤物理术语委员会定义土水势（土壤水的总势）为：在标准大气压下，从水池中把单位质量的纯水从基准面上等温地和可逆地移动到土壤某一吸水点，使之成为土壤水时必须做的功。因此，土水势就是土壤水相对于某一给定的基准面（零势面）的位置势能，由物理学知，势能只有大小而无方向。土壤水受到若干力的作用，这些力都不同程度地影响或改变着土壤水的势能，土壤水受到的合力产生的势能称为总土水势，总土水势是各种力产生的分土水势之和，即

$$\Phi = \varphi_m + \varphi_s + \varphi_p + \varphi_g \tag{5.6}$$

式中 Φ——总土水势；

φ_m——基质势；

φ_s——溶质势；

φ_p——压力势；

φ_g——重力势。

(1) 基质势。基质势是指由分子力和毛管力引起的土水势的总称。在非饱和土壤中，由于分子力和毛管力的存在，水分被土壤颗粒吸附（束缚），所以基质势总是低于大气压下纯自由水面的势能。大气压下，一般将纯自由水面的势能赋予 0 值，故基质势总是一个负值，其最大值为 0。饱和土壤中，由于土壤分子吸附力和毛管力消失，不存在基质势。

(2) 溶质势。土壤水一般为溶液，由于溶液中存在溶质，溶质离子对水分子的吸附作用使水的活性下降。和纯水相比，含有溶质的水做功能力下降了，既降低了水分的自由能，也降低了土壤水的水汽压。土壤水溶液中的溶质降低的土壤水自由能就是溶质势，该值恒为负。溶质势是水土系统中各种溶质综合作用造成的，其大小和溶质的数量有关。显然，任何自由水面与纯水水池的水面仅相差一个溶质势。

(3) 压力势。饱和土壤中任一深度处的水滴，因受到来自其上的水压力的作用而具有的势能称为静水压力势。当土壤饱和或地面出现水层后，饱和水面以下的土壤水处于静水压力的作用下具有的势能称为压力势，压力势为正值，其单位常用水柱高表示。地

下水位处的压力势为 0，只有地下水位以下的土壤水才存在压力势，其大小由分析点至地下水位的距离决定。非饱和土壤内部有未充水的空隙，因而内部与大气相通，水分的总压力与大气压力相等，不存在压力势。

由水力学可知，位于静止地下水面以下 h 深度处的水滴，单位面积上受到的静水压力为

$$p = h\rho_w g \tag{5.7}$$

式中 ρ_w——水的密度。

因此，由静水压力产生的势能为

$$E_p = h\rho_w g \Delta V \tag{5.8}$$

式中 ΔV——由静水压力引起的 h 深度处的水体积的变化。

单位体积的静水压力势为

$$\varphi_p = h\rho_w g \tag{5.9}$$

（4）重力势。把一定数量的土壤水分举起就要克服重力做功，这个"功"就以重力势形式"储存"在被举起的土壤水分中。因此，土壤水的重力势显然取决于水分在重力场中的位置，而水分在重力场中的位置则可以根据任意规定的参照状态来确定。因为这个缘故，重力势可为正值，也可为负值。

设在参照状态以上一定高度 z 处有一容积为 V 的水滴，则这个水滴所具有的重力势为

$$E_g = \rho_w V g z \tag{5.10}$$

单位体积的重力势为

$$\varphi_g = \frac{E_g}{V} = \rho_w g z \tag{5.11}$$

（5）总势。土壤水总势就是指各分势的合势。若土壤水各分势之间相互独立，则总势就是各分势的代数和，这是现行计算总势的基本假定，实践证明这个假设是合理的。

无论任何形态的土壤水，都必然受到重力的作用。而对于溶质势而言，因为土壤不存在半透膜，所以两点土壤之间即使有溶质势差，也不会起到驱动水分的作用，故在分析土壤水分运动总势时，常常只考虑重力势 φ_g、压力势 φ_p、基质势 φ_m 这三项。

由于静水压力势和基质势不可能同时存在于土壤水分中，因此必须分不同情况来给出总势表达式。

1）饱和土壤的总势。在饱和土壤中，由于基质势为零，故总势公式为

$$\Phi = \varphi_p + \varphi_g \tag{5.12}$$

2）非饱和土壤的总势。在非饱和土壤中，由于静水压力势为零，故总势公式为

$$\Phi = \varphi_m + \varphi_g \tag{5.13}$$

土壤水的运动方向总是由总势大的地方指向总势小的地方。当土壤水总势梯度不等于零时，土壤水就处于运动状态；当土壤水总势梯度等于零时，土壤水就处于静止状态。

5.3.2 土壤水分特性的滞后现象

土壤水分的基质势与含水率的关系曲线称为土壤水分特性曲线。试验揭示土壤水分

特性曲线不是单值的曲线,而是一组曲线。如果对完全干燥的土壤进行湿化,土壤吸水直至土壤饱和,测试吸水过程中的土壤吸附力和含水率,可以得到土壤水分基质势随含水率的变化曲线,即湿化过程线。对饱和后的同一土壤进行干化,土壤发生脱水过程,同样测试可得干化过程线。干、湿化过程线为两条在完全干燥点和饱和点重合、其余部分都不重合的S形曲线,如图5.6所示。这种性质反映了土壤-水平衡关系中的滞后现象,即湿化过程的含水率随基质势的变化落后于干化过程,这种现象称为土壤水分特性滞后现象。上述方法得到的曲线称为主干化曲线和主湿化曲线,这两条曲线所形成的封闭圈称为滞后圈。如果对含有一定水分的土壤进行干化过程,在土壤没有达到完全干燥时又进行湿化,直至回到原来的含水率,所得两条曲线形成滞后圈内的小封闭圈,如图5.6所示。

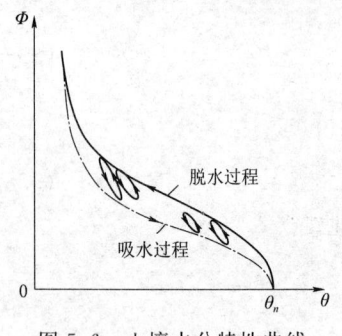

图5.6 土壤水分特性曲线

基质势和含水率的关系随着土壤干湿变化的过程是十分复杂的,产生土壤水滞后现象的物理机制目前还不十分清楚,一些学者试图给出解释并提出数学表达式,但未能完全成功解决。

5.4 土壤水运动的基本方程

土壤水运动主要指土壤水中液态水的流动。在一定条件下,土壤水分也可以以气态水的形式运动,这里主要讨论液态水流动。土壤中的水分不仅受土壤物理特性的制约,还受到降雨、下渗、蒸散发和其他水分运行的影响,因此,其活动规律和状态将十分复杂。土壤物理特性在空间各个方向上都相同时,称为均质土壤,否则,称为非均质土壤。目前,非均质土壤的土壤水流运动研究尚不多见,本书只介绍均质土壤。土壤饱和与非饱和是指土壤孔隙体积被水分占有的情况,土壤孔隙体积全部被水充满时,称为饱和土壤;反之,称为非饱和土壤。前者为土粒和水组成的二相系统,后者为土粒、水、空气组成的三相系统,两种系统的水力特性不同,水流运动的基本规律也不同。饱和状态下,土壤水在重力势和压力势作用下产生饱和水流运动,属于自由重力水渗流;在非饱和状态下,土壤水在基质势和重力势作用下,产生非饱和水流运动。基质势的大小与土壤含水率的关系密切,而含水率在水分运动过程中是时间和空间的函数,因此,非饱和水流运动比饱和水流运动复杂得多,而且比饱和水流现象更普遍。

5.4.1 土壤水流的连续方程

根据水量平衡原理,在土层中给定的土体空间,在时间t内流入的水量与流出的水量之差,应等于该土体内水量的变化量。

在土壤水流场的坐标系中取一边长分别为dx、dy、dz的微小立方体,如图5.7所示。在dt时间内,沿x方向流入与流出的水量差为

$$\rho V_x \mathrm{d}y \mathrm{d}z \mathrm{d}t - \left[\rho V_x + \frac{\partial}{\partial x}(\rho V_x)\mathrm{d}x\right]\mathrm{d}y \mathrm{d}z \mathrm{d}t$$

$$= -\frac{\partial}{\partial x}(\rho V_x) \mathrm{d}x\,\mathrm{d}y\,\mathrm{d}z\,\mathrm{d}t \qquad (5.14)$$

同理，对 y 和 z 方向有：

$$\rho V_y \mathrm{d}x\,\mathrm{d}z\,\mathrm{d}t - \left[\rho V_y + \frac{\partial}{\partial y}(\rho V_y)\mathrm{d}y\right]\mathrm{d}x\,\mathrm{d}z\,\mathrm{d}t$$

$$= -\frac{\partial}{\partial y}(\rho V_y)\mathrm{d}x\,\mathrm{d}y\,\mathrm{d}z\,\mathrm{d}t \qquad (5.15)$$

$$\rho V_z \mathrm{d}x\,\mathrm{d}y\,\mathrm{d}t - \left[\rho V_z + \frac{\partial}{\partial z}(\rho V_z)\mathrm{d}z\right]\mathrm{d}x\,\mathrm{d}y\,\mathrm{d}t$$

$$= -\frac{\partial}{\partial z}(\rho V_z)\mathrm{d}x\,\mathrm{d}y\,\mathrm{d}z\,\mathrm{d}t \qquad (5.16)$$

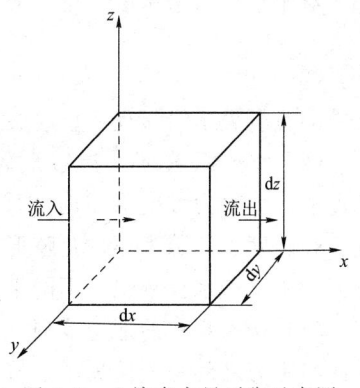

图 5.7　土壤水水量平衡示意图

土体的净入流量是以上三式右边之和，即

$$-\left[\frac{\partial(\rho V_x)}{\partial x} + \frac{\partial(\rho V_y)}{\partial y} + \frac{\partial(\rho V_z)}{\partial z}\right]\mathrm{d}x\,\mathrm{d}y\,\mathrm{d}z\,\mathrm{d}t \qquad (5.17)$$

土体水量变化为

$$\frac{\partial(\rho \theta)}{\partial t}\mathrm{d}x\,\mathrm{d}y\,\mathrm{d}z\,\mathrm{d}t \qquad (5.18)$$

因此有

$$-\left[\frac{\partial(\rho V_x)}{\partial x} + \frac{\partial(\rho V_y)}{\partial y} + \frac{\partial(\rho V_z)}{\partial z}\right]\mathrm{d}x\,\mathrm{d}y\,\mathrm{d}z\,\mathrm{d}t = \frac{\partial(\rho \theta)}{\partial t}\mathrm{d}x\,\mathrm{d}y\,\mathrm{d}z\,\mathrm{d}t \qquad (5.19)$$

或写作

$$\frac{\partial(\rho \theta)}{\partial t} + \frac{\partial(\rho V_x)}{\partial x} + \frac{\partial(\rho V_y)}{\partial y} + \frac{\partial(\rho V_z)}{\partial z} = 0 \qquad (5.20)$$

式中　ρ——水的密度；

θ——土壤含水率；

V_x、V_y、V_z——沿 x、y、z 方向的断面平均流速（不是水质点的速度）。

对不可压缩水体，式（5.20）可简化为

$$\frac{\partial \theta}{\partial t} + \frac{\partial V_x}{\partial x} + \frac{\partial V_y}{\partial y} + \frac{\partial V_z}{\partial z} = 0 \qquad (5.21)$$

5.4.2　饱和水流的运动方程

（1）达西定律。对于一维垂向饱和水流运动，可用达西定律来描述。1852—1856 年，法国水利工程师达西（Darcy）对均质沙土进行了大量的一维（单向）渗透实验研究，得出了渗流的基本规律，即达西定律。达西定律说明，渗透流量与水力坡度和横断面面积成正比，并与土壤透水特性有关，其数学表达式为

$$Q = KA\frac{\Delta h}{l} \qquad (5.22)$$

式中　Q——通过与渗流方向垂直的横断面 A 的渗流量，m^3/s；

K——反映土壤透水特性的比例系数，称为渗透系数，$\mathrm{m/s}$；

Δh——流经距离 l 的水头损失，m。

对于平均渗透速度，可写成更一般的形式：

$$V = -K \frac{\mathrm{d}\Phi}{\mathrm{d}s} \tag{5.23}$$

式中的负号表示沿流程 s 总水头（总势）Φ 将减小。

（2）渗透系数 K。渗透系数（又称水力传导度）是表示土壤透水性的数量指标，其数值等于水力坡度为 1 时的渗透速度。影响渗透系数的因素很多，包括土壤颗粒组成、孔隙度、孔隙大小、孔隙形状及连续性、液体的黏滞性、密度和温度等。渗透系数越大，土壤透水性越强。不同土壤的渗透系数差别较大。

（3）达西定律的适用范围。达西定律表明渗透速度与水力坡度的一次方成正比，即流速与阻力之间呈线性关系，符合这种运动规律的渗流称为线性渗流。由水力学可知，只有层流才符合此种规律，故达西定律仅适用于层流渗流。饱和土壤中的重力水流，一般可以满足这一条件。当土壤孔隙过大时，水流会发生紊流现象，达西定律不再适用；同样，当土壤的孔隙过小时，水流的流速非常低，也超出了层流的范围，达西定律同样也不适用。因而在粗砂或黏土介质的情况下应用达西定律需要谨慎。

判别流态常用雷诺数 N_r，土壤中运动水流的雷诺数用下式计算：

$$N_r = \frac{\rho V d}{\mu} \tag{5.24}$$

式中　ρ——液体密度，$\mathrm{kg/m^3}$；

V——水流平均流速，$\mathrm{m/s}$；

d——土粒平均粒径，m；

μ——动力黏滞系数，$\mathrm{N \cdot s/m^2}$。

大量的文献结果表明，多孔介质的水流，$N_r \leqslant 10$ 时，应用达西定律有效。

5.4.3　均质土壤非饱和水流运动方程

在稳定流动状态下，非饱和土壤水运动也符合达西定律，但式中各量与饱和水流运动时将有质的区别。非饱和土壤水受重力势和基质势的作用，基质势是土壤含水率的函数，具有滞后现象；对确定的土壤，饱和水流的渗透系数是一个常数。对非饱和水流，由于土壤中有空气存在，有效过水面积随含水率减小而减少，因此渗透系数不再是一个常数，而是随土壤含水量的变化而变化，非饱和水流渗透系数是土壤含水量的函数，记为 $K(\theta)$。

非饱和水流运动的达西定律表达式为

$$V = -K(\theta) \frac{\mathrm{d}\Phi}{\mathrm{d}s} \tag{5.25}$$

对均质土壤的三维情况有

$$\vec{V} = -\left[K(\theta) \frac{\mathrm{d}\Phi}{\mathrm{d}x}\vec{i} + K(\theta) \frac{\mathrm{d}\Phi}{\mathrm{d}y}\vec{j} + K(\theta) \frac{\mathrm{d}\Phi}{\mathrm{d}z}\vec{k} \right] \tag{5.26}$$

非饱和土壤中，总势为基质势 φ 与重力势 z 之和，即 $\Phi = \varphi + z$，所以

$$\vec{V} = -\left[K(\theta) \frac{\mathrm{d}\varphi}{\mathrm{d}x}\vec{i} + K(\theta) \frac{\mathrm{d}\varphi}{\mathrm{d}y}\vec{j} + K(\theta) \frac{\mathrm{d}\varphi}{\mathrm{d}z}\vec{k} + K(\theta)\vec{k} \right] \tag{5.27}$$

对垂直方向，式（5.26）可简化为

$$V_z = -\left[K(\theta)\frac{\mathrm{d}\varphi}{\mathrm{d}z} + K(\theta)\right] \tag{5.28}$$

对水平方向，因垂向势梯度为 0，故

$$V_x = -K(\theta)\frac{\mathrm{d}\varphi}{\mathrm{d}x} \tag{5.29}$$

式（5.27）～式（5.29）称为均质土壤非饱和水流运动方程，对于非均质土壤，渗透系数在三个方向上都将不相同，研究起来更为复杂。

5.4.4 均质土壤非饱和水流的基本微分方程

均质土壤三维非饱和水流运动的基本微分方程可联解连续方程式（5.21）和运动方程式（5.27）得到，为推导方便，先将式（5.21）改造为向量表达式：

$$\frac{\partial \theta}{\partial t} - \frac{\partial \vec{V}}{\partial x} - \frac{\partial \vec{V}}{\partial y} - \frac{\partial \vec{V}}{\partial z} = 0 \tag{5.30}$$

其中 $V_x = -K(\theta)\frac{\mathrm{d}\varphi}{\mathrm{d}x}$；$V_y = -K(\theta)\frac{\mathrm{d}\varphi}{\mathrm{d}y}$；$V_z = -K(\theta)\frac{\mathrm{d}\varphi}{\mathrm{d}z}$

由式（5.27）和式（5.30）可得到

$$\frac{\partial \theta}{\partial t} = \frac{\partial}{\partial x}\left[K(\theta)\frac{\mathrm{d}\varphi}{\mathrm{d}x}\right] + \frac{\partial}{\partial y}\left[K(\theta)\frac{\mathrm{d}\varphi}{\mathrm{d}y}\right] + \frac{\partial}{\partial z}\left[K(\theta)\frac{\mathrm{d}\varphi}{\mathrm{d}z} + K(\theta)\right] \tag{5.31}$$

式（5.31）称为非饱和土壤水流的基本微分方程。要解这个方程式，必须首先确定 $K(\theta)-\theta$ 的函数关系，这个函数一般是非线性函数，目前并没有严格的理论公式，通常采用假定的简单经验公式近似表达。式（5.31）属于非线性多维二阶偏微分方程，难以求完全的解析解。很多情况下，此微分方程可给予简化，然后在各种简化条件进行求解。例如，假定水流是一维垂向流动，方程就得到了极大简化。

还可以用另一种观点来研究非饱和土壤水的运动。由于基质势（负压力）与土壤含水量有关，含水率越低，负压的绝对值越大（即毛管吸力和土粒的分子吸力越大），水分将从含水量高值区向含水率低值区移动，与热传导现象类似，形成水分扩散。令土壤水扩散系数为

$$D(\theta) = K(\theta)\frac{\partial \varphi(\theta)}{\partial \theta} \tag{5.32}$$

代入式（5.31）可得

$$\frac{\partial \theta}{\partial t} = \frac{\partial}{\partial x}\left[D(\theta)\frac{\partial \theta}{\partial x}\right] + \frac{\partial}{\partial y}\left[D(\theta)\frac{\partial \theta}{\partial y}\right] + \frac{\partial}{\partial z}\left[D(\theta)\frac{\partial \theta}{\partial z} + K(\theta)\right] \tag{5.33}$$

这一方程与热流扩散方程相似，称为非饱和土壤扩散方程，因其 1931 年由理查兹（Richards）导出，所以又称理查兹方程。应当指出，从物理实质上讲，并不意味着水流运动过程就是扩散过程，而只是从数学上引入了参数 $D(\theta)$，它是 $K(\theta)$ 与 $\partial \varphi(\theta)/\partial \theta$ 的乘积，也是含水率 θ 的函数。式（5.33）在形式上只包含一个未知数 θ，方程处理上比式（5.31）更方便。

对于一维垂向水流，理查兹方程表达为

$$\frac{\partial \theta}{\partial t} = \frac{\partial}{\partial z}\left[D(\theta)\frac{\partial \theta}{\partial z}\right] + \frac{\partial K(\theta)}{\partial z} \tag{5.34}$$

一维理查兹方程是研究下渗现象的理论工具。

非饱和水流扩散方程表示了水流运动速度与含水量梯度的关系。在运用微分方程研究土壤水运动规律时，因 $D(\theta)$、$K(\theta)$、$\varphi(\theta)$ 都是 θ 的函数，而且都具有滞后现象，所以，除了必须已知有关的初始条件和边界条件外，还必须事先寻求 $D(\theta)$、$K(\theta)$、$\varphi(\theta)$ 其中之一与 θ 的经验关系或函数关系，才能求解扩散方程。求解扩散方程是数学家和土壤学家们十分关心的问题，这方面的内容十分丰富，构成了本书第 6 章将要介绍的下渗理论内容。

思 考 与 练 习 题

5.1 根据土壤含水率是否达到饱和，将地表以下的土层划分为_____和_____。

5.2 土壤水的主要作用力有_____、_____、_____。

5.3 土壤水按主要作用力的不同，可分为_____、_____、_____、_____等类型。

5.4 请将以下土壤水分常数按从小到大的顺序排列：①最大吸湿量；②最大分子持水量；③凋萎系数；④田间持水量；⑤毛管断裂含水量；⑥饱和含水量。

_____＜_____＜_____＜_____＜_____＜_____

（填写序号）

5.5 土壤水分的确定方法有哪些？

5.6 何谓包气带？何谓饱和带？

5.7 何谓土水势？它由哪些分势组成？

5.8 请分别写出饱和土壤的总土水势和非饱和土壤的总土水势。

5.9 土壤水分特性曲线是不是单值曲线？为什么？

扫码查看答案

项目 6

下　渗

【知识要点】

通过本项目的学习，熟练掌握下渗的物理过程、下渗理论、下渗公式、天然条件下的实际下渗规律等理论知识。

【技能要求】

通过本项目的学习，能对下渗阶段进行划分，能分析下渗曲线和累积下渗曲线的区别和联系，能推导下渗公式，能分析不同降雨强度下的实际下渗规律。

【重点与难点】

重点：下渗的物理过程、天然条件下的实际下渗规律。

难点：下渗理论与下渗公式。

6.1　下渗的物理过程

当向地面供水，例如降雨或人工灌溉时，人们发现，一部分水将沿地面流动，一部分水则渗入地下。但在地面土壤比较干燥，或者供水强度较小的情况下，人们可能观察不到水沿地面流动，而仅观察到水渗入土中。有些学者，例如菲利普等，曾试图将以上两个方向的下渗现象分别加以定义：称沿水平方向的渗入为水平吸收，而称沿垂直方向的渗入为垂直下渗。但本书不取这样的定义，原因有二：一是垂直下渗和水平吸收是同时发生的，其结果都是有一部分水渗入土壤中，从而使土壤含水量增加；二是只有在二维或三维情况下，才有必要将水平吸收区分出来考虑。在研究小流域的下渗时，一般可以概化为垂向一维问题，故无须将水平吸收单独考虑。

水分从土表进入土壤的过程称为下渗。下渗水量的多少直接影响着径流量的大小，同时也决定着地表径流量和地下径流量的比例。下渗是将地表水与地下水、土壤水联系起来的纽带，是径流形成过程、水循环过程的重要环节。

6.1.1　基本概念

为了研究和认识下渗的一般物理过程，首先需要了解一些相关概念。

（1）供水强度。供水强度是指降雨或灌溉水喷洒的强度，表示单位时间、单位面积地表土壤所截获的水量，常用单位是 mm/min 或 mm/h。如果只有降水补给土壤水时，供水强度即为降水强度 i。

(2) 下渗率 f。下渗率又称下渗强度，指单位时间从土表进入单位面积土壤的水量，用 f 表示，常以 mm/min 或 mm/h 计。

(3) 下渗能力 f_p。当土壤表面水分供应充足时，此时的下渗率称为下渗能力，也称为下渗容量，用 f_p 表示。下渗能力只与初始土壤含水率和土壤质地及结构有关，而与供水强度无关。

(4) 累积下渗量 F。入渗开始后一定时段内，通过单位面积下渗到土壤中的总水量，称为累积下渗量，常简称为下渗量，用 F 表示，常以 mm 计。

(5) 稳定下渗率 f_c。随着下渗时间的推移，下渗率会逐渐减小，最后趋于一个较稳定的数值，不会再继续下降，此时的下渗率为稳定下渗率，用 f_c 表示。稳定下渗率就是土壤饱和时的下渗能力。

6.1.2 下渗阶段划分

(1) 渗润阶段。降水初期，土壤干燥，下渗水主要受分子力作用，被干燥土壤颗粒所吸附形成吸湿水，进而形成薄膜水，通常将此阶段称为渗润阶段。当土壤含水率达到最大分子持水量时，此阶段结束。

(2) 渗漏阶段。当土壤含水率大于最大分子持水量时，水分在毛管力的作用下充填土壤中的细小孔隙。随着下渗的继续，土壤含水率继续增大，重力也开始起作用。此时水分在毛管力和重力作用下沿土壤孔隙作不稳定流动，将此阶段称为渗漏阶段。直至水分达到饱和时，此阶段才基本结束。

(3) 渗透阶段。在土壤所有孔隙均被水充填时，土壤达到了饱和状态，水分主要受重力作用呈稳定流动，此阶段称为渗透阶段。渗透阶段属于饱和水流运动。

由于渗润阶段与渗漏阶段均属于非饱和水流运动，有时为了应用方便，也将这两个阶段统称为渗漏阶段。

6.1.3 下渗特性的表达

6.1.3.1 下渗随时间的变化曲线

(1) 下渗曲线。下渗能力随时间的变化过程线称为下渗能力曲线，简称为下渗曲线。值得强调的是，下渗曲线是充分干燥即初始土壤含水量为 0 的土壤，在充分供水条件下，下渗能力随时间变化的过程线。如图 6.1 所示，下渗曲线用 f_p-t 表示，它是一条单调递减的曲线，图中的 f_0 为初始下渗率或最大下渗率。下渗最初阶段，土壤十分干燥，下渗能力很大。随着下渗水量越来越多，土壤含水量也逐渐增大，下渗能力逐渐减小。当土壤孔隙充满水，即土壤饱和时，下渗趋于稳定，此时对应的下渗能力称为稳定下渗率 f_c。下渗曲线把下渗过程划分为渗润阶段、渗漏阶段、渗透阶段三个阶段，如图 6.2 所示，这种变化规律与前文描述的下渗阶段的物理机制是一致的。

(2) 累积下渗曲线。累积下渗量随时间的变化曲线称为累积下渗曲线，如图 6.1 中 F_p-t 曲线。需要注意的是，这里的累积下渗量 $F_p(t)$ 是指按下渗能力 f_p 下渗，从开始时刻至 t 时刻渗入到土壤的总水量。累积下渗曲线其实就是下渗曲线与时间的积分曲线，因此，累积下渗曲线上任意一点切线的斜率即为该时刻的下渗率（或下渗容量）。

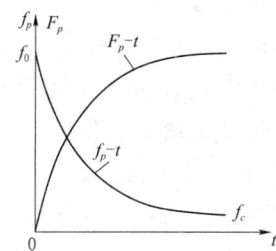
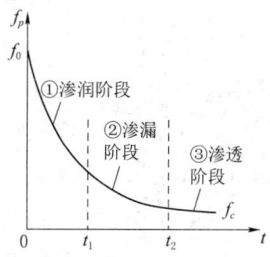

图 6.1 下渗曲线与累积下渗曲线　　图 6.2 下渗的三个阶段

下渗过程中为什么下渗曲线会呈现上述变化特点呢？由第 5 章土壤水的知识可知，土壤中存在能吸收、保持水分的固体土壤颗粒和传递水分的大小不等的孔隙。下渗过程就是土壤吸收水分、调节水分，并向土层中传递水分的过程。这无疑要受到土壤水作用力的支配。在渗润阶段，由于土壤含水量较小，分子力和毛管力均很大，再加上重力的作用，所以此时土壤吸收水分的能力特别大，以致初始下渗能力很大，而且由于分子力和毛管力随土壤含水量增加快速减小，使得下渗能力迅速递减。进入渗漏阶段后，土壤颗粒表面已形成水膜，因此分子力几乎趋于零，这时水主要在毛管力和重力作用下向土壤中入渗，下渗能力比渗润阶段明显减小，而且由于毛管力随土壤含水量增加进入缓慢减小阶段，所以这阶段下渗能力的递减速度趋缓。到了渗透阶段，土壤含水量已达到田间持水量以上，这时不仅分子力早已不起作用，毛管力也不再起作用了，控制该阶段下渗的作用力仅为重力。与分子力和毛管力相比，重力只是一个小而稳定的作用力，所以在渗透阶段，下渗能力必然达到一个稳定的极小值，这就是前述的稳定下渗率。根据非饱和水流的达西定律，也能得到与上述相同的分析结论。

6.1.3.2 下渗过程的土壤剖面水分变化

上述是下渗现象在时间上表现出来的变化特点。贝德曼和科尔曼于 1943 年在考察均质土层下渗过程中土壤水分剖面变化状况时发现，不同的土壤，尽管它们在下渗过程中土壤水分剖面的具体变化不完全相同，但都可以划分为四个有明显区别的水分带，如图 6.3 所示。

（1）饱和带。最上层为饱和带，这一带厚度不大，一般不到 1.5cm，而且随着供水时间的增长，这一厚度变化缓慢。

（2）水分传递带。饱和带以下为水分传递带，这是一个土壤含水量沿深度分布比较均匀、厚度较大的非饱和土层，其厚度随供水时间的增长不断增加，土壤含水量介于田间持水量和饱和含水量之间，约为饱和含水量的 60%～80%。

（3）湿润带。水分传递带以下为湿润带，它是连接水分传递带和湿润锋的水分带。在这一带中，土壤含水量沿深度迅速减小，并且在下渗过程中不断下移。这一

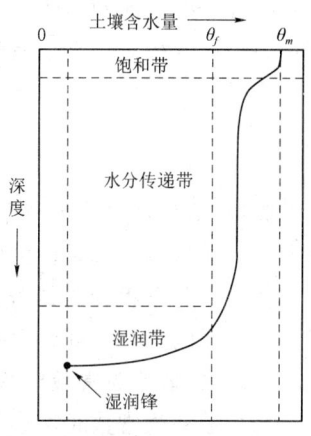

图 6.3 下渗过程中的土壤水分剖面

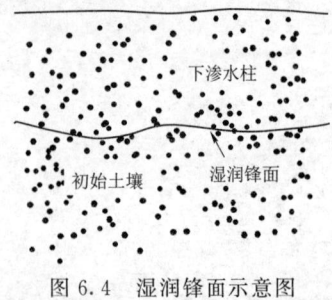

图 6.4 湿润锋面示意图

带的平均厚度也大体保持不变。

(4) 湿润锋。湿润带与下渗水尚未涉及的土壤的交界面称为湿润锋。在湿润锋处,土壤含水量梯度很大,因此在该处将有很大的土壤水分作用力来驱使湿润锋继续下移。在图 6.3 中,湿润锋只是一个"交点",实际上它是一个面,如图 6.4 所示,故又称为湿润锋面或下渗锋面。

6.2 下渗理论和下渗公式

下渗理论就是研究下渗规律及其影响因素的理论。下渗曲线不仅是下渗物理过程的定量描述,而且是下渗物理规律的体现。因此,了解下渗理论的关键就是推求下渗曲线。目前,确定下渗曲线主要有三种途径,即非饱和下渗理论途径、饱和下渗理论途径和经验下渗曲线途径。以下将分别加以叙述。

6.2.1 非饱和下渗理论

若以地面为标准参考面,坐标原点设在地面,取向下为正。根据土壤水分运动的连续方程式 (5.33),只考虑一维水流的情况下,非饱和土壤水流运动的下渗方程为

$$\frac{\partial \theta}{\partial t} = \frac{\partial}{\partial z}\left[D(\theta)\frac{\partial \theta}{\partial z}\right] \pm \frac{\partial K(\theta)}{\partial z} \qquad (6.1)$$

式 (6.1) 是一个非线性偏分方程,是垂向一维非饱和下渗方程的常见形式。对于式 (6.1),只有在一些特殊情况下才能得其解析解。下面分析一些特殊情况下的其解析解。

6.2.1.1 忽略重力时下渗方程的求解

对于较干土壤来说,在下渗的初期,当土壤表面开始湿润时,土壤表面以下土壤仍为初始含水率,即 $\partial \theta/\partial t \to \infty$。因此,下渗初期,由于下渗时间较短,基质势梯度较大,而重力势梯度相对较小。因此,为简化此过程,可将重力势梯度忽略不计,则式 (6.1) 转化为

$$\frac{\partial \theta}{\partial t} = \frac{\partial}{\partial z}\left[D(\theta)\frac{\partial \theta}{\partial z}\right] \qquad (6.2)$$

式 (6.2) 即表示忽略重力作用的下渗物理过程的基本方程。由于此式仍为非线性偏微分方程,在具体求解时,可分为两种情况:一是将其进一步简化,假定扩散率 $D(\theta)$ 为常数,将此方程变为微分方程求解;二是不作简化,认为 $D(\theta)$ 为 θ 的某一函数。显然,后者的求解难度要大一些。下面对这两种情况进行具体分析。

6.2.1.2 扩散率为常数时解的推求

当扩散率为常数时,式 (6.1) 可简化为

$$\frac{\partial \theta}{\partial t} = \frac{\partial}{\partial z}\left(D\frac{\partial \theta}{\partial z}\right) \qquad (6.3)$$

在对式 (6.3) 进行求解之前,首先需要给出某一具体下渗过程的初始条件和边界

条件。在此举一事例说明：假设一垂直土柱无限长，土壤均质。下渗开始前，土柱中各点含水率均为 θ_i；下渗开始后（$t>0$），土柱表面（$z=0$）的含水率达到 θ_0，并一直维持不变，如图 6.5 所示。如以地面为标准参考面，取向下为正，坐标原点为地面某一点，则此问题的下渗过程可用数学模型来描述。

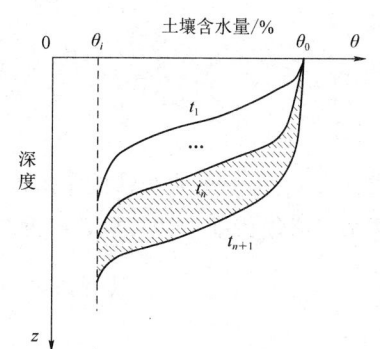

图 6.5 无限长土柱的下渗过程

由基本方程式（6.3）和上、下边界条件以及初始条件构成的问题即为定解问题，其数学模型为

$$\begin{cases} \dfrac{\partial \theta}{\partial t} = \dfrac{\partial}{\partial z}\left(D\dfrac{\partial \theta}{\partial z}\right) \\ \theta = \theta_i \ [t=0, 0 \leqslant z \leqslant \infty (初始条件)] \\ \theta = \theta_0 \ [t \geqslant 0, z=0 (上边界条件)] \\ \theta = \theta_i \ [t>0, z=\infty (下边界条件)] \end{cases} \quad (6.4)$$

此定解问题，可采用拉普拉斯（Laplace）变换和逆变换求得其解析解，结果为

$$\theta = (\theta_0 - \theta_i)\operatorname{erfc}\left(\dfrac{z}{2\sqrt{Dt}}\right) + \theta_i \quad (6.5)$$

式中 $\operatorname{erfc}(*)$——余误差函数，$\operatorname{erfc}(y) = \dfrac{2}{\sqrt{\pi}}\displaystyle\int_y^\infty \mathrm{e}^{-y^2}\mathrm{d}y$；

y——变量，相当于式（6.5）中的 $z/(2\sqrt{Dt})$。

根据式（6.5）就可以求出任一时间 t、任一位置 z 处的含水率 $\theta(z, t)$ 了。知道了 $\theta(z, t)$，就可求出其下渗曲线，现具体举例说明如下。

根据图 6.5，在忽略重力作用时，图中阴影部分的面积即为 Δt 时段内土壤的累积下渗量，即

$$F(t) = \int_{\theta_i}^{\theta_0} z(\theta,t)\mathrm{d}\theta = \int_0^\infty [\theta(z,t) - \theta_i]\mathrm{d}z \quad (6.6)$$

将式（6.5）代入式（6.6），整理后可得

$$F(t) = 2(\theta_0 - \theta_i)\sqrt{\dfrac{D}{\pi}t} \quad (6.7)$$

对式（6.7）求导得

$$f_p = \dfrac{\mathrm{d}F(t)}{\mathrm{d}t} = (\theta_0 - \theta_i)\sqrt{\dfrac{D}{\pi}}t^{-\frac{1}{2}} \quad (6.8)$$

式中 f_p——下渗率，cm/d。

式（6.8）就是忽略重力作用、扩散率为常数时的下渗曲线的表达式。

6.2.1.3 扩散率不为常数时解的推求

当扩散率不为常数时，式（6.4）变为

$$\begin{cases} \dfrac{\partial \theta}{\partial t} = \dfrac{\partial}{\partial z}\left[D(\theta)\dfrac{\partial \theta}{\partial z}\right] = D(\theta)\dfrac{\partial^2 \theta}{\partial z^2} + \dfrac{\partial D(\theta)}{\partial z}\dfrac{\partial \theta}{\partial z} \\ \theta = \theta_i \; [t=0, 0 \leqslant z \leqslant \infty (\text{初始条件})] \\ \theta = \theta_0 \; [t \geqslant 0, z = 0 (\text{上边界条件})] \\ \theta = \theta_i \; [t > 0, z = \infty (\text{下边界条件})] \end{cases} \quad (6.9)$$

式（6.9）是一个非线性的定解问题，θ 为 z 和 t 的函数。对此问题，由于求解过程比较复杂，必须借助于计算机，因此，不再作具体介绍。但对于其下渗曲线的推求，可以令 $\eta = \eta(\theta) = zt^{-\frac{1}{2}}$，将其变换可得

$$z(\theta, t) = \eta(\theta) t^{\frac{1}{2}} \quad (6.10)$$

式（6.10）表示不同时刻含水率在垂直剖面的变化情况。将其代入式（6.6）得

$$F(t) = \left[\int_{\theta_i}^{\theta_0} \eta(\theta) \mathrm{d}\theta\right] t^{\frac{1}{2}} = s t^{\frac{1}{2}} \quad (6.11)$$

其中，$s = \int_{\theta_i}^{\theta_0} \eta(\theta) \mathrm{d}\theta$，从物理意义上来说，表示土壤的吸渗率，是土壤含水量的函数。

对式（6.11）求导，即可得下渗率 f_p 与时间的关系表达式：

$$f_p = \dfrac{\mathrm{d}F(t)}{\mathrm{d}t} = \dfrac{1}{2} s t^{-\frac{1}{2}} \quad (6.12)$$

式（6.12）就是忽略重力作用、扩散率不为常数时下渗曲线的基本表达式。

对比式（6.12）与式（6.8）可以看出，在忽略重力作用的条件下，无论扩散率是常数还是变数，下渗率 f_p 均为 $t^{-\frac{1}{2}}$ 的函数，且当 $t \to \infty$ 时，$f_p \to 0$，而在实际下渗过程中，当 $t \to \infty$ 时，$f_p \to f_c$，因此，忽略重力只能适用于下渗时间较短的情况。

6.2.1.4 考虑重力时下渗方程的求解

以上为忽略重力条件下下渗方程的求解。若考虑重力作用，且式（6.4）中初始条件和边界条件不变，其定解问题变为

$$\begin{cases} \dfrac{\partial \theta}{\partial t} = \dfrac{\partial}{\partial z}\left[D(\theta)\dfrac{\partial \theta}{\partial z}\right] + \dfrac{\partial K(\theta)}{\partial \theta} \\ \theta = \theta_i \; (t=0, 0 \leqslant z \leqslant \infty) \\ \theta = \theta_0 \; (t \geqslant 0, z = 0) \\ \theta = \theta_i \; (t=0, z = \infty) \end{cases} \quad (6.13)$$

显然，式（6.13）的求解更为复杂。下面就扩散率为常数，且水力传导度随含水率呈线性变化时的特殊情况，对其进行分析讨论。设扩散率 $D(\theta) = D = $ 常数，且 $K(\theta) = a\theta + b$，对式（6.13）作如下变换：

$$\dfrac{\partial \theta}{\partial t} = \dfrac{\partial}{\partial z}\left[D(\theta)\dfrac{\partial \theta}{\partial z}\right] + \dfrac{\mathrm{d}K(\theta)}{\mathrm{d}\theta}\dfrac{\partial \theta}{\partial z}$$

将假定条件代入得

$$\dfrac{\partial \theta}{\partial t} = \dfrac{\partial}{\partial z}\left(D \dfrac{\partial \theta}{\partial z}\right) + K \dfrac{\partial \theta}{\partial z} \quad (6.14)$$

式（6.14）为一个线性偏微分方程。与前面的方法相同，对此式进行拉普拉斯变换和逆变换可求得其解。其结果为

$$\theta(z,t) = \frac{\theta_0 - \theta_i}{2}\left[\text{erfc}\left(\frac{z - Kt}{2\sqrt{Dt}}\right) + e^{K_z/D}\text{erfc}\left(\frac{z + Kt}{2\sqrt{Dt}}\right)\right] + \theta_i \quad (6.15)$$

式（6.15）即为考虑重力作用、扩散率为常数，且水力传导度随含水率呈线性变化的解的表达式。为了求得下渗曲线，首先需建立含水率剖面与累积下渗量或下渗率之间的关系。在考虑重力作用的条件下，从供水开始到 t 时刻，累积下渗量为

$$F_p = \int_{\theta_i}^{\theta_0} z(\theta,t)\,\mathrm{d}\theta + K_s t \quad (6.16)$$

对其求导得

$$f_p = \frac{\mathrm{d}F_p}{\mathrm{d}t} = \frac{\mathrm{d}}{\mathrm{d}t}\int_{\theta_i}^{\theta_0} z(\theta,t)\,\mathrm{d}\theta + K_s \quad (6.17)$$

将式（6.15）代入式（6.17），即可得下渗曲线的表达式为

$$f_p = \frac{(\theta_0 - \theta_i)K}{2}\left[\frac{\exp(-K^2 t/4D)}{\sqrt{K^2\pi t/4D}} - \text{erfc}(\sqrt{K^2 t/4D})\right] - \theta_0 K \quad (6.18)$$

6.2.2 饱和下渗理论

饱和下渗理论模式首先由格林（Green）和安普特（Ampt）提出，他们对下渗过程作了如下简化：首先，土壤为均质各向同性，初始含水率极低且在剖面上均匀分布；其次，入渗一开始就有积水，且不随时间而变化，即满足土壤入渗能力，入渗受剖面所控制；此外，湿润锋面是饱和土壤与非饱和土壤的交界面，即湿润锋上部区域的土壤含水率为饱和含水率，下部区域仍为初始土壤含水率。

在以上假设条件下，下渗过程中土壤水分剖面随时间的变化将形如一个汽缸中的活塞不断地沿深度方向推进，如图 6.6 所示。若以地表为参考平面，取向下为正。在上述假设条件下，可根据水流的达西定律及水量平衡方程建立饱和下渗基本模式。现在具体分析一下地表和湿润锋处任意两点之间的水势情况。根据假设条件，地表的积水深度为 H，则土表某一点单位质量水分所受的压力势为 H。由于无其他水势，因此地表处某一点的总水势仍为 H。同样，湿润锋面处某一点受到下方土壤水的基质势为 φ_m，若以吸力来表示则为 $-s_f$；若重力势以其下渗的深度 z_f 表示，则总水势为 $-s_f - z_f$。因此，土壤表面与湿润锋面之间的水势梯度可表示为 $(-s_f - z_f - H)/z_f$，此水势梯度即为下渗水流运动的动力。

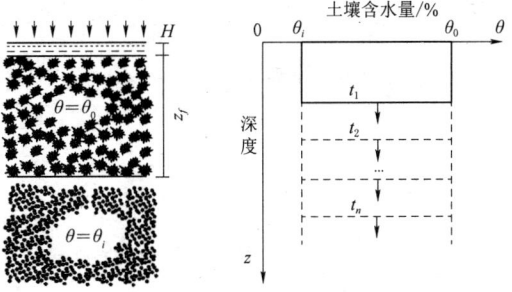

图 6.6 概化的湿润锋移动

根据达西定律，则下渗率可表示为

$$f_p = K_s\frac{s_f + z_f + H}{z_f} = K_s\left(\frac{s_f + H}{z_f} + 1\right) \quad (6.19)$$

式中 f_p——下渗率，cm/d；

K_s——饱和水力传导度，cm/d。

式（6.19）表示了饱和下渗过程中下渗率与湿润锋的关系。下面针对不同情况分别求下渗率及累积下渗量随时间的变化关系式。

6.2.2.1 积水厚度较小或下渗时间较长时的饱和下渗曲线

当积水厚度较小，或下渗时间较长时，H 相对于 z_f 很小。因此，式（6.19）可近似表达为

$$f_p = K_s \left(\frac{s_f}{z_f} + 1 \right) \tag{6.20}$$

此外，根据假设，土壤剖面初始含水率分布均匀。下渗过程中，水流经过的地方，土壤含水率均达到饱和含水率，根水量平衡原理，则下渗过程中累积下渗量 F 应为

$$F = (\theta_s - \theta_i) z_f \tag{6.21}$$

式中 θ_s——饱和体积含水率；

θ_i——初始体积含水率。

由式（6.21）可得

$$z_f = \frac{F}{\theta_s - \theta_i}$$

将其代入式（6.20）可得

$$f_p = K_s \left[1 + (\theta_s - \theta_i) \frac{s_f}{F} \right] \tag{6.22}$$

式（6.22）反映了下渗率和累积下渗量之间的关系，是饱和下渗理论基本模式之一，根据定义 $f_p = dF/dt$，则式（6.22）可变为

$$\frac{dF}{dt} = K_s \left[1 + (\theta_s - \theta_i) \frac{s_f}{F} \right] \tag{6.23}$$

以下渗开始时刻为零，自 $0 \to t$，$0 \to F$ 对式（6.23）取积分可得

$$\int_0^t K_s dt = \int_0^F \frac{F}{F + (\theta_s - \theta_i) s_f} dF$$

对其积分后可得

$$K_s t = F - s_f (\theta_s - \theta_i) \ln \left[1 + \frac{F}{(\theta_s - \theta_i) s_f} \right] \tag{6.24}$$

式（6.24）即为积水厚度较薄或下渗时间相对较长时的饱和下渗过程中的累积下渗曲线的表达式。

6.2.2.2 下渗时间较短时的饱和下渗曲线

当下渗时间较短时，z_f 相对于 $s_f + H$ 来说较小，此时式（6.20）可近似为

$$f_p = K_s \frac{s_f + H}{z_f} \tag{6.25}$$

根据下渗率与累积下渗量的关系，对式（6.21）求导，并联立式（6.25）可得

$$f_p = \frac{dF}{dt} (\theta_s - \theta_i) \frac{dz_f}{dt} = K_s \frac{s_f + H}{z_f}$$

或
$$\frac{dz_f}{dt}=K_s\frac{s_f+H}{\theta_s-\theta_i}\frac{1}{z_f}$$

令 $D=K_s\dfrac{s_f+H}{\theta_s-\theta_i}$，则有

$$\frac{dz_f}{dt}=D\frac{1}{z_f}$$

对上式积分后得

$$z_f=\sqrt{2Dt} \tag{6.26}$$

将式（6.26）代入式（6.21）得

$$F=(\theta_s-\theta_i)\sqrt{2Dt} \tag{6.27}$$

对式（6.27）求导得

$$f_p=(\theta_s-\theta_i)\sqrt{D/2t} \tag{6.28}$$

式（6.27）和式（6.28）显示，饱和下渗过程中，当下渗时间较短时，累积下渗量与时间 $\sqrt{t}$ 成正比，而下渗率则与 $\sqrt{t}$ 成反比。这也是格林-安普特下渗模式的另一种表达形式。

可以说饱和下渗过程是一种比较理想的下渗模式，与实际情况下砂性土壤的下渗过程较为相似，但与黏性土壤的下渗过程差异较大。

6.2.3 下渗曲线经验公式

以上讨论的下渗公式，都是在理查兹（Richards）方程基础上推导出的公式，从推导过程可以认识下渗的物理机制和规律。但由于这些公式均对基本方程作了一定的简化，因此在复杂的实际情况下应用误差较大，适用性不强。在实际应用中，经常采用的是经验公式，下面介绍一些有代表性的经验下渗曲线公式。

（1）科斯力柯夫（Kostiakov）公式。1931 年，前苏联学者科斯力柯夫提出了如下经验公式：

$$f_p=At^{-b} \tag{6.29}$$

式中 f_p——实际下渗率；

t——下渗时间；

A、b——经验常数，与土壤质地有关，可通过实验确定。

从式（6.29）可以看出，下渗过程中，随下渗时间的延长，下渗率逐渐减小，且呈幂函数曲线关系，这与实际情况一致，但当 $t\to\infty$ 时，$f_p\to 0$，则与实际情况不相符。

（2）霍顿（Horton）公式。1940 年，Horton 提出了反映降雨产流过程中下渗率与初始下渗率、稳定下渗率以及时间 t 之间关系的经验公式，即

$$f_p=f_c+(f_0-f_c)e^{-\beta t} \tag{6.30}$$

式中 f_c——稳定下渗率；

f_0——初始下渗率；

β——经验参数，反映了入渗率由 f_0 减小到 f_c 过程中的快慢程度；

其他符号意义同前。

根据式 (6.30)，当 $t\to 0$ 时，$f_p\to f_0$，因此 f_0 为初始下渗率；当 $t\to\infty$ 时，$f_p\to f_c$，因此 f_c 为稳定下渗率，与实际相符。霍顿公式这一特点使其适用范围较为广泛，既适用于一个点的下渗，也适用于流域面上的下渗。

（3）菲利普（Philip）公式。菲利普根据理论推导和经验估计，得出以下公式：

$$f_p = At^{-1/2} + f_c \tag{6.31}$$

式中　A——经验参数；

其他符号意义同前。

（4）霍尔坦（Holtan）公式。1961 年，霍尔坦提出经验公式如下：

$$\begin{cases} f_p = f_c + \alpha(W-F)^\beta \\ W = (\theta_s - \theta_0)d \end{cases} \tag{6.32}$$

式中　W——一定厚度的土壤在下渗开始后所能容纳的下渗水量；

　　　F——累积下渗量；

　　　α、β——经验参数；

其他符号意义同前。

霍尔坦公式与其他公式的不同在于它只适用于流域范围内的下渗，而不适用于点的下渗。在应用时，主要困难在于土层的确定。

（5）史密斯（Smith）公式。史密斯根据土壤水分运动的基本方程，对不同质地的各类土壤，进行了降雨入渗模拟实验，在大量实验的基础上，于 1972 年提出了如下下渗公式：

$$\begin{cases} f_p = R \quad (t \leqslant t_p) \\ f_p = f_c + B(t-t_0)^{-\beta} \quad (t > t_p) \end{cases} \tag{6.33}$$

式中　R——降雨强度；

　　　t_p——开始积水的时间；

　　　t_0——下渗的初始时间；

　　　B、β——经验参数；

其他符号意义同前。

式 (6.33) 表示，在下渗初期，下渗主要由供水强度控制，实际下渗率等于降雨强度 R；在 t_p 时刻以后，即地面开始产生积水或出现径流以后，下渗主要由土壤决定。当 $t\to\infty$ 时，$f_p \to f_c$。因此，f_c 理论上也等于饱和水力传导度 K_s。

（6）史密斯-帕兰格（Smith-Parlange）公式。1978 年，史密斯-帕兰格以理查兹方程为基础，针对不同土壤，分别推导出土壤的水力传导度 $K(\theta)$ 在饱和含水率 θ_s 附近变化较慢和较快时，积水时间的计算公式：

$$\int_0^{t_p} R(t)\mathrm{d}t = \frac{B(\theta_i)}{R_p - K_s} \approx \frac{s^2/2}{R_p - K_s} \tag{6.34}$$

$$\int_0^{t_p} R(t)\mathrm{d}t = \frac{A}{K_s}\ln\frac{R_p}{R_p - K_s} \tag{6.35}$$

式中　K_s——饱和水力传导度；

　　　R_p——开始积水时的降雨强度；

$B(\theta_i)$——参数，与土壤及其初始含水率有关，近似等于 $s^2/2$；

s——吸渗率，可根据试验确定；

A——参数，近似等于 $s^2/2$。

对于式（6.34）和式（6.35），s 确定后，两式可用来计算两种情况下任意雨强积水后的积水时间。

当 $t > t_p$ 时，$K(\theta)$ 在饱和含水率 θ_s 附近变化较慢时，下渗率的公式为

$$f_p = K_s \left(1 + \frac{B_0}{K_s F_p}\right) \tag{6.36}$$

其中
$$B_0 \approx s^2/2$$

当 $K(\theta)$ 在饱和含水率 θ_s 附近变化较快时，下渗率的公式为

$$f_p = K_s \left(\frac{C}{C-1}\right) \tag{6.37}$$

其中
$$C = e^{F_p \frac{K_s}{B_0}}$$

式中符号意义同前。

6.3 天然条件下的实际下渗

天然条件下的下渗过程要比前面讨论的供水充分、土壤均质、土壤层面水平等条件下的下渗过程复杂得多。

在天然条件下，供水即为降雨。降雨强度一般随时间不断变化，且常出现间歇。因此，在天然条件下，不可能保证在降雨期间都能按照下渗能力下渗。根据下渗能力的概念，如果在降雨期间出现降雨强度小于当时的下渗能力，则下渗率将等于降雨强度。只有当降雨强度等于或大于当时的下渗能力时，下渗率才会等于下渗能力。

假定降雨强度 i 随时间 t 恒定不变，分三种情况讨论下渗与降雨强度的关系，如图 6.7 所示。

(1) 当 $i \geqslant f_0$ 时，即当降雨强度 i 大于或等于初始下渗率 f_0 时，实际下渗过程与下渗能力曲线重合，如图 6.7 中 A 线所示。此时的降雨强度非常大，总是大于各个时刻的下渗能力，满足充分供水条件，因此实际下渗过程与下渗能力曲线一致。

(2) 当 $f_c < i < f_0$ 时，即降雨强度 i 大于稳定下渗率 f_c 且小于初始下渗率 f_0 时，实际下渗过程先与降雨强度过程重叠，如图 6.7 中 B 线所示；直到 t_p 时刻以后，实际下渗过程将与下渗能力曲线一致，如图 6.7 中 C 线所示。

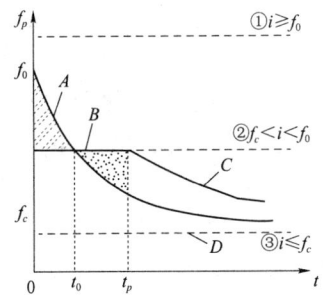

图 6.7 恒定雨强下不同情况的实际下渗过程线

(3) 当 $i \leqslant f_c$ 时，即降雨强度 i 小于或等于稳定下渗率 f_c 时，实际下渗过程线与降雨强度过程线重合，即按"降多少，下渗多少"来下

渗，如图 6.7 中的 D 线所示。

在以上分析中，确定 t_p 是一个重要问题。t_p 的物理意义是，在降雨过程中正好出现降雨强度等于当时下渗能力 f_p 的时刻。在降雨过程中，欲达到 $f_p = i$，就必须使下渗的总水量达到 $\int_0^{t_0} f_p(t)dt$。这里 t_0 满足 $i = f_p(t_0)$，也就是在下曲线上 $f_p = i$ 时的时间。但实际上在降雨过程中只有到 t_p 时刻才能够使下渗到土壤中的总水量等于 $\int_0^{t_0} f_p(t)dt$，即找到一个时刻 t_p 使得图 6.7 中的两块阴影面积相等，于是有

$$it_p = \int_0^{t_0} f_p(t)dt, \quad t_0 = f_p^{-1}(i) \tag{6.38}$$

由此可得

$$t_p = \frac{1}{i}\int_0^{t_0} f_p(t)dt, \quad t_0 = f_p^{-1}(i) \tag{6.39}$$

式（6.39）就是确定 t_p 的公式。

事实上，在实际降雨过程中，雨强随时间总是在变化，在讨论雨强变化条件下的下渗曲线时，其分析思路与上述分析思路相似，可分情况讨论。

当任一时刻的降雨强度都大于或等于同时刻的地面下渗能力时，则其实际下渗过程线即为下渗曲线。

当任一时刻降雨强度都小于或等于同时刻的地表面下渗能力时，则其实际下渗过程线与降雨强度过程一致。

如果在整个雨期，有时出现降雨强度小于或等于同时刻的地面下渗能力，有时则出现降雨强度大于或等于同时刻的地表面下渗能力，则其下渗过程有时与降雨强度一致，有时则与下渗曲线一致。在雨强变化情况下，其 t_p 时刻的确定变得更为复杂，但是与上述恒定雨强下 t_p 的确定方法基本相似，这里不再赘述。

思 考 与 练 习 题

6.1 何谓下渗率？何谓下渗能力？两者有何区别？
6.2 下渗可以分为哪几个阶段？各阶段受力及特点有何不同？
6.3 什么是下渗曲线？
6.4 下渗曲线与累积下渗曲线之间有什么联系？
6.5 下渗过程中的土壤剖面可以划分为哪几个水分带？
6.6 湿润锋是一个"点"吗？为什么？
6.7 下渗过程是否总按下渗曲线来下渗？为什么？

扫码查看答案

项目 7

蒸 散 发

【知识要点】

通过本项目的学习，熟练掌握蒸散发的受控条件、蒸散发量大小的表示方法、水面蒸发、土壤蒸发、植物散发、流域蒸散发等理论知识。

【技能要求】

通过本项目的学习，能运用不同的方法对水面蒸发量进行测定，能划分土壤蒸发的阶段，能运用不同的方法对植物散发量进行测定，能采用不同的方法计算流域蒸散发量。

【重点与难点】

重点：蒸散发量大小的表示方法、不同类型蒸发的物理机制和影响因素、流域总蒸散发量的模式计算法。

难点：流域蒸散发量的模式计算法。

7.1 蒸 散 发 概 述

7.1.1 研究蒸散发的意义

蒸散发是水文循环的一个重要环节。水分通过降水到达陆面，其中一部分雨水汇入河流、湖泊等水体成为地表水，一部分则通过下渗成为土壤水或地下水，还有一部分水在接受太阳辐射后，又以水汽的形式耗散到大气中，此现象即为蒸散发。简言之，蒸散发就是指水分子从物体表面向大气逸散的一种自然现象。据统计，大陆上一年内的降水大概有 60% 消耗于蒸发与散发。从降雨至径流的形成过程来看，蒸发量是一种损失项，也是流域水量平衡计算的重要项目之一。研究蒸散发规律及其定量计算，对水量平衡计算、产汇流计算、水利工程的规划设计以及水资源的节约集约利用等均有重要的意义。

7.1.2 蒸散发的分类

具有水分子的物体表面称为蒸发面。根据蒸发面的不同，蒸散发一般可以分为水面蒸发、土壤蒸发和植物散发三类。

（1）水面蒸发。水面蒸发就是指发生在水体（包括江、河、湖、海等地表水）表面的蒸发。

(2) 土壤蒸发。发生在土壤表面的蒸发现象称作土壤蒸发。一般来说，土壤蒸发量要小于水面蒸发量，但在研究某流域内总蒸发量时，因土面面积一般都大于水面面积，土壤蒸发总量一般比水面蒸发量要大，所以在水文学中对土壤蒸发的分析占有重要的地位。

(3) 植物散发。植物散发是指植物叶面气孔中因植物的生理作用而逸出的水汽。

由于植物散发和土壤蒸发很难分开，通常将植物散发与土壤蒸发统称为陆面蒸散发。除了上述水面蒸发、土壤蒸发和植物散发外，还有一些其他形式的水分蒸发，如植物截留蒸发、潜水蒸发、冰雪蒸发等。植物截留蒸发是指在降水过程中植物的茎叶上停留的一部分雨水最终消耗于蒸发的量。潜水蒸发则是指在地下水埋藏较浅的平原地区，蒸散发会导致潜水对上部土壤水的补给，发生潜水的消耗。对潜水而言，尽管这种消耗不是直接意义上的水分蒸发，但人们习惯称之为潜水蒸发。冰雪蒸发是水面蒸发的一种特殊情况，当冰雪面上空的水汽压小于当时温度下的饱和水汽压时，冰雪蒸发就会发生。冰雪蒸发过程是一个经历着固态-液态-气态变化的过程。本项目将主要探讨水面蒸发、土壤蒸发和植物散发这三种形式的蒸散发。

7.1.3 蒸散发的受控条件

蒸散发是水分和热量的综合反映，一般来说，蒸散发的发生取决于三个条件：一是蒸发面上储存的水分多少，即蒸发的供水条件；二是蒸发面上水分子所获得的能量多少，这是水分子脱离蒸发面向大气逸散的能量供给条件；三是蒸发面上空水汽输送的速度，这是保证向大气逸散的水分子数量大于从大气返回蒸发面的水分子数量的动力条件。

(1) 供水条件。蒸发的供水条件与蒸发面的水分含量有关，不同的蒸发面，供水条件是有区别的，例如水面作为蒸发面就有足够的水分供给蒸发。裸土表面作为蒸发面只有当土壤含水量达到田间持水量以上时，才能有足够的水分供给蒸发，否则对土壤蒸发的供水就会受到限制。

(2) 能量供给条件。蒸发必须消耗能量，天然条件下供给蒸发的能量主要来自太阳能，当蒸发面吸收足够的热量后，才有可能由液态变为气态，逸出表面。

(3) 动力条件。蒸发的动力条件一般来源于三个方面：①水汽分子扩散作用，其作用力大小及方向取决于大气中水汽含量的梯度，但在一般情况下水汽的分子扩散作用是不大的；②上、下层空气之间的对流作用，这是由于近蒸发面的气温大于其上层气温而形成的，对流作用将近蒸发面的暖湿空气带离蒸发面上空，而使其上空的干冷空气下沉到近蒸发面，因而促进了蒸发作用；③空气紊动扩散作用，刮风时空气发生紊动，风速越大，紊动作用也越大，紊动作用将使蒸发面上空的空气混合作用大大加快，将空气中的水汽含量冲淡，从而大大促进了蒸发作用。空气紊动扩散作用，由于主要由风引起，所以也称为空气平流作用。

影响蒸发的能量条件和动力条件均与气象因素如日照时间、气温、饱和差、风速等有关，故又可将它们合称为气象条件。

在供水不受限制，即供水充分的条件下，单位时间从单位蒸发面面积逸散到大气中的水分子数与从空气返回到蒸发面的水分子数之差值（当为正值时）称为蒸发能力。显然，蒸发能力只与能量供给条件和动力条件有关，而且它总是大于或等于同气象条件下的蒸发率。

7.1.4 蒸散发量的表示方法

蒸散发消耗的水量常用蒸发强度和时段累积蒸发量来表征。

（1）蒸发强度。蒸发强度也称为蒸发率，是指单位时间从单位面积土壤表面或植物叶面或水面所消耗的水量，其常用单位为 mm/d、mm/月或 mm/a。蒸发面在充分供水条件下的蒸发率称为蒸发能力。一般实际情况下，只有水面蒸发是充分供水条件下的蒸发，而土壤蒸发和植物散发大都是在不充分供水条件下发生的，它们的实际蒸发率总是小于同气象条件下的蒸发能力。在蒸发过程中，当蒸发强度维持在某一较稳定的水平，不随时间而发生变化时，称这种蒸发为稳定蒸发；而蒸发强度随时间发生改变的蒸发过程称为非稳定蒸发。

（2）时段累积蒸发量。时段累积蒸发量是指某一时段内从土壤表面或植物叶面或水面所消耗的总水量，通常用时段内蒸发掉的水层深度来表示，常用单位是 mm。对于一个流域来说，水面蒸发、土壤蒸发、植物散发这三种形式的蒸散发都有可能发生，因此流域某时段的累积蒸散发量就是指该时段流域范围内各种类型的累积蒸散发量的总和。

7.2 水 面 蒸 发

7.2.1 水面蒸发的物理机制

水面蒸发是指在自然条件下，水面的水分从液态转化为气态而逸出水面的物理过程。水面蒸发的蒸发面为水体表面，属于水分供应不受限制的蒸发面，即水面蒸发总是充分供水条件下的蒸发，蒸发一旦发生，就会按照其蒸发能力来进行蒸发。因此，水面蒸发的受限条件主要包括能量供给条件和动力条件。水面蒸发可分为水分汽化和水分扩散两个过程。

7.2.1.1 水分汽化过程

对于一个自由水面来说，太阳辐射热量进入水体使得水体表层温度升高，水分子动能增加，运动加剧，且水面温度越高，水分子的运动越活跃。由于水分子之间本身存在着一定的相互作用力，即内聚力，使得水分子聚集于水体。但当水分子运动的动能大于水分子之间的内聚能时，水分子就能从水体逸出而散失到大气当中，此即为蒸发的物理机制。由于水体获得的能量不是均匀的，只有表层那些动能足够大的水分子才能突破水面进入大气，所以蒸发主要发生在水的表层。

水温越高，水分子运动越剧烈，逸出水面的水分子越多。逸出水面的水分和其他空气分子在水面上形成极薄的一层饱和水汽层，饱和水汽层中的分子做不规则运动。逸出水面的水分子中只有一部分可以远离水面而移向大气，其余一部分水分子可能会被其他分子撞击重新回到水面，或因本身冷却的原因为水面所黏附，重新成为液态水分子，这种现象称为凝结。蒸发现象的实质是逸出水面的水分子数大于返回水面的水分子数，因此，实际观测到的蒸发量或蒸发强度就是指从水面逸出的水分子数与返回水中的水分子数量之差。

水分在由液态转化成气态过程中会发生能量的变化。蒸发时，由于逸出水面的水分子都是具有较大动能的水分子，因而会导致剩下的水分子的平均动能减少，水温降低。若要保持水温不变，就必须从外界补给热量。通常将单位水量从液态变为气态所吸收的热量称为蒸发潜热或大气蒸发能力，蒸发潜热与温度有关，其关系为

$$L = 2499.5 - 2.39t \tag{7.1}$$

式中　　L——蒸发潜热，J/g；

　　　　t——水面温度，℃。

物理学已证实，在相同温度条件下，蒸发潜热和凝结潜热相等，即水蒸气在凝结时，这种热量将会全部释放出来。

7.2.1.2　水汽扩散过程

水汽扩散过程是指水面上饱和水汽层的水汽分子不断地从水面移向大气的过程，水面上水汽分子的扩散过程通常有以下三种形式：

(1) 在自然条件下，实际上不会出现汽化与凝结平衡的情况。因为空气的体积可以看作是无限的，水面上空水汽分子的浓度存在着梯度，相应地具有水汽压梯度，它会引起水汽分子从水汽压高处向水汽压低处输送，产生水汽分子的扩散现象。

(2) 在大气静止的状态下，接近蒸发面的气温大于上层空气的温度，下层的暖湿空气比重较轻，形成上升气流，上层干冷的空气比重大，形成下降气流，即发生对流现象，使蒸发得以继续进行。

(3) 空气的紊动。刮风时空气紊动加剧，水分子随风吹离，蒸发迅速增大，风速越大，蒸发面以上的大气混合也越快，大大地促进了蒸发的进行。

综上所述，在自然条件下，蒸发量不仅与温度、饱和水汽压差有关，还与水分子的扩散、空气的对流及紊动作用有关。

7.2.2　水面蒸发的影响因素

(1) 饱和水汽压差。随着蒸发的不断进行，从水面跃入空气中的水汽分子越来越多，以致水面以上大气中的水汽含量越来越多，水汽压也就越大，水面与其上方空气中的水汽压差减小，水汽分子由水面进入大气的速率明显减小，而空气中的水汽分子返回水面的速率则明显增大。对于一个封闭的系统来说，当两者进行到一定程度时，必然会出现跃出水面的水汽分子数等于进入水面的水汽分子数，此时空气与水面的水汽压差为零，蒸发因此停止。当水面与其上方空气中的水汽压差为零时，空气中的水汽分子达到饱和，此时的水汽压称为饱和水汽压。

饱和水汽压差，指水面温度的饱和水汽压与水面上空一定高度的实际水汽压之差，它反映了水汽温度梯度的大小。根据扩散理论，蒸发率与水汽压差成正比变化，饱和水汽压差越大，蒸发作用就越大；反之越小。当饱和水汽压差等于零时，蒸发量也等于零。

(2) 风。风或气流能加强乱流扩散作用，移去水面上的水汽分子，促进水汽交流，使水面上水汽饱和层变薄并保持持续强大的输送率，因而风速越大，水面蒸发率也越高。但当风速超过一定限度时，水层表面的水汽分子随时会被风吹去，此后风速再加大也不会影响蒸发强度。

(3) 温度。水汽化时需要热能，在蒸发过程中太阳辐射是它的主要能源。太阳辐射

通过增高气温和水温来影响蒸发。气温决定空气中水汽含量的能力和水汽分子扩散的速度。温度高时，蒸发面上的饱和水汽压比较大，空气饱和差就大，因此易于蒸发。水温反映了水分子运动能量的大小，水温高，水分子运动能量大，逸出水面的水分多，蒸发强。

（4）水质。水中所含的杂质能阻止水分子运动，减少蒸发。例如含盐度每增加1%，蒸发量就会减少1%。同等条件下，海水蒸发量比淡水蒸发量要小2%～3%。

（5）水深。深水水体，其上、下部分的水温相差大，由于水的密度在4℃为最大，当水温由0℃逐渐增至4℃时，将会产生对流作用，水温超过4℃，对流作用则停止。因此，深水水体因受水面冷热的影响会产生对流作用，使得整个水体的水温变化落后于气温变化。此外，深水水体蕴藏的热量也大，这对水温将起到一定调节作用，使水面蒸发量随时间的变化显得比较稳定。对于浅水水体而言，其上、下部分交换容易，混合充分，以致上、下部分的水温几乎相同，并受气温变化的影响较为灵敏，水体温度变化与气温变化比较一致。总的来说，春夏两季浅水比深水水面蒸发量大，秋冬两季则相反。

（6）水面的大小及形状。水面是水分子在汽化过程中必经的通道，水面面积越大，其上空大量的水汽越不易被风立即吹散，因而水汽含量越多，越不利于蒸发；反之，则越有利于水面蒸发。此外，水面形状是通过风向来影响水面蒸发的，如图7.1所示，如果风向为$C \to D$方向，则水面蒸发量较大；如果风向为$A \to B$方向，则水面蒸发量就较小。

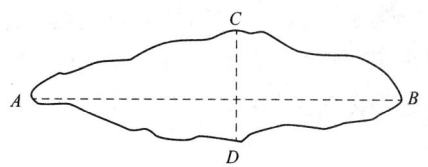

图7.1 水面形状示意图

此外，水面蒸发还受不同地理位置、地形情况以及降水量的强度和时空分布的影响。综上所述，可把水面蒸发的影响因素归纳为三个方面：①气象因素，如饱和水汽压差、温度、湿度、风等；②水体自身因素，如水质、水深、水面大小及形状等；③地理位置和地形地貌因素。

7.2.3 水面蒸发量的测定方法

蒸发量的大小，通常用时段内蒸发掉的水层深度来表示，单位是mm。水面蒸发量通常可以通过仪器直接观测，也可以通过热量平衡法、空气动力学方法、彭曼法、经验公式法以及水量平衡法等进行间接估算。

7.2.3.1 器测法

器测法是应用蒸发器或蒸发池直接观测水面蒸发量。我国水文和气象部门采用的水面蒸发器有Φ20型、Φ80套盆式、E601型蒸发器（图7.2），以及水面面积为20m²和100m²的大型蒸发池。其中E601型蒸发器稳定性较好，是目前水文部门普遍采用的观测仪器。每日8时观测一次蒸发器（当日8时至次日8时）的蒸发水深，即日水面蒸发量，一月每日蒸发量之和为月蒸发量，一年中每日的蒸发量总和为年蒸发量。

由于蒸发器的蒸发面积比天然水体小得多，其受热条件与大水体有显著的差异，所以，蒸发器观测的数值不能直接作为天然大水体的水面蒸发值。一般将蒸发器观测的蒸发量$E_{器}$乘以折算系数k，得到天然水体的水面蒸发量，计算公式如下：

$$E_{水} = E_{器} k \tag{7.2}$$

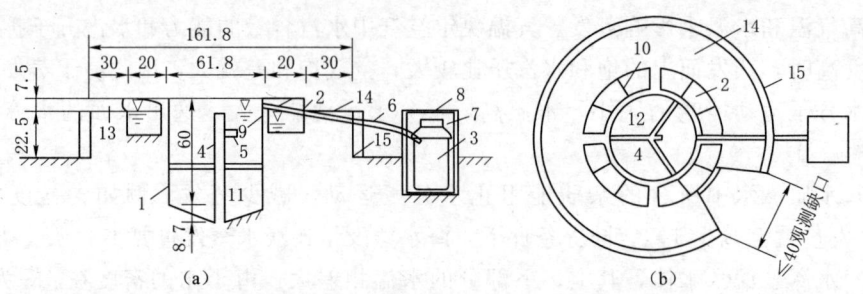

图 7.2 E601 型蒸发器（单位：cm）

1—蒸发器；2—水圈；3—溢流桶；4—测深桩；5—器内水面指示针；6—胶管；7—安置溢流桶箱；
8—箱盖；9—溢流箱；10—支持端；11—直管；12—管架；13—排水孔；14—土圈；15—防坍设施

式中　$E_水$——天然水体蒸发量，mm；

　　　$E_器$——蒸发器实测蒸发量，mm；

　　　k——蒸发器折算系数，一般小于 1。

不同型号的蒸发器，折算系数不同，如何确定折算系数呢？据研究，当蒸发池的直径大于 3.5m 时，其蒸发量与天然水体较为接近，世界气象组织仪器和观测方法委员会提出了"将 20m² 的大型蒸发实验池作为水面蒸发量"的国际标准。因此，可用 20m² 的大型蒸发实验池的蒸发量 $E_池$ 与实测蒸发器的蒸发量 $E_器$ 之比作为折算系数 k，即

$$k = \frac{E_池}{E_器} \tag{7.3}$$

实际资料分析表明，折算系数随蒸发器直径和蒸发器的类型而变，如 E601 型蒸发器与大水体水面蒸发值之间的折算系数为 0.9~0.99，Φ80 型的折算系数小一些，Φ20 型的折算系数最小。同时，折算系数也与自然环境、季节变化等因素有关，在实际工作中，应根据当地实测资料进行具体分析。

7.2.3.2　热量平衡法

水面蒸发不仅是水交换过程，也是热量交换的过程。热量平衡法正是基于热量交换的基础，根据能量守恒这一原理建立起来的。

根据能量守恒原理，通过测定太阳的短波辐射、大气和水面长波辐射、进出水体的热量、对流的热量和水体的储热量等，可建立水体的热量平衡方程，据此可估算蒸发量。

假定从水面到一定深度的水柱体底部无垂直的热量交换，如图 7.3 所示，其热量平衡方程式为

$$R - H - H_e + H_{ei} - H_{eo} = H_z \tag{7.4}$$

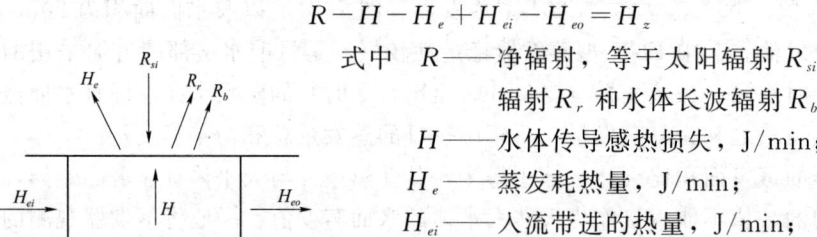

图 7.3　热平衡示意图

式中　R——净辐射，等于太阳辐射 R_{si} 减去水面反射辐射 R_r 和水体长波辐射 R_b，J/min；

　　　H——水体传导感热损失，J/min；

　　　H_e——蒸发耗热量，J/min；

　　　H_{ei}——入流带进的热量，J/min；

　　　H_{eo}——出流带出的热量，J/min；

　　　H_z——水体储热量，J/min。

净辐射可由下面的公式计算：
$$R=(Q_n-Q_p)(1-\alpha)-J \tag{7.5}$$

式中　Q_n——太阳直达辐射；

　　　Q_p——太阳散射辐射；

　　　α——反射率；

　　　J——地面长波有效辐射。

$H_e=LE$，其中 L 是蒸发潜热；H 为通过传导作用由水体向空中的散热，它的过程类似于蒸发过程。但是 H 不易观测和推算，为在计算中消除此项，可用一个比值将两者合并起来，即令 $H=\beta H$，β 称为鲍文（Bowen）比。记 $H_a=H_{ei}-H_{eo}$，这样式（7.4）可写作

$$R-(\beta+1)H_e+H_a=H_z \rightarrow R-(\beta+1)LE+H_a=H_z \tag{7.6}$$

解出 E 为

$$E=\frac{R+H_a-H_z}{(\beta+1)L} \tag{7.7}$$

此式是热量平衡法计算蒸发量的基本公式。为实际应用该式，还需对鲍文比进行分析，鲍文比利用近水面时潜热和感热输送的相似性给出：

$$\beta=C_\beta P \frac{T_o-T_z}{e_o-e_z} \tag{7.8}$$

式中　C_β——鲍文常数，1/℃；

　　　P——水面大气压强，hPa；

　　　T_o——水面温度，℃；

　　　T_z——近表面 z 高度处的气温，℃；

　　　e_o——水面水温下的饱和水汽压，hPa；

　　　e_z——温度 T_z 对应 z 高度处的空气水汽压，hPa。

式（7.7）即为热量平衡法计算水面蒸发量的公式。在具体应用时，只要观测辐射和两个高度上的气温和水汽压以及确定参数就可直接计算。由于净辐射值 R 只与日照 S 和水温（或气温）T 有关，故上述基于热量平衡原理的计算水面蒸发公式主要考虑了日照 S 和气温 T 的影响，因此，式（7.7）可简化为

$$E=f(S,T) \tag{7.9}$$

图 7.4 就是根据新安江水库的实测资料绘制的表示式（7.9）具体关系曲线的一个实例。应当指出，当 $\beta=-1$ 或 $(e_o-e_z)\rightarrow 0$ 时，式（7.7）是不能使用的。

从以上过程可以知道，热量平衡法主要考虑了日照和气温对水面蒸发的影响。

7.2.3.3　空气动力学法

若不考虑与水体表面平行方向，只研究与水面

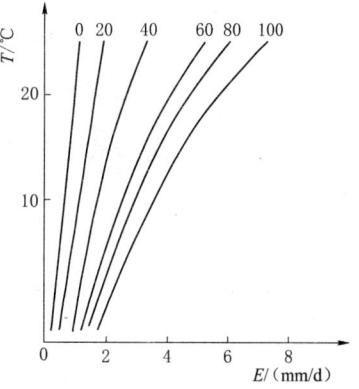

图 7.4　水面蒸发与气温及日照的关系曲线

垂直方向上的水汽扩散现象。根据乱流扩散理论,水体表面的水汽输送量(单位时间流过单位面积的水汽量)与大气中垂直向上方向水汽含量的梯度密切相关,其关系表达式为

$$E_w = -\rho K_w \frac{dq}{dz} \tag{7.10}$$

式中　E_w——水汽输送量即水面的蒸发强度,g/(cm²·s);
　　　ρ——空气密度,g/cm³;
　　　z——距离水体表面的垂直高度,cm;
　　　K_w——大气紊动扩散系数,与 z 有关,cm²/s;
　　　q——大气比湿,即大气中水汽的相对量,g/g。

其中,大气比湿 q 与距水面高度 z 处的水汽压 e 的关系为

$$q \approx 0.622 \frac{e}{P} \tag{7.11}$$

其中,P 为大气压,代入式(7.10)可得

$$E_w = -0.622 K_w \frac{\rho}{P} \frac{de}{dz} \tag{7.12}$$

由于大气紊动扩散系数 K_w 一般较难确定,所以需要利用空气紊动力学中的一些关系对式(7.12)作进一步处理。

与水汽垂直通量类似,空气的动量垂直通量可写为

$$\tau = \rho K_m \frac{d\bar{u}}{dz} \tag{7.13}$$

式中　τ——单位面积的动量垂直通量,也就是水平面上的剪切应力,N/m²;
　　　$\bar{u}$——水面上 z 高度处的平均风速,cm/s;
　　　K_m——大气紊动黏滞系数,cm²/s。

当 τ 与垂直高度无关时:

$$\tau = \rho u^2 \tag{7.14}$$

式中　u——剪切速度,cm/s。

将其代入式(7.13)可得

$$K_m = \frac{u^2}{d\bar{u}/dz} \tag{7.15}$$

用式(7.12)除以式(7.15),整理可得

$$E_w = -0.622 \frac{K_w \rho u^2}{K_m P} \frac{de/dz}{d\bar{u}/dz} \tag{7.16}$$

若将 $\dfrac{de/dz}{d\bar{u}/dz}$ 用两个垂直高度处的水汽压 e_1、e_2 和风速 u_1、u_2 的差商来代替,则有

$$E_w = -0.622 \frac{K_w \rho u^2}{K_m P} \frac{e_1 - e_2}{u_2 - u_1} \tag{7.17}$$

式(7.17)即表示以空气动力学理论为基础的水面蒸发强度计算公式,式中 K_w/K_m 称为施密特(Schmidt)数,其值约等于 0.7。

由于式（7.17）涉及了任意两个高度的水汽压，较难应用于实际。根据普朗特（Prandtl）提出的均质流体完全粗糙流的流速分布公式：

$$\frac{\overline{u}}{u} = C_1 \ln \frac{z}{k_s} + C_2 \tag{7.18}$$

式中 k_s——空气表面糙度的线性量度；

C_1、C_2——常数。

将式（7.18）代入式（7.17）可得

$$E_w = 0.622 \frac{K_w \rho u^2}{K_m P C_1^2} \frac{(\overline{u}_2 - \overline{u}_1)(e_1 - e_2)}{\ln^2(z_2/z_1)} \tag{7.19}$$

若将 z_1 取为风速 0 的高度，则有

$$\overline{u} = \overline{u}_1 = 0$$

代入式（7.18）可得

$$z_1 = k_s \mathrm{e}^{-C_2/C_1}$$

若进一步假定 $e_1 = e_{os}$，其中 e_{os} 为水面温度下的饱和水汽压，则式（7.19）变为

$$E_w = \left(\frac{\rho K_w \overline{u}_2}{K_m P}\right) f[\ln(z_2/k_s)](e_{os} - e_2) \tag{7.20}$$

或

$$E_w = A(e_{os} - e_2) \tag{7.21}$$

式中 A——风速函数和表面粗糙函数的函数，其表达式为

$$A = \left(\frac{K_w \rho \overline{u}_2}{K_m P}\right) f[\ln(z_2/k_s)]$$

对于某一具体水体而言，A 可看作只与风速函数有关。

由式（7.21）可以看出，水面蒸发强度与水汽压饱和差 $e_o - e_2$ 成正比，这与道尔顿（Dulton）定律相一致。

道尔顿定律是 19 世纪提出的，其水面蒸发强度的计算公式为

$$E_w = f(u)(e_{os} - e_a) \tag{7.22}$$

或

$$E_{aw} = f'(u)(e_{as} - e_a) \tag{7.23}$$

式中 E_w——由水面温度求得的水面蒸发强度，mm/d；

E_{aw}——由气温求得的水面蒸发强度，mm/d；

$f(u)$、$f'(u)$——风速函数；

e_{os}——水面温度对应的饱和水汽压，mbar；

e_{as}——气温对应的饱和水汽压，mbar；

e_a——空气水汽压，mbar。

空气动力学方法确定水面蒸发强度，其优点是考虑了饱和水汽压差与风速两个影响水面蒸发的主要动力条件，有助于了解蒸发的物理机制。

7.2.3.4 彭曼法

上述热量平衡法的优点是考虑了影响水面蒸发的热量条件，而在影响水面蒸发的动力条件中只考虑了水汽扩散的作用，尚显不足。空气动力学法的优点是抓住了影响水面

蒸发的主要动力条件——风速和水汽扩散，但对太阳辐射这一热量条件不予考虑，显然是一个欠缺。因此，如果能够将这两种方法结合起来，取长补短，则可以得到一个较好的计算水面蒸发的公式。1948年，彭曼（Penman）首先进行了这方面的研究，并提出了确定水面蒸发的混合法，称为彭曼法。令

$$C_p \frac{P}{0.622L} = \gamma \tag{7.24}$$

当大气压 P 取 1000hPa 时，$\gamma = 0.66$，则有

$$E = \frac{R/L}{1 + \gamma \dfrac{T_o - T_z}{e_o - e_z}} = \frac{Q_n}{1 + \gamma \dfrac{T_o - T_z}{e_o - e_z}} = \frac{Q_n}{1 + \dfrac{\gamma}{\Delta} \dfrac{e_o - e_s}{e_o - e_z}} \tag{7.25}$$

式中 E——单位时间、单位面积上的蒸发量；

Q_n——单位时间、单位面积上的净辐射当量，以 g/(cm·min) 或 g/(cm²·d) 计。

显然，也可以用单位时间的当量深度 mm/d 表示。利用饱和水汽压曲线（图 7.5）知

$$\Delta = \frac{e_o - e_z}{T_o - T_z} \tag{7.26}$$

式中 Δ——$T = T_z$ 时的饱和水汽压曲线斜率；

e_z——高度 z 处相应于气温 T_z 的饱和水汽压，mbar。

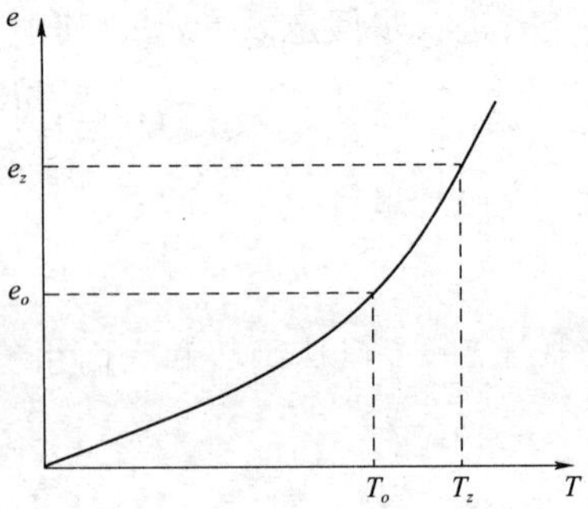

于是有

$$E = \frac{R/L}{1 + \gamma \dfrac{T_o - T_z}{e_o - e_z}} = \frac{Q_n}{1 + \gamma \dfrac{T_o - T_z}{e_o - e_z}} = \frac{Q_n}{1 + \dfrac{\gamma}{\Delta} \dfrac{e_o - e_s}{e_o - e_z}} \tag{7.27}$$

图 7.5 饱和水汽压曲线

结合道尔顿定律，若假定 $f'(u) = f(u)$，则有

$$\frac{E_z}{E} = \frac{e_s - e_z}{e_o - e_z} \tag{7.28}$$

对式（7.25）进行整理可得

$$E = \frac{Q_n}{1 + \dfrac{\gamma}{\Delta} \dfrac{e_o - e_s}{e_o - e_z}} = \frac{Q_n}{1 + \dfrac{\gamma}{\Delta} \dfrac{(e_o - e_z) - (e_s - e_z)}{e_o - e_z}} = \frac{Q_n}{1 + \dfrac{\gamma}{\Delta} \left(1 - \dfrac{E_z}{E}\right)} \tag{7.29}$$

解出 E 得到彭曼公式：

$$E = \frac{\Delta}{\Delta + \gamma} Q_n + \frac{\gamma}{\Delta + \gamma} E_z \tag{7.30}$$

该式实际上是由水体太阳净辐射引起的蒸发与风速、饱和水汽压差引起的蒸发的加权平均，因而更接近实际蒸发。

使用彭曼公式时，所需的气象资料较多，如气温、相对湿度、风速等。然而，许多地区的气象站则难以提供这些完整的资料数据，这在很大程度上限制了该公式的使用。

在未来气候变化预测情景中大多都只提供了月平均最高温度、最低温度及降雨资料，难以使用彭曼公式计算未来气候变化对蒸发的影响。

7.2.3.5 经验公式法

水面蒸发的影响因素很多，实际生产中情况较为复杂，理论计算方法往往不能全面考虑各种因素，同时参数的确定对观测项目和仪器要求也较高，在实际应用中较为困难。因此在实测资料精度要求不很高的情况下，人们在实际应用中常常根据实际情况采用由实测数据总结出来的经验公式对水面蒸发量进行估算。目前，多数经验公式都是以道尔顿定律为基础而建立的。下面介绍两种主要的经验公式。

（1）1942年，由迈耶（Mayer）提出的经验公式为

$$E_w = C(e_{os} - e_a)\left(1 + \frac{v}{10}\right) \quad (7.31)$$

式中　E_w——水面蒸发强度，mm/d；

　　　e_{os}——水面温度下的饱和水汽压，in（英寸）；

　　　e_a——空气水汽压，in（英寸）；

　　　v——风速，mile/h（英里/每小时）；

　　　C——经验系数，一般取 $C=0.36$。

（2）1966年华东水利学院（今河海大学）在对国内大型蒸发池观测资料进行综合分析后，提出了如下经验公式：

$$E_w = 0.22\sqrt{1 + 0.31 u_{200}^2}(e_{os} - e_{200}) \quad (7.32)$$

式中　E_w——水面蒸发强度，mm/d；

　　　e_{os}——水面温度下的饱和水汽压，mbar；

　　　e_{200}——水面以上2m高度处的水汽压，mbar；

　　　u_{200}——水面以上2m处的风速，m/s。

以上公式的基本特征是以风速、水汽压等主要气象因子作为参数，其他因子统一作为相关系数来考虑。

经验公式一般是在缺乏实测资料的情况下应用的，同时每个经验公式都有其适用条件，在具体应用时应加以注意。

7.2.3.6 水量平衡法

自然界中的任何物质都满足质量守恒定律，对于水体来说也是如此。根据水量平衡原理，如任取一定数量的水体，其必满足如下的水量平衡方程式：

$$\Delta W = I - O + P - E_w \quad (7.33)$$

式中　ΔW——Δt时段内水体需水量的变化量，mm；

　　　I——Δt时段内水体接收的平均入流量，mm；

　　　O——Δt时段内水体接收的平均出流量，mm；

　　　P——Δt时段内水面接收的降雨量，mm；

　　　E_w——Δt时段内水面消耗的蒸发量，mm。

由式（7.33）可进一步得出

$$E_w = I - O + P - \Delta W \quad (7.34)$$

该式就是水量平衡法计算水面蒸发量的公式。与其他方法相比,水量平衡法简单明了,但当计算时段较短时,蒸发量可能相对于其他各项量值较小,计算的误差则较大。因此,水量平衡法通常应用于较长时段内流域面积上的水面蒸发计算。

7.3 土壤蒸发

7.3.1 土壤蒸发的物理机制

土壤蒸发就是土壤空隙中的水分在水势梯度的作用下,在土壤表层发生汽化后进入大气的过程。土壤水在汽化过程中,除了要克服水分子之间的内聚力外,还要克服土壤颗粒对水分子的吸附力。因此可以说,土壤蒸发就是土壤失去水分的干化过程。从水分运动的角度来看,土壤蒸发和下渗是互为相反的过程,因此土壤蒸发也是水文循环的一个重要环节。

土壤是一种多孔介质,既有吸收和保持水分的能力,也有输送水分的能力。其输送水分的能力则与土壤含水率、土壤的结构、质地等因素有关。因此,土壤蒸发不同于水面蒸发,其蒸发过程既与气象因素有关,也与土壤的输水能力有关。当这些因素发生变化时,土壤的蒸发量也随之发生变化。当土壤处于非饱和状态时,土壤蒸发量的大小取决于以上两个因素中较小的一个。当土壤处于饱和状态时,土壤的输水能力不受限制,此时的蒸发只与气象因素有关,其蒸发过程与水面蒸发相似。

根据土壤蒸发的特点和规律,可将其分为三个阶段:(Ⅰ)稳定蒸发阶段;(Ⅱ)蒸发强度随含水率降低的阶段;(Ⅲ)水汽扩散阶段。在大气蒸发强度不变的情况下,土壤蒸发强度随时间和含水率的变化过程如图7.6和图7.7所示。下面分别就这三个阶段进行分析。

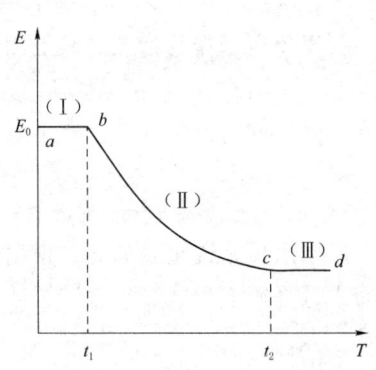
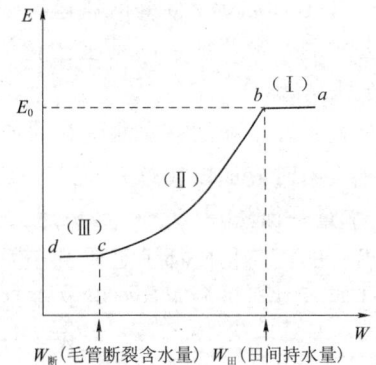

图7.6 蒸发强度随时间变化曲线　　图7.7 蒸发强度随土壤含水量变化曲线

(1)稳定蒸发阶段。当降雨或灌水后,土壤的含水量非常大,处于超饱和状态,即土壤的含水量大于其田间持水量,土壤处于充分供水的状态。在此阶段,当土面的含水量因蒸发而稍有减少时,深层的水分即可通过毛管作用及时地补充到表面,因此蒸发强度主要取决于气象条件。通常将土壤供水充分时由气象条件决定的最大可能蒸发强度称为潜在蒸发强度或大气蒸发能力,常用单位为mm/d。对于某一水体来说,当气象条件相对稳定时，其土面蒸发强度则保持在一个稳定状态，故将其称为稳定蒸发阶段，如图7.6和图7.7中的a—b段。在这个阶段内的蒸发速度接近于自由水面的蒸发，蒸发量很大，但由于重力水很快就会渗漏，土壤含水量迅速下降，因此稳定蒸发阶段一般只能持续较短的时间。随着蒸发过程的持续，土壤含水量减小，当土壤含水量小于田间持水量$W_{田}$后，土壤蒸发进入第二阶段。

(2) 蒸发强度随含水率降低的阶段。在持续的蒸发耗水条件下，土壤中储存的水量不断减少。当其含水量小于田间持水量时，毛管水开始变得不连续，土壤表层的含水率随之减小，土壤的供水能力受到限制，因此蒸发强度将随土壤含水率的减小而减小，这就是土壤蒸发第二阶段的特点，如图7.6和图7.7中的b—c段。在这个阶段，土壤蒸发的特点是供水不充分，土壤蒸发率随土壤含水率减小而降低，土壤蒸发主要取决于土壤含水量和气象因素。随着蒸发过程的持续，土壤含水量继续减小，当土壤含水量小于毛管断裂含水量后，土壤蒸发进入第三阶段。

(3) 水汽扩散阶段。在该阶段，土壤含水量小于毛管断裂含水量，此时，毛管的连续状态被破坏，土壤的输水能力明显减弱，已难以满足表土蒸发需水的要求，因此在土壤表面形成一个干土层。干土层形成后，毛管传导作用停止，土壤水向土表的导水率下降至接近零，水分只能在干土层以下的表面汽化，并以气态水经干土层中的孔隙散失到大气中去。蒸发强度的大小主要受制于土层内水汽扩散的能力。如果土壤水分扩散经过的干土层孔隙度小，扩散则慢，水分散失的就更少。因此，此阶段蒸发强度很小且基本保持稳定，如图7.6和图7.7中的c—d段。在此阶段，蒸发强度的大小既不受大气蒸发能力的控制，也不随土壤的含水率而变化，且水分的蒸发不是在土壤的表面进行的，因此蒸发强度小且稳定，实际蒸发主要取决于下层土壤的性质和地下水的埋深等因素。

7.3.2 土壤蒸发的影响因素

根据前述，土壤蒸发主要受制于两大因素：其一为气象因素，即大气蒸发能力；其二为土壤的供水能力。决定大气蒸发能力的主要气象因子有温度、湿度、风速、气压等。而决定土壤供水能力的因素主要有土壤含水率、土壤的孔隙性、土壤的温度梯度以及地下水埋深等。由于气象因素对土壤蒸发的影响与水面蒸发相似，因此这里主要分析影响土壤供水能力的一些因素。

(1) 土壤含水率。土壤含水率是影响土壤水分蒸发的主要因素。土壤含水率接近饱和含水率时，土壤蒸发实质上接近自由水面蒸发，蒸发强度比较稳定。随着土壤含水率减少，土壤的供水能力受到限制，非饱和水力传导度降低，蒸发强度相应减小。当土壤含水率减少至非饱和水力传导度接近于零时，土壤蒸发主要以水汽扩散方式进行，蒸发强度很低且基本稳定。

(2) 土壤的孔隙性。土壤的孔隙性一般指孔隙的形状、大小和数量。土壤孔隙的形状、大小和数量不同，则土壤水分存在形态和连续性也就不同，根据前述，蒸发也会有所不同。以孔隙的大小为例，直径为 0.001~0.1mm 的孔隙，毛管作用最为明显。直径大于 8mm 时则基本不存在毛管作用；而直径小于 0.001mm 的孔隙由于只存在吸湿水和薄膜水中，因而也不存在毛管作用。因此，孔隙直径集中在 0.001~0.1mm 范围内的土壤其蒸发量肯定大于其他孔径的土壤。

此外，土壤孔隙性与土壤的质地、结构和层次关系密切。例如黄土型黏壤土的毛管孔隙发育最好，所以蒸发最大。砂土、重壤土和团聚性少的黏土次之，轻质砂土、团聚性强的黏土其毛管孔隙发育最差，其蒸发也最小。对于分层的土壤来说，其土层交界面处的孔隙状况与均质土壤明显不同，当土壤质地上粗下细时，交界面附近的孔隙上大下小；反之，则上小下大。由于相同含水率条件下水分总是保持由大孔隙向小孔隙运动的趋势，因此，相同条件下前者的蒸发要大于后者。

（3）土壤的温度梯度。土壤的温度梯度对水分的影响较为复杂。首先，温度梯度影响土壤水分的运行方向，温度高的地方水汽压大，表面张力小；反之，温度低，水汽压小，表面张力大。气态水总是从水汽压大的地方向水汽压小的地方运行，液态水总是从表面张力小的地方向表面张力大的地方运行。因此，土壤水分由温度高的地方向温度低的地方运行，且参与运行的水分数量则取决于土壤的初始含水量。土壤含水量过大或过小时，参与运行的水分都比较少，只有中等含水量才会使参与运行的水分比较多，这时的土壤含水量约等于毛管断裂含水量。土层中高含水量区域的形成也与温度梯度有关，这是由于温度梯度的存在使得水汽在蒸发层下面发生浓集过程。当土壤中存在冻土层时，土壤水分也是向冻土层运行，在冻土层底部形成高含水量带，而在冻土层以下土壤含水量则相对较低。

（4）地下水埋深。地下水埋深对蒸发的影响是通过影响水面以上土壤含水率的分布起作用的。地下水埋深越浅，毛管水活动层距土壤表面越近，则越有利于向土面输送水分，土壤蒸发量也越大。如果地下水面接近地面，其蒸发量甚至大于光滑水面的蒸发量。因为蒸发表面面积增大了，反射率减小了。地下水埋深越大，毛管支持水的上界面距地下水位越远，则向土表输送水分越困难，因此，土壤蒸发也越小。总之，由图7.8所示的土壤蒸发速率与地下水埋深的关系曲线可知：随着地下水埋深的增加，土壤蒸发呈递减趋势。

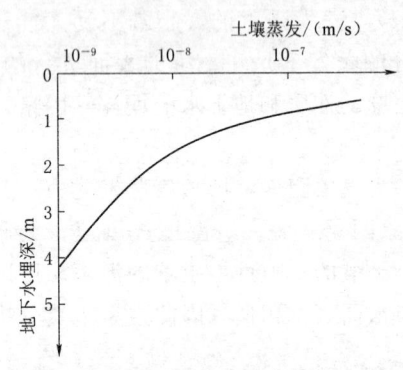

图7.8 土壤蒸发速率与地下水埋深关系曲线

值得注意的是，地下水埋深对蒸发量的影响通常存在一个临界范围。一般来说，当地下水埋深大于4m时，则地下水埋深的变化对土壤蒸发的影响趋于零，一般称此时的深度为地下水临界深度。

除以上因素以外，土壤的色泽也影响土壤的蒸发量。如色泽深的土壤吸收太阳辐射的能力强，土面温度升高快，蒸发量大。一般来说，黄色土壤的蒸发量比白色土壤大7%，棕色土壤的蒸发量又比黄色土壤大12%，黑色土壤的蒸发量比棕色土壤的大13%。此外，地形特征也对土壤的蒸发量有一定影响，如地势高的土壤蒸发量较地势低的大，粗糙地面的蒸发量较平坦地面的大，南向斜坡的土壤蒸发量比北向斜坡的大。

7.3.3 土壤蒸发量的测定方法

土壤蒸发量的测定方法有两种：一种是器测法，通过专门设计的仪器直接测定土壤蒸发量；另一种是从土壤蒸发的物理概念出发，以水量平衡、热量平衡、乱流扩散理论为基础，建立影响蒸发主要因素的半理论半经验公式或纯经验公式来计算土壤的蒸发量。

7.3.3.1 器测法

土壤蒸发器种类很多，图 7.9 所示的土壤蒸发器是目前常用的 ГГИ-500 型土壤蒸发器。蒸发器有内外两个铁筒。内筒用来切割土样和装填土样，内径 25.2cm，面积 500cm²，高 50cm，筒下有一个多孔活动底，以便装填土样。外筒内径 26.7cm，高 60cm，筒底封闭，埋入地面以下，供放置内筒用。内筒下有一集水器，承受蒸发器内土样渗漏的水量。内筒上接一个排水管和径流筒相通，以接纳蒸发器上面所产生的径流量。另设地面雨量器，器口面积 500cm²，以观测降雨量。定期对土样称重，再按下式推算时段蒸发量：

$$E = 0.02(G_1 - G_2) - (R + q) + P \tag{7.35}$$

式中 G_1、G_2——时段初、末筒内的土样质量，g；

P——观测时段内的降雨量，mm；

R——观测时段内产生的径流量，mm；

q——观测时段内渗漏的水量，mm；

0.02——蒸发器单位换算系数。

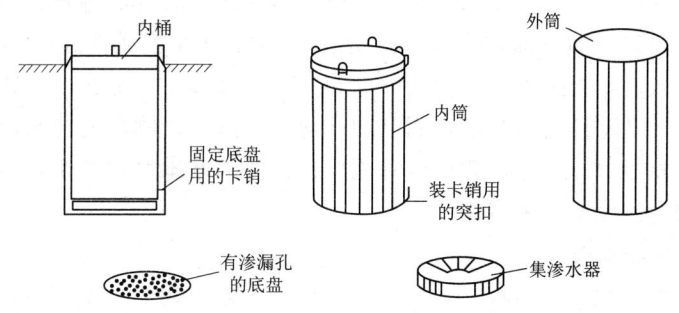

图 7.9 ГГИ-500 型土壤蒸发器

由于在使用土壤蒸发器时，器内土壤本身的热力条件与天然情况不同，其水分交换与实际情况差别较大，且器测法只适用于单点，所以观测结果只能在某些条件下应用或仅作参考。对于较大面积的情况，因流域下垫面条件复杂，难以分清土壤蒸发和植物散发，所以器测法很少在生产上具体应用，多用于蒸发规律的研究。

7.3.3.2 水量平衡法

对于某一流域的土壤蒸发来说，根据水量平衡原理，其某一时段土壤水分的变化满足以下关系式：

$$\Delta W = I - O + P - E_w + G \tag{7.36}$$

式中 ΔW——Δt 时段内土体蓄水量的变化量，mm；

I——Δt 时段内土体接收的灌溉量，mm；

O——Δt 时段内土体发生的深层渗漏量，mm；

P——Δt 时段内渗入土体的降雨量，mm；

G——Δt 时段内地下水对土体的补给量，mm；

E_w——Δt 时段内土壤的蒸发量，mm。

根据式（7.36），在确定了其他水量平衡要素后，可计算出某一时段土壤的蒸发量：

$$E_w = I - O + P + G - \Delta W \tag{7.37}$$

可以看出，式（7.37）与水面蒸发量的水量平衡法公式（7.34）相似。

7.3.3.3 经验公式法

建立土壤蒸发量经验公式的思路与建立水面蒸发经验公式的思路相同，具体公式如下：

$$E_s = A_s(e'_s - e_a) \tag{7.38}$$

式中 E_s——土壤蒸发量，mm/d；

A_s——质量交换系数，其值取决于气温、湿度、风速等气象条件；

e'_s——土壤表面水汽压，mbar，当表面土层饱和时，e'_s 等于饱和水汽压 e_s；

e_a——大气水汽压，mbar。

7.4 植 物 散 发

植物散发又称植物蒸腾，是指土壤水分通过植物进入大气的过程。植物从土壤中吸取水分，然后输送到茎和叶面，大部分水分从茎和叶面逸散到空气中，这就是散发现象。所以，植物散发是指蒸发面为植物叶面和茎的一种蒸发。那么，植物究竟是怎样从土壤中吸取水分，又怎样把水分输送到茎和叶面呢？这是植物散发比水面蒸发和土壤蒸发更为复杂的主要根源。为此，我们应首先探讨植物的基本构造及生理现象。在此基础上，再来分析植物散发的物理机制。

7.4.1 植物的基本构造

（1）根。一株植物有很多根，它们组成了根系。在植物的一生中，每条根都在不断地伸长，根系中根的数量也在不断增加。根之所以能伸长是因为存在根尖。根尖由生长点、根冠、伸长区和根毛区等四部分组成。植物根系吸收水分的作用主要发生在根毛区。每条根毛内部都存在导管，导管是与茎和叶里面的导管相连通的。根毛从土壤中吸收的水分和无机盐就是通过导管向茎和叶输送的。

（2）茎。茎是植物连接下部根系和支撑上部叶片的组织，包括主干和侧枝，由表皮、木质和髓这三部分所组成。表皮中有许多筛管，是将叶片制造的有机物输送到植物体各器官的通道。木质部分存在的导管是将根部吸收的水分和无机盐输送到叶片的通道。髓，则是茎的中央部分。幼嫩茎的髓，具有储藏养分的功能。

（3）叶。植物的叶由表皮、叶肉和叶脉组成。叶的表皮分为上表皮和下表皮，分别位于叶的上面和下面，由表皮细胞组成。表皮细胞向外一侧的细胞壁上生有透明而不易透水的角质层。因此，阳光能透过表皮进入叶的内部，而叶里的水分却不易散发出去。表皮上分布着许多成对的半月形细胞围成的空隙，半月形细胞称为保卫细胞，空隙叫做气孔。气孔是空气和水分进出叶片的门户，保卫细胞控制着气孔的开或闭，如图 7.10 所示。叶肉是上、下表皮之间的组织，叶肉细胞的壁很薄。细胞质里含有叶绿体，叶绿体内含有叶绿素。靠近上表皮的叶肉细胞是圆柱状的，排列紧密，叫做栅栏组织，其中的细胞含叶绿体较多。接近下表皮的叶肉细胞，形状不规则、排列疏松、细胞间空隙大，称为海绵组织，里面的细胞含叶绿素较少。在气孔里常常形成一个较大的空腔，称为气腔。叶脉是一种分布在叶肉中间成束的不含叶绿体的组织。叶脉里有导管和筛管，它们和根、茎中的导管和筛管相通，起着输送水分、无机盐和有机物的作用。

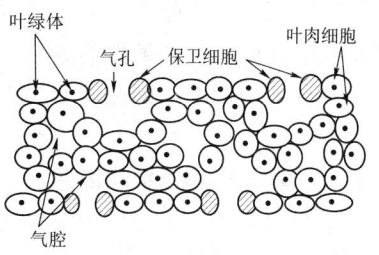

图 7.10　植物叶片的内部构造

7.4.2　植物对水分的吸收和输送功能

根系是植物吸收水分的主要器官，尤其是根毛区。根毛区是其中吸收水分最多、最活跃的部位。根系之所以能从土壤中吸取水分，是与它的特殊构造有关的。根的幼嫩部分由许多薄壁细胞组成，其内包含着原生质、细胞核和液泡等。细胞壁主要由纤维素构成，纤维素之间存在许多细微孔隙，可使任何物质的分子透过。原生质具有选择透性，即除水分子容易透过和少数溶质分子或离子能透过外，其他则不易透过或不能透过。液泡中包含着具有一定浓度的水溶液，有一定的渗透压，因此，当根系与土壤接触时，就能从土壤中吸取水分。液泡中的水溶液浓度越大，根系吸取水分的数量就越多。随着吸取水分的增多，液泡中水溶液的浓度不断降低，根系吸取水分的数量也随之减少。当根毛细胞内的水分传导到根的内部，并向上输送到植物的地上部分后，液泡内的浓度因水分的减少而增高，从而又产生了较大的吸水力。所以，植物体内的水分是处于运动状态的。

根系吸取的水分在根压和散发拉力作用下，横向进入根的内部，然后沿茎干向上一直输送到植物的叶片和茎尖等部位。所谓根压，就是指在根和土共存的系统中，由于根系中溶液浓度通常大于根系周围土壤中水的浓度，因而存在渗透压，即根压。根压的产生是根系进行新陈代谢的结果。如果将植物的茎在距离地面 7～10cm 处切断，则可以发现有较多的清液从切口处分泌出来，这一现象证明了根压的存在。散发拉力是由于叶面的散发作用引起叶肉细胞缺水，水溶液浓度增加而向叶脉直至向根系吸水的一种力。

7.4.3　植物散发的物理机制

通过上述内容可知，根压和散发拉力是植物散发的驱动力。植物在进行散发时，首先是植物根系吸取土壤水分，水分通过植物茎内导管移动至叶部，然后在叶部气孔下腔的叶肉细胞内汽化并逸入大气中。根压有时可高达十余个大气压，使得根系像水泵一样，不断地吸取土壤中的水分。散发拉力是指植物叶面因散发失水后，叶面气孔下腔的叶肉细胞水势降低，细胞的溶液浓度增大，渗透压增大，叶面的吸力增强，从而使得下面的细胞又向这一细胞开始输水，依次传递下去，使得根部细胞的水势降低，与周围土壤溶液之间的水势差扩大，进而影响根系的吸力。这种由于植物散发作用而使得土壤中水分源源不断地进入根部并向上传导的吸力，称为散发拉力。根压和散发拉力，在不同的气候条件和植物不同的生育期，占的比例是不同的。在春暖夏炎季节，植物生长旺盛，白天散发水量大，因而散发拉力是吸收、输送水分的主要动力。在植物的苗期或低温寒冷季节，散发作用相对减弱，根压才有可能起主要作用。一般情况下，散发拉力是植物吸收水分的主要驱动力,只有当散发作用较小时,根压对水分上升才起较大作用。通常植物吸收的水分有1%~5%被植物利用,而95%以上的水分则通过叶面的气孔散失到大气当中。植物散发的数量,不仅取决于植物的生理特征,也受外界环境如大气、土壤水分等的影响。因此,植物散发过程是一种物理-生理过程,比水面蒸发和土壤蒸发要复杂得多。

7.4.4 植物散发的影响因素

由于植物需要从土壤中吸收水分以满足散发的需求,因此影响植物散发的因素除了与植物自身的特性、气象条件有关外,还与土壤的条件有关,下面则分别从这几方面进行阐述。

7.4.4.1 气象条件

与土壤蒸发和水面蒸发相同,影响植物散发的主要气象因素有光照、温度、湿度、风速、水汽压等。

(1) 光照或温度。光照和温度是植物散发能否进行的先决条件。光照或温度过低时,水分进出植物叶片的通道关闭,散发则不能进行。此外,光照可以提高大气温度,大气温度的增加则会使饱和水汽压增大,从而增加了叶面和大气之间的水汽压差,因而光照越强,植物散发的速度越快。正是这种原因,使得白天的水分散发一般是夜晚水分散发的10倍,当光照过强时,植物因吸收的水分不能满足散发的需求,因而散发速率也会下降。温度包括大气温度和土壤温度。根据上述,随着大气温度的增加,植物的散发速率会随之增加。此外,温度的变化还可通过影响植物体的生理过程而间接影响其散发。如当大气温度小于1.5℃时,植物的生长发育非常缓慢,散发也变得很小。土温增加时,土壤的黏滞系数变小,土壤中水分子的活跃度增加,更有利于根系从土壤中吸收水分,散发加强;反之,则散发减弱。

(2) 大气湿度。大气湿度也是影响散发的重要因素。大气的湿度通常用空气的水汽压与同一温度下的饱和水汽压之比来表示。大气相对湿度越大,空气中水汽分子越多,水汽压越大,植物叶面与大气的水汽压差越小,散发量也越小。如当大气温度保持在17~18℃时,平均相对湿度从91%降到75%,则日蒸发量从2.5mm增至6.3mm。在大气中水汽接近饱和的季节,植物散发速度较小。

(3) 风速。风速对植物蒸散发的影响比较复杂。一方面,由于风能将叶片上气孔周围的水汽带走,同时补充一些相对湿度较低的空气,从而增加了植物叶片与大气之间的水汽压差,因此风可以加快植物散发的速度;另一方面,若风速过强,则可以使水汽进出叶面的气孔通道关闭,从而降低植物散发的速度。因此可以说,微风可以增加植物的散发量,而强风可能会降低植物的散发量。

(4) 水汽压。对于水汽压来说,当空气温度保持不变时,水汽压越小,空气中水汽分子数量越小,越有利于散发的进行。

7.4.4.2 土壤含水率

土壤中能被植物吸收利用的水分主要有重力水、毛管水和部分薄膜水,这些水也称为有效水分。土壤含水率的大小直接影响着这部分水分的来源。当土壤含水率大于某一值时,土壤水分足以满足植物散发的需求,此时蒸散发率达到最大且在一定的时段内保持不变。当土壤含水率逐渐减小且大于有效水分的下限（一般为凋萎系数）时，土壤的供水能力不断减小，散发率随之减小。当土壤水分因过度消耗而低于有效水分下限时，植物不能获取水分逐渐枯死，散发率则趋于零。

7.4.4.3 植物条件

植物条件包括植物类别、生长期和生长阶段等。不同种类的植物，由于其生理特点不同，即使在同一气象条件和同一土壤含水率情况下，散发量也会不同。例如：相同条件下，阔叶树的散发量要明显大于仙人掌、针叶树等的散发量；同一种植物不同品系之间，因遗传因素、种植密度、生长状况的不同，其散发量也可能不同；即使同一植物同一品系之间由于其生长发育阶段不同，同一时间的散发量也有所不同。植物生长发育初期，叶面面积小，植物散发量较小，随着植物生长，叶面面积增大，其散发量会随之增大。但是，通常来说，老龄树的散发速率要小于幼龄树的散发速率。

此外，叶片的大小、形状、排列位置以及叶色的深浅也对植物散发有一定影响。

7.4.5 植物散发量的测定方法

与土面蒸发和水面蒸发相比，植物散发量的确定亦比较复杂，一般可归纳为直接测定和间接计算两种方法。

7.4.5.1 直接测定法

（1）器测法。该法是将植物种植在不漏水的容器内，视植物生长需要随时灌水并记录灌水量，同时不定期进行称重，根据水量平衡原理，即可求出某一时段植物的散发量。

（2）坑测法。该法是通过两个测坑的对比测定植物的散发量，其中一个栽植物，另一个不栽。坑的底部一端装有出水口，其余底壁都不透水。定期取土测定其含水率，两个测坑的土壤含水率之差即为散发量；有时为了确定水稻的蒸腾量，也可将直径30～60cm、深60～80cm的两个铁筒埋入田中，上口高出田面3cm，筒内土面与田面齐平，一个种水稻，一个不种水稻，两个筒内的水面维持相同深度，根据所加水量之差，求得某一时段内水稻散失的水量。

（3）气量计法。该法是将研究植物置于装有吸水物质的玻璃罩下或冷却室中，根据吸水物质质量的增加，可计算植物析出的水量，即散发量。

（4）棵枝称重法。该法的基本原理是将整棵植物从中拔出来，根系上蜡，以防止水分损失，然后每隔一定时间称重，从而求出其散失量。或将植物剪下部分枝叶，立即封蜡，称出一定间隔时间内的失水量，求出植物的散发速率并进而求出整株植物的散失量。也有将特制收集器裹在植株的周围，直接收集植枝分泌出的水分来确定其散发量的。

目前，随着新技术的发展，同位素示踪法等新方法在测定植株散发量方面逐步得到应用。

以上这些方法虽然简单方便，但只能用于测定单棵植株或一定范围内某一种植物的散发量，而且测量过程中均改变了植物生态环境，所以测定精度受到一定程度的影响。要知道自然条件下某一区域内所有植物的散发量一般需采用间接计算法。

7.4.5.2 间接计算法

间接计算法有水量平衡法、热量平衡法以及各种散发模型等，其中水量平衡法和热量平衡法与土面蒸发的计算过程类似，在此主要介绍气孔控制模型和林冠模型。

(1) 气孔控制模型。植物叶面的气孔是水分散失的主要通道。在一定的水汽压差条件下，水汽通过叶面气孔散失的水分主要受到气孔的大小、形状和数量的控制，同时还在一定程度上受到叶面以上空气阻力的制约。以这些因素为影响因子来分析计算植物散发量的模型称为气孔控制模型。

若散发速率以能量单位来表示，则其表达式为

$$E_p = -0.013 \frac{1}{T} \frac{e_{ls} - e_a}{r_s + r_a} \tag{7.39}$$

式中　E_p——散发速率，Langley/min；

　　　T——温度，K；

　　　e_{ls}——叶面温度下的饱和水汽压，Pa；

　　　e_a——空气水汽压，Pa；

　　　r_s——气孔阻力，与气孔开度的大小有关，气孔开度越大，阻力越小，s/cm；

　　　r_a——叶面以上空气的阻力，s/cm。

对于式 (7.39)，r_s 和 r_a 的确定是关键。其中 r_s 是主要的，通常 $1 < r_s < 10$，而 $0.1 < r_a < 1.0$，r_s 要比 r_a 大一个数量级左右，对于木本植物来说更是如此。

若假定气孔是圆形的，直径为 d，叶面表皮层厚度为 l，则单位叶面的气孔阻力 r_s 可表示为

$$r_s = \frac{4l + \pi d}{4\pi n D d^2} \tag{7.40}$$

式中　D——扩散系数，通常 $D \approx 0.25$；

　　　n——气孔密度，即单位叶面积上的气孔数量（数目/面积）；

　　　l——叶面表皮层厚度，$l \approx 10^{-3}$ cm；

　　　d——气孔直径，μm。

这样，式 (7.40) 可进一步简化为

$$r_s = \frac{12.7 + d}{nd^2} \times 10^{-4} \tag{7.41}$$

对于 r_a 来说，不同植物类型的计算公式不同。如对于扁平落叶类树木，有

$$r_a = 2.7 \sqrt{\frac{\omega}{\mu}} \tag{7.42}$$

式中　ω——树叶的宽度或直径；

　　　μ——风速，cm/s。

(2) 林冠模型。林冠模型的基本原理是任意森林面积上的散发量等于森林总叶面上各部分水汽通量之总和，亦即该森林覆盖面积乘以林冠的综合散发速率。如果全部树叶的平均散发速率为 $\overline{E_f}$，森林覆盖的水平面为 A，森林的总叶面面积为 A'，则林冠模型的基本表达式为

$$E_f A = \overline{E_f} A' \tag{7.43}$$

式中 E_f——林冠的综合散发率,mm/d。

由式（7.43）可进一步得

$$E_f = \overline{E_f} \frac{A'}{A} \tag{7.44}$$

式中 A'/A——树叶面积指数。

7.5 流域蒸散发

7.5.1 流域蒸散发规律

在研究水文循环各个环节以及进行水量平衡计算时，人们经常关心的是一定面积上的总蒸发量。流域蒸散发是流域水面蒸发、土壤蒸发与植物散发的综合。在流域内，河流、湖泊属于水面蒸发，其所占面积只有少部分，而冰雪蒸发也仅在高纬度地区存在，耕地、草原、森林区的蒸散发占比最大，约为流域总蒸散发的 95% 以上。因此，土壤蒸发和植物散发是流域总蒸散发的决定性部分。

根据以上所述，一般情况下流域蒸发规律主要取决于土壤蒸发规律和植物散发规律这两个方面的因素，而土壤蒸发规律又与植物散发规律相似。因此，只要考虑土壤与植被的相互作用对流域蒸散发的影响，就能认识流域的蒸散发规律。

根据前面阐述的土壤蒸发规律和植物散发规律可以得知，当流域十分湿润时，由于供水充分，流域中无论土壤蒸发还是植物散发，均将达到蒸（散）发能力。这一阶段的临界土壤含水量因为植被的存在而将略小于田间持水量。当流域的土壤含水量小于这个临界土壤含水量而大于毛管断裂含水量时，由于供水越来越不充分，流域蒸散发将随土壤含水量的减少而减小。当流域土壤含水量减至小于毛管断裂含水量而大于凋萎系数时，虽然这时流域蒸散发仍处于不断减小阶段，但植物散发量所占的比重将有所增加。只有当流域土壤含水量小于凋萎系数时，植物因缺水发生枯萎和死亡，其蒸散发趋于零，这一阶段的流域蒸散发就只包括小而稳定的土壤蒸发了。

因此可以说，流域的蒸散发规律与土壤的蒸散发规律相似，也可分为三个阶段，只是流域蒸散发各阶段相应的临界含水率小于土壤蒸发各阶段的临界含水率。

7.5.2 流域蒸散发量的计算方法

确定流域蒸散发量有两种主要方法：一种是调查流域内水体、耕地、荒地及森林等所占面积及其蒸散发量，然后加以综合而得。由于实际工作中影响流域各部分蒸散发量的气象条件与下垫面条件时空变化复杂，各部分蒸散发的确定较为困难，因此一般对于小流域才采用这种方法。另一种是将流域作为一个整体，分析这个整体中蒸发、降雨和径流等各要素，再通过水量平衡法、模式计算法、热量平衡法、空气动力学法以及经验公式等方法确定流域的蒸散发量。下面主要针对前两种方法进行介绍。

7.5.2.1 水量平衡法

根据水量平衡原理的内容可知，流域多年平均的水量平衡方程为

$$\overline{P} = \overline{R} + \overline{E} \tag{7.45}$$

式中 $\overline{P}$——流域多年平均降水量，mm；

　　　$\overline{R}$——流域多年平均径流量，mm；

　　　$\overline{E}$——流域多年平均蒸发量，mm。

根据式（7.45）就可计算出流域的多年平均蒸散量，即

$$\overline{E} = \overline{P} - \overline{R} \tag{7.46}$$

在利用水量平衡法计算流域蒸散发量时，需要有长期的降雨和径流观测资料。对于较短时段的地区，由于其蓄水量的变化量往往难以估算，因此水量平衡法不适用于短时段的地区，这就使得该法的适用性受到限制。此外，由于计算过程中将各项观测误差、计算误差均归入蒸发项内，因而影响最终的计算精度。

7.5.2.2 模式计算法

由前述分析可知，根据流域蓄水情况，流域蒸散发与土壤蒸发类似，可以分为三个不同的阶段，但与土壤蒸发规律的区别在于临界土壤含水量的取值上。对于流域蒸散发来说，第一个临界流域蓄水量应该略小于田间持水量，而第二个临界流域蓄水量应该比毛管断裂含水量小。因此，流域蒸散发量与土壤含水量密切相关。模式计算法就是在不考虑蒸散发在流域面上不均匀的情况下，根据流域蒸发层土壤含水量的垂直分布情况，计算流域的蒸发量。根据蒸发层的多少可将此方法分为一层、二层和三层模式。

（1）一层模式。此模式是把流域蒸散发层作为一个整体考虑，假定蒸散发量同该层土壤含水量及流域蒸散发能力成正比，而与土壤的蓄水容量成反比，则流域蒸散发量的具体关系表达式如下：

$$E = E_m \frac{W}{W_m} \tag{7.47}$$

式中　E——流域蒸散发量，mm/d；

　　　E_m——流域蒸散发能力，mm/d；

　　　W——土壤实际蓄水量，mm；

　　　W_m——土壤的蓄水容量，mm。

一层模式的优点是简洁明了，缺点是并非对于任何情况均适用，如在久旱无雨后，土壤的含水率很低，土壤蒸发可能会出现水汽扩散过程，这样根据模式计算的结果就会产生较大的误差。同样，即使久旱之后有一场小雨，这些雨实际上分布在表土层，很容易蒸发，此时按该模型计算的结果一般偏小。

（2）二层模式。此模式结构是将流域的可蒸发层分为上、下两层，并认为土壤水分的降雨补给和蒸散发消耗均是自上而下进行的。降雨时，先补给上层，后满足下层；蒸发时，先蒸发消耗完上层水分，再开始蒸发下层水分。此外，上、下两层土壤在蒸发过程中遵循各自的规律，对于上层而言，其蒸散发量将按上层土壤的蒸散发能力来进行；对于下层而言，其蒸散发量与一层模式相似，与下层土壤的蒸散发能力和下层土壤含水量成正比，而与下层土壤的蓄水容量成反比。但是，由于上层已蒸发掉一部分水分，所以此时的下层土壤的蒸散发能力为流域总蒸散发能力与上层蒸发量之差。上层土壤的蒸散发能力取决于上层土壤的实际蓄水量与流域总蒸散发能力两者中的较小者，于是，可将二层模式下流域蒸散发量的计算公式分为以下两种情况讨论：

1) 当 $W_u \geqslant E_m$ 时，$E_u = E_m$，$E_l = 0$，$E = E_u + E_l = E_m$。即当上层土壤的实际含水量大于流域总蒸散发能力时，蒸发只发生在上层，其蒸散发量等于流域总蒸散发能力。

2) 当 $W_u < E_m$ 时，$E_u = W_u$，$E_l = (E_m - E_u)\dfrac{W_l}{W_{lm}}$，$E = E_u + E_l$。即当上层土壤的实际含水量小于流域总蒸散发能力时，上层土壤的蒸散发量等于上层的实际蓄水量；下层土壤的蒸散发量与下层土壤的蒸散发能力和下层土壤含水量成正比，而与下层土壤的蓄水容量成反比。

上述式中　E——流域总蒸散发量，mm/d；

E_u、E_l——上层与下层土壤的蒸散发量，mm/d；

W_u、W_l——上层与下层土壤的实际蓄水量，mm；

W_{lm}——下层土壤的蓄水容量，mm。

二层模式弥补了一层模型的缺陷，使得计算结果更为准确一些，但此模式没有考虑当下层土壤水分蒸发完毕之后，深层土壤水分对上层土壤的补给，使得计算出的 E_l 可能很小，不符合实际情况。在此情况下适宜采用三层模式进行计算。

(3) 三层模式。三层模式是将土壤蒸发层分为上、下、深三层考虑，是对二层模式的进一步完善。三层模式土壤水分的蒸发消耗是逐层进行的，即先上、后下，最后为深层。在计算蒸散发量时，上、下两层按二层模式进行，深层的蒸散发量计算公式为

$$E_d = C(E_m - E_u) - E_l \tag{7.48}$$

式中　E_d——深层的蒸散发量，mm/d；

　　　C——经验系数，其值小于1，通常在 0.05～0.15 变化；

其余符号意义同前。

由于深层土壤水分因土层深厚蒸发量较小，且基本保持稳定，因此为了计算方便，通常将深层蒸散发量取一个稳定的数值，如 0.1～0.3mm/d 或采用蒸发能力的 0.1～0.2 倍。

在实际工作中，采用三层模式得到的各层蒸发量之和与实际蒸发较为接近，基本可满足精度的要求。

7.5.3　流域蒸散发能力的计算方法

在利用模式计算法计算流域的蒸散发量时，无论采用哪种模式，都需要知道流域的蒸散发能力，而流域的散发能力难以直接测定，因此通常采用间接计算法进行确定，下面主要介绍两种方法。

7.5.3.1　水面蒸发折算法

流域蒸散发能力与水面蒸发密切相关，而水面蒸发的确定较为简单，因此通常由水面蒸发实测资料来确定流域的蒸散发能力。两者的关系式为

$$E_m = \alpha E_w \tag{7.49}$$

式中　E_w——水面蒸发率，mm/d；

　　　α——蒸散发系数，与蒸发器的类型有关。

7.5.3.2 经验公式法

流域蒸散发能力除了与水面蒸发有关外，还与太阳辐射强度、日照时数、风速、温度、湿度等因素相关，因此可以建立多要素之间的经验关系来确定流域蒸散发能力。不同学者给出的经验公式不同，以下面两种公式为例进行介绍。

（1）哈蒙（Hamon）经验公式。

$$E_m = 140 D_e^2 q_s \tag{7.50}$$

式中　D_e——日照时间，h/d；

　　　q_s——日均气温相应的饱和绝对湿度，g/m。

（2）桑斯威特（Thorntwaite）经验公式。

$$E_m = 16b \left(\frac{10T}{I}\right)^a \tag{7.51}$$

其中　　　$a = 6.7 \times 10^{-7} I^3 - 7.7 \times 10^{-5} I^2 + 1.8 \times 10^{-7} I + 0.49$

$$I = \sum_{j=1}^{12} i_j, \quad i = \left(\frac{T}{5}\right)^{1.514}$$

式中　T——月平均气温，℃；

　　　I、i——年和月的热能指数；

　　　b——修正系数，为最大可能日照小时数与12h的比值。

思 考 与 练 习 题

7.1　流域总蒸发包括_____，_____和_____。

7.2　观测水面蒸发，我国水文和气象部门一般采用的水面蒸发器类型有_____、_____、_____和_____。

7.3　流域总蒸散发规律主要决定于_____蒸发和_____散发。

7.4　蒸发强度是指_____。

7.5　充分供水条件下的蒸发强度叫做_____。

7.6　水面蒸发的影响因素有哪些？

7.7　土壤蒸发的影响因素有哪些？

7.8　植物散发的影响因素有哪些？

7.9　土壤蒸发可以划分为哪几个阶段？每个阶段的特点分别是什么？

7.10　E601型等水面蒸发器观测的日水面蒸发量与那里的大水体日蒸发量的关系是（　　）。[单选]

A. 前者小于后者　　　　　　　　B. 前者大于后者

C. 两者相等　　　　　　　　　　D. 无法确定

7.11　某闭合流域面积为$F = 500 \text{km}^2$，流域平均降水量为$\overline{P} = 1000 \text{mm}$，多年平均径流量$\overline{R} = 400 \text{mm}$。若修建一个水库，水库水面面积$\Delta F = 10 \text{km}^2$，原流域的水面面积极微，可忽略，已知当地实测蒸发器读数的多年平均值$\overline{E_{器}} = 950 \text{mm}$，蒸发器折算系数为$k = 0.8$，问：

(1) 建库前流域多年平均蒸发量 $\overline{E}$ 是多少毫米？

(2) 建库后的多年平均径流量 $\overline{R'}$ 为多少毫米？

7.12 某闭合流域，流域面积 $F=1000\text{km}^2$，多年平均降水量 $\overline{P}=1400\text{mm}$，多年平均径流量 $\overline{R}=500\text{mm}$，蒸发器测得多年平均水面蒸发值 $\overline{E_{器}}=2000\text{mm}$，蒸发器折算系数为 $k=0.9$，水面面积为 $F=100\text{km}^2$，试求多年平均陆面蒸发量 $\overline{E_{陆}}$。

7.13 已求得某流域各日雨量 P、蒸发能力 E_m 及产流量 R，见题表 7.1。流域蓄水容量 $W_m=80\text{mm}$，本次降雨开始时 $W_0=54.4\text{mm}$，流域蒸散发采用一层计算模型。计算该次降雨过程流域蒸发量 E 和土壤蓄水量 W 的逐日变化过程。

题表 7.1　某流域 8 月 29 日至 9 月 2 日逐时段降雨量及蒸散发能力

日　期	P	E_m	E	W	R
	(1)	(2)	(3)	(4)	(5)
1970-08-29	0.7	4.5		54.4	0
1970-08-30		4.6			0
1970-08-31	1.5	4.0			0
1970-09-01		5.5			0
1970-09-02		5.8			0

7.14 资料情况见题表 7.2。流域蒸散发采用二层计算模型，流域蓄水容量 $W_m=80\text{mm}$，其中 $W_{um}=20\text{mm}$，$W_{lm}=60\text{mm}$；本次降雨开始时 $W_0=54.4\text{mm}$，其中 $W_{u0}=20\text{mm}$，$W_{l0}=34.4\text{mm}$。请计算该次降雨过程土壤蓄水量 W 的逐日变化过程，并将表中的 (3)～(8) 列补充完整。

题表 7.2　某流域 8 月 29 日至 9 月 2 日逐时段降雨量及蒸散发能力

日　期	P	E_m	E_u	E_l	E	W_u	W_l	W
	(1)	(2)	(3)	(4)	(5)	(6)	(7)	(8)
1970-08-29	0.7	4.5				20	34.4	54.4
1970-08-30		4.6						
1970-08-31	1.5	4.0						
1970-09-01		5.5						
1970-09-02		5.8						

扫码查看答案

项目 8

径 流

【知识要点】
　　通过本项目的学习，熟练掌握径流形成过程、径流的表示方法和度量单位、径流的分割与计算、径流的影响因素、我国河川径流的分布特点等理论知识。

【技能要求】
　　通过本项目的学习，能描述降雨径流的形成过程，能运用公式对径流的量进行计算，能对径流进行分割，能阐述我国河川径流的时空分布特点。

【重点与难点】
　　重点：径流形成过程、径流的表示方法和度量单位、径流的分割与计算。
　　难点：径流的分割与计算。

8.1 径流形成过程

8.1.1 基本概念

　　径流是由降水形成的，沿着流域地面和地下向河川、湖泊、水库、洼地等汇集流动的水流。其中，沿着地面流动的水流称为地面径流，沿土壤、岩石孔隙流动的水流称为壤中流和地下径流；汇集到河流后，在重力作用下沿河床流动的水流称为河川径流。径流因降水形式和补给来源的不同，可分为降雨径流和融雪径流。我国大部分河流以降雨径流为主。

　　从降水落到流域表面至水流汇聚到流域出口断面的整个物理过程称为径流形成过程。径流形成过程是地球上水文循环中的重要一环。在水文循环过程中，大陆上降水34%转化为地面径流和地下径流汇入了海洋，其余的以蒸发的形式又返回到空中，成为大气中的水汽，并参与陆地水文循环。径流形成过程是一个复杂多变的过程，与人类同洪旱灾害进行斗争以及进行水资源的开发利用和水环境保护等生产经济活动密切相关。因此，揭示和了解径流的变化规律，分析它与其他水文要素以及各影响因素之间的相互关系，掌握径流形成的基本理论与分析计算方法是十分重要的。

　　径流的形成过程是一个相当复杂的过程，为了便于分析，一般把径流的形成过程概括为产流过程和汇流过程两个阶段。需要强调的是，把径流形成过程划分为产流过程和汇流过程只是为了简化计算，并不意味着流域上一次降水所引起的径流过程可以截然划分为前后两个不同的阶段。

为叙述方便，先熟悉一些相关的基本概念。

（1）坡面和坡地。流域是由陆面和河网（水系）组成的，将流域内河槽两侧的陆地地面称为坡面，坡面以下的陆地则称为坡地。

（2）植物截留。雨水被植物茎叶拦截，滞留在植物枝叶上的现象称为植物截留。植物截留的雨水水分在雨后将以蒸发的形式返回空中。

（3）填洼。流域内坡面上流动的水流向坡面上的洼地汇集，并积蓄于洼地的现象称为填洼。洼地积蓄的雨水水分在雨后也将以蒸发的形式返回空中。

（4）下渗损失。流域坡面上的降雨渗入地下的水量并不是全部转化为壤中流或地下径流，而是首先填补土壤缺水量。下渗水量中把不能成为径流的那部分水量称为下渗损失。下渗损失的水量会暂时蓄存在流域地下的土壤孔隙或岩石裂隙中，雨后仍将以蒸发的形式返回空中。

8.1.2 产流过程

降落到流域内的雨水，除直接降落在水面上外，一般不会立即产生径流，而是在满足雨期蒸发、植物截留、填洼和下渗损失之后才能产生地表和地下径流。下面介绍几个关键名词。

（1）径流损失。雨期蒸发、植物截留、填洼及下渗损失统称为径流损失。

（2）径流损失量。径流损失量表示降落的雨水不能形成径流的水量，即雨期蒸发、植物截留、填洼及下渗损失这些量的总和。

（3）净雨。降雨经雨期蒸发、植物截留、填洼和下渗损失之后成为净雨，降雨量扣除径流损失量后的雨量称为净雨量。"净雨"的概念是相对于"毛雨"而言的，净雨的本质其实还是降雨，只是专指可以全部转化成直接径流的那部分降雨。

净雨在流域坡地上向河槽汇集，在河网中流动就形成河川径流。显然净雨量和它形成的径流量在数量上是相等的，但两者的过程却完全不同，净雨是径流的来源，而径流则是净雨汇流的结果，净雨在降雨结束时就停止了，而径流却要延续很长时间。通常把降雨经雨期蒸发、植物截留、填洼、下渗损失后形成净雨的过程称为产流过程，因而净雨量也称为产流量。在流域前期极端干旱的情况下，降雨产流过中的损失量称为流域最大损失量，记为 I_m。

流域的径流形成过程如图 8.1 所示。降雨开始之初，除少量直接降落在河面上的雨水形成径流外，大部分雨水都被植物枝叶拦截，滞留在植物枝叶上。如果降雨很小，全部雨水都可能被截留，不会有雨水降落到地面上。如果降雨较大，植物枝叶将最大限度地吸附雨水，直到达到其最大截留能力时，后续降雨才落到地面。滞留在植物枝叶上的截留水量，在雨后最终消耗于蒸发。降雨较大时，截留自降雨开始时发生，至叶面达到最大截留能力时为止。落到地面的雨水将向地面下渗，降雨强度小于土壤下渗强度时，雨水将全部渗入地下；降雨强度大于土壤下渗能力时，雨水按下渗能力下渗，超出下渗能力的雨水成为超渗雨。超渗雨形成的地面水流首先就近填充地面上大大小小的洼地，并积蓄于洼地，开始填洼过程。随着降雨持续进行，满足了填洼量的地方开始产生坡面漫流，并逐渐形成沟流，最后注入河网，形成地面径流。

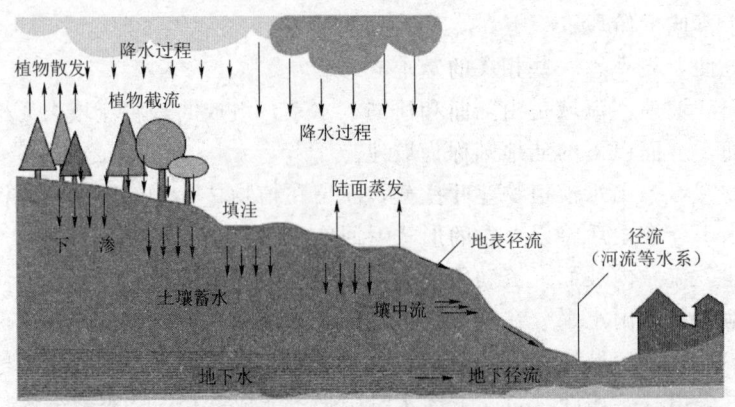

图8.1 径流形成过程示意图

下渗进入地下的水分，首先被土壤吸收，使土壤含水量不断增加。满足了土壤缺水量后，继续下渗的雨水将沿着土壤孔隙向下流动，当下渗水量超出土壤持水能力时，下渗水到达地下水面，沿地下水坡度缓慢向河槽汇聚，以地下水的形式补给河流，成为地下径流。

在有些坡地，由于表层土壤厚度薄且疏松透水，下部又有相对不透水层，渗入土壤中的水分可在表层土中形成部分饱和层，部分水分沿着相对不透水层侧向流动，从坡侧土壤孔隙流出，注入河槽，形成表层流，也称为壤中流。

下渗过程自地面有雨滴开始，一直持续至降雨终止。根据本书项目6所述，下渗过程中，随土壤含水量不断增加，土壤下渗能力不断下降，当土壤含水量达到饱和后，下渗能力将趋于一个稳定的最小值，土壤的最小下渗能力称为稳定下渗率。

通常将降雨扣除损失形成净雨的过程称为流域的产流过程。在这一阶段，流域对降雨量进行了一次再分配。在下渗的水量中，一部分水量下渗后首先满足土壤吸水的需要而蓄存在土壤中，这部分水量最终会在雨后以土壤蒸发的形式耗散掉，也就是下渗损失量；另一部分在满足土壤持水能力后下渗到地下水面成为地下径流净雨量，若有相对不透水层时，还包括壤中流净雨量。超出土壤下渗能力的那部分雨水，会留在地面，成为地面径流净雨量。

与径流的划分相似，净雨可划分为地面净雨、地下净雨和壤中流净雨。地面净雨最终全部转化为地面径流；地下净雨最终全部转化为地下径流；表层流净雨最终全部转化为表层流（壤中流）。

8.1.3 汇流过程

净雨在坡地上从地面和地下汇入河网的过程称为坡地汇流过程，然后再沿着河网汇集到流域出口断面的过程称河网汇流过程，坡地汇流过程和河网汇流过程合称为流域汇流过程。流域汇流是对净雨在时程上的两次再分配。

8.1.3.1 坡地汇流过程（第一次再分配）

流域内，坡地汇流首先是在雨强大于土壤下渗能力的地方发生，如透水性较差的地区（包括不透水地面），或因土壤湿润而下渗能力小的地方（如河边的坡脚）。随着降雨的持续，坡地汇流面积逐渐扩大，有时可扩展到全流域。降雨停止后，坡地汇流并不立即停止，而要持续一段时间，直到离河网最远一点的坡地水流进入河槽之后，坡地汇流才停止。坡地汇流分为三种情况：

（1）地面净雨沿坡面流到附近河网的过程，称为坡面漫流过程或坡面汇流过程。坡面漫流是由无数股彼此时分时合的细小水流所组成，通常没有明显的固定沟槽，雨强很大时可形成片流。坡面漫流经由坡面注入河网，形成地面径流。大雨时地面径流是构成河流洪峰的主要水源。坡面漫流的流程较短，一般不超过数百米，由于流程短、历时不长，所以其汇流过程对大流域的汇流影响很小，但对汇流历时较小的小流域，坡面汇流过程却是不可忽视的。

（2）表层流净雨沿坡地侧向经表层土壤孔隙流入河网，形成表层流，表层流流动比地面径流慢，到达河槽也较迟，但对历时较长的暴雨，数量可能很大，往往成为某些河流水量的主要组成部分。表层流和地面径流有时能相互转化，例如，在坡地上部渗入土中流动的表层流可在坡地下部流出，以地面径流形式流入河槽，部分地面径流也可能在坡面漫流过程中渗入土壤中流动成为表层流。这就是实际工作中有时把表层流并入地面径流的原因。均质土壤不会形成表层流。

（3）地下净雨向下渗透至地下潜水面或深层地下水体后，沿水力坡度最大的方向流入河网，称为坡地地下水汇流。深层地下水汇流很慢，所以降雨过后深层地下水流可以维持很长时间，较大河流可以终年不断。地下水流在枯水季节补给河流的水量称为河流的基流。

经坡地汇流调蓄后进入河网的水流流量过程比净雨过程更平缓，持续时间更长，也就是说，坡地汇流对净雨在时程上进行了第一次再分配。

8.1.3.2　河网汇流过程（第二次再分配）

各种成分的径流经坡地汇流注入河网，从支流到干流，从上游向下游，最后流出流域出口断面。坡地水流进入河网后，使河槽水量增加，水位升高，形成河流洪水的涨水阶段。在涨水阶段，河槽要储存一部分水量，随着降雨和坡地径流量的逐渐减少直至完全停止，河槽水量开始减少，储存的水量逐渐流出流域，形成河流洪水的退水阶段。河中水量涨水蓄存、退水消退的现象称为河槽的调蓄作用。河槽调蓄的结果是使得流域出口断面流量过程比河网入流流量过程更为平缓，汇流持续时间延长。因此，河槽的调蓄作用对净雨在时程上进行了第二次再分配。

产流和汇流是从降雨开始到水流流出流域出口断面经历的全过程，必须指出，产流和汇流在时间上并无截然的分界，而是同时交错进行的。

图8.2是一次降雨-径流过程的示意图，从图中可以看出，降雨过程的降雨量被流域下垫面分配为径流损失、地下净雨、地面净雨三部

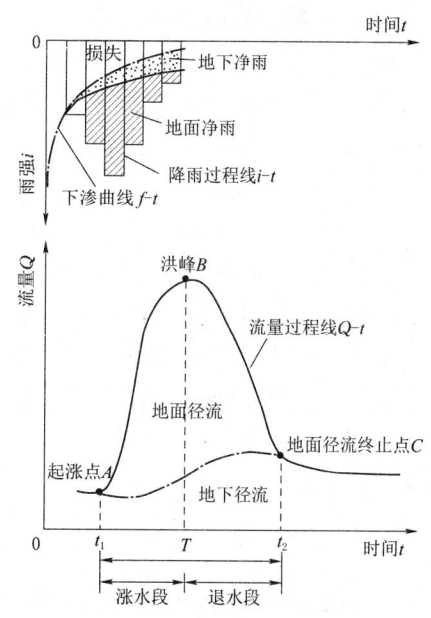

图8.2　降雨-径流过程关系图

分；对应形成的流量过程则是流域坡地汇流和河槽调蓄对净雨在时程上分配的结果。一次洪水过程常用流量过程线 Q-t 来表达，洪水过程线的特点可以用三个特征值来反映，分别是洪峰流量 Q_m、洪水总量 W、洪水历时 T，简称为洪水三要素。

8.2 径流的表示方法

径流常用流量、径流总量、径流深、径流模数、径流系数来表示。

(1) 流量 Q。单位时间内通过河流某一断面的水量称为流量，记为 Q，以 m^3/s 计。流量随时间的变化过程，用流量过程线表示，如图 8.2 中的 Q-t 曲线，图中各时刻的流量是瞬时值。流量过程线的上升部分为涨水段，下降部分为退水段，最高点称为洪峰流量，简称洪峰，记为 Q_m。水文学中常用的流量还有日平均流量、月平均流量、年平均流量、多年平均流量及指定时段的平均流量等。

(2) 径流总量 W。径流总量指时段 T 内通过河流某一断面的总水量，记为 W，常以 m^3、万 m^3 或亿 m^3 计。有时也用时段平均流量与时段的乘积为单位，如 $(m^3/s) \cdot d$、$(m^3/s) \cdot 月$ 等。

(3) 径流深 R。将径流量平铺在整个流域面积上所得的水层深度，记为 R，以 mm 计，计算公式如下：

$$R = \frac{W}{1000F} = \frac{\overline{Q}T}{1000F} \tag{8.1}$$

式中　W——时段 T 内的径流总量，m^3；

　　　$\overline{Q}$——时段 T 内的平均流量，m^3/s；

　　　T——计算时段，s；

　　　F——流域面积，km^2；

　　　1000——单位转换系数。

(4) 径流模数。流域出口断面流量与流域面积的比值称为径流模数，记为 M，以 $L/(s \cdot km^2)$ 计，计算公式如下：

$$M = \frac{1000Q}{F} \tag{8.2}$$

式中　M——径流模数，$L/(s \cdot km^2)$；

　　　Q——流量，m^3/s；

　　　F——流域面积，km^2；

　　　1000——单位转换系数。

(5) 径流系数。某一时段的径流深 R 与相应时段内的降雨深 P 之比称为径流系数，记为 α，计算公式如下：

$$\alpha = \frac{R}{P} \tag{8.3}$$

对于闭合流域而言，其降雨量总是大于对应时段的径流量，因此，径流系数 α 总是小于 1。

【例 8.1】　某闭合流域多年平均年降水量为 1600mm，多年平均流量为 $1680m^3/s$，

该流域面积为 54000km^2，试求该流域的多年平均径流总量、多年平均径流深、多年平均径流模数和多年平均径流系数。

解：(1) 多年平均径流总量：
$$W = \overline{Q}T = 1680 \times 365 \times 24 \times 3600 = 5.30 \times 10^{10} (\text{m}^3)$$

(2) 多年平均径流深：
$$\overline{R} = \frac{W}{1000F} = \frac{5.30 \times 10^{10}}{1000 \times 54000} = 981.48(\text{mm})$$

(3) 多年平均径流模数：
$$M = \frac{1000\overline{Q}}{F} = \frac{1000 \times 1680}{54000} = 31.11 [\text{L}/(\text{s} \cdot \text{km}^2)]$$

(4) 多年平均径流系数：
$$\alpha = \frac{\overline{R}}{\overline{P}} = \frac{981.5}{1600} = 0.61$$

【例 8.2】 某闭合流域多年平均年降雨量为 750mm，多年平均年蒸发量为 520mm，多年平均流量为 $4.5\text{m}^3/\text{s}$，求该流域的面积。

解：
$$\overline{R} = \overline{P} - \overline{E} = 750 - 520 = 230(\text{mm})$$

由
$$R = \frac{\overline{Q}T}{1000F}$$

可得
$$F = \frac{\overline{Q}T}{1000\overline{R}} = \frac{4.5 \times 365 \times 24 \times 3600}{1000 \times 230} = 617.01(\text{km}^2)$$

【例 8.3】 某闭合流域，流域面积为 1000km^2，其中水面面积为 100km^2，多年平均流量为 $15\text{m}^3/\text{s}$，流域多年平均陆面蒸发量为 852mm，多年平均水面蒸发量为 1600mm，求该流域多年平均降雨量为多少？

解：(1) 计算多年平均径流深：
$$\overline{R} = \frac{\overline{Q}T}{1000F} = \frac{15 \times 365 \times 24 \times 3600}{1000 \times 1000} = 473.04(\text{mm})$$

(2) 计算多年平均蒸发量：
$$\overline{E} = \frac{W_{蒸发}}{F} = \frac{E_{陆}F_{陆} + E_{水}F_{水}}{F} = \frac{852 \times 900 + 1600 \times 100}{1000} = 926.8(\text{mm})$$

(3) 计算多年平均降雨量：
$$\overline{P} = \overline{R} + \overline{E} = 473.04 + 926.8 = 1399.84(\text{mm})$$

8.3 径流的分割与计算

从径流组成角度看，流域出口断面观测到的流量过程线包括地表径流、表层流、地下径流和基流。其中基流即"基本径流"，它是河道中能常年存在的那部分径流，也是枯水期河流所能维持的最小水流，一般由地下径流缓慢补给河流所形成。

从降雨角度看，流域出口断面的流量过程线除本次降雨形成的径流外，还有前次降雨、下次降雨以及很久以前的降雨形成的径流成分。而研究分析降雨径流形成规律，计算本次降雨的径流量时,首先需要将不是本次降雨形成的径流成分分割出去;其次,不同径流成分的水流运动规律不同,因而需要对本次流量过程线进行水源划分,以便进行汇流计算。

8.3.1 实测降雨径流过程线分析

某流域出口断面实测洪水过程线如图8.3所示。图8.3中,a点为本次洪水的起涨点,从图中可看出起涨点a点有前一次洪水尚未退完的径流成分(主要是地下径流)。假如在a点之前没有降雨,则前次降雨没退完的地下径流将从a点沿虚线经c点至d点退完,因此acd以下部分径流并非本次降雨形成的。在k点,因有下次降雨,本次降雨的径流还没来得及退至基流,即成为下次洪水过程的起涨点。假定在k点无降雨,则洪水将从k沿虚线退至d点。因此,本次降雨形成的流量过程所产生的径流量为$aekdca$所包围的面积。

8.3.2 退水曲线

上述非本次降雨的径流在分割时(如ac线的确定)常采用退水曲线法。退水曲线又称地下水退水曲线,是反映流域蓄水量消退规律的过程线,在综合多次实测流量过程线的基础上进行绘制。绘制方法为:将同一流域上的多条流量退水曲线组合在一起,并采用相同的纵横坐标和比例尺,画在同一坐标纸上,使其下部重叠,这样得到的组合线的下包线即为标准退水曲线,图8.4中最下方的曲线就是标准退水曲线。

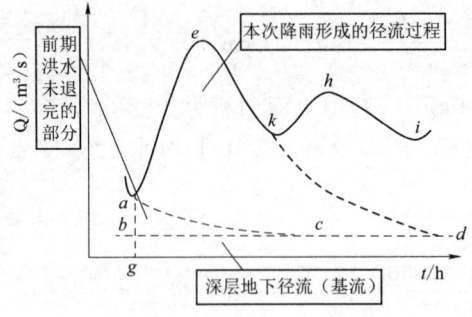
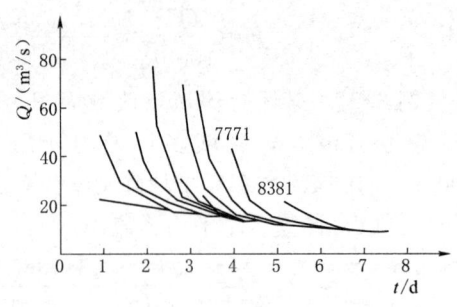

图8.3 实测降雨径流过程线分析图　　图8.4 退水曲线示意图

在无降雨补给情况下,可以推求流域地下径流标准退水曲线。在地下径流退水(或枯水期)过程中,由于降水量很小可忽略不计,近似认为流域下蓄水量W与退水流量Q成正比,称此为线性地下水库,即$W=K_gQ$,式中K_g为水消退系数(时间量纲)。再根据地下水库水量平衡原理得$0-Q=dW/dt$,联立求解这两个方程,就可以得到地下径流标准退水曲线的数学表达式:

$$Q_t = Q_0 e^{-\frac{t}{K_g}} \tag{8.4}$$

式中　Q_t——t时刻地下水流量,m^3/s;
　　　Q_0——初始地下水流量,m^3/s;
　　　K_g——地下水消退系数。

该式反映了在无降雨补给情况下的流域退水规律。

根据实测流域退水曲线分析,各次退水过程基本相似,但退水曲线仍存在差别。主要原因在于消退系数不是常数：流域蓄水量大，退水流量大，退水快，即 K_g 值小；如果蓄水量集中在上游，则流程长，消退慢，K_g 值大；如果流域的地表水蓄量较大，退水快，K_g 值小。

8.3.3 流量过程线的分割

流量分割包含两层含义：一是次洪水分割，即将非本次降雨形成的径流成分分割出去；二是将本次降雨形成的地面径流、地下径流分割开，即水源的划分。

8.3.3.1 次洪水分割（非本次降雨的径流分割）

次洪水分割分为两步，首先是分割基流即深层地下径流，然后是分割非本次降雨形成的径流。

（1）分割基流。基流又称深层地下径流，是由地下径流缓慢补给的、枯水期河流所能维持的最小流量，一般是由很久以前的降雨形成的，因此需要从流量过程线中分割出去。基流一般比较稳定，流量也较小，是河川的基本流量，分割的方法一般用水平线分割，水平线的取值为历年最枯流量的平均值或本年汛前的最枯流量，如图 8.5 中的 b—b' 所示，b—b' 以下为基流（深层地下径流）。

（2）分割前次降雨和下次降雨形成的径流。这一次分割的目的是把几次暴雨所形成

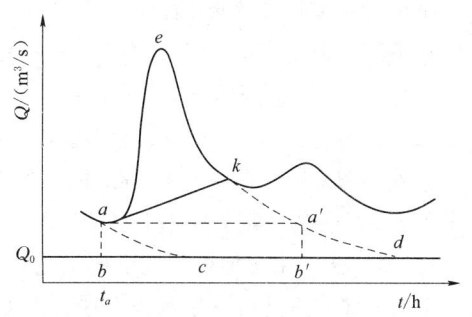

图 8.5 洪水过程线分割示意图

的、混在一起的径流过程线独立分割开来。对于前次降水的径流，采用标准退水曲线法进行分割。具体做法是：将标准退水曲线移绘到透明纸上，再将透明纸覆盖到要分割的流量过程线的退水段上（注意比例尺要一致），使横轴重合，然后左右平移使两者退水段尾部吻合，则两线开始重叠的时刻，就可以作为地面径流的终止点。采用该法绘出的前次洪水的退水过程线，如图 8.5 中的 a—c 段所示。而对于下次降雨的径流，也通过移动标准退水曲线，找到与退水段的重合部分，如图 8.5 中的 k—d 所示，从而分割出非本次洪水的部分。图 8.5 中 $aekdca$ 所包围的面积就是本次降雨所形成的径流部分。

8.3.3.2 水源的划分

本次降雨形成的径流过程已经通过次洪水分割得到。由于一次降雨形成的径流中包含地表径流、地下径流、表层流，而地表径流与地下径流的退水规律不同。地表径流消退快，先退完；表层流次之；地下径流消退较慢，最后退完；基流小而稳定。一方面由于表层流和地表径流有时能相互转化，特点相似；另一方面由于受目前的水文发展水平限制，要准确划分地表径流、表层流、地下径流非常困难。因此，实际工作中通常只把实测的总径流量划分为地表径流与地下径流，而表层流归为地表径流中。常用的水源划分方法有以下几种。

（1）水平线分割法。该方法在流量过程线上从起涨点 a 引一条水平直线与退水段交与 a' 点，则 a—a' 以上为地表径流，a—a' 以下为地下径流，如图 8.6（a）所示。该分割由于没有考虑到地下水在洪水过程中的涨水与退水规律，所得的地下径流比实际偏

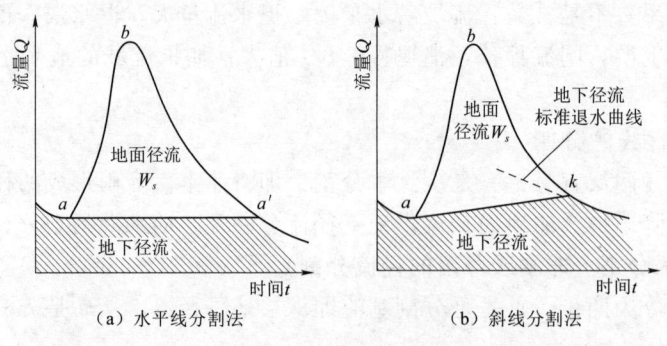

图 8.6 水平线分割法和斜线分割法

小,而地表径流则比实际偏大。

水平线分割法下,图 8.5 中,a—a' 线以上的部分 $aa'ea$ 为地表径流,a—a' 线与基流分割线 c—d 所包围的部分 $aa'dca$ 为浅层地下径流。

(2) 斜线分割法。该方法是将起涨点 a 与退水段上地表径流终止点 k 用一条直线连接,直线 ak 以上为地表径流,ak 以下则为地下径流。该方法的关键在于确定地表径流终止点 k。k 点的确定方法有:

1) 目估法。由于地面、地下退水过程规律不同,k 点以上的退水段较陡,k 点以下的退水段较缓,因此可在退水段上通过坡度的陡与缓找到较为明显的转折点,即 k 点。

2) 标准退水曲线法。用相同的纵横坐标比例将已知的标准退水曲线绘制在透明纸上,其尾部与退水过程重合,两过程线在上端的分离点,即为 k 点,如图 8.6 (b) 所示。对比水平线分割法,斜线分割法考虑了地下水在洪水过程中的涨水与退水规律,因此在实际工作中常采用斜线分割法。

在斜线分割法下,图 8.5 中,a—k 线以上部分 $akea$ 为地面径流,a—k 线与基流分割线 c—d 所包围的面积 $akdca$ 为浅层地下径流。

8.3.4 径流量的计算

根据流量过程线 Q-t 推求径流量时,常用径流深来表示,计算公式为

$$R = \frac{3.6 \sum Q \Delta t}{F} \tag{8.5}$$

式中　R——次洪径流深,mm;

Q——每隔一个 Δt 的流量值,m^3/s;

Δt——计算时段,h;

F——流域面积,km^2;

3.6——单位转换系数。

8.4 径流的影响因素

从径流形成过程可知,各种气候和自然地理因素,如降水、蒸发、地形地貌、地质构造、土壤和植被、湖泊沼泽等,都不同程度地影响着河川径流。总的来说,影响径流

形成和变化的因素主要有三大类：气候因素、流域下垫面条件以及人类活动。

8.4.1 气候因素

气候因素包括降水、蒸发、气温、气压、湿度、风等。降水是径流的来源，径流过程是由流域上降水过程转化而来的。降水量和蒸发量的大小及其时空分布、变化特点等，直接决定着径流组成的多样性和径流变化的复杂性。气温、气压、湿度和风是通过影响蒸发、水汽输送和降水而间接影响径流的。

（1）降水。降水是产生径流的重要因素，但不是决定径流过程的唯一因素。出口断面流量过程线是流域降水与流域下垫面条件综合作用的结果，相同时空分布的降水，在不同流域所产生的流量过程线是不同的。

径流是降水的直接产物，因此降水形式、降水量、降水强度及降水空间分布都对径流有直接影响，具体分析如下：

1）降水形式。不同的降水形式（雨、雪等）形成的过程完全不同，降雨形成的径流主要发生在雨季，其过程一般陡涨陡落、历时短，而由融雪所形成的径流一般发生在春季，其过程较为平缓，历时较长。

2）降水量。河川径流的直接和间接水源都是大气降水，因此径流量的多少取决于降水量的大小，即河川径流量与降水量成正相关。

3）降水强度。降水强度对径流的形成具有十分显著的作用，暴雨强度越大，植物截留、下渗损失越小，雨水能够在较短时间内向河槽汇集形成较大的洪水。

4）降水空间分布。降雨在流域空间上的分布对径流也有影响，如果暴雨中心自上游向下游移动，由上游排泄出的洪水与下游形成的洪水叠加在一起，很容易形成较大的洪峰流量；反之，其洪峰流量则较小。另外，降雨笼罩的面积越大，形成的径流量也越大。

（2）蒸发。蒸发是流域内的水分由液态变为气态的现象。蒸发也是影响径流的重要因素之一，大部分降雨都以蒸发的形式损失掉，而没能参与径流的形成，在北方干旱地区，80%~90%的降水消耗于蒸发，在南方湿润地区也有30%~50%。根据水量平衡方程，在一个较长的时间范围内，蒸发量越大，径流量越小。虽然降雨时空气比较湿润，蒸发量较小，对一次降雨洪水形成过程而言，雨期蒸发的影响作用可能不大，但是如果降雨前蒸发量大，土壤含水量相对较低，雨水的下渗强度较大，土壤中可容纳的水量相对较多，因此径流量相应的就少。

8.4.2 流域下垫面条件

流域下垫面条件包括：地理位置，如纬度、距离海远近、面积、形状等；地形特征，如高程、坡度、坡向；地貌特征，如山地、丘陵、盆地、平原、谷地、湖沼等；地质条件，如构造、岩性等；植被特征，如类型、分布、水理性质等。

（1）流域地理位置。流域地理位置是以流域所处的地理坐标，即经度和纬度来表示的，它说明流域离开海洋有多远以及它与别的流域和山岭的相对位置。流域和山岭的相对位置与陆地水文小循环的强弱有关。因此流域所处的地理位置不同，其气候、水文条件差别很大，受气候影响显著的径流也就表现出地区特点。

（2）流域地形特征。流域的地形特征包括流域的平均高程、坡度、切割程度等，它们都直接决定着径流的汇流条件。地势越陡，切割越深，坡地漫流和河槽汇流时的流速越大，汇流时间越短，径流过程则越迅急，洪峰流量越大。因此，在地形起伏较大的山区河流，径流的变化较平原地区强烈。流域地形地貌一方面通过直接影响流域的汇流条件来影响径流，另一方面还通过影响气候因素而间接影响径流。如在迎风坡，降雨量增加，径流也相应增加；高程增高，气温降低，相应的径流量增加。

（3）流域面积。流域面积越大，自然条件越复杂，各种因素对径流的影响有可能相互抵消，也有可能叠加。一般而言，较大流域的径流总量大，但流量过程相对平缓。

（4）流域形状。流域形状主要影响径流过程线的形状。流域的形状不同，汇流条件不同。如扇形流域，洪峰流量相对较大且流量过程线"尖瘦"；而羽状流域，洪峰流量相对较小且流量过程线"矮胖"。

（5）流域地质与土壤条件。流域地质与土壤条件决定着流域的下渗、蒸发和蓄水能力。若某一流域有着较为发达的断层、节理、裂隙，水分的下渗量就大，而径流量小；岩溶地区有着较大的地下蓄水库，因此地下径流量较大。土壤性质主要通过直接影响下渗和蒸发来影响径流，渗透性能好的土壤，下渗量大而径流量小。另外，地质与土壤条件还可以通过植被类型和植被生长状况间接影响径流。

（6）流域植被状况。流域的植被对径流的影响较复杂，有些学者认为，森林蒸散发量大，因而依据水量平衡方程，河川径流量小。从另外一个角度说，由于植物截留、枯枝落叶层对雨水的吸收以及森林土壤有很好的下渗能力，在径流形成过程中的降雨损失量大，因此森林有减少地表径流量的作用。正因为森林导致流域具有较强的下渗能力，使较多的雨水渗入地下，并以地下径流的方式缓慢补给河川径流，所以说森林能增加河川枯水期的径流量。但是森林增加的枯水期径流量是否与减少的地表径流量相抵消，还有着不同的看法。在美国和日本，有人对森林砍伐后和砍伐前的径流量进行对比研究后指出，砍伐森林能够增加流域的产水量；而在前苏联，有人通过对有林流域和无林流域的产水量进行长期对比观测后认为，森林能增加流域产水量。森林植被对径流量影响的定量研究，还有待进一步探索。

（7）流域内湖泊水库状况。流域内的湖泊和水库通过蓄水量的变化来调节和影响径流的年际和年内变化。在洪水季节，大量洪水进入水库和湖泊，水库和湖泊的蓄水量增加；在枯水季节，水库和湖泊中蓄积的水量缓慢泄出，蓄水量减少。因此，流域的水库或湖泊能够消减洪水，使洪水过程线变得平缓。

总之，径流形成过程除了降水因素外，另一个重要条件就是流域下垫面。相同时空分布的降水在不同流域所产生的流量过程可能具有完全不同的特性。上述流域下垫面因素在空间上的随机组合，构成了下垫面条件的差异，这种差异导致了流域产流方式（各种径流成分产流机制的组合）及产流条件的差异。只是相对于降水因素来说，流域下垫面是一个缓慢变化的因素。

但是，影响径流特点的因素除了降水、流域下垫面因素外，还与人类活动密切相关。

8.4.3 人类活动

人类活动对径流的影响主要是通过改变下垫面条件，直接或间接地影响径流的流量大小、水质好坏和径流过程线形状。人类活动对径流有正反两方面的影响。人类可以通过修建各种水利及水土保持工程，如水库、淤地坝、水窖等蓄水工程，拦蓄地表径流、消减洪峰流量、调节径流过程；通过平整土地措施减缓原来地面的坡度、截短坡长、增加地表糙率，从而增加了下渗量，延长了汇流时间，消减了洪峰，使流量过程线变得平缓。人类还可以通过植树造林，增加森林覆盖，利用森林保持水土、涵养水源、增加枯水径流来调节径流。因此，在收集与分析水文资料时，要考虑到已经实施了的和将要实施的各种水利化措施对径流的影响。

但是，不合理的人类活动会造成严重的水土流失，如过度砍伐森林、陡坡开荒，没有任何保护措施的大面积开采地下各种资源等。另外，工业生产的废弃物任意排放，农业生产中各种农药、化肥无节制大量使用，生活垃圾大量增加，不但破坏了土壤对径流的调节作用，还严重污染了水质。因此，必须提倡有序的人类活动以保护人们的生存环境。

8.5 我国河川径流的分布

8.5.1 河川径流的时程变化

河川径流的时程变化特征包括径流的年内变化、年际变化、洪水特征及水温冰情等。洪水特征在本书其他章节中讨论，以下仅讨论径流的年内变化和年际变化。河川径流在一年内的时程变化过程及特性称为年内分配；径流在多年期间的变化特性称为年际变化。

8.5.1.1 径流的年内变化

逐日平均流量过程线实际上表示了径流的年内变化，但这种方法由于所取时段太短（以 d 表示），不便于定量表示径流分配特征。目前常用以下两种方法表示径流分配特征。

（1）以月（季）或旬的径流量占年径流量的百分比表示。

（2）以综合反映河川径流年内分配不均的特征值表示。如用年内分配不均匀系数 C 表示，计算公式为

$$C = \sqrt{\frac{1}{12}\sum_{i=1}^{12}(K_i-1)^2}, \quad K_i = Q_i/\overline{Q} \tag{8.6}$$

式中　Q_i——各月平均流量，m^3/s；

　　　$\overline{Q}$——年平均流量，m^3/s。

在研究年内分配及进行水利计算时，常采用水文年度。水文年度是根据洪、枯水期在一年内的周期变化特点来划分的，它的开始时间是枯水期结束（汛期开始）之日。如汉江流域从 6 月 1 日开始，东北地区从 5 月 1 日开始，南方各地从 3 月 1 日或 4 月 1 日开始。

径流的年内分配规律主要取决于补给水源，可以根据各个不同地区的代表站的典型流量过程线，综合分析得出各地区的年内分配规律。我国大部分河流以降水补给为主，降水主要集中在夏秋季，所以我国大部分河流的夏秋季水量占全年总水量的 70% 以上。

我国河川径流年内分配总的特点是夏多冬少。

8.5.1.2 径流的年际变化

径流的年际变化包括年际变幅和多年变化过程两个方面。年际变幅指年径流量年际变化的幅度，常用年径流变差系数 C_v 以及实测最大年平均流量与最小平均流量比值（年际极值比）来表示。多年变化过程则包括丰、平、枯水年组的特征及其周期规律。年径流 C_v 值，反映年径流在年际的相对变化程度。C_v 大，表明年径流的年际变化剧烈，不利于水资源的开发利用；C_v 小，表明年际变化平缓，有利于水资源的开发利用。C_v 的计算式如下：

$$C_v = \sqrt{\frac{1}{n-1}\sum_{i=1}^{n}(K_i-1)^2} \tag{8.7}$$

其中
$$K_i = Q_i/\overline{Q}$$

式中　n——观测年数。

我国年径流的 C_v 值分布具有明显的地区性规律，表现出从东南向西北增大的趋势，长江以南一般在 0.4 以上，淮河、海河可达 1.0 以上，其中平原又大于山区。干旱地区、盆地间歇性河流在 0.8 以上，但西北内陆，以冰雪融水或地下水补给为主的河流 C_v 较小，一般为 0.1~0.3。

径流的年际变化中还存在着连续丰水年和连续干旱年的周期变化趋势。但周期长度和变幅是不相等的，即在周期性趋势下仍然表现出年径流变化的随机性。

8.5.2 我国河川径流空间分布

我国年径流分布和年降水量分布一样，总的趋势是由南向北和由东向西递减，新疆甘肃交界以西，则由西向东递减，具有明显的地域性分布规律。同时，由于我国地形错综复杂，加上下垫面条件的差异，使得年径流的分布更为复杂，呈现出局部多种非地域性变化。年径流不仅在地区上变化明显，年内各月、年际间亦有明显的不同。

8.5.2.1 年径流的地理分布

我国多年平均年径流总量约 27115 亿 m^3，平均径流深 284mm，即年降水总量的 43.8% 可以转化为河川径流。年径流地理分布总趋势由东南向西北递减。100mm 年径流深等值线大致与 400mm 年降水量等值线相当，走向一致，等值线以东为半湿润区和湿润区，等值线以西为半干旱区或干旱区。按径流深的大小，可划分为丰水带、多水带、过渡带、少水带、干涸带 5 个明显不同的地带。

（1）丰水带。年径流深大于 800mm，包括东南和华南沿海地区、台湾、海南、云南西南部及西藏东南部。年径流深的最大值在台湾中央山地和藏东南雅鲁藏布江下游靠近中印边界一带，可达 1000~3000mm。东南沿海主要山地在 1600~2000mm。年径流系数一般在 0.5 以上，部分山地超过 0.8。

（2）多水带。年径流深为 200~800mm，包括长江流域大部、淮河流域南部、西江上游、云南大部及黄河中上游一小部分地区。部分山地的年径流深可达 1000~2000mm。年径流系数一般为 0.4~0.6。

（3）过渡带。年径流深为 50~200mm，包括大兴安岭、松嫩平原一部分、三江平原、辽河下游平原、华北平原大部、燕山和太行山、青藏高原中部、祁连山山区及新疆西部山区。此带内平原地区年径流深大部分为 50~100mm，年径流系数在 0.1 左右。山区年径流深 100~200mm，年径流系数为 0.2~0.4。

（4）少水带。年径流深为 10~50m，包括松辽平原中部、辽河上游地区、内蒙古高原南部、黄土高原大部、青藏高原北部及西部部分丘陵低山区。此带内平原地区和黄土高原年径流深一般为 10~50mm，部分山区可达 50mm 以上。年径流系数一般为 0.1 左右，个别地区小于 0.05。

（5）干涸带。年径流深小于 10m，包括内蒙古高原、河西走廊、柴达木盆地、准噶尔盆地、塔里木盆地、吐鲁番盆地。此带内不少地区基本不产流，年径流系数只有 0.01~0.03。

8.5.2.2 不同区域径流的年内变化特点

径流的年内变化主要取决于河流的补给条件。我国大部分地区河川径流靠雨水补给，季节性变化剧烈，有明显的汛期和枯水期。汛期河水暴涨，容易泛滥成灾；枯水期水量很小，水源不足。汛期连续最大 4 个月径流量占年总径流量的 60% 以上，其中长江以南、云贵高原以东和西南大部分地区为 60%~70%，松辽平原、华北平原、淮河流域大部分地区为 70%~80%，广大西部地区为 60% 左右。以冰雪融水补给为主的河流，由于流域内热量的变化比雨量变化小，所以年内分配比较均匀。地下水补给比例大的河流，其年内变化也较小。大江大河因接纳了不同地区径流的汇入和地下径流的补给，径流的年内分配比较均匀。

8.5.2.3 不同区域径流的年际变化特点

径流的年际变化量比降水大。在空间上，北方大于南方，水量越贫乏的地区，丰枯年间的水量相差越大。以历年最大最小年径流量的比值（极值比）为指标，长江以南各河一般小于 3 倍；淮河、海河、滦河各支流可达 10~20 倍，部分平原河流甚至更大。年径流的变化，不仅存在丰、枯交替，而且存在连续枯水年和连续丰水年的情况。如黄河在近 60 年中出现过 1922—1932 年共 11 年的少水期，该段时间年径流平均值比正常年份少 24%；也出现了 1943—1951 年连续 9 年的丰水期，这段时间年径流平均值比正常年份多 19%。松花江在近 80 年中也出现过 1898—1908 年连续 11 年和 1916—1928 年连续 13 年的少水期，年径流平均值比正常值少 40%；也出现过 1960—1966 年连续 7 年的丰水期，年径流平均值比正常值大 32%。海河在近 60 年里，连旱、连丰更加频繁，如 1919—1923 年、1927—1931 年、1941—1943 年、1946—1948 年、1965—1968 年、1971—1972 年等连续 2~3 年甚至 5 年的干旱，1954—1956 年、1963—1964 年等连续 2~3 年的洪涝。

思 考 与 练 习 题

8.1　河川径流组成一般可划分为（　　）。[单选]

A. 地面径流、坡面径流、地下径流

B. 地面径流、表层流、地下径流

C. 地面径流、表层流、深层地下径流

D. 地面径流、浅层地下径流潜水、深层地下径流

8.2 甲流域为羽状水系，乙流域为扇状水系，其他流域下垫面条件和气象因素均相同，对相同的短历时暴雨所形成的流量过程，甲流域的洪峰流量比乙流域的（　　）。[单选]

A. 洪峰流量小、峰现时间早　　B. 洪峰流量小、峰现时间晚

C. 洪峰流量大、峰现时间晚　　D. 洪峰流量大、峰现时间早

8.3 甲乙两流域，除流域坡度甲的大于乙的外，其他的流域下垫面条件和气象因素都一样，则甲流域出口断面的洪峰流量比乙流域的（　　）。[单选]

A. 洪峰流量大、峰现时间晚　　B. 洪峰流量小、峰现时间早

C. 洪峰流量大、峰现时间早　　D. 洪峰流量小、峰现时间晚

8.4 一次降雨形成径流的损失量包括（　　）。[单选]

A. 植物截留、填洼和蒸发

B. 植物截留、填洼、补充土壤缺水和蒸发

C. 植物截留、填洼、补充土壤吸着水和蒸发

D. 植物截留、填洼、补充土壤毛管水和蒸发

8.5 流域汇流过程主要包括（　　）。[单选]

A. 坡面漫流和坡地汇流　　B. 河网汇流和河槽集流

C. 坡地汇流和河网汇流　　D. 坡面漫流和坡面汇流

8.6 一次流域降雨的净雨深形成的洪水，在数量上应该（　　）。[单选]

A. 等于该次洪水的径流深　　B. 大于该次洪水的径流深

C. 小于该次洪水的径流深　　D. 大于等于该次洪水的径流深

8.7 产生表层流（壤中流）的条件是通气层中存在相对不透水层，并且上层的下渗率与下层的相比要（　　）。[单选]

A. 上层较大　　　　　　　　B. 两者相等

C. 上层较小　　　　　　　　D. 上层小于等于下层

8.8 我国年径流深分布的总趋势基本上是（　　）。[单选]

A. 自东南向西北递减　　　　B. 自东南向西北递增

C. 分布基本均匀　　　　　　D. 自西向东递减

8.9 闭合流域的径流系数应当（　　）。[单选]

A. 大于1　　　　　　　　　B. 小于1

C. 等于1　　　　　　　　　D. 无法确定

8.10 某流域面积为 $500 km^2$，多年平均流量为 $7.5 m^3/s$，换算成多年平均径流深是多少？

8.11 某水文站控制面积为 $680 km^2$，多年平均年径流模数为 $10 L/(s \cdot km^2)$，则换算成多年平均径流深是多少？

8.12 某闭合流域的面积为 $1000 km^2$，多年平均降水量为 $1050 mm$，多年平均蒸发量为 $576 mm$，分别求多年平均流量 Q 和径流系数 α（结果保留两位小数）。

8.13 某闭合流域面积为 $F = 500 km^2$，流域平均降水量 $\overline{P} = 1000 mm$，多年平均流

量 $\overline{Q}=6\text{m}^3/\text{s}$。若修建一个水库，水库水面面积 $\Delta F=10\text{km}^2$，当地实测蒸发器读数的多年平均值 $\overline{E_{器}}=950\text{mm}$，蒸发器折算系数为 $k=0.8$。该流域建库前的水面面积极微，可忽略。试求（结果保留两位小数）：

（1）建库前流域多年平均蒸发量 $\overline{E}$ 是多少毫米？

（2）建库后流域的多年平均流量 $\overline{Q'}$ 为多少立方米每秒？

8.14 某水文站控制流域面积 $F=800\text{km}^2$，其上有一次降雨，形成的地表径流过程见题表 8.1，试画出本次地表径流的流量过程线，并求该次地表径流深。

题表 8.1　　　　　　　某水文站一次降雨形成的径流过程

时间 t /h	0	6	12	18	24	30	36	42	48	54	60	66	72	78	84
流量 Q /(m^3/s)	0	90	400	1000	1500	1300	900	700	400	300	200	150	100	50	0

扫码查看答案

项目 9

流 域 产 流

【知识要点】

通过本项目的学习，熟练掌握产流机制、产流模式、流域产流面积的变化、蓄满产流模式的产流计算法、超渗产流模式的产流计算法等理论知识。

【技能要求】

通过本项目的学习，能描述不同的产流机制，能区分蓄满产流和超渗产流的不同，能分析流域产流面积的变化，能运用蓄满产流模型法和降雨径流相关图法对蓄满产流进行计算，能运用下渗曲线法和初损后损法对超渗产流进行计算。

【重点与难点】

重点：产流机制、产流模式、蓄满产流模式的产流计算法、超渗产流模式的产流计算法。

难点：蓄满产流模式的产流计算法、超渗产流模式的产流计算法。

9.1 产流机制研究

9.1.1 霍顿产流观念

1933 年，霍顿（Horton）用下渗概念阐述了对产流的基本见解，降雨产流受控于两个条件：一是当降雨强度大于下渗能力时，产生地面径流；二是当下渗量大于土壤缺水量时，产生地下径流，相应的产流情况如下：

(1) 当 $i>f$，$F>D_s$ 时，则 $R_s>0$，$R_g>0$；

(2) 当 $i>f$，$F \leqslant D_s$ 时，则 $R_s>0$，$R_g=0$；

(3) 当 $i \leqslant f$，$F>D_s$ 时，则 $R_s=0$，$R_g>0$；

(4) 当 $i \leqslant f$，$F \leqslant D_s$ 时，则 $R_s=0$，$R_g=0$。

此处，i 为降雨强度，f 为下渗能力，F 为下渗量，D_s 为包气带缺水量，R_s 为地面径流，R_g 为地下径流。

霍顿产流作为第一个产流观念，阐明了均质包气带产流的物理条件，概括了径流形成的基本条件，自提出以来一直被许多水文学者作为准则，无论在过去还是现在都具有重要意义。20 世纪 60 年代以后，随着研究者对径流形成机制的研究越来越广泛，逐渐发现这种传统产流观念与实际水文现象存在着不少矛盾，可以概括如下：

（1）对于具有较大下渗能力的流域，在降雨强度 i 小于下渗能力 f 的情况下，有时会有地面径流产生，并出现对应的洪水过程；有时又没有地面径流产生，但却在出口断面观测到与地面径流过程相似的洪水过程。

（2）对应一次降雨，有时出现形状有别的前后两次洪峰过程，前一个峰形高而尖瘦，后一个峰形矮而肥胖。

（3）有的流域在湿润季节产生微小的降雨，即使是 $i<f$，在流量过程线上都可产生敏感的反应，呈现对应的起伏变化。

（4）全流域产流极其罕见，一般只是在流域的局部面积上产流。

上述现象说明霍顿的产流理论并不能全面反映流域的产流规律，在产流条件、产流面积上都需要进行补充和完善。

9.1.2 超渗地面径流产流机制

自降雨开始至任一时刻的地面径流产流 R_s 可用下列水量平衡方程来表示：

$$R_s = P - E - F - I_n - U \tag{9.1}$$

式中 P、E、F——自降雨开始至 t 时刻的累积降雨量、蒸发量、下渗量，mm；

I_n、U——植物截留量和填洼量，mm。

在一次降雨径流过程中，植物截留量一般不大，只有几毫米，森林茂密地区，也只能达到十几毫米。填洼量对一固定流域来说，变化不大。雨期蒸发 E 甚小，而 I_n 和 U 数量不大，且其数量比较稳定，是一个缓变因素，同时截留和填洼水量最终消耗于蒸发和下渗，所以雨期蒸发、截留和填洼在地面径流的产生过程中不起支配作用，对产流量的计算影响不大。下渗量 F 则是一个多变的因素，下渗量随降雨特性、前期土壤湿润情况不同而不同，其数值可占一次降雨量的百分之几到百分之百，其绝对量从几毫米到近百毫米。下渗在超渗地面产流过程中具有决定性的意义。式（9.1）在忽略 E、I_n 和 U 后得

$$R_s = P - F \tag{9.2}$$

若以产流强度表示，则

$$r_s = i - f \tag{9.3}$$

式中 r_s——地面径流的产流强度，mm/h；

i——降雨强度，mm/h；

f——下渗强度，mm/h。

由于降雨强度及下渗强度均是时间的函数，所以 r_s 也是随时间而变的量。只有当 $i \geqslant f$ 时，才有地面径流发生，即有 $r_s > 0$，所以 R_s 或 r_s 又称为超渗地面径流；当 $i \leqslant f$ 时，则无地面径流产生，即 $r_s = 0$，此时降水将全部耗于下渗，且 $f = i$。

9.1.3 壤中流产流机制

壤中流发生在非均质或层次性土壤中的易透水层与相对不透水层的交界面上，表层流净雨沿坡面在表层土壤空隙界面上流动即形成壤中流。这种具有层理的土层界面，在自然界中广泛地存在着，其透水性均比下层密实结构土壤的透水性强得多，它们构成了包气带土壤的相对不透水层。如森林地区的腐殖层、山区的表土风化层以及土壤的耕作

层等。壤中流显然比地面径流运动缓慢，但在有些地区，其量可能比地面径流大很多，特别是在森林流域中强度暴雨情况下，壤中流数量更为突出，它几乎是洪水的主要径流成分。

设土层由两种不同质地的土壤构成，上层为粗粒土，下层为细粒土，如图9.1所示。在这种土层中，上层下渗率 f_A 大于下层下渗率 f_B，即 $f_A > f_B$。显然上层稳定下渗率 $f_{c,A}$ 也大于下层稳定下渗率 $f_{c,B}$。在降雨下渗过程中，土层土壤含水量逐渐增加，由于 $f_A > f_B$，上层土壤含水量增加快于下层，当上层土壤达到田间持水量后，$f_{c,A}$ 就成为上下土层界面的供水强度，后续降雨如果满足条件

$$f_B < i \leqslant f_{c,A} \text{ 或 } f_B < f_{c,A} \leqslant i \tag{9.4}$$

式中　f_A、f_B——上、下层下渗率；
　　　$f_{c,A}$、$f_{c,B}$——上、下层稳定下渗率。

则必然在上下土层界面附近形成一层临时饱和层，也就是 $i - f_B$ 或 $f_{c,A} - f_B$ 这部分水量在上层一侧成为自由重力水。在适当条件下，临时饱和层中的自由重力水将沿上下土层界面侧向运动，排向附近河流，成为壤中流。

由上所述，壤中流产生的条件可概括为以下几方面：
（1）包气带中存在相对不透水层，上层透水能力大于下层。
（2）上层界面上的供水强度大于下层下渗强度。
（3）界面上产生积水，形成临时饱和带，界面还需具备一定的坡度。

9.1.4　饱和地面径流产流机制

对于表层透气性强的包气带，如枯枝落叶覆盖的林地，由于地面下渗能力很大，以至于实际发生的降雨强度几乎不可能超过它，但却仍然有地面径流的产生。这种现象用霍顿产流理论里的超渗地面径流是无法解释的，这就是饱和地面径流。饱和地面径流产流示意图如图9.2所示。饱和地面径流产流机制在具备壤中流产生条件的界面上，当降雨过程中某段时间有

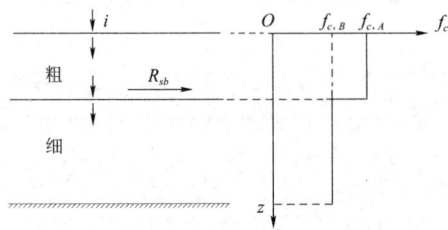
图9.1　壤中流产流示意图

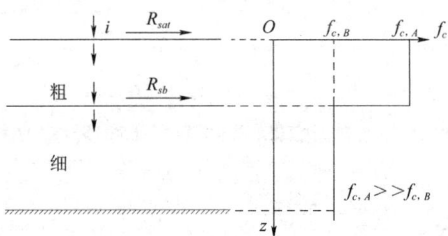
图9.2　饱和地面径流产流示意图

$$f_B < i \leqslant f_{c,A} \tag{9.5}$$

则上、下土层界面（相对不透水界面）上会出现临时饱和层，由于 $i \leqslant f_{c,A}$，地面不会出现超渗地面径流。如果后续降雨满足 $i - f_B - r_{sb} > 0$（r_{sb} 为壤中流产流强度），则后续降雨会使界面积水不断增加，最终将达到地面，这时不透水界面以上的土层含水量达到饱和，整个土层的下渗受制于 f_B 和 r_{sb}，后续降雨中 $i - f_B - r_{sb}$ 这部分水量将直接形成地面径流。不难看出，饱和地面径流的生成条件不是取决于上层土层本身或表面的

下渗能力，而是取决于土层内部相对不透水层界面的下渗能力、壤中流的产流强度和上层土壤饱和含水量。饱和地面径流的产流率为

$$r_{sat} = i - f_B - r_{sb} \tag{9.6}$$

式中　r_{sat}——饱和地面径流产流率；

其余符号意义同前。

饱和地面径流的产流条件，可概括为以下几个方面：

(1) 包气带中存在相对不透水层，上层透水能力大于下层。

(2) 上层相对不透水层界面上的供水强度大于下层下渗强度。

(3) 上层土壤含水量达到饱和含水量。

9.1.5　回归流产流机制

河槽两岸的天然坡地一般具有一定坡度。随着降雨的进行，饱和积水层的水流将沿坡地侧向运动，而坡脚处，由于不断接受上部壤中流，饱和积水层向上发展达到地面。饱和带达到地面的那部分坡地，后续降雨便产生饱和地面径流。还有部分地面以下的壤中流，有一部分在已饱和的坡面上渗出地面，以地面径流的形式加入坡面流注入河槽，这种水流称为回归流。回归流是壤中流派生的一种径流成分，一般只在极小的山坡流域，且在壤中流比较发育的情况下才能显示出对流量过程线形状的影响，从而作为一种独立的径流成分而存在。对于 $3 \sim 5 \text{km}^2$ 以下的流域，很难作为一种独立的径流成分。一般来说，在壤中流比较发育并有饱和地面径流发生的坡地，必然也同时伴随着回归流。

9.2　产　流　模　式

在自然界中，由于包气带结构的复杂性和降雨特性的多变性，很少见到对于一种包气带只有一种产流机制的情况。流域中某一产流单元面积上，一般会出现一种或多种不同径流成分的组合，或者说具有一种或多种产流机制的组合。为研究方便，将一种或几种产流机制的可能组合称为产流类型。因此，一种产流类型一般具有几种径流成分相组合。

9.2.1　单点产流类型

在天然条件下，一般可将流域中单点产流机制的组合大体上划分为 9 个类型。

(1) 单一超渗地面产流——R_s 型。当下垫面条件由很厚的包气带且透水性差的均质土壤组成时，遇较大强度降雨，即可发生这种单一的地面径流产流类型。包气带透水性差，土层下渗能力小，容易出现超渗现象。包气带厚度中等，但久旱后遇大强度、短历时暴雨也可发生这种产流类型。

单一超渗地面产流发生条件如下：久旱，包气带缺水量大，暴雨历时短，雨强大，总量小，包气带难以蓄满（蓄水量难以达到田间持水量），但容易超渗。影响一次降雨径流总径流的因素为降雨量、降雨强度、土层初始蓄水量、蒸发量。

(2) 超渗地面产流和壤中流组合型——$R_s + R_{sb}$ 型。包气带厚，近地表有相对不透水层，上层土壤透水性差，下层更差，而雨强又大。上层透水性差，雨强大，容易出现

超渗。下层透水性更差，容易形成临时饱和层，出现壤中流。当包气带厚度中等，有相对不透水层，久旱后遇大强度、短历时暴雨时，也可能出现这种类型。这是因为暴雨历时短，下渗水量少，尽管上土层不厚，下渗水量也不致使其饱和，只可能由于雨强大而超渗。有相对不透水层容易出现壤中流。

超渗地面产流和壤中流组合型产流发生条件如下：久旱，整个包气带缺水量大，短历时暴雨下渗水量不大，包气带难以蓄满，意味着下层干燥，下渗水量不会到达地下水面。影响一次降雨径流总径流的因素为降雨量，降雨强度，上、下土层初始蓄水量，蒸发量。

（3）饱和地面径流和壤中流组合型——$R_{sat}+R_{sb}$型。多发生在相对不透水层浅、下层很厚、上层土壤透水性强的山区或森林流域。上层土壤透水性强，雨强不会超过地面下渗能力；相对不透水层浅，意味着上层薄，降雨量很容易使上土层饱和而出现饱和地面径流。有相对不透水层，容易出现壤中流。下层厚，下渗水量不能到达地下水面，不会产生地下径流。影响一次降雨径流总径流的因素为降雨量，上、下土层初始蓄水量，蒸发量。

（4）超渗地面产流和地下径流组合型——R_s+R_g型。发生在包气带厚度中等或较薄、均质土壤、土层透水性一般，但地下水埋深不大的地区。土层透水性一般容易超渗，均质土壤不会出现壤中流。地下水埋深不大，下渗水分容易到达地下水面。影响一次降雨径流总径流的因素为降雨量、降雨强度、土层初始蓄水量、蒸发量。

（5）壤中流和地下径流组合型——$R_{sb}+R_g$型。包气带不厚，但相对不透水层较深，上层土壤透水性极强，下层稍次。上层土壤透水强，雨强不可能超过地面下渗能力，上土层厚，不容易蓄满，因此既不可能出现超渗径流，也不可能出现饱和地面径流。有相对不透水层，容易出现壤中流。上、下土层透水性都好，整个包气带不厚，下渗水量容易到达地下水面。影响一次降雨径流总径流的因素为降雨量，上、下土层初始蓄水量，蒸发量。

（6）单一壤中流——R_{sb}型。包气带厚，相对不透水层深，上层土壤透水性极强，下层差。上层土壤透水性极强难以超渗。包气带厚，难以蓄满，下渗水量也难以到达地下水面。有相对不透水层，容易出现壤中流。影响一次降雨径流总径流的因素为降雨量，上、下土层初始蓄水量，蒸发量。

（7）超渗地面产流、壤中流和地下径流组合型——$R_s+R_{sb}+R_g$型。包气带厚度中等，有相对不透水层，地面透水性差，下层更差，雨强大，雨时长。地面透水性差，雨强大，容易超渗。有相对不透水层，容易出现壤中流。雨时长，下渗水量多，包气带不厚，下渗水量易到达地下水面。影响一次降雨径流总径流的因素为降雨量、降雨强度、土层初始蓄水量、蒸发量。

（8）饱和地面径流、壤中流和地下径流组合型——$R_{sat}+R_{sb}+R_g$型。包气带厚度中等，存在相对不透水层，上层极易透水，下层次之。上层极易透水而又有相对不透水层，有利于上层土壤饱和，从而产生饱和地面径流和壤中流。包气带厚度不大而透水性又好，下渗水量易到达地下水面，从而产生地下径流。影响一次降雨径流总径流的因素为降雨量、土层初始蓄水量、蒸发量。

（9）单一地下径流——R_g型。包气带不厚，均质土壤强透水层，下有基岩，雨强小，雨时长，或表层有孔洞、裂隙等。强透水层，雨强小，因此不易超渗又不易饱和。均质土壤不会出现壤中流。强透水，下渗水量容易到达地下水面，地下水又容易排入河槽。影响一次降雨径流总径流的因素为降雨量、土层初始蓄水量、蒸发量。

9.2.2 流域产流模式

上面介绍的9种产流类型，或称为基本产流模式，是针对流域中的某个固定点或一个极小单元面积而言的。一般认为在这个单元面积内，其下垫面条件及土壤组成情况是一致的。如果将着眼点扩大到几十或几百平方公里的范围，并将它看作一个整体系统，那么有些产流类型的典型特点将被大大削弱。所以，对于大中型流域，其产流类型归纳不出以上9种，但根据其产流特征和流量过程线的特征，仍可概括为3个类型，称为流域产流模式。

为了从上述9种产流类型中概括出流域产流模式，在此引进次降雨径流关系的概念。次降雨量与相应径流量及影响因素之间的相关关系称为次降雨径流关系。从总径流的形成来看，次降雨径流关系只可能有三种情况：

如果只产生超渗地面径流，则次降雨径流关系为

$$R=f(P,i,W_0,E) \tag{9.7}$$

只要总径流中包含地下径流，次降雨径流关系就可表达为

$$R=f(P,W_0,E) \tag{9.8}$$

当总径流中包含壤中流而不包含地下径流时，次降雨径流关系变为

$$R=f(P,i,W_{0A},W_{0B},E) \tag{9.9}$$

进一步再把影响次降雨径流关系的因素概括一下，则上述三类次降雨径流关系又可变成两种基本情况：第一种情况是次降雨径流关系受雨强影响；第二种情况是次降雨径流关系不受雨强的影响。因此，如着眼于影响次降雨径流关系的因素，则自然界的产流只有两种基本模式。

（1）"超渗"产流模式。次降雨与总径流的关系受雨强的影响或与雨强关系密切，即式（9.7）和式（9.9）。

（2）"蓄满"产流模式。次降雨与总径流的关系不受雨强的影响或与雨强关系不密切，即式（9.8）。

这里所谓"超渗"产流和"蓄满"产流显然是针对一次降雨形成的总径流而言的，离开这个前提，"超渗"产流和"蓄满"产流之分就没有什么实际意义了。应该指出，应用"蓄满"产流模式只能确定一次降雨的总径流量，而不能把其中包含的不同径流成分分割出来，也不能精确地给出产流量的时程分配。

9.2.2.1 超渗产流 R_s 模式

该模式是指流域产流机制以超渗地表径流为主要表现形式，一次降雨的产流过程取决于降雨强度与下渗能力的对比关系。如果将一次降雨划分成若干个时段，对于降雨强度超过下渗能力的时段，其产流量 R_s 可表达为

$$R_s=P-F \tag{9.10}$$

式中　　P——降雨量，mm；

　　　　F——累积下渗量，mm；

其余符号意义同前。

当雨前起始土壤含水量已知时，则有
$$F = W_t - W_0 \tag{9.11}$$
式中 W_t、W_0——雨末和雨前的土壤蓄水量，mm。

如果不考虑雨期的蒸发量，或将雨期的蒸发量从降雨量中扣除，在超渗地面径流模式条件下，则一场降雨的产流量可概括为
$$R_s = f(P, i, W_0) \tag{9.12}$$

9.2.2.2 蓄满产流 R_{sat} 模式

该模式是指流域产流机制以饱和地表径流为主要表现形式，一次降雨的产流过程取决于包气带是否达到饱和及饱和面积的发展。包气带满足其最大蓄水量 WM 时，其产流量为
$$R = P - (WM - W_0) \tag{9.13}$$

如果不考虑雨期的蒸发量，或将雨期的蒸发量从降雨量中扣除，在蓄满产流模式下，则一场降雨的产流量可概括为
$$R = f(P, W_0) \tag{9.14}$$

从式中可以看出，此种产流模式的产流量只与降雨量和雨前流域蓄水量有关，而与降雨强度无关。

9.2.2.3 超渗产流与蓄满产流模式互相转换

超渗产流与蓄满产流模式互相转换是在自然界中实际存在的。对于一个固定地点或固定流域，其产流模式并不是一成不变的。在一定情况下，降水和包气带的水分条件等次要因素，可能会上升为决定产流机制存在的主导因素。这种产流模式的转换规律是：在年内，汛前汛初以超渗产流模式为主，汛期及汛末以蓄满产流模式为主；在多年中，干旱年份多以超渗产流为主，而在丰水年份多以蓄满产流为主。其产流量计算，可针对不同时期选择不同模式。

9.3 流域产流面积的变化

降雨过程中，流域上产生径流的部分称为产流区，产流区所包围的面积称为产流面积。流域产流面积在降雨过程中是变化的，这是流域产流的一个重要特点。图9.3是流域产流面积变化的概念图。降雨开始前，河流中的水量主要来自流域中包气带较厚的中下游地区的地下水补给。在流域的上游地区，一般由于土层浅薄，是没有地下水补给枯季径流的。降雨开始后，流域中易产流的地区先产流，因此河流中的水量主要来自于易产流地区，这些易产流地区主要是土层浅薄的地区，或河沟附近土壤含水量较大的地区或雨强大的地区。这时河沟开始逐渐向上游延伸，河网密度开始增加。随着降雨的持续产流面积不断扩大，河网密度不断增加，从而组成了不同时刻的出口断面流量过程线。

对于流域产流面积的时空变化特性目前尚无法准确获取，常采用统计模式法进行研究，即应用反映流域产流面积的流域蓄水容量面积分配曲线和下渗能力面积分配曲线，来研究流域产流面积分布变化规律。

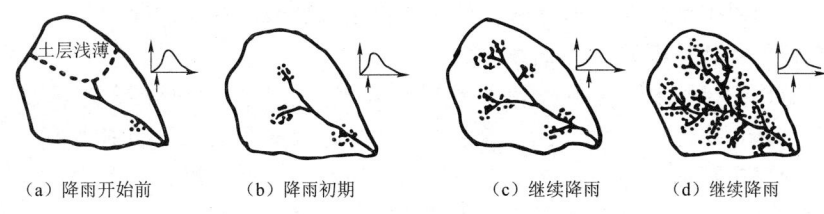

(a) 降雨开始前　　(b) 降雨初期　　(c) 继续降雨　　(d) 继续降雨

图 9.3　流域产流面积变化

9.3.1　流域蓄水容量面积分配曲线

流域蓄水容量面积分配曲线简称流域蓄水容量曲线，常用于蓄满产流模式的产流计算。流域上各处包气带厚薄及土壤特性一般是不同的。因此当全流域处于最干旱状态时，各处包气带的缺水量也不一样，或者说，各处包气带达到田间持水量时的土壤含水量不一样。如果以包气带达到田间持水量时的土壤含水量 W'_m 为纵坐标，以小于等于该 W'_m（蓄水容量反映土壤所能持有的最大水量，约为田间持水量，单位为 mm）所占的流域面积比重 $\alpha(=F_R/F)$ 为横坐标，则所得到的曲线称为流域蓄水容量曲线，如图 9.4 所示，图中 W'_{mm} 为流域最大的点蓄水容量，α 可反映产流面积的变化。

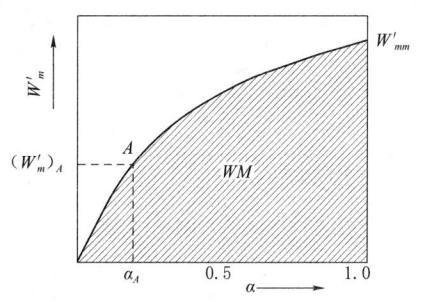

图 9.4　流域蓄水容量曲线

蓄水容量曲线写成函数关系为

$$\alpha = \varphi(W'_m) \tag{9.15}$$

式中　α——相对产流面积，$\alpha = F_R/F$；

W'_m——流域各点包气带的最大蓄水容量。

按照流域蓄水容量曲线的定义，它显然具有下列基本性质：

(1) 流域蓄水容量曲线是一条单增曲线。其最小端表示流域中 W'_m 的最小值，一般为零，但也可以不为零；其最大端表示流域中 W'_m 的最大值，在图中用 W'_{mm} 表示。

(2) 曲线上任一点的纵横坐标值表示流域中小于等于 W'_m 值的流域面积所占的比例，如图中曲线上的 A 点表明，流域中包气带田间持水量小于等于 $(W'_m)_A$ 的流域面积比重为 α_A。

(3) 这条曲线所包围的全部面积为

$$WM = \int_0^{W'_{mm}} [1 - \varphi(W'_m)] dW'_m \tag{9.16}$$

式中　W'_{mm}——流域最大的点蓄水容量。

最大蓄水容量 WM 是包气带达到田间持水量时的蓄水量与最干旱时蓄水量的差值。最大蓄水容量在数值上等于包气带最干旱时的缺水量，即最大缺水量。W'_{mm} 在数值上等于包气带最大的点缺水量，WM 等于全流域包气带各点平均最大缺水量，其数值与流域最大损失量 I_m 相等。流域的蓄水容量曲线也就是包气带最大缺水量分布曲线。

(4) 对一个流域来说，流域蓄水容量曲线是唯一的，WM 为常数。

(5) 这条曲线不能具体表示流域上具体地点包气带的缺水量情况。

9.3.2 流域下渗能力面积分配曲线

当流域是以超渗产流为主导产流机制时,其产流过程的发展主要受下渗规律的支配。流域各点因土壤性质不均一,土壤含水量各异,因而各点的下渗能力不一致。只有了解下渗能力在流域面上的分布,才能知道产流面积的发展过程。要取得大量的流域面上的下渗资料是困难的,可采用统计性质的流域下渗能力面积分配曲线来表达下渗能力在流域上的分布。

设想按照流域上各处的下渗特性,将全流域划分成很多单元面积,每一单元面积都有相应的下渗能力曲线,根据这些曲线,对于给定的前期土壤含水量,可求出各单元相应的下渗能力,然后统计并累加小于等于该下渗能力的所有单元面积,并以占全流域总面积的比值 $\alpha(=F_R/F)$ 表示产流面积,即建立下渗能力 f_p 与相对面积 α 的关系曲线。下渗能力面积分配曲线定义为:流域内下渗能力小于等于给定值 f_p 的面积 α 与下渗能力的关系曲线。下渗能力面积分配曲线一般与流域初始土壤含水量有一定的关系,若以土壤含水量为参数,其曲线图如图 9.5 所示。

下渗能力面积分配曲线的特点如下:

(1) 对一个流域来说,流域下渗容量分配曲线不是唯一的,而是一组以初始流域土壤含水量 W_0 为参变数的曲线。

(2) 全流域干燥时对应的流域下渗容量分配曲线是流域下渗容量分配曲线簇的上包线;而全流域包气带达到田间持水量时对应的流域下渗容量分配曲线是该曲线簇的下包线,即流域稳定下渗率分配曲线。

(3) 该曲线不能给出流域上具体地点的下渗容量。

9.3.2.1 蓄满产流总径流的产流面积变化

蓄满产流的总径流量是受控于包气带田间持水量的,即在包气带水量平衡方程式 $R'=P-E-(W_m'-W_0)$ 中,当 $P-E>(W_m'-W_0)$ 时,就产流;否则就不产生径流。因此,在降雨空间分布均匀的情况下,蓄满产流的产流面积变化可用流域蓄水容量曲线来阐明,如图 9.6 所示。

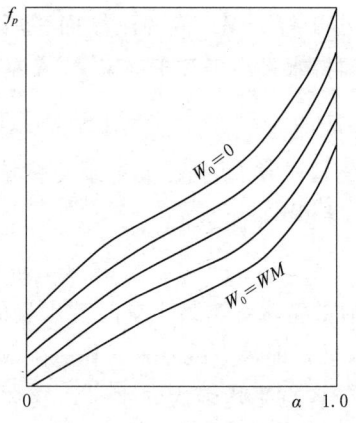
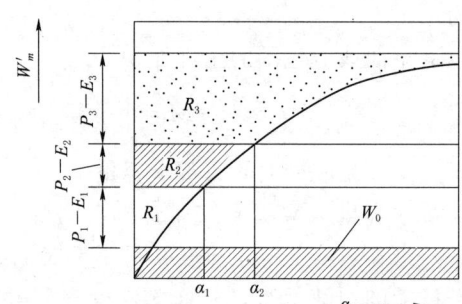

图 9.5 流域下渗能力面积分配曲线图　　图 9.6 蓄满产流的产流面积变化

实际工作中一般是假定流域蓄水容量曲线的线型采用抛物线型或者指数曲线型的曲线，其函数形式如下：

$$\alpha = \varphi(W'_m) = 1 - \left(1 - \frac{W'_m}{W'_{mm}}\right)^b \quad （抛物线型） \tag{9.17}$$

$$\alpha = \varphi(W'_m) = 1 - e^{-kW'_m} \quad （指数曲线型） \tag{9.18}$$

式中　α——相对产流面积，$\alpha = F_R/F$；

　　　b、k——反映面积分配情况指数，为经验常数；

　　　W'_m——流域各点包气带的最大蓄水容量；

　　　W'_{mm}——流域最大的点蓄水容量。

实践表明，对于闭合流域，流域蓄水容量曲线以采用抛物线型为宜。联立式（9.16）和式（9.17）可知：

$$WM = \left(1 - \frac{W'_m}{W'_{mm}}\right)^b dW'_m = \frac{W'_{mm}}{1+b} \tag{9.19}$$

前期降雨量
$$A = W'_{mm}\left[1 - \left(1 - \frac{W_0}{W_m}\right)^{\frac{1}{1+b}}\right] \tag{9.20}$$

假设降雨开始时流域是干燥的，即 $W_0 = 0$，则不难看出，蓄满产流的产流面积变化有如下特点：

（1）随着降雨量的不断增加，产流面积不断增大。

（2）产流面积的变化与降雨强度无关。

（3）全流域发生蓄满产流的条件是 $\sum(P-E) \geqslant W'_{mm}$。

当 $W_0 \neq 0$ 时，可做出类似的分析。

9.3.2.2　饱和地面径流的产流面积变化

在包气带上层浅薄，且透水性较强的流域，一般易于产生饱和地面径流。降雨空间分布均匀情况下的饱和地面径流的产流面积的变化可用流域饱和容量曲线来寻求，其特点与蓄满产流相似，不再赘述。

9.3.2.3　超渗地面径流的产流面积变化

超渗地面径流产生的条件是雨强大于地面下渗容量，因此，在降雨空间分布均匀的情况下，超渗地面径流的产流面积变化可用流域下渗容量分配曲线来阐明，如图9.7所示。降雨开始时，流域初始土壤含水量为 W_0，相应的流域下渗容量分配曲线如图9.7（a）所示。若第一时段平均雨强为 $\bar{i}_1$，则得第一时段的产流面积和下渗水量分别为 β_1 和 I_1。由于第一时段降雨的影响，第二时段降雨开始时的流域土壤含水量变为（$W_0 + I_1$），相应的流域下渗容量分配曲线如图9.7（b）所示。若第二时段的平均雨强为 $\bar{i}_2$，则得第二时段的产流面积和下渗水量分别为 β_2 和 I_2。如此一个时段一个时段计算下去，就可以求得一场降雨过程中超渗地面径流产流面积的变化过程。

因此，超渗地面径流的产流面积变化有下述特点：

（1）随着降雨历时的增加，产流面积有时增大，有时减小。

（2）产流面积的大小与降雨强度和初始含水量有关。

(3) 一次降雨过程中,全流域超渗产流与局部流域超渗产流可能是交替出现的。

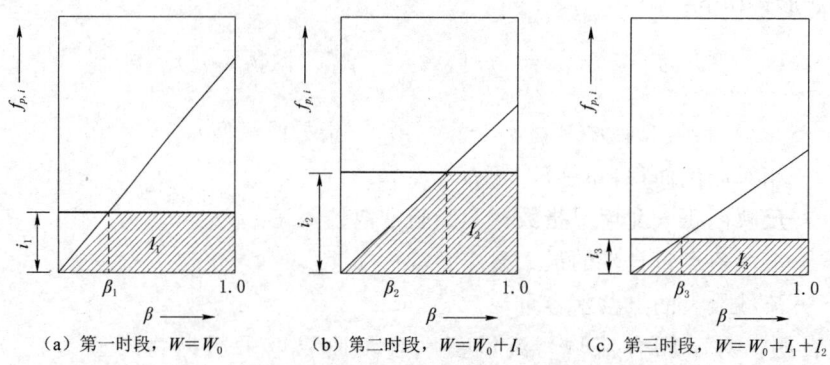

图 9.7 超渗产流的产流面积变化

9.4 蓄满产流模式的产流计算

9.4.1 蓄满产流模型法

20 世纪 60 年代初开始,我国水文学家赵人俊等经过长期对湿润地区降雨径流关系的研究,提出了蓄满产流模型,建立了 $P-W_0-R$ 关系,用以计算净雨过程,并且用稳定下渗率划分地面、地下净雨。该法与经验的 $P-P_a-R$ 相关图法融为一体,现已成为我国湿润地区产流计算的重要方法。

在湿润地区,由于降雨量充沛,故地下水位高,包气带薄,且土壤含水量高,一般暴雨就能够使流域蓄满;由于气候湿暖,植物繁茂,植物根系作用及耕作造成表层土壤十分疏松,所以下渗能力很强,一般暴雨强度不宜超过。综合分析得出结论:流域产流方式为蓄满产流。流域中单元面积只有蓄满才会产流,未蓄满则不产流。并据此建立产流模型。

(1) 若 $W_0=0$ 时有一降雨量 P,如图 9.8 所示,则产生的总径流量为

$$R = (P-E) - \int_0^{P-E}[1-\varphi(W'_m)]\mathrm{d}W'_m \tag{9.21}$$

流域土壤含水量的增加值为

$$\Delta W = \int_0^{P-E}[1-\varphi(W'_m)]\mathrm{d}W'_m \tag{9.22}$$

(2) 若 $W_0 \neq 0$,则应首先确定初始流域土壤含水量 W_0 的空间分布。为此引进一个假设,即假设初始流域土壤含水量 W_0 如图 9.9 的分布,于是有

$$W_0 = \int_0^A [1-\varphi(W'_m)]\mathrm{d}W'_m \tag{9.23}$$

式 (9.23) 中 W_0 是已知的,所以 A 可以从中解出来。

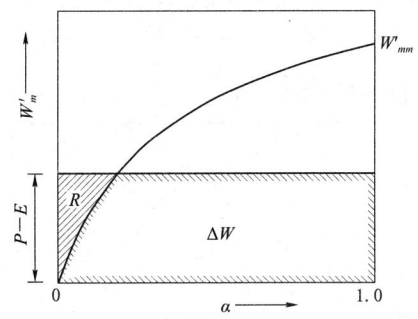
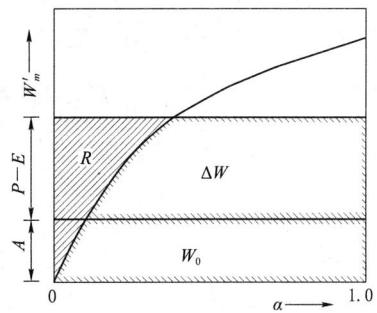

图9.8 $W_0=0$时蓄满产流总径流的计算　　图9.9 $W_0\neq 0$时蓄满产流总径流的计算

在这种情况下,计算蓄满产流总径流量和流域土壤含水量增量的公式分别为

$$R=(P-E)-\int_A^{P-E+A}[1-\varphi(W'_m)]dW'_m \tag{9.24}$$

和

$$\Delta W=\int_A^{P-E+A}[1-\varphi(W'_m)]dW'_m \tag{9.25}$$

由式(9.25)可知,当$P-E+A<W'_{mm}$时,流域只有局部产流,根据式(9.20)和式(9.24)可知

$$R=(P-E)-WM\left[\left(1-\frac{A}{W'_{mm}}\right)^{1+b}-\left(1-\frac{A+P-E}{W'_{mm}}\right)^{1+b}\right] \tag{9.26}$$

当$P-E+A\geqslant W'_{mm}$时,式(9.27)可简化为

$$R=(P-E)-(WM-W_0) \tag{9.27}$$

蓄满产流的总径流量的计算公式为

$$W_{t+\Delta t}=W_t+P_{\Delta t}-E_{\Delta t}-R_{\Delta t} \tag{9.28}$$

式中　W_t、$W_{t+\Delta t}$——时段初、末流域蓄水量,mm;

　　　$P_{\Delta t}$——时段内流域平均降雨量,mm;

　　　$E_{\Delta t}$——时段内流域的蒸散发量,mm;

　　　$R_{\Delta t}$——时段内的产流量,mm。

蓄满产流连续计算步骤如下:

(1) 根据本时段初的W_t、本时段的$P_{\Delta t}$和蒸散发能力,按三层蒸散发计算本时段的$E_{\Delta t}$。

(2) 根据本时段的$P_{\Delta t}$和(1)中计算的$E_{\Delta t}$,计算本时段的$P_{\Delta t}-E_{\Delta t}$。

(3) 根据本时段初的W_t和(2)中计算的$P_{\Delta t}-E_{\Delta t}$,利用式(9.26)或式(9.27)计算本时段的$R_{\Delta t}$。

(4) 根据本时段初的W_t、本时段的$P_{\Delta t}$和由(1)、(2)、(3)中计算的$E_{\Delta t}$、$R_{\Delta t}$,计算本时段末的$W_{t+\Delta t}$。

(5) 本时段末的$W_{t+\Delta t}$就是下一时段的流域土壤含水量,依次进行下一时段的计算。

【例9.1】 湿润地区某流域,已知流域参数为$WM=130$mm,其中$WUM=20$mm,$WLM=70$mm,$WDM=40$mm,$b=0.4$,$c=1/8$。流域起始蓄水量$W_0=41.3$mm,其

中 $WU_0=0$mm，$WL_0=1.3$mm，$WD_0=40.0$mm。逐时段降雨量及蒸发能力见表 9.1。流域蒸散发采用三层模型，计算时段 $\Delta t=1$d。试计算逐日产流量。

表 9.1　　　　　　　　　产流量计算表（三层蒸发模型）　　　　　　　　单位：mm

时间（月-日）	P	EM	P−E	R	EU	EL	ED	E	WU	WL	WD	W
									0	1.3	40	41.3
4-11		3.5			0	0.4	0	0.4	0	0.9	40	40.9
4-12		2.7			0	0.3	0	0.3	0	0.6	40	40.6
4-13		4.2			0	0.5	0	0.5	0	0.1	40	40.1
4-14	14.8	1.5	13.3	1.4	1.5	0	0	1.5	11.9	0.1	40	52
4-15		1.9			1.9	0	0	1.9	10	0.1	40	50.1
4-16		4.3	4.2	0.5	4.3	0	0	4.3	13.7	0.1	40	53.8
4-17	8.5	4.5			4.5	0	0	4.5	9.2	0.1	40	49.3
4-18		5.4			5.4	0	0	5.4	3.8	0.1	40	43.9
4-19		5			3.8	0.1	0.1	4	0	0	39.9	39.9
4-20		4.7			0	0.6	0.6	0	0	39.3	39.3
4-21		4.6			0	0	0.6	0.6	0	0	38.7	38.7
4-22		5.7			0	0	0.7	0.7	0	0	38	38
4-23	39	1.2	37.8	4.9	1.2	0	0	1.2	20	12.9	38	70.9
4-24		1.3			1.3	0	0	1.3	18.7	12.9	38	69.6

9.4.2　降雨径流相关图法

该法基于湿润地区流域产流方式为蓄满产流，根据流域能蓄满和地表不易超渗的实际情况假定：只有全流域蓄满才会产流，未蓄满则不产流。

对于蓄满产流方式，可根据蓄水容量曲线，求出降雨-径流关系曲线。两种特殊情况 $W_0=0$ 和 $W_0=WM$ 下的降雨-径流关系曲线如下：

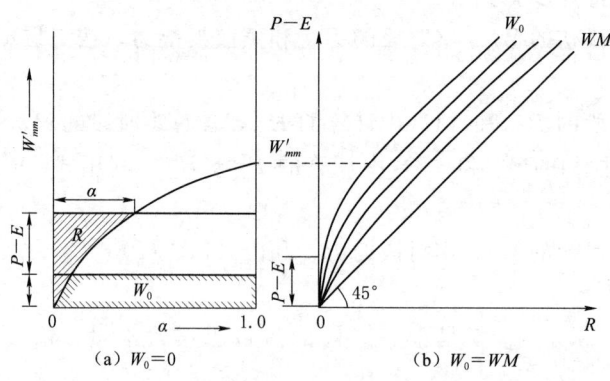

图 9.10　降雨-径流关系示意图

如果降雨开始时流域蓄水量 $W_0=0$，若第一时段降雨量 P 扣除雨期蒸发量 E 后的值为 $(P-E)$，就可确定第一时段末的产流面积为 a，图中 R 部分面积为该降雨产生的径流量，即一个 $(P-E)$ 对应一个 R。依此类推，不同的降雨量 $(P-E)$，都有其相应的产流量 R，于是得到 $W_0=0$ 的 $(P-E)-R$ 关系曲线。如果降雨开始时流域蓄水量 $W_0=WM$（即全流域蓄满），则降雨扣除蒸发后全部成为径流，意味着 $(P-E)-R$ 关系曲线为过坐标原点的 $45°$ 直线。不同的 W 所对应的降雨径流相关关系也不相同。由以上分析可知，降雨径流相关关系是一簇曲线，以 $W_0=0$ 的 $(P-E)-R$ 关系曲线为上包线，以 $W_0=W_m$ 的 $(P-E)-R$ 关系曲线为下包线，如图 9.10 所示。

上述可知，一次总降雨量为 P 的降雨所产生的总径流深 R 的数值大小主要与土壤的湿润程度有关，工程上习惯用前期影响雨量 P_a 来表示土壤的湿润程度，P_a 越大表示流域越湿润，P_a 越小表示流域越干旱。P_a 计算公式如下：

$$P_{a,t+1}=\begin{cases} K(P_{a,t}+P_t-R_t), & P_{a,t+1}<W_m \\ W_m, & P_{a,t+1}\geqslant W_m \end{cases} \tag{9.29}$$

其中
$$K=1-\frac{E_m}{W_m}$$

式中　　$P_{a,t}$、$P_{a,t+1}$——第 t 天和 $t+1$ 天的 P_a 值；

　　　　P_t——第 t 天的降雨量；

　　　　K——P_a 的日折减系数；

　　　　E_m——流域蒸发能力；

　　　　W_m——流域蓄水容量；

　　　　R_t——第 t 天的产流量。

在实际应用中，常用 $P-P_a-R$ 相关图，以 R 为横坐标、P 为纵坐标，在方格纸上点绘每次暴雨径流对应的点据，把相应的 P_a 值标注在点据旁，分析 P_a 值的分布规律，从而绘制出等值线，最终得到 $P-P_a-R$ 相关图。为了应用方便，也有人用 $(P+P_a)-R$ 相关图。

利用降雨径流相关图，不仅可以计算一次降雨所产生的总径流量（总净雨量），而且可以推求净雨过程。计算步骤如下：

(1) 由初始土壤含水量 W_0（或 P_a），唯一地确定降雨径流相关曲线。

(2) 求逐时段累积降水量。

(3) 在降雨径流相关曲线上查出累积降雨量所对应的累积径流量。

(4) 由逐时段累积径流量反推时段径流量。

9.5　超渗产流模式的产流计算

9.5.1　下渗曲线法

根据超渗产流的形成机制，超渗地面径流量可由式 (9.30) 表示：

$$R_s=\sum_{i>f_p}(i-f_p)\Delta t \tag{9.30}$$

因此，只要确定了一场降雨过程中每一时刻的雨强 i 和下渗容量 f_p 的对比关系，就能求得这场降雨的超渗地面径流量。因雨强是实测的，故问题就在于如何求得任一时刻的地面下渗容量了。

由下渗理论可知，任何时刻的地面下渗容量取决于该时刻的土壤含水量及其垂线分布。因此，要精确地求出任一时刻的地面下渗容量并非易事。但如果假设地面下渗容量只与土壤含水量有关，而与土壤含水量的垂线分布无关，或者说，土壤含水量的垂线分布总是均匀的，则根据流域最干旱 $W_0=0$ 情况下的那条下渗曲线就可以求出降雨过程中任何时刻的地面下渗容量。事实上，若某时刻土壤含水量为 W_t，则按照上述假设，就可求得该时刻的地面下渗容量如图 9.11 中 f_{pt} 所示。这个假设基本上是合理的，因为控制地面下渗容量的主要是地面以下不太深的一个土层，在降雨下渗过程中，这层土壤的含水量的垂线分布是近似均匀的。

如果只用一条下渗曲线来计算流域的超渗地面径流量，那么前提应当是流域上土质均匀，包气带厚度大体一致，而且降雨强度的空间分布均匀。可见用一条下渗曲线只能计算小流域的超渗地面径流量。若要处理大一些流域的超渗地面径流量的计算问题，就必须把流域划分成许多小单元，并最好使用流域下渗容量分配曲线来计算超渗地面径流量。只应用一条下渗曲线计算流域超渗地面径流量的具体方法有列表法和图解法两种。

9.5.1.1 列表法

将 f_p-t 形式的下渗曲线转换成 f_p-F_p 形式的曲线，则由于到某一时刻的累积下渗量 F_p 就是该时刻的土壤含水量减去初始含水量，所以 f_p-F_p 曲线实际上就是 f_p 与土壤含水量 W 的关系曲线，如图 9.12 所示。

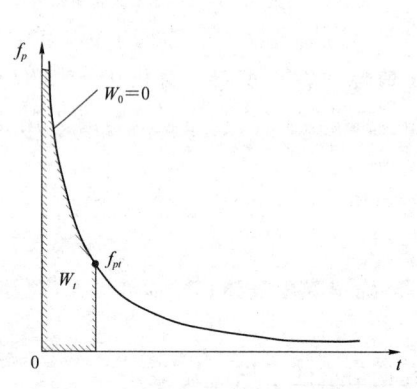
图 9.11 任意时刻地面下渗容量确定

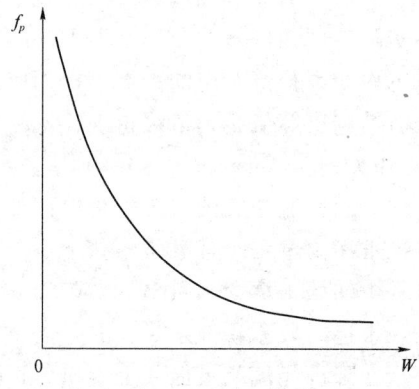
图 9.12 f_p-W 关系曲线

应用 f_p-W 曲线分析计算超渗地面径流量的步骤为：

（1）根据降雨开始时的土壤含水量 W_0 查 f_p-W 曲线，得降雨开始时的地面下渗容量 f_{p0}。

（2）假设时段内下渗容量呈直线变化，然后用试算法求出第一时段末的下渗容量 f_{p1}。

（3）计算第一时段的平均下渗容量：$\overline{f}_{p1}=1/2 (f_{p0}+f_{p1})$。

（4）将第一时段平均雨强 $\overline{i}_1$ 与第一时平均下渗容量进行比较。如果 $\overline{f}_{p1} \geqslant \overline{i}_1$，则不

产生地面径流,全部降雨渗入土中,成为土壤含水量的增加量;如果 $\bar{f}_{p1}<\bar{i}_1$,则得超渗地面径流量为 $(\bar{i}_1-\bar{f}_{p1})\Delta t$,而下渗量为 $\bar{f}_{p1}\cdot\Delta t$。

(5) 计算第一时段末的土壤含水量:$W_0=W_0+I_1$(第一时段内的下渗水量)$-E_1$(第一时段内的蒸发量)。

(6) 转入第二时段计算。逐时段重复以上步骤就可求出一场降雨产生的超渗地面径流量及其时程分配。

上述计算可列表进行。为了保证这种算法的精度,计算时段不宜取得太大,原则上越小越好,因为时段取小了,不仅可以保证时段内下渗容量呈线性变化,而且可以用时段初的下渗容量代替时段平均下渗容量,以避免反复试算的过程。同时也可忽略蒸散发量对计算的影响。

9.5.1.2 图解法

图解法是直接应用累积下渗曲线 F_p-t 在图上确定超渗地面径流量的方法,具体图解步骤如图 9.13 所示。

(1) 作出累积下渗曲线 F_p-t。

(2) 在 F_p-t 曲线上,根据降雨开始时的土壤含水量 W_0 找出 A 点。

(3) 从 A 点开始作累积降雨量过程线 $\sum p$-t。

(4) 因累积下渗曲线的坡度和累积雨量过程线的坡度分别表示下渗容量和降雨强度,因此比较这两条曲线的坡度就可以判断是否有超渗地面径流产生。例如在图 9.13 中 AB 段不超渗,但 BC 段超渗。因此将 BC 段平移至 $B'C'$,于是 C' 点到累积下渗曲线的垂直距离 $C'C''$ 就是 BC 段降雨产生的超渗地面径流。再将 CD 段平移至 $C''D'$,则因其坡度小于累积下渗曲线的坡度,故 CD 段降雨也不产生超渗地面径流。这样就可以求得一场降雨的超渗地面径流量及其时程分配。

9.5.2 初损后损法

初损后损法是下渗曲线法的简化,该方法把下渗曲线拉伸成一条水平线,使两线对角所对应的面积尽量保持不变,超渗产流量可以表示为下渗曲线上雨量过程线下包的面积,如图 9.14 所示。

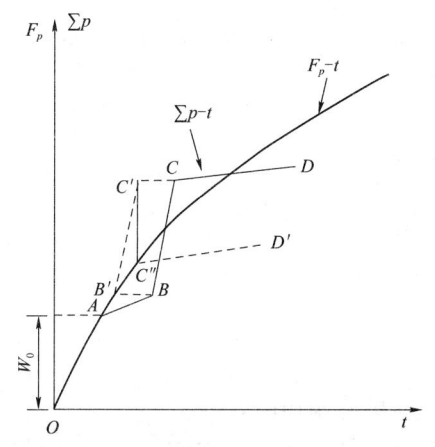

图 9.13 图解法推求产流量示意图

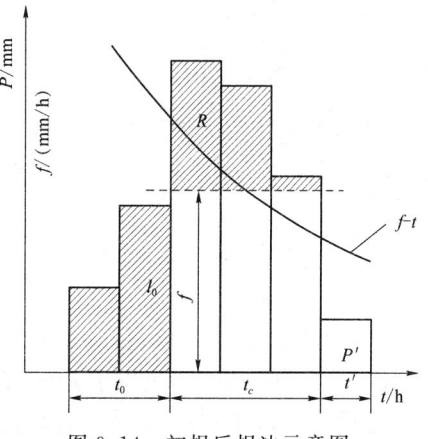

图 9.14 初损后损法示意图

初损后损法是将产流损失分成两个部分,产流前的损失叫初损,用 I_0 表示;产流后的损失称为后损,后损为产流历时内平均下渗强度 $\bar{f}$ 与产流历时 t_c 的乘积与后期不产流的雨量 P' 之和,即

$$R = P - I_0 - \bar{f}t_c - P' \tag{9.31}$$

9.5.2.1 初损 I_0 的确定

一次降雨的初损值 I_0 可根据实测雨洪资料分析求得。对于小流域,由于汇流时间短,出口断面的流量过程线起涨点处可以作为产流开始时刻,起涨点以前雨量的累积值即为初损值,如图 9.15 所示。对较大的流域,可分成若干个子流域,按上述方法求得各出口站流量过程线起涨前的累积雨量,并以其平均值或其中的最大值作为该流域的初损量。

各次降雨的初损值 I_0 的大小与降雨开始时的土壤含水量 W_0 有关,W_0 大,I_0 小;反之则大。因此,可根据各次实测雨洪资料分析得来的 W_0、I_0 值,点绘两者的相关图。如关系不密切,可加降雨强度作参数,雨强大,易超渗产流,I_0 就小;反之则大。也可用月份作参数,这是考虑到 I_0 受植被和土地利用季节变化的影响。图 9.16 是以月份为参数的 W_0-I_0 相关图。

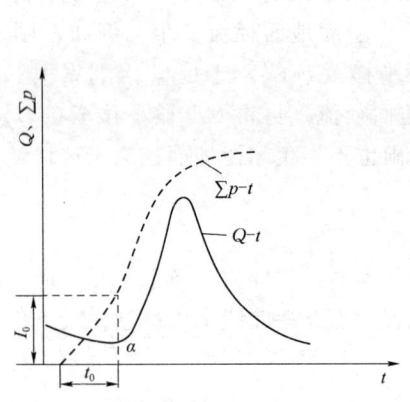

图 9.15 初损确定示意图

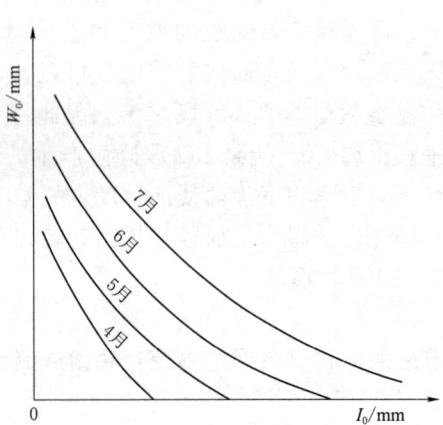

图 9.16 以月份为参数的 W_0-I_0 相关图

9.5.2.2 平均下渗强度的确定

平均下渗强度 $\bar{f}$ 在初损量确定以后,可用下式计算:

$$\bar{f} = \frac{P - I_0 - P'}{t - t_0 - t'} \tag{9.32}$$

式中 $\bar{f}$——平均后损率,mm/h;

P——次降雨量,mm;

P'——后期不产流的雨量,mm;

t、t_0、t'——降雨总历时、初损历时和后期不产流的降雨历时,h。

【例 9.2】 已知降雨过程及降雨开始时的 $P_a = 15.4\text{mm}$,查 P_a-I_0 图,得 $I_0 = 31.0\text{mm}$。又知该流域的平均下渗强度 $\bar{f} = 1.5\text{mm/h}$,可列表进行产流计算,见表 9.2。

表 9.2 初损后损法产流量计算表　　　　　　　　　　单位：mm

时段	P	I_0	$\overline{ft}$	$h(t)$
3—6	1.2	1.2		
6—9	17.8	17.8		
9—12	36	12	3	21
12—15	8.8		4.5	4.3
15—18	5.4		4.5	0.9
18—21	7.7		4.5	3.2
21—24	1.9		1.9	0
合计	78.8	31	18.4	29.4

说明如下：先扣 I_0，从降雨开始向后扣，扣完 31.0mm 为止。9—12 时段后损量为 $2\times1.5=3.0$（mm），21—24 时段后损量等于降雨量，其余时段后损量为 $3\times1.5=4.5$（mm）。最后求得本次降雨深（即径流深）为 29.4mm。

思 考 与 练 习 题

9.1　按蓄满产流模式，当流域蓄满以后，下渗的水量将成为_____径流。

9.2　按蓄满产流模式，当流域蓄满以后，超过下渗雨水的部分将成为_____径流。

9.3　按超渗产流原理，当满足初期损失后，若雨强大于下渗率，则超渗部分产生_____径流。

9.4　初损后损法中的初损是指_____的损失，后损则是_____的损失。

9.5　下渗容量（能力）曲线是指（　　）。[单选]

A. 降雨期间的土壤下渗过程线

B. 充分供水条件下的土壤下渗过程线

C. 充分湿润后的土壤下渗过程线

D. 下渗累积过程线

9.6　在湿润地区用蓄满产流法计算的降雨径流相关图的上部表现为一组（　　）。[单选]

A. 间距相等的平行曲线　　　　B. 间距相等的平行直线

C. 非平行曲线　　　　　　　　D. 非平行直线

9.7　以前期影响雨量（P_a）为参数的降雨（P）径流（R）相关图 $P-P_a-R$，当 P_a 相同时，应该 P 越大（　　）。[单选]

A. 损失相对于 P 越大，R 越大

B. 损失相对于 P 越大，R 越小

C. 损失相对于 P 越小，R 越大

D. 损失相对于 P 越小，R 越小

9.8 何谓超渗产流？何谓蓄满产流？它们的主要区别是什么？

9.9 超渗产流和蓄满产流的地面径流形成条件是否相同？为什么？

9.10 某流域面积为 402km^2，产流方式属于蓄满产流，流域蓄水容量曲线采用 b 次抛物线。已知 $WM=100\text{mm}$，其中 $WUM=20\text{mm}$，$WLM=80\text{mm}$，$b=0.3$。6 月 27 日 17 时至 23 时的逐时段降雨量及蒸散发能力见题表 9.1。本次降雨开始时 $W_0=61.83\text{mm}$，其中 $WU_0=0$，$WL_0=61.83\text{mm}$。流域蒸散发计算采用二层计算模型。计算该次降雨的净雨 R 和 W 的逐时变化过程。

题表 9.1　　　　某流域 6 月 27 日逐时段降雨量及蒸散发能力　　　　单位：mm

月-日 时	P	E_m	E	R	WU	WL	W
06-27 17	0	0		0	0	61.83	61.83
06-27 20	0.5	0					
06-27 23	38.1	0					

9.11 某流域降雨过程见题表 9.2，并在该流域的初损 I_0 相关图和平均后期下渗能力 f 相关图上查得该次降雨的 $I_0=25\text{mm}$，$f=1.0\text{mm/h}$，试求该次降雨的地面净雨过程。

题表 9.2　　　　　　　某流域一次降雨过程

时段（$\Delta t=6\text{h}$）	1	2	3	4	5	6
雨量/mm	25	31	39.5	47	9	3.5

扫码查看答案

项目 10

河 槽 洪 水 演 算

【知识要点】

通过本项目的学习,熟练掌握河槽洪水波概念、河段槽蓄原理和槽蓄方程、洪水波的特征河长演算法等理论知识。

【技能要求】

通过本项目的学习,能区分洪水波的种类,能写出不同洪水波的运动方程,能写出圣维南方程组并解释各个字母的含义,能对洪水波进行特征河长演算。

【重点与难点】

重点:洪水波的种类、不同洪水波的运动方程、圣维南方程组、洪水波的特征河长演算法。

难点:洪水波的特征河长演算法。

10.1 河槽洪水波概念

根据河段上断面的洪水过程推求河段下断面的洪水过程称为洪水演算。洪水演算在水文预报、防洪规划、水利工程防洪控制运用中都有重要应用。

10.1.1 河槽洪水波及其要素

河流在没有大量径流汇入时,其水流要素如流速、流量、水深、断面面积等一般不随时间而变,或变化甚为缓慢,属稳定流。如果流域内出现暴雨,大量径流在短时间内汇入河网,进入干流河槽形成洪水波。洪水波向下游传播,形成洪水波的运动。河槽中洪水波经过之处,流速、流量、水深、断面面积等均随时间急剧变化,因此,河槽内的洪水波属非稳定流。洪水波常用以下特征要素描述。

10.1.1.1 洪水波的特征要素

(1)波体。在原稳定流水面之上附加的水体称为波体。

(2)波峰。波体的最高点称为波峰。

(3)波高。波峰至稳定流水面的高度称为波高。

(4)波长。波体的底宽称为波长,图 10.1 中 AC 线段的长度 l 即为波长。洪水波的波长远大于波高,属长波。

(5) 波前。以波峰为界，位于波峰前部的波体称为波前。

(6) 波后。以波峰为界，位于波峰后部的波体称为波后。

10.1.1.2 洪水波的运动特征

(1) 位相。洪水波轮廓线上任一点的位置称为该点的位相。

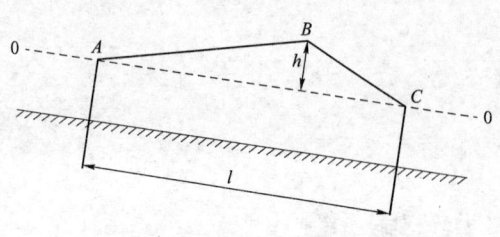

图 10.1 洪水波形态示意图

(2) 波峰。洪水波波体上某一位相点沿河道的运动速度称为该位相的波速，用公式表示为

$$C_K = \frac{dL}{dt} \tag{10.1}$$

式中 C_K——洪水波波速；

dL——洪水波在微小时段 dt 内传播的距离。

(3) 相应流量（或相应水位）。洪水波波体上某一位相点所对应的河槽断面流量（或水位）$Q(L, t)$ [或 $Z(L, t)$] 称为洪水波的相应流量（或相应水位）。由此可见，洪水波的波速即相应流量（或相应水位）的传播速度，因此相应流量（或相应水位）的传播速度不是指断面平均流速。

(4) 附加比降。洪水波的水面比降与稳定流的水面比降的差值 $i - i_0$ 称为洪水波的附加比降。由水力学知，洪水波水面比降 $i = -\frac{\partial Z}{\partial L}$。在河槽断面沿程变化不大的情况下，稳定流水面比降 i_0 近似等于河底比降（天然河道属宽浅型河槽，一般满足此近似条件）。由于洪水波波前水面比稳定流水面陡，所以波前附加比降为正；由于洪水波波后水面比稳定流水面缓，所以波后附加比降为负。

10.1.1.3 洪水波的变形

假设河段为棱柱体河槽，区间无水量加入，则洪水波在向下游运动的过程中将发生如下变形：

(1) 洪水波的坦化（展开）变形。因为洪水波波前水面比降大于稳定流水面比降，波后水面比降小于稳定流水面比降，故波前各位相点的波速大于波后各位相点的波速。所以，洪水波波体将不断被拉长，波长变大，波峰变小，这种现象称为洪水波的坦化变形。

(2) 洪水波的扭曲变形。因为洪水波各位相点的波高不同，自然水深不同，波速也不同。波峰处水深最大，因此洪水波在向下游运动的过程中，波峰将不断前移，波前缩短，附加比降变大，波前的水量将不断向波后转移，这种现象称为洪水波的扭曲变形。

洪水波的变形可以从河段上下游断面的流量过程线上观察出来，图 10.2 是某河段上、下游的一次洪水流量过程线，从图中可看出，由于洪水波的坦化（展开）变形，下游与上游相比，洪水过程历时拉长，洪峰降低，如图 10.3 所示。由于洪水波的扭曲变形波前缩短，导致下游涨洪历时小于上游。

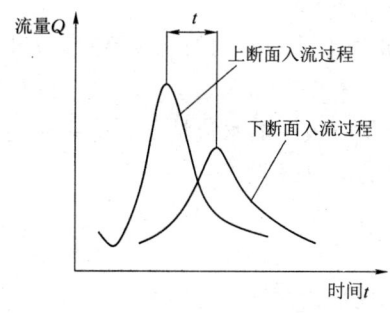
图10.2 河段上、下游洪水流量过程线

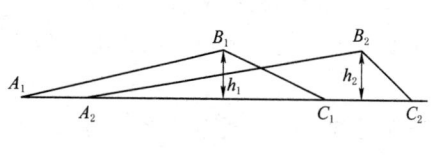
图10.3 洪水波变形示意图

任何自然现象的运动规律都会不同程度地受内外因素的影响，洪水波的运动规律也不例外。洪水波的坦化变形和扭曲变形是洪水波在向下游运动的过程中由内因造成的现象。此外，区间水量的加入、河段情况的变化等外部因素都会影响洪水波的运动规律，比如河段之间有大量水量加入，或下游河段变窄，或遇到卡口，下游洪峰就有可能大于上游洪峰。因此，研究洪水波的运动要区分内外因素，对具体河段要搞清是内因起主导作用还是外因起主导作用。

10.1.2 河槽洪水波及其要素

10.1.2.1 圣维南方程组

当河槽断面变化不大，河槽中的洪水波一般可看作一维不稳定渐变流，天然河道绝大多数情况均满足此条件。因此，可以用一维圣维南方程组描述河槽洪水波运动，其方程形式如下：

$$\begin{cases} \dfrac{\partial A}{\partial t} + \dfrac{\partial Q}{\partial L} = 0 & \text{（连续方程）} \\ -\dfrac{\partial Z}{\partial L} = \dfrac{1}{g}\dfrac{\partial V}{\partial t} + \dfrac{V}{g}\dfrac{\partial V}{\partial L} + \dfrac{\partial h_f}{\partial L} & \text{（运动方程）} \end{cases} \quad (10.2)(10.3)$$

式中 A——过水断面面积，m^2；

V——过水断面平均流速，m/s；

Q——过水断面流量，m^3/s；

Z——过水断面水位，m；

L——水流流程，m；

h_f——沿程摩阻损失，m；

g——重力加速度，m/s^2。

方程中，$-\dfrac{\partial Z}{\partial L}$ 为水面坡度，$\dfrac{1}{g}\dfrac{\partial V}{\partial t}$ 为局地惯性项，$\dfrac{V}{g}\dfrac{\partial V}{\partial L}$ 为迁移惯性项，$\dfrac{\partial h_f}{\partial L}$ 为摩阻项（又称摩阻比降）。

方程组包含两个独立变量 t 和 L，两个从属变量 Q 和 Z（或 V 和水深 h），方程组在数学上属于一阶线性双曲型偏微分方程组，目前在数学上尚无解析解，实际工作中常结合具体的初始条件和边界条件用两类近似的方法求解圣维南方程组。

10.1.2.2 河槽洪水波运动的初始条件和边界条件

初始条件指 $t=0$ 的水流状态，通常采用洪水波发生前一时刻的稳定流状态；即

$$Q(L,0)=Q_0 \tag{10.4}$$

边界条件指计算河段上、下游两断面在整个计算时段中的水流情况，分别称为上边界条件和下边界条件。上边界条件通常取上游断面的流量过程：

$$Q(0,t)=Q_{\pm}(t) \tag{10.5}$$

下边界条件通常取下游断面的水位-流量关系：

$$Q(L,t)=f\left[Z_{\text{F}}(t),\frac{\partial Z(t)}{\partial t}\right] \tag{10.6}$$

若河段较长，下游不受水工建筑物或干支流回水顶托等因素影响时，则洪水波必衰减为稳定流状态，下边界条件可简化为

$$Q(\infty,t)=Q_0 \tag{10.7}$$

圣维南方程组和洪水波运动的初始条件及边界条件一起构成了洪水波运动的定解问题，不同的定解问题刻画了不同的洪水波运动。

10.2 洪水波的分类和运动特征

10.2.1 洪水波的分类

对于不同类型的河流、渠道和水库，由于其所处的具体条件不同，水流运动中各种力的大小作用不同，对水流的影响相异，会造成洪水波运动方程中各项量级的差别很大，洪水波的运动特性当然也有较大差别。有些情况下，某些项所起作用不大，完全可以忽略，有些项则起主导作用，必须考虑。

根据运动方程中各项作用力的对比关系，忽略某些次要项，把运动方程加以简化。简化后的方程，突出了影响洪水波运动的主导因素，忽略了次要因素，因而反映了不同性质的洪水波运动规律。为明确起见，将洪水波运动方程改写如下：

$$-\frac{\partial Z}{\partial L}=\frac{1}{g}\frac{\partial V}{\partial t}+\frac{V}{g}\frac{\partial V}{\partial L}+\frac{\partial h_f}{\partial L} \tag{10.8}$$

记水深为 h，河底高程为 Z_0，水面高程为 $Z=Z_0+h$，则

$$-\frac{\partial Z}{\partial L}=-\frac{\partial Z_0+h}{\partial L}=-\frac{\partial Z_0}{\partial L}-\frac{\partial h}{\partial L}=i_0+\left(-\frac{\partial h}{\partial L}\right) \tag{10.9}$$

式中 i_0——河底比降；

$-\dfrac{\partial h}{\partial L}$——洪水波附加比降。

记 $i=\dfrac{\partial h_f}{\partial L}$，则运动方程可写作

$$\frac{1}{g}\frac{\partial V}{\partial t}+\frac{V}{g}\frac{\partial V}{\partial L}+\frac{\partial h}{\partial L}=i_0-i_f \tag{10.10}$$

摩阻项 i_f 尚无理论公式表达，目前只能借用明渠均匀流公式表示

$$i_f = \frac{V^2}{C^2 R} \tag{10.11}$$

式中　C——谢才系数；
　　　R——水力半径。

为分析方便，通常把摩阻项进一步表示为

$$i_f = \frac{V^2}{C^2 R} = \frac{(VA)^2}{(AC)^2 R} = \frac{Q^2}{K^2} \tag{10.12}$$

式中　K——流量模数。

将式（10.12）代入式（10.10）得

$$\frac{1}{g}\frac{\partial V}{\partial t} + \frac{V}{g}\frac{\partial V}{\partial L} + \frac{\partial h}{\partial L} = i_0 - \frac{Q^2}{K^2} \tag{10.13}$$

根据式（10.13）中各项在具体条件下所起作用的大小不同，可对洪水波进行简化，简化后的洪水波可分为四类：运动波、扩散波、惯性波和动力波。

(1) 运动波。将洪水波运动方程写作

$$i_0 - \left(\frac{1}{g}\frac{\partial V}{\partial t} + \frac{V}{g}\frac{\partial V}{\partial L} + \frac{\partial h}{\partial L}\right) = \frac{Q^2}{K^2} \tag{10.14}$$

若河底比降远大于惯性项和附加比降，即

$$i_0 \gg \frac{1}{g}\frac{\partial V}{\partial t} + \frac{V}{g}\frac{\partial V}{\partial L} + \frac{\partial h}{\partial L} \tag{10.15}$$

则洪水波运动方程可简化为

$$Q = K\sqrt{i_0} \tag{10.16}$$

此即运动波运动方程。

(2) 扩散波。若附加比降不能忽略，但惯性项可以忽略，即

$$\left(i_0 - \frac{\partial h}{\partial L}\right) \gg \left(\frac{1}{g}\frac{\partial V}{\partial t} + \frac{V}{g}\frac{\partial V}{\partial L}\right) \tag{10.17}$$

则洪水波运动方程可简化为

$$Q = K\sqrt{i_0 - \frac{\partial h}{\partial L}} \tag{10.18}$$

此即扩散波运动方程。

(3) 惯性波。若河底比降与摩阻比降两者能相互抵消，则洪水波运动方程可简化为

$$\frac{1}{g}\frac{\partial V}{\partial t} + \frac{V}{g}\frac{\partial V}{\partial L} + \frac{\partial h}{\partial L} = 0 \tag{10.19}$$

此即惯性波运动方程。

(4) 动力波。若洪水波运动方程中各项都不能忽略，这种波称为动力波，动力波运动方程即为式（10.13）。

洪水波的分类情况可归纳为表10.1。

表 10.1 洪 水 波 的 分 类

洪水波类型	局地惯性项 $\dfrac{1}{g}\dfrac{\partial V}{\partial t}$	迁移惯性项 $\dfrac{V}{g}\dfrac{\partial V}{\partial L}$	附加比降 $\dfrac{\partial h}{\partial L}$	摩阻比降 i_f	河底比降 i_0
运动波	×	×	×	√	√
扩散波	×	×	√	√	√
惯性波	√	√	√	×	×
动力波	√	√	√	√	√

注 ×表示被忽略的项，√表示要考虑的项。

10.2.2 洪水波的运动特征和波速公式

10.2.2.1 洪水波的运动特征

（1）运动波的运动特性。已知运动波的运动方程为

$$Q = K\sqrt{i_0} \tag{10.20}$$

它具有如下特性：因流量模数 $K = AC\sqrt{R}$ 是断面形状和水深的函数，说明对固定断面而言，水位与流量呈单值关系，即 $Q = f(Z)$ 或 $Q = f(A)$。因 Q-A 呈单值关系，所以

$$\frac{\partial A}{\partial t} = \frac{\partial A}{\partial Q}\frac{\partial Q}{\partial t} = \frac{\mathrm{d}A}{\mathrm{d}Q}\frac{\partial Q}{\partial t} \tag{10.21}$$

代入连续方程得

$$\frac{\mathrm{d}A}{\mathrm{d}Q}\frac{\partial Q}{\partial t} + \frac{\partial Q}{\partial L} = 0 \rightarrow \frac{\mathrm{d}Q}{\mathrm{d}A} = -\frac{\partial Q}{\partial t}\bigg/\frac{\partial Q}{\partial L} \tag{10.22}$$

以后将证明 $C_K = \mathrm{d}Q/\mathrm{d}A$ 为运动波波速，则式（10.22）可写作

$$\frac{1}{C_K}\frac{\partial Q}{\partial t} + \frac{\partial Q}{\partial L} = 0 \rightarrow \frac{\partial Q}{\partial t} + C_K\frac{\partial Q}{\partial L} = 0 \tag{10.23}$$

根据偏微分方程的特征理论，式（10.23）与下列常微分方程组等价：

$$\begin{cases} \dfrac{\mathrm{d}L}{\mathrm{d}t} = C_K & (10.24) \\ \dfrac{\mathrm{d}Q}{\mathrm{d}t} = 0 & (10.25) \end{cases}$$

式（10.24）是运动波的特征线方程，物理意义是运动波总是向下游传播。式（10.25）是运动波的特征方程，表明运动波沿特征线方向运动时，任何一个相应流量都不发生变化，也就是说运动波是一种没有坦化现象的洪水波。但这并不意味着运动波不会发生扭曲变形，它是否变形，取决于波速 C_K 是否为常数。若 C_K 为常数，则不发生变形；大多数情况 C_K 是随水深和流量变化的，故运动波在传播过程中一般存在着扭曲变形，即运动波的波前越来越陡，最终可导致破裂。山区河流由于底坡较大，其洪水波接近于运动波。

（2）扩散波的运动特性。已知扩散波的运动方程为

$$Q = K\sqrt{i_0 - \frac{\partial h}{\partial L}} = K\sqrt{i_0}\sqrt{1 - \frac{1}{i_0}\frac{\partial h}{\partial L}} = Q_0\sqrt{1 - \frac{1}{i_0}\frac{\partial h}{\partial L}} \qquad (10.26)$$

它具有如下特性：因为波前上任意相位点沿流程 ΔL 有 $\Delta h = h_2 - h_1 < 0$，根号内 $\partial h/\partial L$ 为负值，波后上任意相位点沿流程 ΔL 有 $\Delta h = h_2 - h_1 > 0$，根号内 $\partial h/\partial L$ 为正值；故涨洪时 $Q > Q_0$，落洪时 $Q < Q_0$，断面水位-流量关系呈逆时针方向绳套曲线，如图 10.4 所示。

设河槽为宽浅河槽，可以证明扩散波方程式（10.26）与下列微分方程组等价：

$$\begin{cases} \dfrac{\mathrm{d}L}{\mathrm{d}t} = C_K & (10.27) \\[4pt] \dfrac{\mathrm{d}Q}{\mathrm{d}t} = \mu\dfrac{\partial^2 Q}{\partial L^2} & (10.28) \end{cases}$$

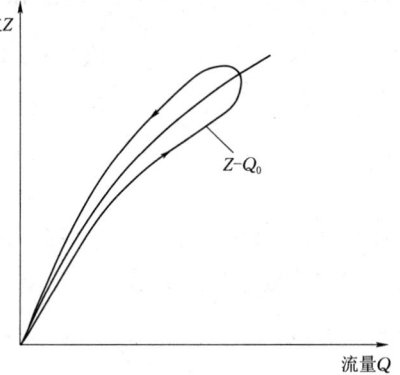

图 10.4 扩散波的水位-流量关系

式（10.27）是扩散波方程的特征线方程，表明扩散波总是以波速 C_K 向下游传播。式（10.28）是扩散波的特征方程。由于 $\mathrm{d}Q/\mathrm{d}t \neq 0$，所以沿着扩散波前进方向相应流量将会发生变化。其变化程度取决于 μ 与 $\partial^2 Q/\partial L^2$ 两个因子。称 μ 为扩散系数，它与河槽特性、流量大小均有关系。当 $\mu = 0$ 时，式（10.28）变为运动波方程。可见，运动波实际上是扩散波的一个特例。

在宽浅矩形河道情况下，扩散波的波速与运动波的波速相同。一般河流的洪水波大多接近于扩散波。

（3）惯性波的运动特性。已知惯性波的运动方程为

$$\frac{1}{g}\frac{\partial V}{\partial t} + \frac{V}{g}\frac{\partial V}{\partial L} + \frac{\partial h}{\partial L} = 0 \qquad (10.29)$$

由式（10.29）可知，惯性波是由惯性力起主要作用的洪水波。对于水面宽阔及水深很大的水库，通常河底比降 i_0 和摩阻比降 i_f 都很小，因而入库的洪水波接近于惯性波。惯性波没有阻力项，波峰没有衰减。但其波形在传播过程中仍可能有变形，这与运动波相似。

（4）动力波的运动波特性。平原河道的洪水波接近于动力波。动力波的运动特性比较复杂，其讨论可参见有关文献。

10.2.2.2 洪水波的波速公式

波速是洪水波运动的重要物理量，洪水波的运动要素 Q 是时间 t 和流程 L 的函数，即 $Q = f(L, t)$。对流量全微分可得

$$\mathrm{d}Q = \frac{\partial Q}{\partial t}\mathrm{d}t + \frac{\partial Q}{\partial L}\mathrm{d}L \qquad (10.30)$$

（1）运动波的波速公式。运动波因其没有坦化现象，故流量不衰减，$\mathrm{d}Q = 0$，由式（10.30）得到

$$\frac{\partial Q}{\partial t}\mathrm{d}t + \frac{\partial Q}{\partial L}\mathrm{d}L = 0 \rightarrow \frac{\mathrm{d}L}{\mathrm{d}t} = -\frac{\partial Q}{\partial t}\bigg/\frac{\partial Q}{\partial L} \qquad (10.31)$$

对照式（10.22），我们证明了运动波波速公式为

$$C_K = \frac{dL}{dt} = \frac{dQ}{dA} \tag{10.32}$$

此式称为塞当公式。又 $Q=AV$，做全微分

$$dQ = VdA + AdV \rightarrow \frac{dQ}{dA} = V + A\frac{dV}{dA}$$

进一步写作

$$\frac{dQ}{dA} = \left(1 + \frac{A}{V}\frac{dV}{dA}\right)V = \eta V \tag{10.33}$$

η 称为波速系数，显然 $\eta > 1$，即 $C_K = \eta V \rightarrow C_K > V$，说明运动波波速大于断面平均流速。波速系数 η 与断面形状、流速有关，当采用不同流速公式时，几种简单断面的 η 值见表 10.2。

表 10.2 波 速 系 数 表

断 面	曼宁公式 $V=\frac{1}{n}R^{\frac{2}{3}}i^{\frac{1}{2}}$	谢才公式 $V=C\sqrt{Ri}$
三角形	1.33	1.25
宽浅矩形	1.67	1.50
宽浅抛物线形	1.44	1.33

对一般的天然河道，可根据实测的流量-面积关系 $Q=f(A)$ 由式（10.32）直接计算断面处的波速。

（2）扩散波的波速公式。可以证明其波速公式形式与运动波相同，但推导比较繁琐，在此从略。

（3）惯性波的波速公式。设河槽为宽浅矩形，$A=hB$，$Q=hVB$，连续方程简化为

$$\frac{\partial h}{\partial t} + \frac{\partial (hV)}{\partial L} = 0 \tag{10.34}$$

考虑到在微小河段 $dV \approx \partial V$，$dL \approx \partial L$，$d(hV) \approx \partial (hV)$，所以

$$\frac{\partial V}{\partial L} = \frac{dV}{dh}\frac{\partial h}{\partial L} \tag{10.35}$$

$$\frac{\partial V}{\partial t} = \frac{dV}{dh}\frac{\partial h}{\partial t} \tag{10.36}$$

$$\frac{\partial (hV)}{\partial L} = \frac{d(hV)}{dh}\frac{\partial h}{\partial L} = \left(V + h\frac{dV}{dh}\right)\frac{\partial h}{\partial L} \tag{10.37}$$

将式（10.35）～式（10.37）代入惯性波方程（10.29），化简后得

$$\frac{dV}{dh} = \pm\sqrt{\frac{g}{h}} \tag{10.38}$$

因 $h=h(L,t)$，做全微分，$dh = \frac{\partial h}{\partial t}dt + \frac{\partial h}{\partial L}dL$，由前述知惯性波不衰减，即水深不变，$dh=0$，即

$$\frac{\partial h}{\partial t}dt + \frac{\partial h}{\partial L}dL = 0 \tag{10.39}$$

将式 (10.38)、式 (10.39) 代入式 (10.34) 得

$$\frac{dL}{dt} = V + h\frac{dV}{dh} \tag{10.40}$$

将式 (10.40) 代入波速公式得到

$$C_K = \frac{dL}{dt} = V + h\frac{dV}{dh} = V \pm \sqrt{gh} \tag{10.41}$$

此即惯性波波速公式,它表明惯性波有两个波速,一个指向下游,为主要波速,另一个指向上游,为次要波速。

(4) 动力波的波速公式。由偏微分方程特征理论可推得动力波的波速公式为

$$C_K = \frac{dL}{dt} = \left(1 + \frac{1}{Fr}\right)V \tag{10.42}$$

式中 Fr——水流的弗劳德(Froude)数,$Fr = V/\sqrt{gh}$。

10.3 河段槽蓄原理和槽蓄方程

河流中洪水波运动形成不稳定流,河流洪水波一般属扩散波,可由方程

$$Q = Q_0\sqrt{1 - \frac{1}{i_0}\frac{\partial h}{\partial L}} \tag{10.43}$$

来描述。对一特定河段,在 dt 时段内其入流水量 $I(t)dt$ 与出流水量 $Q(t)dt$ 之差应等于河段的蓄水增量 $dW(t)$,即

$$I(t)dt - Q(t)dt = dW(t) \tag{10.44}$$

显然,水量平衡方程是水流的连续方程推广到整个河段的必然结果。从河段上下游流量过程线可看出(图 10.5),河段具有调蓄作用,涨洪时入流大于出流,部分入流水量暂存于河段中,落洪开始后不久,出流将大于入流,河段中蓄存的水量又陆续流出河段,水流最终将恢复到稳定流。

设某时刻河段蓄量为 $W(t)$,由河段水量平衡方程可知

(1) 稳定流时,河段蓄量只取决于稳定流流量 Q_0,因此

$$W(t) = W_0 = f(Q_0) \tag{10.45}$$

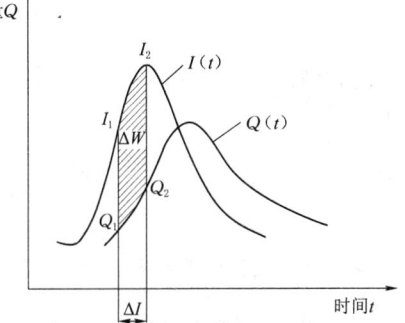

图 10.5 河段水量平衡示意图

是单值函数关系。

(2) 不稳定流时的河段蓄量是上断面入流量和下断面出流量的函数,即

$$W(t) = f[I(t), Q(t)] \tag{10.46}$$

式 (10.46) 称为河段槽蓄方程。由于对固定河段的某时刻 t,洪水波水面线具有确定

的形状，此时刻的河段入流 $I(t)$ 与出流 $Q(t)$ 具有确定的对应关系，也就是当 t 固定时，入流 $I(t)$ 可看作出流 $Q(t)$ 的函数。所以在固定时刻，也可只观察 $W(t)$ 与 $Q(t)$ 之间的关系，即只是考察河段蓄量与河段出流流量的关系：

$$W(t)=f[Q(t)] \tag{10.47}$$

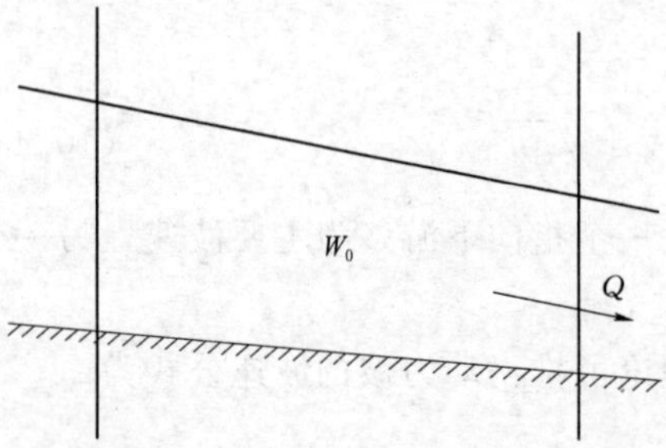

称式（10.47）为河段的蓄泄方程，如图 10.6 所示。

为了解不稳定流时蓄泄方程的性质，对下断面某一时刻 t 出现的水位 $Z(t)$，考察洪水发生时，由于附加比降与稳定流比降的对比关系不同，河段蓄泄方程可能出现多种情况。由于具体河段不同，河段的蓄泄方程可能很复杂，比较简单的三种情况如下。

图 10.6 河段蓄量与出流量关系

（1）洪水波经过河段时，出流断面在涨水阶段的任意 t 时刻，对应的河段蓄量总是大于同水位下落水阶段对应的蓄量，$W(t)=f[Q(t)]$ 关系为逆时针绳套曲线，如图 10.7 所示。

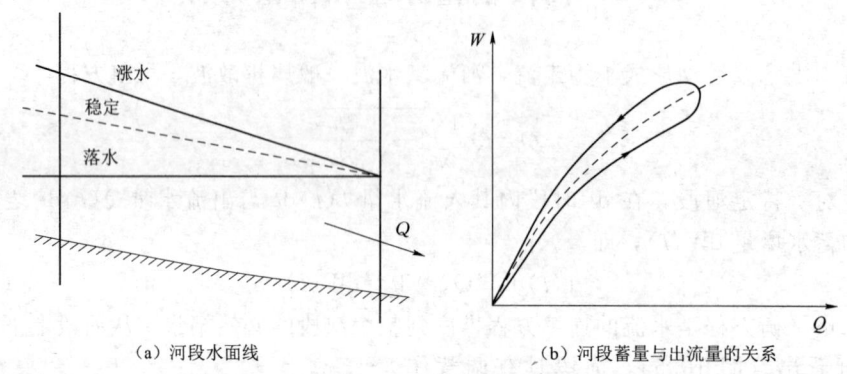

（a）河段水面线　　　　　（b）河段蓄量与出流量的关系

图 10.7 涨水时河段蓄量总是大于落水时的蓄量的蓄泄关系

这种情况一般出现在河底比降 i_0 较大的山区河流长河段上，因为，由扩散波运动方程

$$Q=Q_0\sqrt{1-\frac{1}{i_0}\frac{\partial h}{\partial L}} \tag{10.48}$$

当 i_0 较大时，任何时刻 t，$\frac{1}{i_0}\frac{\partial h}{\partial L}$ 很小，河段出流流量 $Q(t)$ 与同水位 $Z(t)$ 下的稳定流流量差别很小。假如忽略这个差别的话，则可知涨水阶段的任意时刻 t，由于河段较长，河段中的蓄量 $W(t)$ 增加较多，蓄量 $W(t)$ 总是大于同水位 $Z(t)$ 下的稳定流蓄量 W_0（图 10.7），涨水时的 $W(t)=f[Q(t)]$ 关系线总是位于稳定流蓄泄关系线 $W_0=f(Q_0)$ 的右边。同理，可分析河段洪水波在落水阶段的任意时刻 t 的蓄泄关系 $W(t)=f[Q(t)]$ 线，它一定位于 $W_0=f(Q_0)$ 曲线的左边。

（2）洪水波经过河段时，出流断面在涨水阶段的任意 t 时刻，对应的河段蓄量总是小于同水位下落水阶段对应的蓄量，$W(t)=f[Q(t)]$ 关系为顺时针绳套曲线，如图 10.8 所示。

这种情况一般出现在河底比降 i_0 很小的平原河流短河段上，因为，由扩散波运动方程：

$$Q = Q_0 \sqrt{1 - \frac{1}{i_0}\frac{\partial h}{\partial L}} \tag{10.49}$$

当 i_0 较小时，河段涨水阶段的任何时刻 t，$\frac{1}{i_0}\frac{\partial h}{\partial L}$ 为负且绝对值较大，涨水阶段河段出流流量 $Q(t)$ 大于同水位 $Z(t)$ 下的稳定流流量 Q_0，由于河段短，时刻 t 的蓄量 $W(t)$ 与同水位 $Z(t)$ 下的稳定流蓄量 W_0 比较增加很小。假如忽略这个差别的话，则可知在涨水阶段的任意时刻 t，由于蓄量 $W(t)$ 与 W_0 无差异，而出流流量 $Q(t)$ 大于同水位的稳定流流量 Q_0（图 10.8），涨水阶段的 $W(t)=f[Q(t)]$ 关系线总是位于稳定流蓄泄关系 $W_0=f(Q_0)$ 曲线的左边。同理，注意到落水阶段的任意时刻，洪水波的附加比降为正，可分析河段洪水波在落水阶段的任意时刻 t 的蓄泄关系 $W(t)=f[Q(t)]$ 线一定位于 $W_0=f(Q_0)$ 曲线的右边。

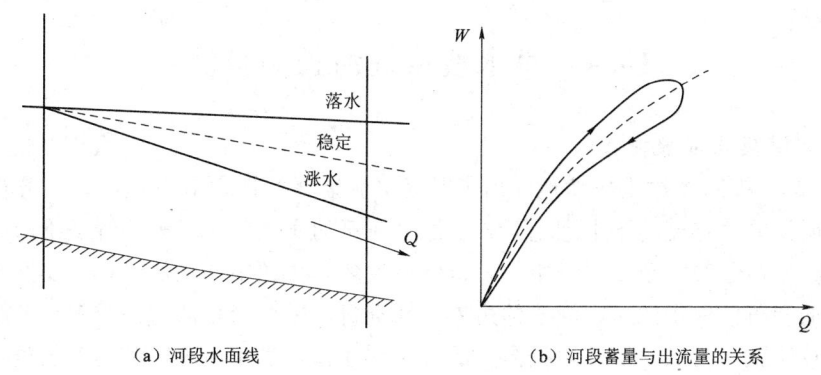

(a) 河段水面线　　　　　　(b) 河段蓄量与出流量的关系

图 10.8　涨水时河段蓄量总是小于落水时的蓄量的蓄泄关系

(3) 洪水波经过河段时，河段的 $W(t)=f[Q(t)]$ 关系为单一曲线，如图 10.9 所示。这种情况可发生在任何河流的特定长度的河段上。这个特定的河段长度称为该河流的特征河长。

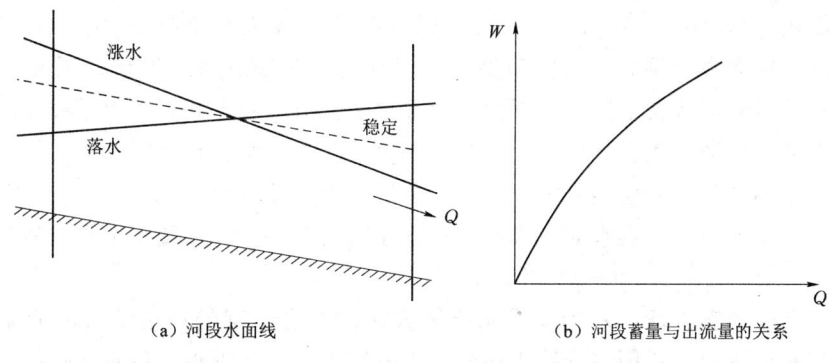

(a) 河段水面线　　　　　　(b) 河段蓄量与出流量的关系

图 10.9　涨水时河段蓄量总是等于落水时的蓄量的蓄泄关系

前述两种情况均是在任意时刻 t，以河段下断面同一水位 $Z(t)$ 作为比较的基础，探讨河段蓄量 $W(t)$ 与河段出流流量 $Q(t)$ 的关系。但探讨河段蓄量与河段出流流量的关系不一定非要以河段下断面同一水位 $Z(t)$ 作为比较的基础。对于目前的情况，可以取河段中断面任意时刻 t 的水位 $Z_\text{中}(t)$ 作为比较的基础。具体分析见下节特征河长有关内容。

由上述三种简单情况的分析可知，河段的 $W(t)=f[Q(t)]$ 关系既与研究的河流河段的比降有关，又与河段的长度有关。对于所研究的具体河流的具体河段，$W(t)=f[Q(t)]$ 关系可能出现介于上述三种情况之间的复杂形态。例如，某些河段的 $W(t)=f[Q(t)]$ 关系可能呈不同的 8 字形，具体河段究竟呈现何种关系与河段的水力特性有关。

应用水文学方法进行河槽洪水演算时，实际上是用蓄泄方程（或槽蓄方程）代替洪水波运动方程，用水量平衡方程代替连续方程进行计算。由于多数情况下蓄泄方程不是单值函数，因此如何处理河槽蓄泄关系是一个关键性的问题，要求计算方法简便易行又要满足一定的精度。下节的洪水波特征河长演算法实际上就是通过对河段的选择，使河段 $W(t)=f[Q(t)]$ 呈现简单单值关系，以达到简化计算的目的。

10.4　洪水波特征河长演算法

10.4.1　河槽洪水演算概述

1871 年，A.J. 圣维南成功地导出了明渠水流渐变非恒定流方程组，该方程组至今仍是研究明渠非恒定流的基本理论公式。洪水演算的实质就是求解一维圣维南方程组式 (10.2) 与式 (10.3)，由于方程组的解析解在大多具体题中均无法求得，实践中常根据应用的目的和可能取得的研究河段的边界条件资料，采用简化的方法求解。圣维南方程组求解的算法就称为洪水演算，按演算的方法和途径，洪水演算可分为两大类：水力学演算方法和水文学演算方法。

(1) 水力学演算方法。随着计算机运算速度的提高，数学物理方程的数值解法得到日益广泛地应用，求解精度不断提高。过去许多不能得出解析解的方程，在采用数值解法后，大多数情况下都可以得出具有相当精度的近似解。作为水力学中最重要的数学物理方程之一，圣维南方程组求解一直是水利科学工作者的重要研究课题。

为了简化方程组的求解，研究者常结合具体工程问题对圣维南方程组中的运动方程的各项做出一定取舍。例如，研究河槽洪水运动时，一般忽略局地惯性项和迁移惯性项，将洪水波看作扩散波求解。根据对运动方程中保留的项不同，水力学演算法又可分为运动波演算、扩散波演算、惯性波演算和动力波演算。结合具体问题的初始条件和边界条件，采用不同的数值模型，如显式差分模型、隐式差分模型、有限单元法等，形成了内容十分丰富的水力学洪水演算方法。这方面的内容，读者可阅读水力学教材及有关专著。

(2) 水文学演算方法。水力学洪水演算方法需要有准确的河道地形和河床观测数据，测量工作成本很高；同时计算工作量也十分巨大，当要求很快得到演算结果时，方法适用性一般不高。因此,水力学洪水演算方法一般只在需要深入研究问题时使用,研究的河段通常很短。水文学中研究洪水运动,面临的河段一般很长,同时要求很快获知演算结果。例如,河段洪水预报时,需要根据河段上断面出现的洪水过程很快演算出下断面的洪水过程,因此水文学洪水演算方法在水文学中得到了广泛使用。水文学演算方法又可分为概化模型方法和经验相关方法。

概化模型方法的实质是用河段水量平衡方程和蓄泄方程近似代替圣维南方程组,根据河段水文资料进行计算。对实际河段的洪水波运动适当概化,可建立河段蓄泄方程,从而可建立起演算模型。根据建立蓄泄方程的方法不同,概化模型方法又有特征河长法、马斯京根法、非线性槽蓄曲线法等方法。

经验相关法是根据河段实测入流和出流资料建立经验槽蓄曲线,与水量平衡方程联立,通过图解进行洪水演进,如水库调洪半图解法。

本书通过洪水波的特征河长演算方法介绍水文学处理洪水演算的思路和特点,其他方法参见水文预报书籍和相关文献。

10.4.2 特征河长的分析和计算

洪水波的特征河长演算法是一种水文学方法,它的基本思想是选择一定的河段长度,使在该河段上的蓄泄关系是单值关系,或近似单值关系。河流的特征河长就是满足这样条件的河流的特征长度。河流的特征河长一般是比较稳定的,含义是在河流相当长的范围内,只要其河道特性(如河底比降、断面形态、糙率等)变化不太大,其特征河长值变动范围很小。例如河流的上、中、下游特征河长值明显不同,但同一范围内,如中游不同河流长度上的特征河长值变化不大。粗略地说,河流某一河长范围内的特征河长平均值是该河长范围内的一个水力特征值。

10.4.2.1 特征河长的概念

取一河段考察,如图10.10所示。河段中任意断面的流量是水位(或水深)和比降的函数,$Q=Q(Z,i)$。假定水面线呈直线变化,如果中断面的水位保持不变,则不论比降怎样变化,只要河段长度一定,河段中蓄量W均保持不变。现在考察中断面的水位与中断面下游各断面流量的关系。同一中断面水位,在下游某一断面,涨洪时与稳定流比较,水面比降比稳定流时的水面比降大,

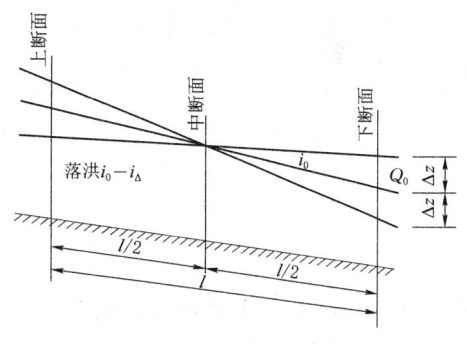

图10.10 特征河长示意图

导致下断面流量比稳定流时的流量大,其增大值在下游各断面上相同,记为ΔQ。另一方面,由于下断面水深比稳定流水深小,导致下断面流量比稳定流量小,其减小量为$\Delta Q'$。显然,离中断面越远处的下断面,水深减小越多,其减小的$\Delta Q'$越大;依次考察各下断面,必有一个断面,它因水面比降增大而导致的ΔQ与因水深减小而导致的$\Delta Q'$相等。即在该位置处,中断面水位与下断面流量和河段蓄量均呈单值关系,而与水面比降无关。显然,河段蓄量与下断面流量也呈单值关系。

因此,特征河长可定义为:使河段蓄量与下断面出流量呈单值关系的河段长度。基

于特征河长的概念，容易证明：河段槽蓄与下断面流量关系为逆时针绳套、单一曲线和顺时针绳套的条件分别是 $L>l$、$L=l$ 和 $L<l$。这里的 L 为实际河段长，l 为特征河长。

10.4.2.2 特征河长的计算公式

记 l 为特征河段长度，在中断面水位一定的条件下，由于比降的变化，一般而言下游各断面的流量发生了变化，对下断面 $Q=Q(Z,i)$ 做全微分得

$$dQ = \frac{\partial Q}{\partial Z}dZ + \frac{\partial Q}{\partial i}di \tag{10.50}$$

如果河段长度为特征河长，则下断面处有

$$dQ = 0 \tag{10.51}$$

由图 10.10 可知，下断面处的水位降低值为

$$dZ = -\frac{l}{2}di \tag{10.52}$$

将式（10.51）和式（10.52）代入式（10.50）得

$$-\frac{l}{2}di\frac{\partial Q}{\partial Z} + \frac{\partial Q}{\partial i}di = 0 \tag{10.53}$$

由公式 $Q=K\sqrt{i}$，对 i 求偏导：

$$\frac{\partial Q}{\partial i} = \frac{K}{2\sqrt{i}} = \frac{Q}{2i} \tag{10.54}$$

代入式（10.53）后解出 l 得

$$l = \frac{Q}{i}\frac{\partial Z}{\partial Q} \tag{10.55}$$

此即特征河段长计算式，从公式中可知，l 与河段的水力要素流量、水面比降和水位均有关，实用中常用同水位的稳定流要素代替，即按下式计算 l：

$$l = \frac{Q_0}{i_0}\left(\frac{\partial Z}{\partial Q}\right)_0 \tag{10.56}$$

式（10.56）就是实用的计算特征河长的公式。在某一水位 Z，$\left(\frac{\partial Z}{\partial Q}\right)_0$ 可在稳定流水位流量关系曲线上取差分 $\Delta Z/\Delta Q$ 计算。

10.4.3 洪水波的线性特征河长演算

10.4.3.1 河段汇流瞬时单位线

把演算河段按特征河长划分为 n 个子河段，根据特征河长的概念，其每个子河段的蓄量与子河段出流量为单值关系。如果假定这个关系为线性关系，即对第 j 个河段：

$$W_j = K_j Q_j \quad (j=1,2,3,\cdots,n) \tag{10.57}$$

这样的河段称为线性河段，K_j 称为该河段的蓄泄系数。

第 j 个子河段水量平衡方程为

$$I_j - Q_j = \frac{dW_j}{dt} \tag{10.58}$$

将式（10.58）代入式（10.57）得

$$I_i - Q_i = K_i \frac{dQ_i}{dt} \rightarrow K_j \frac{dQ_j}{dt} + Q_j = I_i \tag{10.59}$$

例如,第一个河段

$$K_1 \frac{dQ_1}{dt} + Q_1 = I_1 \tag{10.60}$$

第二个河段

$$K_2 \frac{dQ_2}{dt} + Q_2 = I_2 \tag{10.61}$$

注意到第一个河段的出流就是第二个河段的入流 $Q_1 = I_2$,所以有

$$K_2 \frac{dQ_2}{dt} + Q_2 = Q_1 \tag{10.62}$$

类似推导可得第 j 个河段有

$$K_j \frac{dQ_j}{dt} + Q_j = Q_{j-1} \quad (j=1,2,3,\cdots,n) \tag{10.63}$$

记第一个河段的入流 $I_1 = I$,第 n 个河段的出流 $Q_n = Q$。上述 n 个一阶线性常微分方程联立,消去中间变量 $Q_1, Q_2, \cdots, Q_{n-1}$ 得

$$Q + (K_1 + K_2 + \cdots + K_n)\frac{dQ}{dt} + (K_1 K_2 + K_1 K_3 + \cdots)\frac{d^2 Q}{dt^2} + (K_1 K_2 K_3 + K_1 K_2 K_4 + \cdots)$$

$$\frac{d^3 Q}{dt^3} + \cdots + K_1 K_2 \cdots K_n \frac{d^n Q}{dt^n} = I \tag{10.64}$$

这是一个 n 阶线性常微分方程。如果各子河段水力特性相同,即有

$$K_1 = K_2 = K_3 = \cdots = K_j = \cdots = K_n = K \tag{10.65}$$

则式(10.64)简化为

$$Q + nK\frac{dQ}{dt} + \frac{n(n-1)}{2!}K^2 \frac{d^2 Q}{dt^2} + \frac{n(n-1)(n-2)}{3!}K^3 \frac{d^3 Q}{dt^3} + \cdots + K^n \frac{d^n Q}{dt^n} = I$$
$$\tag{10.66}$$

令上断面入流 I 为一瞬时单位入流 δ(又称单位瞬时脉冲),即 $t=0$ 时输入的水量为一个单位水量,其余时间无水量输入。则该入流在下断面引起的出流过程是式(10.66)在零初始条件:

$$Q(0) = 0, \frac{dQ(0)}{dt} = \frac{dQ^2(0)}{dt^2} = \cdots = \frac{dQ^n(0)}{dt^n} = 0 \tag{10.67}$$

入流为 δ 函数的解,记在这种输入条件下得出流量 $Q(t)$ 为 $u(t)$,后面将证明这种入流情况的解为

$$u(t) = \frac{1}{K(n-1)!}\left(\frac{t}{K}\right)^{n-1} e^{-\frac{t}{K}} = \frac{1}{K\Gamma(n)}\left(\frac{t}{K}\right)^{n-1} e^{-\frac{t}{K}} \tag{10.68}$$

式(10.68)称为河段汇流瞬时单位线。按定义,它是指演算河段入流断面输入为单位瞬时脉冲时河段出流断面的出流过程。式中 n 为河段分段数,K 的意义分析如下:在演算河段中任意取一长为 ΔL 的河段,当 t 时的上断面流量经时间 Δt 传播至下断面位置处时,河段中的蓄量 ΔW 刚好移出河段 ΔL,由于时间不长,可忽略出流 Q 的变化,

则由

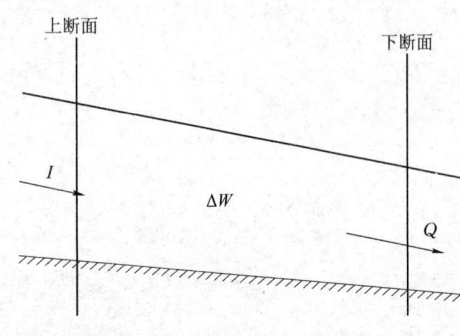

图 10.11 K 的物理意义解释示意图

$$\Delta W = KQ \rightarrow K = \frac{\Delta W}{Q} \quad (10.69)$$

可知，K 近似为在 ΔL 河段洪水波相应流量从上断面传播到下断面的时间，上述意义推广至子河段，就可知 K 近似为洪水波在子河段的传播时间，K 的物理意义解释如图 10.11 所示。

10.4.3.2 几种简单入流的出流过程

可以证明时间 $0 \leqslant \tau \leqslant \infty$ 时，任意的上断面入流过程 $I(\tau)$，在下断面 $t=\tau$ 时刻的出流量可以表示为

$$Q(t) = \int_0^t u(\tau) I(t-\tau) \mathrm{d}\tau = \int_0^t \frac{1}{K\Gamma(n)} \left(\frac{\tau}{K}\right)^{(n-1)} \mathrm{e}^{-\frac{t}{K}} I(t-\tau) \mathrm{d}\tau \quad (10.70)$$

此式推导需要用到线性系统理论，本书后面将做详细推导，在此暂时略过。现在以式 (10.70) 为基础，研究几种简单入流情况引起的出流量计算。首先定义如下的入流函数：

(1) 单位入流。指入流在 $[0, \infty]$ 始终维持一个单位强度（例如一个流量），其他时间为零的入流过程，如图 10.12 (a) 所示。

(2) 延迟单位入流。指入流在 $[\Delta t, \infty]$ 始终维持一个单位强度（例如一个流量），其他时间为零的入流过程，如图 10.12 (b) 所示。

(3) 单位矩形入流。指入流在 $[0, \Delta t]$ 始终维持一个单位强度（例如一个流量），其他时间为零的入流过程，如图 10.12 (c) 所示。

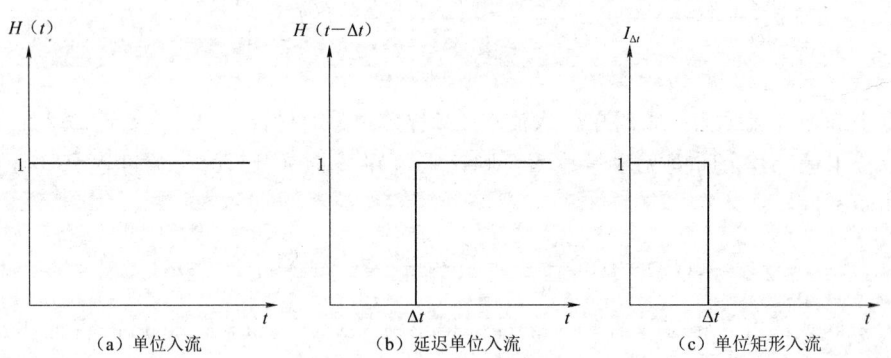

图 10.12 入流函数示意图

三种入流的数学表达式如下：

单位入流 $\qquad H(t) = \begin{cases} 0 & (t<0) \\ 1 & (t \geqslant 0) \end{cases} \quad (10.71)$

延迟单位入流 $\qquad H(t-\Delta t) = \begin{cases} 0 & (t \leqslant \Delta t) \\ 0 & (t < \Delta t) \end{cases} \quad (10.72)$

单位矩形入流 $$I_{\Delta t} = \begin{cases} 0 & (t<0) \\ 1 & (0 \leqslant t \leqslant \Delta t) \\ 0 & (t>\Delta t) \end{cases} \tag{10.73}$$

显然有 $I_{\Delta t} = H(t) - H(t-\Delta t)$。

三种入流对应的出流过程如下：

(1) 单位入流的出流过程 $S(t)$。水文学上通常把单位入流所形成的出流过程称为 S 曲线。在式（10.70）中令 $I(t) = H(t)$，则有

$$S(t) = \int_0^t u(\tau) H(t-\tau) \, d\tau \tag{10.74}$$

注意到 τ 从 0 变到 t 时，$H(t-\tau) = 1$，故有

$$S(t) = \int_0^t \frac{1}{K\Gamma(n)} \left(\frac{\tau}{K}\right)^{n-1} e^{-\frac{\tau}{K}} d\tau = \int_0^t \frac{1}{\Gamma(n)} \left(\frac{t}{K}\right)^{n-1} e^{-\frac{\tau}{K}} d\left(\frac{\tau}{K}\right) \tag{10.75}$$

式（10.75）积分值为单位入流引起的出流过程，通常称为 S 曲线。显然 $t \to \infty$，则 $S(\infty) = 1$，其图形如图 10.13 所示的 $S(t)$ 线。上述积分是以 n 和 K 为参数的积分式，对不同的 n 和 K，水文水资源部门已经将积分制成 S 曲线表（附录 3），供生产和科研使用。

(2) 延迟单位入流的出流过程 $S(t-\Delta t)$。在式（10.70）中，令 $I(t) = H(t-\Delta t)$ 与单位入流相比，因为入流延迟了一个 Δt 时间，所以出流也延迟一个 Δt 时间，即

$$S(t-\Delta t) = \int_0^t u(\tau) H(t-\tau-\Delta t) \, d\tau \tag{10.76}$$

出流过程如图 10.13 所示的 $S(t-\Delta t)$ 线。

(3) 单位矩形入流的出流过程 $Q_{\Delta t}$。水文学上通常把单位矩形入流所形成的出流过程称为时段单位线。

在式（10.72）中，令 $I(t) = I_{\Delta t}$，有

$$Q_{\Delta t} = \int_0^t u(\tau) I_{\Delta t} \, d\tau \int_0^t u(\tau) [H(t-\tau) - H(t-\Delta t-\tau)] dt = S(t) - S(t-\Delta t) \tag{10.77}$$

可见，单位矩形入流的出流过程是图 10.13 中 $S(t)$ 曲线和 $S(t-\Delta t)$ 曲线的纵坐标之差，如图中的阴影部分。如果入流是 $2I_{\Delta t}$，则很容易就看出其出流是 $2[S(t) - S(t-\Delta t)]$。

10.4.3.3 任意入流的出流过程

对任意入流，可以用一系列底宽为 Δt 的矩形入流去逼近，如图 10.14 所示。

只要求出每个矩形入流的出流过程，将其叠加就可近似得到任意入流的出流过程。上述用一系列矩形面积逼近流量过程线与横标包围面积的手段，等价于用折线逼近流量过程线，数学上称为曲线的离散化。离散化的入流函数为一系列延迟矩形函数的叠加，虽然可以写出其数学表达式，并代入式（10.70）推出对应的出流表达式，但数学表达式非常繁琐。一般根据其意义计算不同时间发生的矩形入流所对应的出流，再错开时间叠加。

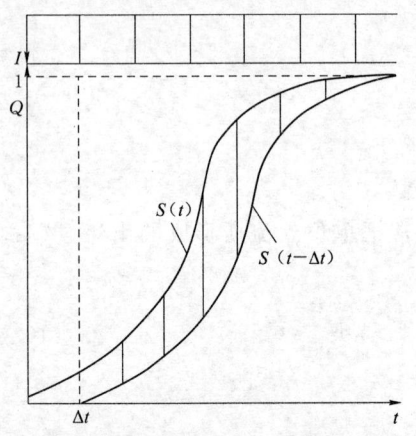

图 10.13　S 曲线与延迟 S 曲线意义示意图

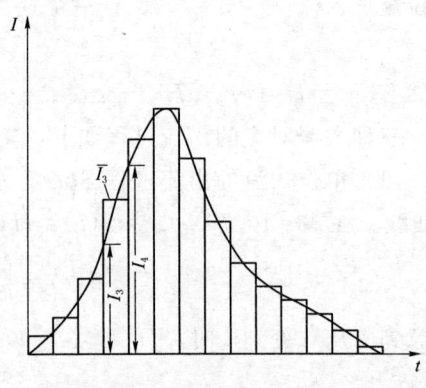

图 10.14　入流过程的离散化处理

10.4.3.4　演算参数 n、K 的确定

若演算河段长为 L，利用演算河段上下游的水位流量关系曲线，按式（10.56）算出特征河长 l，则 $n=L/l$；如果全河段的洪水传播时间为 T，则洪水在每个特征子河段的传播时间 $K=T/n$。也可利用演算河段上下游的实测流速资料推求波速，再利用波速推求 K 值。方法如下：求出两断面的流速再平均得 $\overline{V}$，根据两断面形状确定波速系数 η，用 $C_K=\eta\overline{V}$ 算出洪水波波速。则洪水波相应流量在子河段的传播时间 $K=l/C_K$。

思 考 与 练 习 题

10.1　请写出圣维南方程组，并说明公式中各个字母的含义。

10.2　何谓附加比降？

10.3　洪水波变形包括哪两个方面？

10.4　河道洪水波变形的内因和外因各是什么？

10.5　洪水波可以分为哪几类？它们的运动方程分别是什么？它们的运动方程有什么差别？

10.6　什么是特征河长？

10.7　稳定流的附加比降_____0，涨洪时（波前）的附加比降_____0，落洪时（波后）的附加比降_____0。

10.8　当实际河长 L 大于特征河长 l 时，该河段的槽蓄曲线形状为（　　）。[单选]

　　A. 顺时针绳套曲线　　　　B. 逆时针绳套曲线
　　C. 单值关系曲线　　　　　D. 无法确定

10.9　当实际河长 L 小于特征河长 l 时，该河段的槽蓄曲线形状为（　　）。[单选]

　　A. 顺时针绳套曲线　　　　B. 逆时针绳套曲线

C. 单值关系曲线 D. 无法确定

10.10 当实际河长 L 等于特征河长 l 时,该河段的槽蓄曲线形状为( )。
[单选]

A. 顺时针绳套曲线 B. 逆时针绳套曲线

C. 单值关系曲线 D. 无法确定

扫码查看答案

项目 11

流 域 汇 流

【知识要点】

通过本项目的学习,熟练掌握地面径流汇流计算、地下径流的汇流计算方法、分布式流域汇流模型等理论知识。

【技能要求】

通过本项目的学习,能运用等流时线法、时段单位线法、瞬时单位线法对地面径流汇流进行计算,能运用概化三角形法、地下线型水库法对地下径流汇流进行计算。

【重点与难点】

重点:时段单位线法地面径流汇流计算、瞬时单位线法地面径流汇流计算、地下线型水库法地下径流汇流计算。

难点:时段单位线法地面径流汇流计算。

11.1 地面径流汇流计算

降落在流域上的降水水滴扣除损失后,从流域各处向流域出口断面汇集的过程称为流域汇流。通常可以将流域划分为坡地和河网两个基本部分。降落在河流槽面上的雨水将直接通过河网汇集到流域出口断面;降落在坡地上的雨水一般要从两条不同的途径汇集至流域出口断面:一条是沿着坡地地面汇入相近的河流,接着汇入更高级的河流,最后汇集至流域出口断面;另一条是下渗到坡地地面以下,在满足一定的条件后,通过土层中各种孔隙汇集至流域出口断面。同一时刻在流域各处形成的净雨距离流域出口断面的距离、流速各不相同,所以不可能全部都在同一时刻到达流域出口断面。但是不同时刻在流域内不同地点产生的净雨,却可以在同一时刻到达流域出口断面。

设某流域 $t-\tau$ 时刻的净雨雨强为 $i(t-\tau)$,由于流域的调蓄作用,$t-\tau$ 时刻降落在流域上的净雨不可能在同一时刻全部到达流域出口断面,只有那些流达时间为 τ 的净雨才刚好在 t 时刻到达流域出口断面。所形成的出口断面的流量为

$$dQ_1(t) = i(t-\tau)dF_1(\tau) \tag{11.1}$$

而流域出口断面 t 时刻的流量 $Q(t)$,是所有等流时面积上在 t 时刻到达出口断面的流量之和

$$Q(t) = \int_0^t dQ(t) = \int_0^t i(t-\tau) dF(\tau) \tag{11.2}$$

$dF(\tau)$ 对 τ 求偏导有

$$dF(t) = \frac{\partial F(\tau)}{\partial (\tau)} d\tau = u(\tau) d\tau, \quad u(\tau) \text{ 称为汇流曲线,则式 (11.2) 可写为}$$

$$Q(t) = \int_0^t i(t-\tau) u(\tau) d\tau = \int_0^t i(\tau) u(t-\tau) \tag{11.3}$$

式 (11.3) 称为卷积公式,表明流域出口断面的流量过程取决于流域内的净雨过程和汇流曲线。因此,汇流计算的关键是确定流域的汇流曲线。常用的汇流曲线有等流时线、时段单位线、瞬时单位线、地貌单位线等。

11.1.1 等流时线法

11.1.1.1 等流时线法的相关概念

净雨从流域上某点流至出口断面所经历的时间,称为汇流时间,用 τ 来表示。从流域最远点流至出口断面所经历的时间,称为流域最大汇流时间,或称流域汇流时间,用 τ_m 表示。单位时间内径流通过的距离称为汇流速度 v_τ。流域上汇流时间相等的点的连线称为等流时线,如图 11.1 虚线所示。图中 1—1 线上的净雨流达出口断面的汇流时间为 Δt,2—2 线上的净雨流达出口断面的汇流时间为 $2\Delta t$,最远处净雨流达出口断面的汇流时间为 $3\Delta t$。这些等流时线间的面积 (f_1、f_2、f_3) 称为等流时面积,全流域面积 $F = f_1 + f_2 + f_3$。

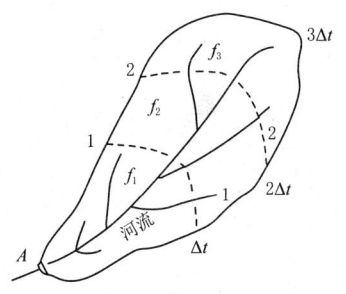

图 11.1 等流时线示意图

11.1.1.2 等流时线法假定

(1) 认为汇流时间只与流域面上各点距出口断面的距离有关,流域各点的汇流速度都等于流域平均流速。

(2) 忽略产流与汇流因素的时变特性,认为等流时线为固定,不随时间而变化,因此不同速度的降水过程均用同一等流时线加以计算。

11.1.1.3 等流时线法推流

现在分析在该流域上由不同历时的净雨所形成的地面径流过程。假定净雨历时 $t = 2\Delta t$,流域汇流时间 $\tau_m = 3\Delta t$,即 $t < \tau_m$。两个时段的净雨深分别为 h_1、h_2,任意时刻的地面流量 $Q_{面t}$ 是由许多项组成,即第一块面积 f_1 上 t 时段的净雨 $h_t / \Delta t$,第二块面积 f_2 上 $t-1$ 时段的净雨 $h_{t-1} / \Delta t$,…,同时到达出口断面组合成 t 时刻的地面流量 $Q_{面t}$,计算公式如下:

$$Q_{面t} = \frac{h_t f_1 + h_{t-1} f_2 + h_{t-2} f_3 + \cdots}{\Delta t} \times \frac{1000}{3600}$$

$$= 0.278 \frac{1}{\Delta t} \sum_{i=1}^n h_{i-i+1} f_i \tag{11.4}$$

等流时线的汇流原理可由设计净雨推求设计洪水过程线。但实际情况下,汇流速度随时间而变化,等流时线的位置也在不断地变化,再加上还有河槽的调蓄作用,因此推求出的设计洪水过程线与实际情况有较大出入。

11.1.2 时段单位线法

11.1.2.1 时段单位线相关的概念

流域上单位时段内均匀分布的单位地面净雨，汇流到流域出口断面处所形成的地面径流过程线，称为时段单位线。单位净雨深一般取 10mm，单位时间段 Δt 可根据资料取 1h、3h、6h 等，应该根据流域特性和精度来确定，一般取径流过程涨洪历时的 $1/2 \sim 1/4$ 最为合适，时段单位线纵坐标通常用 $q(t)$ 表示，如图 11.2（a）所示。

11.1.2.2 时段单位线的基本假定

（1）倍比假定。如果单位时间段内的地面净雨深不是一个单位，而是 n 个，则它所形成的流量过程线总历时与时段单位线底长相同，各时刻的流量则为时段单位线的 n 倍，如图 11.2（b）所示。

（2）叠加假定。如果净雨历时不是一个时段，而是 m 个，则各时段净雨深所形成的流量过程线互不干扰，出口断面的流量过程线等于 m 个部分流量过程错开时段叠加之和，如图 11.2（c）所示。

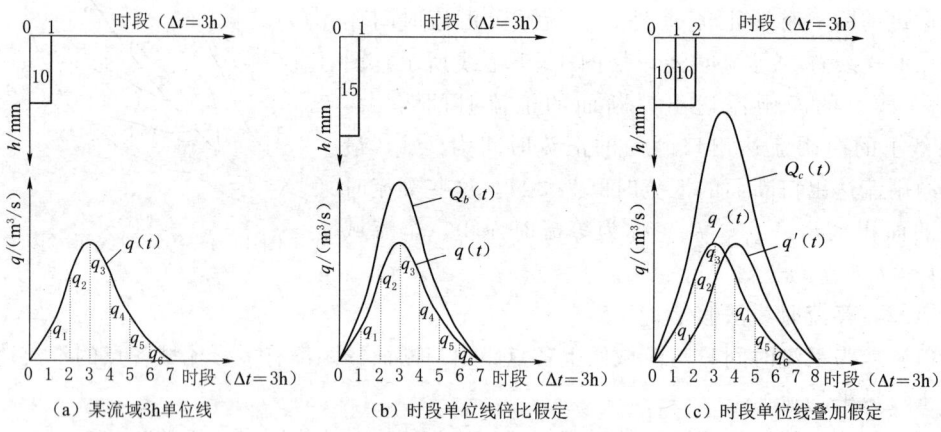

(a) 某流域3h单位线　　(b) 时段单位线倍比假定　　(c) 时段单位线叠加假定

图 11.2　时段单位线及其假定示意图

11.1.2.3 用时段单位线推求地面径流过程线

根据时段单位线的定义与基本假定，只要流域上净雨分布均匀，不论其强度与历时如何变化，都可以利用时段单位线推求其形成的地面径流过程线。

【例 11.1】 已知某流域次地面净雨过程 $h(t)$ 和流域 6h 时段单位线 $q(t)$，见表 11.1，试推求该次降雨的地面径流过程，并计算其流域面积。

表 11.1　时段单位线 $q(t)$ 及其地面净雨 $h(t)$

时段 $\Delta t=6h$	0	1	2	3	4	5	6	7	8	9
$q(t)/(m^3/s)$	0	90	150	230	300	250	180	90	60	0
$h(t)/mm$		60	25							

解：首先计算流域面积，根据时段单位线的定义，时段单位线 $q(t)$ 与时间轴所包围的面积为流出出口断面的总水量，将总水量平铺到流域面积上之后为 10mm。

$$F = \frac{3.6 \times \Delta t \times \sum_{i=1}^{9} q_i}{10} = 2916 (\text{km}^2)$$

利用时段单位线进行汇流计算，计算结果见表 11.2。

表 11.2 时段单位线推求地面径流过程线计算表

时段 $\Delta t = 6h$	净雨深 $h(t)$ /mm	单位线 $q(t)$ /(m³/s)	部分径流/(m³/s) h_1	部分径流/(m³/s) h_2	$Q(t)$/(m³/s)
(1)	(2)	(3)	(4)	(5)	(6)
0	60	0	0		0
1	25	90	540	0	540
2		150	900	225	1125
3		230	1380	375	1755
4		300	1800	575	2375
5		250	1500	750	2250
6		180	1080	625	1705
7		90	540	450	990
8		60	360	225	585
9		0	0	150	150
10				0	0
合计	85	1350 折合 10mm			11475 折合 85mm

说明如下：

单位时段 Δt 取 6h，将已知各时段地面净雨深列入表 11.2（2）栏，已知 6h 的单位线纵坐标值列入（3）栏。利用倍比假定求得的各部分径流过程分别错开一个时段列入（4）、（5）栏；利用叠加假定将同时刻部分径流量相加，求得总的地面径流过程 $Q(t)$ 列入（6）栏。总的地面径流深 $R = 3.6 \sum Q \cdot \Delta t / F = 3.6 \times 11475 \times 6 \div 2916 = 85$（mm），等于地面净雨深，正确。

必须注意，用时段单位线推流时，净雨时段长与所采用时段单位线的时段长要相同。

11.1.2.4 反推时段单位线的方法

时段单位线是利用实测的降雨径流资料来推求的，一般选择时空分布较均匀、历时短的降雨形成的单峰洪水来分析。

步骤如下：

1）根据洪水资料，通过径流分割，求出出口断面的地面径流过程。

2) 利用降雨资料，通过产流计算，求出地面净雨过程。

3) 根据地面净雨过程及对应的地面径流过程，推求时段单位线。

根据地面净雨过程及对应的地面径流流量过程线，推算单位线的常用方法有分析法和试错法等。

（1）分析法。分析法推求时段单位线就是用时段单位线推流的逆运算。若一个时段的净雨所形成的地面径流过程线为已知，可利用倍比假定，将已知的地面径流过程线除以地面净雨的单位数即可；若两个时段地面净雨所形成的地面径流过程线为已知，可列表分析计算，详见表11.3。说明如下：

将已知地面径流过程的纵坐标 Q_1、Q_2、Q_3、…填入（2）栏，时段地面净雨 h_1、h_2 填入（3）栏，则可根据单位线的基本假定，由已知 $Q_{面t}$ 及 $h_{面(t)}$，按公式 $q_t = \frac{10}{h_1}\left(Q_t - \frac{h_2}{10}q_{t-1}\right)$，逐时段计算单位线纵标值 q_t 及第一时段净雨形成的部分径流纵坐标值 $\frac{h_1}{10}q_t$，分别填入（6）、（4）栏的同一行，第二时段净雨形成的部分径流纵坐标值 $\frac{h_2}{10}q_t$，错后一个时段填入（5）栏。如果计算正确，分析得单位线的径流深10mm。

表11.3   分析法求时段单位线的计算公式

时段 Δt/h	地面径流 $Q_{面}$/(m³/s)	地面净雨 $h_{面}$/mm	部分径流/(m³/s)		单位线 $q(t)$ /(m³/s)
			h_1 形成	h_2 形成	
(1)	(2)	(3)	(4)	(5)	(6)
0	0		0		0
1	Q_1	h_1	$\frac{h_1}{10}q_1$	0	$q_1 = \frac{10}{h_1}Q_1$
2	Q_2	h_2	$\frac{h_1}{10}q_2$	$\frac{h_2}{10}q_1$	$q_2 = \frac{10}{h_1}\left(Q_2 - \frac{h_2}{10}q_1\right)$
3	Q_3		$\frac{h_1}{10}q_3$	$\frac{h_2}{10}q_2$	$q_3 = \frac{10}{h_1}\left(Q_3 - \frac{h_2}{10}q_2\right)$
4	Q_4		$\frac{h_1}{10}q_4$	$\frac{h_2}{10}q_3$	$q_3 = \frac{10}{h_1}\left(Q_4 - \frac{h_2}{10}q_3\right)$
⋮	⋮		⋮	⋮	⋮
t	Q_t		$\frac{h_1}{10}q_t$	$\frac{h_2}{10}q_{t-1}$	$q_t = \frac{10}{h_1}\left(Q_t - \frac{h_2}{10}q_{t-1}\right)$
⋮	⋮		⋮	⋮	⋮
n	0		0	0	0
合计					折合10mm

实际上，流域汇流并非严格遵循倍比假定和叠加假定，实测资料及推算的净雨量也有一定的误差，利用分析法反推单位线时，这种误差逐时段的累积，会使反推得到的单位线在退水段纵坐标值出现跳动、单位线呈锯齿状等不合理现象，单位线尾段可能出现

单位线无法归零、在零附近上下跳动等现象，这时需要进行时段数的检验并将单位线修匀。其原则是修匀后的单位线必须折合为 10mm 净雨深，并使单位线光滑。

单位线检验和修正时，单位线的时段数 n 应符合下式：

$$n = p - m + 1 \tag{11.5}$$

式中　n——单位线历时（时段数）；

　　　p——洪水地面径流历时（时段数）；

　　　m——地面净雨历时（时段数）。

由于误差积累问题，多于两个时段地面净雨形成的地面径流过程线为已知时，推求时段单位线修匀，时段单位线不宜用分析法而采用试错法。

（2）试错法。先假定一条时段单位线，用时段单位线推流的计算方法，求得地面径流过程，将其与实测的地面径流过程进行比较，若相符，则假定即为所求；如有差别，应修改原假定的单位线，直至计算的地面径流过程与实测的地面径流过程基本相符为止，此时的单位线即为所求的单位线。

假定单位线时应注意：① $\sum_{i=1}^{n} q_i = \dfrac{10F}{3.6\Delta t}$，不能乱定；②时段总数（底长）等于实测过程线时段数 $p-(m-1)$；③单峰 q 从 0 到 0。

当 3 个或 3 个以上时段地面净雨所形成的地面径流过程线为已知条件时，由于误差积累问题，不采用分析法，而采用试错法。

11.1.2.5　不同时段单位线的时段转换

时段单位线的时段转换常借用 S 曲线。S 曲线就是单位线各时段累积流量和时间的关系曲线。假定流域上降雨持续不断，每个单位时段都有一个单位地面净雨（10mm），用时段单位线连续推流计算即可求得出口断面的流量过程线，其形状如 S，故称为 S 曲线。S 曲线就是时段单位线的累积曲线，可由时段单位线纵坐标值逐时段累加求得，如图 11.3 所示。

有了 S 曲线后，就可以利用它来转换时段单位线的时段长。如果已有时段长为 6h 的单位线，需要转换成时段长为 3h 的单位线，只要把时段长为 6h 的 S 曲线往后平移半个时段（即 3h），如图 11.4 所示。图中表明，两条 S 曲线之间各时段流量差值相当于 3h（5mm）净雨所形成的地面径流过程线 $q'(t)$。将 $q'(t)$ 乘以 6/3 即为 3h 的单位线。同理，如把 6h 单位线转换成 9h 单位线，可将 S 曲线错后 9h 相减，则各时段流量值即 9h（15mm）净雨所产生的地面径流过程线，将纵坐标值乘以 6/9 即为 9h 的单位线。

用 S 曲线转换任何时段 Δt 单位线可用如下公式表示：

$$q(\Delta t, t) = \dfrac{\Delta t_0}{\Delta t}[S(t) - S(t - \Delta t)] \tag{11.6}$$

式中　$q(\Delta t, t)$——所求的时段单位线式；

　　　Δt_0——原来单位线时段长；

　　　Δt——所求单位线时段长；

　　　$S(t)$——时段为 Δt_0 的 S 曲线；

　　　$S(t - \Delta t)$——移后 Δt h 的 S 曲线。

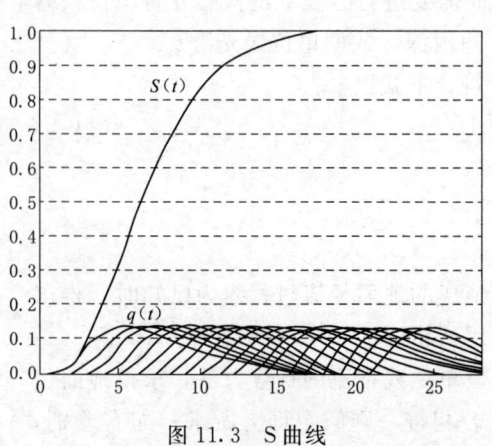

图11.3 S曲线

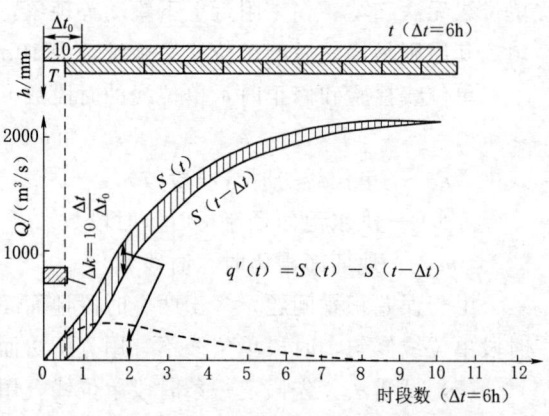

图11.4 时段单位线时段转换示意图

11.1.3 瞬时单位线法

11.1.3.1 瞬时单位线的基本概念

所谓瞬时单位线，就是在瞬时（无限小的时段内）流域上均匀分布的单位地面净雨在流域出口断面所形成的地面径流过程线，通常以 $u(0, t)$ 或 $u(t)$ 表示。即流域上分布均匀、历时趋于无穷小、强度趋于无穷大、总量为一个单位的地面净雨在流域出口断面形成的地面径流过程线。瞬时单位线法汇流计算亦是从线性系统出发探讨汇流过程的一种方法。目前我国使用的瞬时时段单位线是 J.E.纳什（J.E.Nash）于1957年提出的。

J.E.纳什设想流域的汇流作用可由串联的 n 个相同的线性水库的调蓄作用来代替，如图11.5所示。流域出口断面的流量过程是流域净雨经过这些水库调蓄以后的出流。

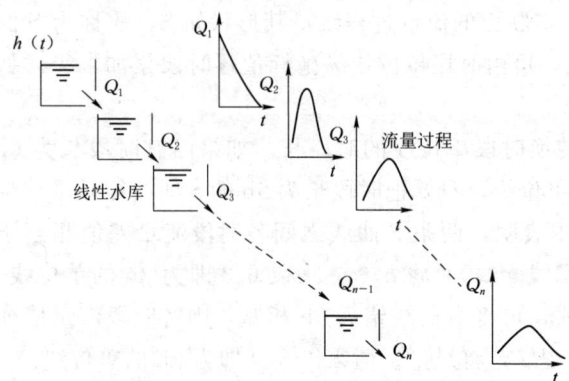

图11.5 J.E.纳什的流域汇流模型示意图

所谓线性水库是指水库蓄水量 W_i 与泄洪量 Q_i 之间呈线性关系，即

$$W_i = K_i Q_i \quad (11.7)$$

式中 K_i——第 i 个水库的蓄泄系数，$i=1, 2, \cdots, n$。

将流域上的地面净雨过程 $h(t)$ 作为第一个线性水库的入流，其出流量为 $Q_1(t)$，则该水库 dt 时段的水量平衡方程及蓄泄方程为

$$h(t)dt - Q_1(t)dt = dW \quad (11.8)$$

$$W_1 = K_1 Q_1(t) \quad (11.9)$$

解联立方程式（11.8）和式（11.9）并以微分算子 D 代表 $\dfrac{d}{dt}$ 则得

$$Q_1(t) = \frac{1}{1+K_1 D} h(t) \tag{11.10}$$

经过 n 个水库调蓄后，出口断面的流量过程应为

$$Q(t) = \frac{1}{(1+K_1 D)(1+K_2 D)\cdots(1+K_n D)} h(t) \tag{11.11}$$

因为是 n 个相同的线性水库，所以 $K_1 = K_2 = K_3 = \cdots = K_n = K$，故

$$Q(t) = \frac{1}{(1+KD)^n} h(t) \tag{11.12}$$

当 $h(t)$ 为瞬时的单位净雨量，即 $h(t) = \delta(t)$ 时，$\delta(t)$ 为瞬时单位脉冲，应用脉冲函数及拉普拉斯变换，可得瞬时单位线的基本公式：

$$u(0,t) = \frac{1}{K\Gamma(n)} \left(\frac{t}{K}\right)^{n-1} e^{-\frac{t}{K}} \tag{11.13}$$

式中 $\Gamma(n)$ ——n 的伽玛函数；

n ——线性水库的个数，相当于调节次数；

K ——线性水库的调蓄系数，相当于流汇流时间的参数；

e ——自然对数底。

参数 n、K 对瞬时单位线形状的影响分别如图 11.6 和图 11.7 所示。从图中可以看出，n、K 对 $u(0,t)$ 形状的影响是相似的。当 n、K 减小时，$u(0,t)$ 的洪峰增高，峰现时间提前；而当 n、K 增大时，$u(0,t)$ 的峰降低，峰现时间推后。

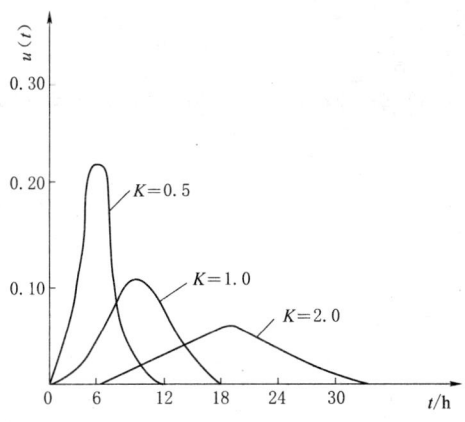

图 11.6 参数 n 对瞬时单位线形状的影响

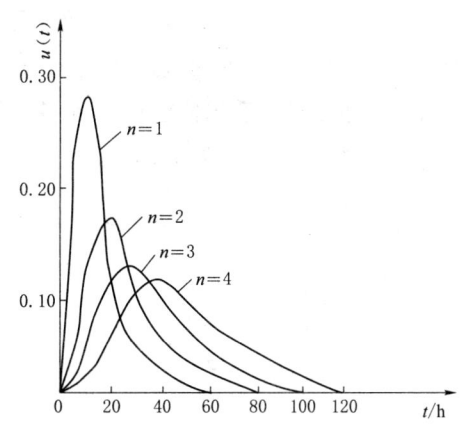

图 11.7 参数 K 对瞬时单位线形状的影响

11.1.3.2 参数 n、K 的确定

纳希利用雨、洪过程与瞬时单位线图形面积矩之间的关系来确定参数 n、K 值。可以证明，净雨过程 $h(t)$、瞬时单位线 $u(t)$ 和出流过程 $Q(t)$ 三者的关系如图 11.8 所示。它们的一阶原点矩和二阶中心矩之间有如下关系：

$$M_u^{(1)} = M_Q^{(1)} - M_h^{(1)} \tag{11.14}$$

$$N_u^{(2)} = N_Q^{(2)} - N_h^{(2)} \tag{11.15}$$

式中 $M_u^{(1)}$、$M_Q^{(1)}$、$M_h^{(1)}$——瞬时单位线 u、出流 Q 及净雨 h 的一阶原点矩；

$N_u^{(2)}$、$N_Q^{(2)}$、$N_h^{(2)}$——瞬时单位线 u、出流 Q 及净雨 h 的二阶中心矩。

瞬时单位线的一阶原点矩 $M_u^{(1)}$ 和二阶中心矩 $N_u^{(2)}$，可以由实测的地面径流过程和地面净雨过程根据式（11.4）和式（11.5）求得。

可以证明，瞬时单位线的一阶原点矩和二阶中心矩与参数 K 存在如下关系：

$$M_u^{(1)} = nK \quad (11.16)$$
$$N_u^{(2)} = nK^2 \quad (11.17)$$

通过上式求得参数 n、K。由于计算二阶中心矩较原点矩更为繁琐，利用数学上已证明的原点矩与中心矩的关系（即二阶中心矩值等于二阶原点矩值减一阶原点矩值的平方），改用二阶原点矩

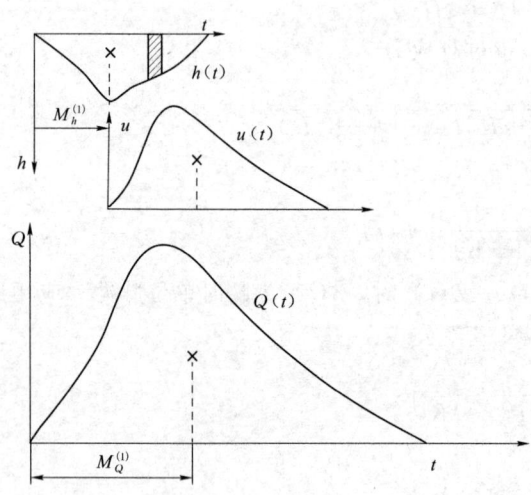

图 11.8 $h(t)$、$u(t)$、$Q(t)$ 三者关系图

矩来计算参数 n、K 较为简便。计算公式如下：

$$K = \frac{M_Q^{(2)} - M_h^{(2)}}{M_Q^{(1)} - M_h^{(1)}} - [M_Q^{(1)} + M_h^{(1)}] \quad (11.18)$$

$$n = \frac{M_Q^{(1)} - M_h^{(1)}}{K} \quad (11.19)$$

式中 $M_Q^{(2)}$、$M_h^{(2)}$——出流 Q、净雨 h 的二阶原点矩。

由实际净雨过程和出流过程，可用差分式计算各阶原点矩。净雨和出流的原点矩计算如图 11.9 所示，公式如下：

$$M_h^{(1)} = \frac{\sum h_i t_i}{\sum h_i} \quad (11.20)$$

$$M_h^{(2)} = \frac{\sum h_i (t_i)^2}{\sum h_i} \quad (11.21)$$

$$M_Q^{(1)} = \frac{\sum Q_i m}{\sum Q_i} \Delta t \quad (11.22)$$

$$M_Q^{(2)} = \frac{\sum Q_i m^2}{\sum Q} (\Delta t)^2 \quad (m = 1, 2, \cdots, n-1) \quad (11.23)$$

利用矩法算出的 n、K 往往不是最终的成果，一般要利用计算出的 n、K 转换成时段单位线进行还原洪水计算，若还原洪水与实测洪水过程吻合不好，应对 n、K 进行调整，直至两者吻合较好为止。

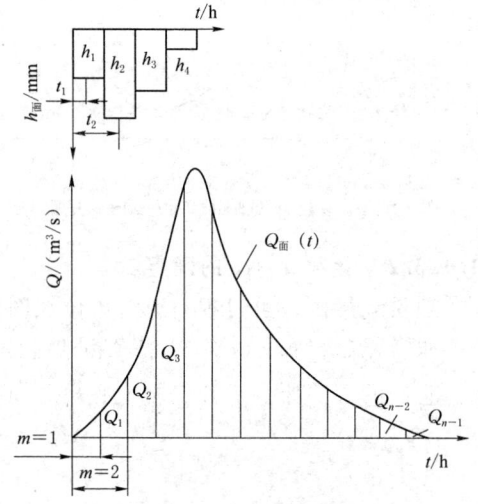

图 11.9 矩值计算示意图

n、K 代表流域的调蓄特性,对于同一流域,这两个数值比较稳定;如不稳定,可取若干次暴雨洪水资料进行分析,最后优选出 n、K 值作为该流域的参数。

11.1.3.3 由瞬时单位线转换为时段单位线

在汇流计算时需将瞬时单位线转换成时段单位线才能使用,转换的方法也是利用 S 曲线,步骤如下:

(1) 求瞬时单位线的 S 曲线,即求瞬时单位线方程的积分:

$$S(t)=\int_0^t u(t)\mathrm{d}t=\frac{1}{\Gamma(n)}\int_0^{\frac{t}{K}}\left(\frac{t}{K}\right)^{n-1}\mathrm{e}^{\frac{t}{K}}\mathrm{d}\left(\frac{t}{K}\right) \tag{11.24}$$

此积分式的图形如图 11.10 所示,也是一种 S 曲线。式(11.24)表明 $S(t)$ 曲线是 n、$\frac{t}{K}$ 的函数,现已制成 $S(t)$ 曲线表,根据 n、K 和选定的时段 Δt,即可求得相应的 $S(t)$ 曲线。

(2) 将瞬时单位线转换成无因次时段单位线。

当 $t\to\infty$ 时,
$$S(t)_{\max}=\int_0^t u(t)\mathrm{d}t=1 \tag{11.25}$$

如将 $t=0$ 为起点的 S 曲线 $S(t)$ 向后平移一个时段 Δt,可得到另外一条 S 曲线 $S(t-\Delta t)$,这两条 S 曲线之间的纵坐标的差值可用方程式表示为

$$u(\Delta t,t)=S(t)-S(t-\Delta t) \tag{11.26}$$

$u(\Delta t,t)$ 又构成一个新的图形,称作时段为 Δt 的无因次时段单位线,如图 11.11 所示,其纵坐标之和 $\sum u(\Delta t,t)=1$。

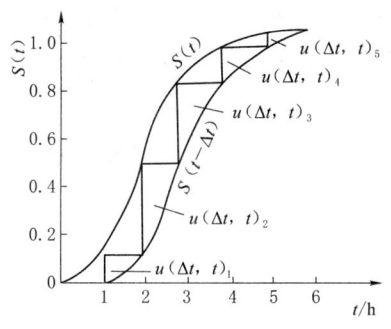

图 11.10 瞬时单位线 S 曲线

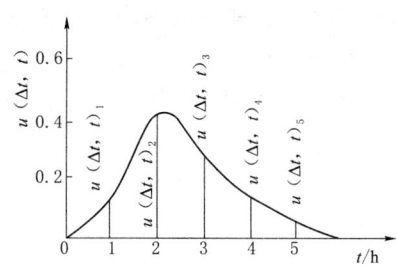

图 11.11 无因次时段单位线

(3) 将无因次时段单位线转换成 10mm 净雨的时段单位线。

净雨时段为 Δt,净雨深为 10mm 的时段单位线,每隔一个时段 Δt 读取一个流量 q,则

$$\sum q=\frac{10F}{3.6\Delta t} \tag{11.27}$$

式中 $\sum q$——10mm 净雨时段单位线纵坐标之和,m³/s;

Δt——净雨时段,h;

F——流域面积,km²。

又 $\sum u(\Delta t,t)=1$,故

项目 11 流域汇流

$$\frac{\sum q}{\sum u(\Delta t,t)}=\frac{\frac{10F}{3.6\Delta t}}{1} \tag{11.28}$$

由此，10mm 净雨时段单位线的各个时刻纵标 q_i 可按下式求出：

$$q_i=\frac{10F}{3.6\Delta t}u_i(\Delta t,t)=\frac{10F}{3.6\Delta t}[S_i(t)-S_i(t-\Delta t)] \tag{11.29}$$

（4）瞬时单位线参数计算步骤。

1）选取流域上分布均匀、强度大的暴雨形成的单峰洪水过程线作为分析的对象。

2）计算本次暴雨产生的净雨量和相应的地面径流量，两者应相等。

3）计算净雨过程和地面径流过程的一阶和二阶原点矩，并推算 n、K。

由上面计算出的 n、K 值还需代回原来的资料作还原验证，若还原的精度不能令人满意，则需对 n、K 作适当调整，直至满意为止。可用下式估计要调整的 n、K 值：

$$n'=1+(n-1)\left(\frac{t_m Q_m}{t_{m计} Q_{m计}}\right)^2 \tag{11.30}$$

$$K'=\frac{t_m}{t_{m计}}\left(\frac{n-1}{n'-1}\right)K \tag{11.31}$$

式中 n'、K'——调整后的 n、K 值；

Q_m、$Q_{m计}$——实测的和还原的地面径流洪峰值，m^3/s；

t_m、$\dfrac{t_m}{t_{m计}}$——实测的和还原的洪峰出现时间，h。

【例 11.2】 某流域 $F=805km^2$，已知该流域 1964 年 5 月 16—17 日的净雨、洪水资料，试根据该次洪水的地面净雨和地面径流过程计算瞬时单位线的参数并换算成 1h 10mm 的时段单位线。

解：（1）计算参数 n、K [净雨原点矩 $M_h^{(1)}$、$M_h^{(2)}$ 见表 11.4，流量原点矩 $M_Q^{(1)}$、$M_Q^{(2)}$ 计算见表 11.5]。

$$K=\frac{M_Q^{(2)}-M_h^{(2)}}{M_Q^{(1)}-M_h^{(1)}}-[M_Q^{(1)}+M_h^{(1)}]=\frac{119.0-23.2}{10.2-4.43}-(10.2+4.43)=1.98(h)$$

$$n=\frac{M_Q^{(1)}-M_h^{(1)}}{K}=\frac{10.2-4.43}{1.98}=2.92$$

（2）求 S 曲线。根据计算的 n、K 值查附录 3，即得 S 曲线，成果列入表 11.6 第（3）栏。

（3）计算时段单位线。将 S 曲线错后 $\Delta t=1h$，相减即得表 11.6 第（4）栏的无因次时段单位线。然后按式（11.27）计算 $\sum q=\dfrac{10\times 805\times 10^3}{1\times 3600}=2236(m^3/s)$，利用式（11.29）即得 1h 10mm 的时段单位线，列入表 11.6 第（5）栏。

（4）精度成果检验。由已知的净雨根据求得的时段单位线进行推流，成果列入表中第（6）～第（14）栏。将推流成果与实测地面径流过程 [表中（15）栏] 对比，以洪峰流量附近符合较好为原则，优选参数 n、K，最后确定该次洪水的时段单位线。

表 11.4　　　　　　　　　　净雨原点矩 $M_h^{(1)}$、$M_h^{(2)}$ 计算

时间		地面净雨 $h_\text{面}$/mm	t_i/h	$h_i t_i$/(mm·h)	$h_i t_i^2$/(mm·h²)	备 注
1964-05-16	20	0.7	0.5	0.4	0.2	
	21	5.2	1.5	7.8	11.7	
	22	12.1	2.5	30.3	75.6	
	23	11.5	3.5	40.3	140.9	$M_h^{(1)}=\dfrac{\sum h_i t_i}{\sum h_i}=\dfrac{275.0}{62.0}=4.43$（h）
	24	4.3	4.5	19.4	87.1	
05-17	1	11.7	5.5	64.4	353.9	$M_h^{(2)}=\dfrac{\sum h_i t_i^2}{\sum h_i}=\dfrac{1440}{62.0}=23.2$（h²）
	2	11.2	6.5	72.8	473.2	
	3	5.3	7.5	39.8	298.1	
合计		62.0		274.9	1440.7	

表 11.5　　　　　　　　　　流量原点矩计算

时间		$Q_\text{实测}$/(m³/s)	$Q_\text{地下}$/(m³/s)	$Q_\text{面}$/(m³/s)	m_i	$Q_i m_i$/(m³/s)	$Q_i m_i^2$/(m³/s)	备 注
05-16	20	15	15	0				
	21	50	26	24	1	24	24	
	22	100	37	63	2	126	252	
	23	183	48	135	3	405	1215	
	24	460	59	401	4	1604	6416	
05-17	1	734	70	664	5	3320	16600	$R_\text{面}=\dfrac{13844\times 3600}{805\times 10^3}=62.0$（mm）
	2	1080	81	999	6	5994	35964	$M_Q^{(1)}=\dfrac{\sum Q_i m_i}{\sum Q_i}\Delta t=10.2$（h）
	3	1330	92	1238	7	8666	60662	$M_Q^{(2)}=\dfrac{\sum Q_i m_i^2}{\sum Q_i}\Delta t^2=119.0$（h²）
	4	1520	103	1417	8	11336	90688	
	5	1660	114	1546	9	13914	125226	
	6	1620	125	1495	10	14950	149500	
	⋮	⋮	⋮	⋮	⋮	⋮	⋮	
合计		17304	3420	13884		142162	1658669	

项目11 流域汇流

表11.6 由瞬时单位线推求时段单位线及推流成果

t	t/K	$S(t)$	$u(1, t)$	$q(t)$ /(m³/s)	部分径流 Q_i/(m³/s)								$Q_{面,实}$/(m³/s)	$Q_{面,计}$/(m³/s)
					$h_1=0.7$	$h_2=5.2$	$h_3=12.1$	$h_4=11.5$	$h_5=4.3$	$h_6=11.7$	$h_7=11.2$	$h_8=5.3$		
(1)	(2)	(3)	(4)	(5)	(6)	(7)	(8)	(9)	(10)	(11)	(12)	(13)	(14)	(15)
0	0	0	0		0								0	0
1	0.505	0.020	0.020	44.7	3.1	0							3.1	24
2	1.010	0.093	0.073	163	11.4	23.2	0						34.6	63
3	1.515	0.215	0.122	273	19.1	84.8	51.4	0					155.3	135
4	2.020	0.353	0.138	309	21.6	142	197	51.3	0				411.9	401
5	2.520	0.490	0.137	306	21.4	160	331	187	19.2	0			718.6	664
6	3.030	0.607	0.117	262	18.3	159	374	314	70	52	0		987.3	999
7	3.540	0.707	0.100	224	15.7	136	370	355	117	191	50	0	1234.7	1238
8	4.040	0.785	0.078	174	12.2	116	317	352	133	319	183	24	1456.2	1417
9	4.550	0.848	0.063	141	9.8	90.5	271	302	131	361	306	86	1557.3	1546
10	5.050	0.890	0.042	94	6.6	73.5	211	258	112	358	346	144	1509.1	1495
11	5.560	0.920	0.030	67	4.7	48.8	171	200	96	306	343	164	1333.5	...
12	6.060	0.943	0.023	51.5	3.6	34.8	114	162	75	262	294	162	1107.4	...
...	...	...	...	...	...	26.8	81.1	108	61	204	251	138	...	...
合计			1	2236										

11.2 地下径流的汇流计算方法

在湿润地区的洪水过程中,地下径流的比重一般可达总径流量的 20%~30%,甚至更多。但地下径流的汇流速度远较地面径流慢,因此地下径流过程较为平缓。地下径流过程的推求可以采用概化三角形法和地下线性水库演算法。

11.2.1 概化三角形法

如果地下净雨比重不大,可将地下径流过程概化成三角形,如图 11.12 所示,其底宽 T_g 为地面径流过程线宽的 n 倍(n 可取 2~3)。

概化三角形法主要是确定地下径流过程的峰值流量、峰现时刻及总历时。地下径流总量为 $W_下 = 1000 R_下 F$,又根据三角形面积计算公式 $W_下 = \frac{1}{2} Q_{m下} T_下$ 得

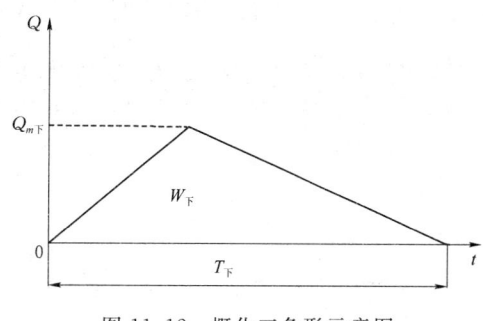

图 11.12 概化三角形示意图

$$Q_{m下} = \frac{2W_下}{T_下} = \frac{2000 R_下 F}{T_下} \quad (11.32)$$

式中 $W_下$——一次降雨产生的地下径流量,m³;

$R_下$——地下净雨量,mm;

$Q_{m下}$——地下径流过程的峰值,m³/s;

$T_下$——地下径流历时,s;

F——流域面积,km²。

因为事先已经计算出了地面径流过程线,则地面径流历时 $T_下$ 为已知。一般情况下将地下径流的峰值设置在地面径流过程线的终止点 T_s 处。如果取 $T_下 = 2T$,则地下径流过程线为等腰三角形。

11.2.2 地下线性水库演算法

该法把地下径流过程看成是渗入地下的那部分净雨 $h_下$,经地下水库调蓄后形成的。可以认为地下水库的蓄量 $W_下$ 与其出流量 $Q_下$ 的关系为线性函数,再与水量平衡方程联解,即可求得地下水径流过程。方程组如下:

$$\begin{cases} \overline{q} \Delta t - \frac{1}{2}(Q_{下1} + Q_{下2}) \Delta t = W_{下2} - W_{下1} \\ W_下 = K_下 Q_下 \end{cases} \quad (11.33)$$

式中 $\overline{q}$——时段 Δt 内进入地下水库的平均入流,m³/s;

$Q_{下1}$、$Q_{下2}$——时段始、末地下水库的出流量,m³/s;

$W_{下1}$、$W_{下2}$——时段始、末地下水库的蓄流量 m³/s;

$K_下$——反映地下水汇流时间的常数,可根据地下水退水曲线制成 $W_下$-$Q_下$ 线,其斜率即为 $K_下$。

又

$$\bar{q} = \frac{0.278 h_{下}}{\Delta t} F \tag{11.34}$$

式中　$h_{下}$——时段内地下径流深，mm；

　　　Δt——计算时段长，h；

　　　F——为流域面积，km²。

将式（11.34）代入式（11.33）得

$$Q_{下2} = \frac{\Delta t}{K_{下} + \frac{1}{2}\Delta t} \bar{q} + \frac{K_{下} - \frac{1}{2}\Delta t}{K_{下} + \frac{1}{2}\Delta t} Q_{下1} \tag{11.35}$$

【例 11.3】某流域面积 $F = 5290 \text{km}^2$，根据资料分析得 $f_c = 1.35 \text{mm/h}$，$K_{下} = 9.5\text{d} = 228\text{h}$，试求 1965 年 4 月的一次地下水净雨演算成地下水径流过程。

解：取计算时段 $\Delta t = 6\text{h}$，则由已知参数得

$$Q_{下2} = \frac{\Delta t}{K_{下} + \frac{1}{2}\Delta t} \bar{q} + \frac{K_{下} - \frac{1}{2}\Delta t}{K_{下} + \frac{1}{2}\Delta t} Q_{下1} = \frac{6}{228+3} \bar{q} + \frac{228-3}{228+3} Q_{下1}$$

$$= 0.026 \bar{q} + 0.974 Q_{下1} \tag{11.36}$$

计算过程详见表 11.7。

表 11.7　　　　　　　　　逐时段计算地下径流过程

时间	$h_{下}$/mm	$\bar{q}$/(m³/s)	$0.026\bar{q}$/(m³/s)	$0.974Q_{下1}$/(m³/s)	$Q_{下2}$/(m³/s)
04-16　14	3.3	810			0
20			21	0	21
04-17　2	8.1	1980	52	20	72
8	8.1	1980	52	70	122
14	3.2	780	20	119	139
20				135	135
04-18　2				132	132
8				129	129
14				⋮	⋮
20				⋮	⋮

11.3　分布式流域汇流模型简介

在天然状态的流域中，降雨的空间和时间分布大多是不均匀的，因而造成了净雨的时空分布也不均匀。例如在同一流域上有两次降雨，如果面平均雨量基本相同，但在流域内的空间分布不同，一次暴雨中心在上游，另一次暴雨中心在下游，由于净雨受到的调蓄作

用不同，因而在流域出口断面所形成的径流过程大不一样。暴雨中心在上游时，洪水过程历时长，峰值流量小；暴雨中心在下游时，洪水过程历时短，峰值流量大。又如对一个径流实验场的观测情况如下：径流场面积为 $0.024km^2$，有两次降雨，第一次总雨量为 24.8mm、雨强为 22.4mm/h，第二次总雨量为 26.6mm、雨强为 4.7mm/h，由此看出雨量大致相当，而雨强差别较大，在流域出口断面形成的径流过程也大不一样，第一次降雨形成的径流过程陡涨陡落，明显地产生了地表径流，峰值流量高达 39.5L/s，第二次降雨形成的径流过程涨落缓慢，几乎没有地表径流产生，峰值流量仅为 8.5L/s。

如果流域内各处的下垫面条件（包括植被、土壤、地形和地质等）差异较大，使得流域各处产生的地表径流及地下径流也各不相同，而且流域各个部分对净雨的调节作用也有明显差别。在两个不同流域上进行比较，也会发现径流过程存在较大差异。例如，甲流域面积为 $1203km^2$，乙流域面积为 $1072km^2$，两者面积差不多，植被状况大体也接近，但甲流域为土壤，乙流域为有裂隙溶洞的石灰岩。甲流域上有一次 46mm 的降雨，乙流域上有一次 39mm 的降雨，观测到的结果为：甲流域洪峰流量为 $577m^3/s$，地下径流占的比重为 17.4%；而乙流域洪峰流量为 $342m^3/s$，地下径流占的比重为 43.1%。

综合以上情况说明，前面介绍的流域产汇流计算方法难以适用，就会造成较大的计算误差。特别是对于降雨量的空间差异性和地质条件的差异性，如果采用集总模式算产汇流，难以处理流域内净雨的空间变化，也难以处理各种径流成分的划分及流域的调蓄作用。

线性分布式流域汇流模型，就是把流域划分为若干个子流域或单元面积，并使各单元面积内的植被、土壤、地形和地质条件尽可能均一。这样做的好处有：一是各单元可采用各自的降雨过程资料，通过产流计算求出各自的净雨过程，因而处理了流域内净雨的空间变化问题；二是对每一单元面积，可采用各自的线性蓄泄关系或汇流曲线，并考虑单元内水库、塘坝等调蓄作用，从而也处理了各单元面积上的净雨时程分配和调蓄作用问题。例如，按前面介绍的方法求得每一单元出口断面的流量过程，再通过河道洪水演算方法把各单元的流量过程演算到研究流域的出口断面，最后叠加得到研究流域的总流量过程。显然，单元面积划分得越小，就越接近实际降雨和净雨的分布情况，汇流过程的模拟计算也就越准确。

这种线性分布式流域汇流模型考虑的因素相对全面，应用也较为灵活，而且更为适合现有的资料条件。单元可按照雨量站控制的面积划分，也可按天然小流域划分。各单元面积上的汇流计算以及各单元上的流量向研究流域出口断面的演进计算，也可采用不同的线性汇流方法。具体模型有多种形式，如改进的克拉克模型、杜格模型等。限于篇幅不多做介绍，可查阅相关书籍或文献。

思 考 与 练 习 题

11.1 等流时线是_____。
    等流时面积是_____。
11.2 流域地面汇流的计算法一般有_____、_____、_____。
11.3 从流域洪水过程的流量起涨点，用斜直线法或水平线法分别分割得到的地面

径流过程线，分析其地面经验单位线。用斜直线分割法分析的单位线比水平线分割法分析的单位线（　　）。[单选]

　　A. 洪峰流量大，流量过程历时短，总水量相等
　　B. 洪峰流量小，流量过程历时短，总水量大
　　C. 洪峰流量大，流量过程历时长，总水量相等
　　D. 洪峰流量小，流量过程历时长，总水量小

11.4　纳希瞬时单位线 $u(0, t)$ 的参数 n 减小时，对单位线形状的影响是（　　）。[单选]

　　A. 洪峰增高，峰现时间推迟　　B. 洪峰增高，峰现时间提前
　　C. 洪峰减小，峰现时间提前　　D. 洪峰减小，峰现时间推迟

11.5　简述时段单位线的定义及基本假定。

11.6　与等流时线法相比，用时段单位线法进行汇流计算有何优缺点？

11.7　简述倍比假定和叠加假定。

11.8　某流域的等流时线如题图11.1所示，各等流时面积 f_1、f_2、f_3、f_4 分别为 20km²、40km²、35km²、10km²，若流域上有一次降雨，其净雨有两个时段（$\Delta t = 2h$），各时段净雨依次为 15mm、26mm，试求该次降雨产生的洪水过程，该次洪水的洪峰流量是全面汇流形成，还是部分汇流形成？

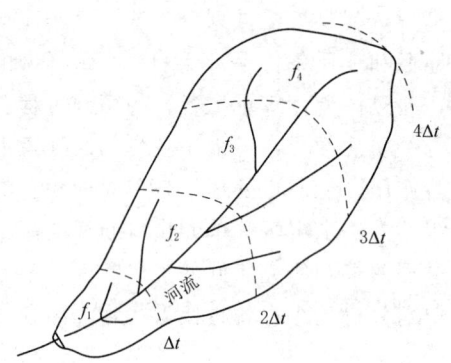

题图11.1　某流域的等流时线

11.9　某流域面积为 75.6km²，两个时段的净雨所形成的地面径流过程见题表11.1，分析本次洪水单位时段 $\Delta t = 3h$，单位净雨深为 10mm 的单位线。

题表11.1　　　　　　　　某流域一次地面净雨的地面径流过程

时间/h	0	3	6	9	12	15	18
地面径流/(m³/s)	0	20	90	130	80	30	0
地面净雨/mm			0		20	30	

扫码查看答案

项目 12

冰川与融雪

【知识要点】

通过本项目的学习,熟练掌握冰川概述、冰川径流及其应用、积雪的形成及物理性质、融雪径流等理论知识。

【技能要求】

通过本项目的学习,能分析冰川消融的积极作用,能阐述全球变暖背景下冰川消融的趋势及人类的应对方法,能分析融雪出水的物理过程并对融雪量进行估算。

【重点与难点】

重点:冰川概述、冰川径流及其应用、积雪的形成及物理性质。

难点:融雪量的估算。

12.1 冰川概述

12.1.1 冰川的形成

冰川是一种由多年降雪不断积累变质形成的,具有一定形状和运动着的,较长时期存在于地球寒冷地区的天然冰体。这种冰体不同于一般天然或人工冻结的冰,它能够在自身重力作用下,沿着一定的地形向下滑动,如同缓慢流动的河流,故名冰川。

在年均温度为0℃以下的高山地区,因气候寒冷,降雪不能全部融化而终年积雪,为终年积雪区。终年积雪区的下部边界称为雪线。雪线不是一条线,而是一个高度带。雪线高度在不同地区是不同的,它受温度、降水量及地形的影响。雪线以上,年降雪量超过消融量,降雪不断积累,称为积累区;相反,雪线以下为消融区。积累在雪线以上的雪,如果不变为冰川冰,则山顶上只能有永久积雪而无冰川。只有当多年积雪演变为冰川冰后,才能沿斜坡流动形成冰川。冰川的形成方式有冷型成冰和暖型成冰两种。

(1)冷型成冰。初降的雪花是呈羽毛状、片状和多角状的结晶体,孔隙大,比重小。随着积雪厚度不断增加,下部雪层受到上部雪层的压力,产生塑性变形,密度增大,雪的晶体紧密结合,形成块状冰层,此为冷型成冰作用,是高纬地区成冰作用的主要类型。

(2)暖型成冰。当气温较高,冰雪消融活跃时,融雪水沿雪层内部孔隙渗浸,它所携带的热量会融化部分粒雪。随后又会因温度下降，下渗水再度以粒雪为核心重新冻结成冰，这种途径依赖于太阳辐射热力条件，所以又称为暖型成冰。暖型成冰的密度一般大于冷型成冰，中低纬地区的冰川大都为此种类型。

我国冰川冰大多属于暖型成冰。冰川冰的结构为层状，当冰川冰积累到一定厚度，只要地表或冰面具有适当的坡度，冰体就能向雪线以下地区缓慢流动，伸出冰舌，形成冰川。

12.1.2 冰川的类型

冰川分类方法有很多，可以按形态、地理、物理性质等进行分类。最早的分类是根据冰川的形态划分的，虽然它不完备，但能在野外实际考察中直观地进行初步划分，简单又方便，至今仍被较广泛采用。地理分类是按冰川形态的区域特征划分的，实际上仍属形态分类法的衍生类别。物理分类方法是根据冰川的物理性质来划分的，是一种较为科学的分类法，但是它必须要有足够的实际观测资料才能进行。下面仅就常用的形态分类和物理性质分类进行简单介绍。

12.1.2.1 按冰川的形态分类

（1）大陆冰盖型冰川。大陆冰盖型冰川的形成年代很古老，在第三纪时就存在了。大陆冰盖型冰川发育在两极地区，不受地形约束，其特点是面积规模极大，冰层巨厚，分布不受下伏地形的限制，冰川呈盾形，中部最高，冰体向四周呈辐射状挤压流动，至冰盖边缘往往伸出巨大的冰舌，断裂后入海，成为巨大的海洋漂浮冰。国际上习惯把超过 5 万 km^2 面积的冰川才当作冰盖，南极大陆和格陵兰的冰川就是这种类型，其中南极冰盖最为巨大。

（2）山岳型冰川。山岳冰川是完全受地形约束而发育的冰川，主要分布于地球的中低纬高山地带，其中亚洲山区最发达。山岳冰川发育于雪线以上的常年积雪区，沿山坡或槽谷呈线状向下游缓慢流动。根据冰川形态、发育阶段和地貌特征的差异，山岳冰川进一步可分为：

1）冰斗冰川，发生在雪线以上的圆形山谷，规模较小，伸出冰斗外的冰舌很小，无明显的积累区与消融区的界限，面积一般小于 $10km^2$。

2）悬冰川，是山岳型冰川中最常见的，冰川从冰斗溢出，沿冰斗口外沿下坠，像盾似的悬挂于山坡上，没有明显的粒雪盆与冰舌的分化，厚度一般只有 $10\sim20m$ 面积通常小于 $1km^2$。

3）山谷冰川，是山岳型冰川中发育最成熟的类别，是山岳型冰川中规模最大的，冰川溢出冰斗，进入谷地，两侧谷坡界限明显，有如冰冻的河流，其积累区与消融区分明，山谷冰川有单式、复式、树枝状和网状等，长度由数公里至数十公里不等，厚度有的达数百米。

12.1.2.2 按冰川的物理性质分类

根据冰川活动层（由冰川表面以下至 $15\sim20m$ 深度内）以下的温层所特有的热力特征，将冰川分为三类：暖型冰川、冷型冰川和过渡型冰川。

（1）暖型冰川。冰川上部的活动层受气温变化而升高或降低，而下部的恒温层则不受气温变化的影响，使冰川至底部的温度具有压力融点的等温状态，只有冬季上层几米处于负温。此类冰川主要分布在温带海洋性气候区,如欧洲阿尔卑斯的现代冰川、我国西藏东南部山地及横断山的一些山区、受印度洋西南季风影响下发育的冰川等。

(2) 冷型冰川。在极地或温带某些山岳冰川中,不仅活动层的温度很低,恒温层内温度也明显低于冰融点温度。冰体直到很大深度都是负温,主体温度常在$-1 \sim -10℃$以下。此类冰川主要分布在极地地区和温带大陆性气候下的中、低纬度山地。我国西部和中亚高山冰川大多属此类型。

(3) 过渡型冰川。冰川表层为低温,而底部为相应的压力融点温度。

12.1.3 冰川的特点

冰川这种冰体能够在自身重力作用下,沿着地形倾斜向下滑动。冰川这种特殊的冰体具有以下四个特点。

(1) 冰川的发育与存在有长期性。冰川是一种在若干年内较长时期存在的冰雪体。它的形成和累积,需要数十年数百年,甚至更长的时间。冰川不会因短期的气候波动而消亡。

(2) 冰川具有流动性。流动性是冰川区别于其他任何自然冰体的最显著的特点。冰川的运动,是由于冰川冰的黏塑性决定的。任何不能运动的或被搬动的冰堆积体,都不属于冰川范畴。

(3) 冰川冰的特殊性。冰川是由大气降落的积雪经过一系列物理过程演变而成的。冰川冰是一种特殊的变质冰。冰川的这个特点,使许多普通积雪和冰体不能列入冰川之列。例如多年冻土地区的地下冰也可以长期存在,但因为它不是积雪变成的,就不能称为冰川冰。地球南北两极的海面上,飘浮着许多冰块,其中一部分是海水冻结形成的,它们在结构和成分上与冰川冰有很大的不同,也不能称作冰川的一部分;一部分冰山是由流入海中的冰川分裂飘浮在海面所形成。

(4) 冰川具有一定的形态和规模。冰川是在大陆上形成,具有一定形态和一定规模的冰体。它的形态因地域不同而异,有呈带状的,如山谷冰川,有呈片状或不规则圆形的,如冰盖或平顶冰川。冰川的冰体必须有一定的厚度和相当的规模。冰川规模的悬殊性很大,国际上通常把面积至少超过 $0.1 km^2$ 的冰川才列入统计对象。

根据 *World Glacier Inventory* 和《中国冰川目录》的最新统计,全球的冰川面积为 $15865756 km^2$,占地球陆地面积的 11%,主要分布在地球的两极和中低纬度的高山区,冰川总储水量为 2406 万 km^3,约占地表淡水资源总量的 69.5%。假定冰川全部融化,将会使洋面上升 60m 以上,全球陆地则要被淹没 150 万 km^2,约使现有陆地面积减少 1%。我国的冰川主要分布在西部高山地带,共有 46298 条,总面积约为 $59406 km^2$,冰储量约为 $5590 km^3$。我国冰川面积约占全球冰盖和冰川总面积的 0.4%,为国土面积的 0.6%,仅次于加拿大、俄罗斯和美国而位居世界第四。在全球和亚洲山地冰川中,我国冰川面积分别占其总量的 14.5% 和 47.6%,是中低纬度山地冰川最发育的国家。

目前全世界的冰川每年消融的总水量可达 30000 亿 km^3,约相当于全世界河槽总储水的 3 倍。冰川的累积和消融,对于地球的水循环具有很大的影响。我国冰川分布于内陆河流域的冰川面积占全国冰川总面积的 58.9%,冰储量占全国总储量的 62.9%。各大山系中以昆仑山冰川覆盖面积最大,约占全国冰川总面积的23.0%;念青唐古拉山次之,约占18.0%;第三为天山,约占15.6%;第四为喜马拉雅山,约占14.165%,这四大山系就占全国冰川总面积的70%左右。在世界较低纬度国家中,我国冰川资源最丰富,冰川年融水量可达564亿 m^3,在西北内陆流域,冰川融水量占河川径流量的1/4,新疆的叶尔羌河、阿克苏河冰川融水可占80%以上。每年春夏冰雪融水给我国西部干燥地区的河流提供了丰富的水源,因此通过研究冰川水文,使这些高山固态水源得到合理开发和利用,在科学和生产实践上都具有重要意义。

12.1.4 川的运动

冰川是一种具有可塑性的缓慢流动的冰体。在垂直方向上,冰川的上部为脆性破裂带,厚40~50m,下部为塑性流动带。下部的冰层在上部冰体压力与重力作用下发生塑性流动,上部冰层在下部冰层塑性流动的带动下,由于不适应塑性冰的流动而发生一系列的冰裂隙,故称脆性破裂带。在冰裂隙中往往填充有不少碎石块,并随冰川流动。

冰川运动的速度极为缓慢,一般用肉眼很难看出,在大多数情况下,冰川的运动速度不超过每昼夜0.5m。冰川运动速度对不同的冰川是不同的,在冰川内部其运动速度也不相同,中央部分运动速度相对于边缘部分较快,边缘部分尤为缓慢。雪线附近运动速度又比其他部分快。此外,冰川的运动度还与冰川厚度、地貌条件等有密切关系。当冰川的年累积量大于年消融量时,冰川厚度增加,冰川速度增大,冰川呈前进状态。相反,当年累积量小于年消融量时,冰川厚度变薄,冰川速度减慢,冰川呈后退状态。

在平面上,冰川以雪线为界划分为两部分,雪线以上为积累区,雪线以下为消融区。积累区降水量大于融雪量,是冰雪的积累与冰川冰的形成区。消融区在冬季有雪和粒雪的堆积,夏季则被消融,甚至露出冰川表面,此区的消融量大于冰雪积累量。冰川区别于其他陆地冰体就在于它们的流动性。对冰川表面流动速度的量测已有200年以上的历史,但对冰川流动的机理仍然了解不够,现有的认识可归纳如下:

一般来说,冰川运动有重力流与挤压流两种。在斜坡上,因冰川自重而产生的沿坡向的分力大于冰川槽对冰川的阻力时,所引起的流动称重力流;由于冰川堆积的厚薄不同所引起的塑性变形不同,而使内部所受到的压力分布不均匀所引起的冰川运动,称为挤压流。山岳型冰川中重力流与挤压流常同时存在,但以重力流为主,而大陆型冰川的运动则以挤压流为主。

与河水运动相似,影响冰川运动的主要因素是冰量、比降和冰槽断面面积等。冰川的垂线和断面流速分布也具有自表面向底部、自中央向两侧递减的特征;但其速度仅为河水流速的几万分之一。冰川运动沿程变化的特征是自补给区向雪线方向速度逐渐增大。冰川由积雪变质成冰,再向下运动到消融区(冰舌)需要几年乃至几百年的时间,它的进退实际上是过去气候的反映。

12.2 冰川径流及其应用

12.2.1 冰川进退变化

冰川是一个巨大的水库,它获得液态和固态两种降水,并储蓄这些降水,然后在以后的日子里逐渐释放出来。冰川年总积累与总消融的差额,也就是冰川物质平衡的差额,如果为负值,则冰川退缩和减薄,正值则冰川前进和增厚。由于降水和气温的年际变化,常导致冰川物质平衡的多年变化。

以我国资料系列最长的乌鲁木齐河源 1 号冰川为例,1959—1986 的 28 年中,多数年份该冰川出现负平衡状态,从多年总和看,负平衡值大于正平衡值,特别是 1977 年以来,除 1982—1983 年出现弱正平衡外,其他年份均为负平衡。负平衡的结果是导致该冰川自 1962 年至 1980 年主流线长度缩短 80m,冰川面积减少 $0.11km^2$。这主要是由于全球变暖及降水减少所引起的。

根据物质平衡的概念,冰川的收支对比发生变化后,当收入大于支出时,冰川前进;反之,支出大于收入时,冰川后退。一般说冰川类型不同,所处地理位置不同,冰川的进退变化也具有差异性。但就全球来看,在相同的时间尺度内,冰川对气候波动的响应趋势是基本相似的。近 20 多年来,冰川状况有着明显的改变,由 20 世纪 60 年代初期的强烈退缩向缓慢退缩乃至出现相当数量的冰川转向前进的情况。从表 12.1 中可以看出,这种状况以阿尔卑斯山、中国西部和美国喀斯喀特山的冰川尤为明显。

表 12.1　　　　　　　　世界中低纬度主要冰川区冰川变化比较

时期	地区	统计条数	前进 条	前进 百分比/%	后退 条	后退 百分比/%	稳定 条	稳定 百分比/%
1959—1965 年	阿尔卑斯山	266	26	9.8	190	74.8	41	15.4
	高加索山	11	4	36.4	7	63.6	0	0
	苏联天山	14	5	35.7	8	57.1	1	7.1
	中国西部	72	6	8.3	58	80.6	8	11.1
1965—1970 年	阿尔卑斯山	300	68	22.7	190	63.3	42	14.0
	高加索山	27	9	33.3	18	66.6	0	0
	苏联天山	18	7	38.9	11	61.1	0	0
	中国西部	192	52	27.1	81	42.9	59	30.7
	美国喀斯喀特山	18	14	77.8	4	22.2	0	0

注　国外资料根据 *Permanent Service on the Fluctuation of Glaciers of the IUGGFAGS/ICSU* (1967,1973,1977) 统计。

西藏高原现代冰川进退与气候变化的模式是:长期出现高温高湿和低温低湿气候类型之后,必然孕育着冰川的大幅度前进,如 17—19 世纪小冰期的出现;短期的高温高湿和低温低湿的气候类型,则造成进退中的小波动——小前进;长期的高温低湿气候可以造成冰川强烈衰退,如 19 世纪中叶以后的冰退期。

12.2.2　冰川径流的特点及应用

12.2.2.1　冰川径流的特点

在春季,冰川面上的积雪层在融化的温度下,融化水和液态降水经过雪盖,慢慢地渗透到固态冰下稳定的融水排泄道(属非饱和流)。在夏季,积雪层变得很薄,甚至某些区域的冰面暴露出来,排水路径在雪内变得很稳定,在裸露的冰面上可能是表面排水,因此融化水和液态降水流动得很快,流到冰川尾端的溪沟。在冬季,冰面只有雪的积累和冻结,表面水流运动完全停止,任何一点液态降水都会立即冻结加入冰体水库。不过,在冰川底部仍可能有极少量的融化水慢慢流出。当春天来临,冰川表面覆雪开始融化,融化水和降雨都有传热作用,因此很快融化成洞,洞与洞之间的区域又逐渐融化。随着春天的进程,融化地带逐渐由高程较低的地区向高程较高的地区移动。冰水库物理特性的这些变化将反映在河流水文特性之中。

冰川融化水的流量过程每天有明显的波动,且径流的日波动延于冰融解的日波动。冰融解的日波动非常明显。每日的河川径流是由前期河川径流和各个支流冰川水所组成的。

冰川径流是通过冰川末端河道测验的断面总径流,包括冰川融水、永久积雪融水、季节性积雪融水和冰川区的降雨径流。流域中冰川面积与流域总面积的比值,称为冻结系数。冰雪融水径流占总径流量的比重与水文站控制流域中的冻结系数有关。冻结系数越大,冰雪融水径流所占比例越大。

不同类型的冰川,自然环境、水热条件及冰川性质不同,冰川融水径流的特征值相差悬殊,如西藏地区的冰川。大陆型冰川的平均年径流模数为 $19.3L/(s·km^2)$,平均年径流深为 608.7mm,而海洋型冰川的平均年径流模数为 $99L/(s·km^2)$,平均年径流深为 3126.5mm,为大陆型冰川径流的 5 倍。

气温和辐射平衡有明显的日变化过程,因此冰川融水径流也具有日变化的特性。日出后,水位随气温升高而逐渐增高,午后降温,水位也随之降低,夜间气温降到 0℃ 以下,消融停止,则流量最小或断流,径流日变化过程相应于气温日变化过程略为滞后。不同类型的冰川,其冰川径流日变化的过程和幅度也不同。大陆型冰川径流的峰形尖,水量小而稳定,持续时间长;海洋型冰川径流峰形浑圆、低,峰谷比较对称。由于大陆型冰川径流主要来自冰面融水,其产流排泄迅速,故冰面消融停止后,融水迅速排空,径流滞后时间较短;海洋型冰川,除冰面消融外,融水下渗及冰内消融增加了汇流时间,故融水径流滞后时间较长。夏季高温,冰川冰和冰川表面的积雪融水汇入河道,形成冰川融水径流,因此它是季节性径流,不同类型的冰川其融水径流年内变化的特性也不同。海洋型冰川消融期长,径流年内分配也较均匀;大陆型冰川消融期短,径流年内分配极不均,流量高度集中在夏季 7 月、8 月、9 月三个月。例如中国西北部高山区,全年融水的 80% 集中在 7—8 月,高温及多雨期同在夏季,年降水也有 60%~70% 集中在夏季,因此形成了径流年内变化很大的特点。

冰川径流的年际变化一般较小,在低温湿润年份,因热量不足,冰川消融减弱,积累增加,而干旱少雨年份,晴天多、热量大,冰川消融释放大量融水,因此,冰川作为高山固体水库,具有多年调节河川径流量的作用。所以,中国西部山区有冰川融水的河流,河流丰、枯水年的水量变化幅度小于东部降雨补给的河流,这给中国西部干旱地区的灌溉农业提供了有利条件。

12.2.2.2 冰川径流的作用

冰川是大多数河流的发源地,我国的母亲河长江和黄河就发源于冰川。冰雪融水对河川径流的补给百分比的分布趋势,是由青藏高原边缘的 11% 向高原腹地递增至 30%~40%。

冰川像一座"固态水库"起着多年调节河流径流量的作用。高温干旱年份，冰川释放大量冰雪融水，补充河流水量的不足，而冷湿年份则将天然固态降水储存于冰川。冰雪融水可以缓和河流丰、枯水年的水量变化。这种调节能力主要视冰雪融水对河流补给比重的大小。例如，中国天山西段台兰河，冰雪融水补给量约占50%，1962年降水量比正常年减少19.6%，而河流径流量却比正常年大23.2%；1971年降水量比正常年大46.5%，而河川径流量却小9.9%。

我国是世界上最早利用冰川固体水库的国家。远在唐代，丝绸之路上的敦煌由于干旱少雨，就利用祁连山的冰雪融水灌溉农田。中华人民共和国成立前到祁连山里去淘金的工人、河西走廊和天山山麓的群众，在干旱缺水年份，会到祁连山和天山的冰川上通过撒黑土来人工黑化冰川，以降低冰雪反射率，使得冰雪表面获得更多的太阳辐射热从而加快冰川的消融，使河流水量增加。

1999年完成的"中国冰川分布及资源调查"综合分析表明，中国共有冰川46298条，面积达59406km^2，冰储量为5590km^3，折合水储量50310亿m^3，依据冰川目录资料计算，中国冰川融水径流约为616亿m^3，占全国河川径流总量的2%左右，接近于黄河入海的多年平均径流量。我国西部山区的内陆河流，冰川融水量约占其河川径流量的23%，冰川融水补给比重在25%以上的河流约有30条以上，比重在50%以上的也有12条，其中天山南坡的木扎提河融水比重高达81%以上。所以，冰川径流是西部发展经济的重要淡水资源。

上游山区大都有冰川调节的河流，高山冰雪融水补给比重较大，径流量年际变化相对较小，保证率较高。径流在年内分配上集中在夏秋季，与农作物需水量最多季节基本一致，有利于农业生产的供水。当地群众利用这一优势，形成了保证率较高的灌溉农业。

12.2.2.3 冰川消融趋势下所面临的挑战

自20世纪以来，全球变暖，气温波动上升，以80年代和50年代相比，新疆升高0.59℃，青海升高0.31℃，超过全球同期增温0.24℃；80年代和60年代相比，青海升温0.47℃，甘肃升温0.28℃，蒸发和消融增强，显示西北是全球变暖中的敏感地区。"中国冰川分布及资源调查"综合分析也表明，与20世纪60年代相比，中国冰川面积缩小了3248km^2，减少率为5.5%；冰储量约减少389km^3，减少率为7.0%；冰面平均降低6.5m。20世纪90年代以来，冰川退缩的幅度急剧增大，原来前进或稳定的冰川转入了退缩状态。随着冰川的加速消融，对冰川补给性河流而言，虽然短期内增加了径流，但最终会导致河流枯竭、水荒发生。

《气候变化国家评估报告》指出和全球变暖背景下，21世纪我国气候将继续明显变暖，青藏高原和天山冰川将加速退缩，一些小冰川将消失，预计到2050年我国西北的冰川面积还可能再减少27.2%。

在冰川加速消融的趋势下和西部大开发国家战略的背景下，冰川径流作为西部经济发展的重要淡水资源，研究"如何减缓人类活动对冰川消融的促进作用""如何更有效地利用冰川径流""冰川消融程度对冰川补给河流的定量影响""如何实现冰川水资源的可持续发展"等，都是人们所面临的重大挑战。在研究相关课题时，必须将冰川水资源的可持续发展作为目标，探索人类活动对冰川影响的尺度红线，保证冰川水资源的健康、稳定、可持续开发，为西部的积极发展提供坚实的水资源基础。

12.3 积雪的形成及其物理性质

12.3.1 积雪的形成及空间分布

积雪是覆盖在陆地和海冰表面的雪层，又称雪被或雪盖。中国气象部门规定，雪掩盖的面积达到该地可见面积1/2以上的称为积雪，按积雪保持的时间分为存在的永久积雪和冬季形成夏季消融的季节积雪。

空中的水分在水汽张力小于4.58mm汞柱时，可以形成雪、霰等固态降水，但是只有在低层空气很冷，雪花通过此层不致全部融化的情况下，才能降落至地面。降至地面的雪花也并非各处、更非经常都能形成积雪。热带和亚热带除高山外，皆属不形成积雪地区；在中纬度地带，只有较长时期保持0℃以下气温的地区才能形成积雪，而且属于每年寒季积雪、暖季融化的暂时性积雪。在这些地区，积雪的基本特征值，如积雪时间、积雪厚度、密实度、雪的含水量等，在不同地区和不同年份都是不相同的。在两极地带和某些高山地区，则是常年积雪，这些地区在暖季来不及融化全部积雪，剩余部分留下来逐渐聚积成永久不融化的积雪。

在观测地点向四周眺望时，如视野内大半被雪覆盖，此时可作为积雪形成日期。形成积雪需要相当长的时间。观测表明，有时很厚的一层雪，也会很快消失；时而融化、时而聚积，可能重复发生数次才能形成积雪。但积雪一旦形成，即使气温暂时高于0℃仍能继续存在，因为融雪需要大量的热量，故融化是一个过程。积雪在流域上的空间分布往往极不均匀，这主要是由于各处的风速、风向、地势起伏和植被条件不同。

在无风或微风时，降雪可堆积成均匀平坦的一层，但不稳定。当风速大于2m/s时，雪就被吹走，当风速很大时，除了地面上层新雪被吹走外，还会掀走下层较紧密的积雪，造成有的地方雪堆很大，有的地方无积雪的现象。下垫面条件影响风的强度、吹程等，从而影响积雪的分布。例如：风向正对直立的墙壁、山谷或壕沟的斜壁等障碍物时，在此障碍物前会出现一条雪堤；风在障碍物边缘可产生旋涡，把雪卷走，形成雪沟。

地形切割程度对积雪分布也有一定影响。切割越剧烈，积雪分布就越不均匀。山区的积雪分布最不均匀。在山顶及地形突出处，受风的影响，几乎无积雪；山谷洼地及其他凹陷地区则都有雪堆积。在丘陵起伏和高山耸立地区，风从向风面把雪吹向背风面，故较厚的积雪出现在背风面。在平原地区，积雪分布一般也是不均的。

森林使风速减弱，即使在暴风雪时，也能形成平整的积雪。在森林边缘处的灌木丛林地区，积雪越厚，越向森林中心厚度越薄，这是由于大量积雪被风从田野吹到森林边缘所致，所以这些地区的积雪厚度比邻近田野大，而在没有草的空旷地区则可能无雪。

大量的观测资料证明，在一定的气候条件下，大区域的积雪分布与微地形无关，积雪厚度大体相近。由于这个重要发现，使得在推求区域平均积雪厚度时，不需定位测量积雪，而只要采用分布均匀的测点，然后取其平均值即可。

在中等强度的降雪情况下,每昼夜的积雪厚度一般不大于2～4cm;极强烈的降雪每昼夜达到10～15cm;在特殊情况下,可达25cm。在障碍物附近如森林边缘灌木林、背风坡、山谷、路堤、篱笆、围墙等处,每昼夜的积雪厚度可能还要大些。

12.3.2 积雪的物理性质

12.3.2.1 积雪的结构

由于降雪类型有鹅毛状、碎片状、针状、粒状的区别,降落到地面以后又受外界环境的影响,所以雪的结构是比较复杂的。不管积雪表面的起伏度如何,在积雪存在的全部时间内,由于太阳辐射、风及雪层上下温度差异等原因,在积雪的表面可形成比较坚硬的薄层,称为冻雪外壳。另外,由于雨滴的冲击作用,也可形成一种多孔的冰壳,如再降新雪,则冰壳保持在积雪内部。这种在积雪内部的冰壳,一个冬季可形成几层,使积雪层成为层状结构。积雪的结构将影响积雪的融化过程。

12.3.2.2 积雪的密度

密度是积雪最重要的物理特性,它不但影响到其他物理特性,而且关系到融雪出水量的大小。积雪的密度变化范围很大,介于 $0.01 \sim 0.70 \text{g/cm}^3$,见表12.2。积雪密度的变化主要受以下因素的影响:由对流、凝结、辐射而引起的热量化以及来自地面的热流,上面雪的压力,风,积雪内温度和水分的变化,融雪水的渗漏等。

表 12.2   积雪的密度

雪的类型	密度/(g/cm³)	雪的类型	密度/(g/cm³)
新雪	0.01～0.065	降雪后有强风压实	0.35
陈雪	0.05～0.30	新雪冰	0.4～0.55
降雨后有微风压实	0.0063～0.08	老雪冰	0.55～0.65
降雪后有中等强度的风压实	0.28	消融雪冰	0.60～0.70

积雪层内密度各处不同,随着深度增大而增大,表12.3为积雪密度观测的一个实例。艾贝尔斯(Abels)曾提出如下积雪密度随深度变化的经验公式:

$$\lg\rho_s = \lg 0.1854 - 0.0054z \tag{12.1}$$

式中 ρ_s——积雪的密度,g/cm³;

z——积雪的深度(向上为正),cm。

表 12.3   积雪的密度与深度的关系

雪面下深度/cm	密度/(g/cm³)	雪面下深度/cm	密度/(g/cm³)
0～5	0.06	20～25	0.20
5～10	0.12	30～35	0.24
10～15	0.17	40～45	0.30

但积雪表面因受解冻天气影响,密度可能较大。解冻时积雪密度随时间增长而增大,在稳定的天气情况下,每昼夜密度的增长主要与雪的初始密度有关。解冻时雪的密度变化可按表12.4所列的经验数据近似估算。

表 12.4　　积雪密度增长与初始密度的关系

积雪初始密度/(g/cm³)	每昼夜密度增长率/%	积雪初始密度/(g/cm³)	每昼夜密度增长率/%
0.2	6～7	0.4	1
0.3	2～3		

积雪表层因为与空气接触，密度及结构变化最快。以最不稳定的鹅毛状雪为例，如初始密度为 $0.05g/cm^3$，密度增长速度达到 $0.01g/(cm^3 \cdot h)$；在风速较大的情况下，甚至经历若干小时后，就会从密度为 $0.05\sim0.12g/cm^3$ 的鹅毛状雪变成密度为 $0.20\sim0.25g/cm^3$ 的碎片状雪。强烈持续的风会形成表面的冰壳，此种冰壳很坚硬，能承受人体的重量。

在非解冻期，雪由于在蒸发或凝结过程中发生了结构变化，故密度也会改变。因为较厚的积雪层内存在着温度梯度，在严寒时其方向总是从下向上，因此促使水汽分子不断地进入积雪内，当温度低于露点时，水汽凝结，此时放出的潜热引起粒雪晶体融化，使密度增大；蒸发时则相反。

由于降雪时断时续，积雪通常具有成层性，到冬季末表现得最为明显，各层密度往往是不相同的。

12.3.2.3　积雪的热性质

冰的融解潜热是 334.94J/g，而雪的融化潜热将取决于液态水的含量，积雪的其他热性质还随雪的结构、温度及液态水的含量而定。实验表明，用积雪的密度作为影响积雪比热和导热率的指标是非常合适的。表 12.5 列出了积雪的热性质与积雪密度的关系。根据实测资料进行回归分析可得下列关系式：

$$K_s \times 10^4 = 22.7\rho_s - 0.46 \tag{12.2}$$

式中　K_s——积雪的导热率；

　　　ρ_s——积雪的密度。

导热率是物质的物理性质，通常随温度而变。但雪的导热率较小，冻结的雪为 $0.0004 cal/(cm \cdot s \cdot ℃)$，湿雪为 $0.00008 cal/(cm \cdot s \cdot ℃)$。这是积雪使其下面土壤免于冻结、植物免于冻死的原因，也是融雪出水最多的时间不是正午而要延迟 2～4h 的原因。

表 12.5　　积雪的热性质

密度 ρ_s /(g/cm³)	比热 C_s /[cal/(g·℃)]	导热率 K_s /[cal/(cm·s·℃)]
1.000（水）	1.0	0.00130
0.907（冰）	0.5	0.00535
0.540	0.5	0.00204
0.500	0.5	0.00157
0.440	0.5	0.00129
0.365	0.5	0.00092

续表

密度 ρ_s /(g/cm³)	比热 C_s /[cal/(g·℃)]	导热率 K_s /[cal/(cm·s·℃)]
0.351	0.5	0.00081
0.340	0.5	0.00075
0.330	0.5	0.00071
0.250	0.5	0.00048
0.130	0.5	0.00020
0.005	0.5	0.00006
0.001（空气）	0.24	1

注 表中 1cal=4.1868J。

12.3.2.4 积雪的反射率和辐射

雪的反射和辐射性质与雪的蒸发和融化过程有很大的关系。积雪的反射率很大，超过裸土若干倍。反射率是被表面反射的太阳辐射量（或有时为可见光辐射）与入射太阳辐射量之比值，以百分数表示。积雪的反射率随积雪的表面情况和太阳高度不同而变化，见表12.6。

表12.6　　　　　　　　　　雪的反射性质

雪的状态	太阳高度角/(°)	反射率/%
密实、干燥、清洁	30.3	86
	29.7	88
	25.1	95
清洁、湿、细颗粒状	33.1	64
	34.5	63
	35.3	63
湿、清洁、颗粒状	33.7	61
	32.0	62
疏松（多孔）、很湿、浅灰色	35.3	47
	36.3	46
	37.3	45
非常疏松、灰色、充满水	32.8	43
非常疏松、浅棕色、饱含水分	29.7	43
非常疏松、肮脏、饱含水分	37.3	29

积雪对长波辐射的吸收与黑体相似，即吸入大部分（99.5%）入射的长波辐射，并服从斯蒂芬（Stefan）辐射定律：

$$R = \sigma T^4 \tag{12.3}$$

式中　　R——全部波长的总辐射；

　　　　T——绝对温度，K；

　　　　σ——斯蒂芬-玻尔兹曼常数，$\sigma=0.826\times10^{-10}$ Langley/(min·K^4)，1Langley＝1cal/cm^2。

由于雪面的温度限于 0℃，所以最大辐射强度可表示为 0.459 兰利/min，或 27.5Langley/h。

积雪的放射辐射量与吸收辐射量（包括短波）之比值称为放射系数，以百分数表示。一般干雪的放射系数为 85%，湿雪约为 60%。积雪所吸收的太阳辐射有 87% 的热量耗损在 20cm 的表层，只有小部分透入下层。因此，对厚度小于 15cm 的薄层积雪，放射性能具有重要的意义，即太阳辐射透过它使地面土壤增热，这样雪的融化不仅自上面进行，同时也从下面进行。

12.4　融　雪　径　流

12.4.1　融雪出水的物理过程

形成融雪的原因有暖气团来临、太阳辐射和降雨。当暖气团挟带大量的热量来临时，气温剧烈升高，使积雪迅速融化。融雪期间全部热量中的 70% 来源于暖气团，这是融雪的主要原因。太阳辐射在十分晴朗的天气情况下对融雪有影响。依靠太阳辐射的能量可使 30%～35% 的积雪融化，太阳辐射作用与雪的颜色和空气中的含尘量有关，当大气很清洁且积雪含尘量很小时，其作用较小。降雨对融雪的影响不仅在于它带来的热量，而且主要在于它能破坏雪原来的结构，引起积雪物理特性的变化（如孔扩大），加速融雪过程。融雪通常是以上三种原因综合作用的结果，纯属某一种原因的融雪，只能在局部地区发生。

地形、森林等对融雪也有一定的影响。向阳坡积雪的融化比背阳坡快。在相同气候条件下，森林地区积雪的融化比无森林地区来得缓慢。最初融化的雪水在雪中形成薄膜水和悬着毛管水。积雪继续融化，雪粒间孔隙继续充水，毛管力不断减少，重力水出现并向下流至土壤表面。单位时间从单位面积积雪层内流到地面的水量称为出水强度。

融雪出水过程可分为两个阶段：①融雪水分渗入并浸润积雪下层的停蓄阶段；②下层含水量达到饱和，积雪内部开始有水流出的外流（出水）阶段。初期的融雪水消耗于下渗及填洼，满足后才开始往外流泄。因此，融雪径流并非与融雪同时开始，在时间上要推迟一些。

必须指出，积雪的结构在融化过程中也发生变化。在融化处，构成积雪的冰晶和来自雪花碎片的冰晶会合并而失去棱角成为椭圆形，以后冰晶继续合并结成冰块。积雪中具有许多含有空气的空气间层，当冰心逐渐紧缩时，空气间层减少而逐渐充满水分。在融雪初期，雪下的地面温度与地面雪水温度接近于 0℃，当雪水径流开始时，雪水温度上升到 0.5～1.5℃，此时会有相当显著的蒸发。

由上述可知，从积雪融化到出水，积雪层起着蓄积融雪水的作用，造成积雪融化过程与出水过程不相同。积雪层的这种蓄积水量的能力，称为积雪层的持水能力，可用下式表示：

$$\alpha = \frac{C}{H} \tag{12.4}$$

式中 α——积雪层持水能力；

C——截留在积雪中的融化水量，mm；

H——积雪层的总水量，mm。

雪的持水能力与它的密度和再结晶有关。密度越小，孔隙越大，持水能力越大。关于再结晶过程的影响，据研究，细粒状积雪的持水能力在强烈融雪的初期可达 45%，而在末期，经过再结晶后只有 21%。科马罗夫则认为：平均积雪的持水能力在融雪初期（细粒雪）的 35% 到末期（粗粒雪）的 3% 范围内变化。此外，在密度相等时，细粒雪持水能力较粗粒雪大。在融化过程中，细粒雪再结晶过程进行得很迅速，故持水能力递减很快。因为雪的再结晶及密度在融雪过程中是变化的，因此雪的持水能力也随融化程度而变化。

郭夫热里根据实测资料，得出积雪持水能力 α 与密度 ρ_s 之间的经验关系为

$$\alpha = \frac{11}{\rho_s} - 11 \tag{12.5}$$

式 (12.5) 适用于积雪密度为 $0.18 \sim 0.42 \text{g/cm}^3$ 的情况，其计算误差平均为 ±5%。

12.4.2 融雪量的估算

（1）由积雪测量资料估算。根据区域内定期沿一定路线进行的积雪实测资料或根据遥感资料，可利用下式计算融雪量：

$$M_s = M_1 - M_2 + \sum P \tag{12.6}$$

式中 M_s——T_1 到 T_2 时段内的融雪量，mm；

M_1、M_2——T_1、T_2 时刻的积雪量，mm；

$\sum P$——T_1 到 T_2 时段内的降雨量，mm。

因积雪测量所需时间较长，一般难于每隔一天或两三天进行一次，故此法只能用于较长时段的融雪出水量估算。

（2）热量平衡法。从物理学角度来看，融雪与蒸发过程十分相似，都属于热力学过程，可以用能量平衡方法处理。

$$M_s = (H_{sw} - H_{ef} + H_{ac} \pm H_{vc} + H_r + H_{ec})/(\rho_w L_f) \tag{12.7}$$

式中 M_s——融雪量，cm；

H_{sw}——由日光和天空的短波辐射给雪面的有效热量，J/cm^2；

H_{ef}——从雪面到天空的长波辐射的散失热量，J/cm^2；

H_{ac}——从大气传导给雪面的热量，J/cm^2；

H_{vc}——由水汽凝结（+）或蒸发（-）的热量，J/cm^2；

H_r——由降雨供给的热量，J/cm^2；

H_{ec}——由大地传导的热量，J/cm^2；

ρ_w——水的密度，g/cm；

L_f——冰的融解热，334.94J/g。

这虽然是表示积雪层热量收支最严密的方法，但由于需要观测的因子较多，且不易测定，故实用上并不方便。

(3) 空气动力学法。莱特（Light）曾提出计算日融雪量的理论性经验公式：

$$M_s = 56.8 v_w [0.01325 t_a \times 10^{0.0152z} + 0.0231(e - 6.11)] \quad (12.8)$$

式中　M_s——日融雪量，cm；

　　　v_w——雪面以上 50ft 高处的平均风速，m/s；

　　　t_a——雪面以上 10ft 高处的平均气温，℃；

　　　e——雪面以上 10ft 高处的水汽压，mbar；

　　　z——当地海拔，km。

对天然流域，若地面高低不平，或有森林影响，则直接用式（12.8）计算一般偏大，拟乘以 55%～65% 的折减系数为好。

美国陆军工程兵团考虑到森林和降雨的影响，提出了如下经验公式：

1) 当全流域森林率为 60% 以上时：

$$M_s = (3.383 + 0.0126 i) t_a + 1.27 \quad (12.9)$$

2) 当全流域森林率为 60% 以下时：

$$M_s = (1.326 + 0.859 K v_w + 0.0126 i) t_a + 2.29 \quad (12.10)$$

式中　i——林外降雨强度，mm/d；

　　　K——系数，其值为 0.3（60% 林地）～1.0（无林地）；

　　　其余符号意义同上。

(4) 气温日数法。在实际流域内，不仅森林、坡向、高程等对融雪量有很复杂的影响，而且要在全流域内正确求得辐射、气温、湿度、风速等也有困难。因此，在很多场合上述各式均难于适用。

美国学者提出了气温日数法。气温日数表示了对融雪最具影响的有效热量指标，通常用 0℃ 以上的平均气温与日数的乘积计。另外，在日本为了应用于短历时融雪洪水，也采用小时代替日数，称为气温时数法。

相应于 1℃ 的日融雪量称为气温日融雪率，美国的实测值为 2.3～6.8mm/(℃·d)，日本的实测值为 0.7～8.0mm/(℃·d)。气温日数法计算融雪量的公式如下：

$$M_s = C_s (t_a - t_b) \quad (12.11)$$

式中　M_s——融雪量，mm/d；

　　　t_a——日平均气温，℃；

　　　t_b——基础温度，通常为 0℃；

　　　C_s——气温日融雪率，mm/(℃·d)。

一般森林越少，C_s 值越大。有时也呈现出融雪初期 C_s 值小，随后 C_s 值逐渐增大的趋势。如令融雪区内的各部分面积与全流域面积之比 α_i，各部分的气温日 D_i，则可由 $\sum \alpha_i D_i$ 求得平均气温日数，再以此数乘以气温日融雪率来求得全流域的平均融雪量。

12.4.3　融雪径流与洪水

融雪水作为水源形成的径流，称为融雪径流。融雪径流的形成需要有一定的热量，使雪转化为液体。在融雪期间发生降雨，就会形成雨雪混合径流。每年夏天，我国长江、黄河等大河流都要进行防洪抗洪，因为这时是这些大河流的汛期，河道里的水量最大。但是世界上也有一些河流，如苏联的额尔齐斯河、鄂毕河、叶尼塞河、勒拿河以及加拿大平原上的一些河流，它们的主汛期不在夏天而是在春天，春汛是全年最大的汛期，远远超过夏汛的规模。这是因为，这些河流的平原地区有很厚的积雪，并且这些地区春季暖气团活动频繁，气团过境时水汽遇到积雪表面便降温发生凝结现象，水汽凝结时释放出来的潜热加速了积雪消融。因此，平原地区有些地方尽管积雪很深，却能在几天里就被暖气团消融得干干净净，融化的雪水大量流入河道。这是造成春汛的主要原因。

对于源头低于雪线的河流，山区积了一冬的积雪，到了春季，因净辐射迅速增大和气温升高而融化，形成春汛。在内陆河区的低山河流，春汛是主汛期，来势凶猛，有时甚至造成水灾。但夏季因山区积雪已经消失，河流里的水量迅速减少，而进入枯水季节。如新疆塔城的额敏河、克拉玛依市的白杨河，春天水量丰富，夏天则水量小到清澈见底，只有靠少量地下水渗入才不至于断流。

事实上单纯的融雪型洪水是很少见的。流域内高差3000m以上的高山河流，气温垂直变化很大，降水过程中山下为雨，山上可能是雪；融雪过程中，低山融雪，高山可能融冰。所以，洪水一般是暴雨、融雪、融冰混合补给的，只是不同洪水和不同山区，各自补给的比例不同而已。

雨雪混合洪水形成的条件是：流域积雪、较大的降雨强度和较高的近地表气温。积雪和土壤一样有一定的持水能力，雨强较大的降雨能提供融雪所必要的热量，并可使积雪变松，加速融雪出水过程。雨雪混合洪水的洪峰流量有时比单纯的融雪春汛或暴雨洪水来得更大。美国威拉米特河历史上发生的大洪水大多是雨雪混合洪水，一般比单纯暴雨产生的洪峰大。

雨雪混合洪水是中国西部山区和北方河流的一种较大春汛。新疆西部北部山区，春季常有雨雪混合洪水。在中国西部山区，雨雪混合洪水有两种情况：

（1）发生在河源位于雪线以上的河流上。河流上源伸到冰川或永久积雪区，夏季高山气温上升到0℃以上，在太阳辐射作用下，冰融雪化，形成融雪洪水。融雪洪水通过中低山区，如遇暴雨洪水加入，则在出山口处在缓涨缓落的洪水过程线上突出显示由暴雨形成的陡涨陡落尖峰形的洪水，这种雨雪混合洪水常是这类地区一种灾害性的洪水。

（2）发生在发源于高山的中小河流上。这种河流的大部分流域面积位于春夏季积雪线随气温变化游移区内，处在永久积雪线以上的流域面积则比重较小。当夏季流域内有时降雪，有时降雨，在一次天气过程中，造成先雨后雪或流域上部降雪下部降雨，雨后温度回升形成雨雪混合洪水。这种洪水的起涨与暴雨洪水相似，有时先出现雨洪然后融雪洪水接踵而至，洪水过程线呈平顶形或双峰形。洪水过程的退水段则与融雪洪水相似，比较延缓，洪水总历时较长。

思 考 与 练 习 题

12.1　冰川的形成方式有哪几种？各自有何特点？

12.2　冰川按其形态分类，可以分为哪几种？

12.3 冰川按其物理性质分类，可以分为哪几种？
12.4 冰川有哪些特点？
12.5 简述冰川消融的积极作用。
12.6 试论述全球变暖背景下冰川消融的趋势如何？人类应如何应对？
12.7 简述积雪的形成过程。
12.8 简述融雪出水的物理过程。
12.9 融雪量估算的方法有哪些？
12.10 春汛发生的原因是什么？

扫码查看答案

项目 13

湖泊与湿地

【知识要点】

通过本项目的学习，熟练掌握湖泊的分类、湖泊水的运动及水量平衡方程、湿地的功能、湿地的水文情势等理论知识。

【技能要求】

通过本项目的学习，能分析湖泊水的运动规律，能运用水量平衡方程对湖泊水量进行计算，能分析湿地的水文情势。

【重点与难点】

重点：湖泊水的运动及水量平衡方程、水库的特征水位和相应容量、湿地的研究重点。

难点：湖泊水的运动及水量平衡方程。

13.1 湖 泊

13.1.1 湖泊的定义

地球上的湖泊总面积为 270 万 km^2，占陆地面积的 1.8%，其水量约为地表河流溪沟所蓄水量的 180 倍，是陆地表面仅次于冰川的第二大水体。世界上湖泊最集中的地区为古冰川覆盖过的地区，如芬兰、瑞典、加拿大和美国北部。其中，芬兰的湖泊最多，被称为"万湖之国"，拥有大小湖泊 6 万多个。世界最大的咸水湖为伊朗与俄罗斯、哈萨克斯坦、土库曼斯坦、阿塞拜疆等国边境的里海，面积 37.1 万 km^2，储水量 89.6 万亿 m^3；最大的淡水湖为美国与加拿大边境的苏必利尔湖，面积 8.21 万 km^2，储水量 11.6 万 m^3；最大的淡水湖群为北美五大湖，总面积 24.5 万 km^2，总储水量 22.8 万亿 m^3。俄罗斯的贝加尔湖最深，最大水深为 1620m。最高的湖为中国西藏自治区的纳木错，湖面海拔 4718m。最低的湖为巴勒斯坦、以色列与约旦边境的死海，湖面高程在海平面以下 395m。我国也是一个多湖泊的国家，面积在 $1km^2$ 以上的天然湖泊有 2800 余个，总面积达 $80600km^2$ 以上，湖泊率约为 0.8%。我国湖泊的分布以青藏高原和东部平原最为密集。

湖泊被定义为陆地表面具有一定规模的天然洼地的蓄水体系。湖泊是由湖盆、湖水及其水中物质组合而成的自然综合体。其中湖盆就是指地表相对封闭可蓄水的天然洼池。通过本书项目2的内容得知,湖泊的更新速度约为17年。正因为湖泊是一种交替周期较长、流动缓慢的滞流水体,加之它深受其四周陆地生态环境和社会经济条件的制约,因而它与河流和海洋相比,其动力过程、化学过程及生物过程均具有鲜明的个性和地区性的特点。在地表水循环过程中,有的湖泊是河流的源泉,起着水量储存与补给的作用;有的湖泊(如与海洋连通的外流湖)是河流的中继站,起着调蓄河川径流的作用;还有的湖泊(如与海洋隔绝的内陆湖)是河流终点的汇集地,构成了局部的水文循环。

13.1.2 湖泊的分类

13.1.2.1 按成因划分

湖泊按其成因可分为构造湖、火山口湖、堰塞湖、岩溶湖、冰川湖、风成湖、河成湖、海成湖和人工湖(水库)等。

(1) 构造湖。构造湖是在地壳内力作用形成的构造盆地上经储水而形成的湖泊。其特点是湖形狭长、水深而清澈,如云南高原上的滇池、洱海和抚仙湖;青海湖、新疆喀纳斯湖以及著名的东非大裂谷沿线的马拉维湖、坦噶尼喀湖、维多利亚湖等。构造湖一般具有十分鲜明的形态特征,即湖岸陡峭且沿构造线发育,湖水一般都很深,同时还经常出现一串依构造线排列的构造湖群。

(2) 火山口湖。火山口湖是火山喷火口休眠以后积水而成,其形状是圆形或椭圆形,湖岸陡峭,湖水深不可测,如长白山天池深达373m,为中国第一深水湖泊。

(3) 堰塞湖。堰塞湖由火山喷出的岩浆、地震引起的山崩和冰川与泥石流引起的滑坡体等壅塞河床,截断水流出口,其上部河段积水成湖,如五大连池、镜泊湖等。

(4) 岩溶湖。岩溶湖是由碳酸盐类地层经流水的长期溶蚀而形成岩溶洼地、岩溶漏斗或落水洞等被堵塞,经汇水而形成的湖泊,如贵州省威宁县的草海。

(5) 冰川湖。冰川湖是由冰川挖蚀形成的坑洼和冰碛物堵塞冰川槽谷积水而形成的湖泊。如新疆阜康天池(又称瑶池)、北美五大湖及芬兰、瑞典的许多湖泊等。

(6) 风成湖。风成湖是沙漠中低于潜水面的丘间洼地,经其四周沙丘渗流汇集而成的湖泊,如敦煌附近的月牙湖。

(7) 河成湖。河成湖是由于河流摆动和改道而形成的湖泊。它又可分为三类:一是由于河流摆动,其天然堤堵塞支流而蓄水成湖,如鄱阳湖、洞庭湖、江汉湖群、太湖等;二是由于河流本身被外来泥沙壅塞,水流宣泄不畅,蓄水成湖,如苏鲁边境的南四湖等;三是河流截弯取直后废弃的河段形成牛轭湖,如内蒙古的乌梁素海。

(8) 海成湖。海成湖是由于泥沙沉积使得部分海湾与海洋分割而成,通常称作潟湖,如里海、杭州西湖、宁波的东钱湖。约在数千年以前,西湖还是一片浅海海湾,以后由于海潮和钱塘江挟带的泥沙不断在湾口附近沉积,使湾内海水与海洋完全分离,海水经逐渐淡化才形成今日的西湖。

(9) 人工湖(水库)。水库是人工湖,它是用坝或堤堰在河谷或流域低洼处拦蓄河水而形成的人工水体。水库与天然湖泊有很多方面是相同的,但是它也有其特殊性。水库一般由拦河坝、输水建筑物和溢洪道三部分组成。拦河坝(挡水建筑)起拦蓄水量、抬高水位的作用；输水建筑物是专供取水或放水的，即自水库引水进行灌溉、发电等，或者为放空水库兼泄部分洪水等；溢洪道（泄洪建筑）是水库的太平门，供泄放洪水，起到调节洪水与保证水库安全的作用。一个水库的总库容通常包括防洪库容、兴利库容和死库容等，相应于各种库容有各种特征水位，如图 13.1 所示。具体说明如下：

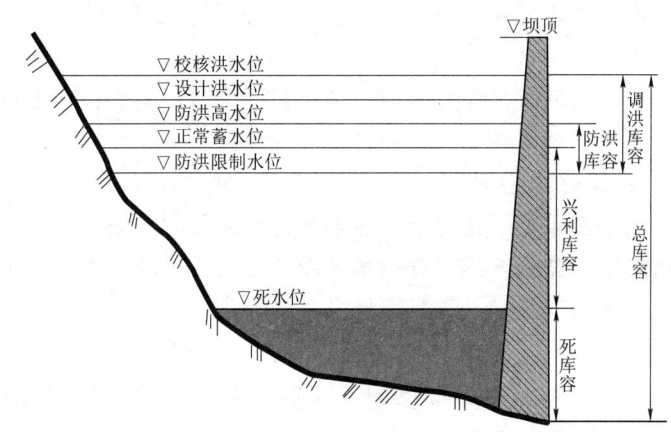

图 13.1 水库特征水位和相应容量示意图

1）死水位和死库容。在正常运用情况下，水库允许消落的最低水位称为死水位。死水位以下的库容称为死库容。死库容在一般情况下是不能动用的，除非特殊干旱年份，为了满足紧要的供水或发电需要，经慎重研究，才允许临时动用死库容内的部分存水。

2）正常蓄水位和兴利库容。在正常条件下，为了满足兴利部门枯水期的正常用水，水库在供水期开始应蓄到的水位称为正常蓄水位。正常蓄水位又称为正常高水位。它是供水期可长期维持的最高水位。正常蓄水位到死水位之间的库容，是水库实际可用于调节径流的库容，称为兴利库容，又称为调节库容或有效库容。

3）防洪限制水位、防洪高水位和防洪库容。水库在汛期允许蓄水的上限水位称为防洪限制水位，又称为汛期限制水位。当遭遇下游防护对象的设计标准洪水时，水库从防洪限制水位开始，按一定规则进行调洪演算，为控制下泄流量而拦蓄洪水，在坝前达到的最高水位称为防洪高水位。防洪高水位与防洪限制水位之间的库容称为防洪库容。

4）校核洪水位和调洪库容。当水库遭遇大坝校核标准洪水时，从防洪限制水位开始，按一定规则进行调洪演算，为控制下泄流量而拦蓄洪水，在坝前达到的最高水位称为校核洪水位。校核洪水位是非常运用情况下允许达到的最高水位。校核洪水位与防洪限制水位之间的库容称为调洪库容。

5）总库容。校核洪水位以下的全部库容称为水库总库容。

13.1.2.2 按湖水所含盐度划分

湖水含盐量是衡量湖泊类型的重要标志，通常把含盐量或矿化度达到或超过 50g/L 的湖水，称为卤水或者盐水，有的也叫矿化水。卤水的含盐量已经接近或达到饱和状态，甚至出现了自析盐类矿物的结晶或者直接形成了盐类矿物的沉积，所以，把湖水含

盐量50g/L作为划分盐湖或卤水湖的下限标准。依据湖水含盐量或矿化度的多少,将湖泊划分为六种类型:

(1) 淡水湖。湖水矿化度小于或等于1g/L。

(2) 微(半)咸水湖。湖水矿化度大于1g/L,小于35g/L。

(3) 咸水湖。湖水矿化度大于或等于1g/L,小于50g/L。

(4) 盐湖或卤水湖。湖水矿化度大于或等于50g/L。

(5) 干盐湖。没有湖表卤水而有湖表盐类沉积的湖泊,湖表往往形成坚硬的盐壳。

(6) 砂下湖。湖表面被砂或黏土粉砂覆盖的盐湖。

13.1.3 湖泊水的物理化学性质

湖水的物理、化学性质主要指光学、热学和化学方面的性质。

(1) 湖水的透明度。湖水的透明度指水体能使光线透过的程度,通常采用透明度盘测定水体的透明度。透明度盘是一种具有标准重量、直径为20cm黑白相间的圆盘,观测时,使圆盘缓缓沉入水中,至刚好看不见盘上的黑白分界线为止。此时,圆盘所沉入的深度即透明度,以m计。湖水透明度的主要影响因素是水中悬浮物质和浮游生物的数量,两者含量越大透明度越低。

(2) 湖泊的水色。湖泊的水色取决于水体对光线的选择吸收和选择散射。水的分子结构、水中的悬浮颗粒、可溶性物质的离子含量、浮游生物等,它们影响水体对不同波长光线的选择吸收,使湖水呈现不同颜色。湖泊水色用水色比色计测定,水色比色计用化学品配制而成,从浅蓝到棕色共分21个等级;级号越大,水色越低。观测时,先用透明度盘测定透明度后,把盘拉至1/2透明度深处,对比水色与比色计颜色,即可确定水色等级。

(3) 湖水的温度。一般水深大于10m的湖泊通常不受表层水温的影响而保持一定的温度(4~8℃);水深小于10m的浅湖,湖的水体会受太阳辐射影响而使水温发生变化。

(4) 湖水的化学成分。各个湖泊具有不同的化学成分和含盐量,主要取决于湖泊所处的地理环境,其次与湖水来源、湖水与外界的交换及其物理、化学和生物过程有关。溶解于湖水中的物质主要有离子、生物原生质、溶解气体、有机物和微量元素等。

13.1.4 湖泊水的运动及水量平衡方程

13.1.4.1 湖泊水的运动

湖泊虽属流动缓慢的滞流水体,但是在风力、水力坡度力、密度梯度等作用下,湖泊中的水总是处于不断运动之中。湖水的运动方式可以分为两种:升降运动和进退运动。前者包括波浪、波漾现象,后者包括混合、湖流和增减水现象。一般这两种运动是互相结合发生的。这些运动有的是周期性的,有的是非周期性的,有的在湖面,有的在湖水内部。湖水的运动方式取决于作用力的形式、历时、周期性和空间分布、湖水成层结构、内部密度分布、湖盆形状和大小等因素。此外,由于局部湖区气压突变或地震作用也会引起湖水运动。当外力停止后,由于黏滞力与紊动摩擦的作用使湖水运动最后停止。

湖水运动是湖泊最重要的水文现象之一,影响着湖盆形态的演变、湖水的物理性质、化学成分和水生生物的分布与变化，因此研究湖水的运动具有重大意义。

13.1.4.2 湖泊、水库的水量平衡

湖泊、水库不同于其他水体，其入流和出流有其特有的复杂性，但它仍然满足水量平衡方程，具体公式如下：

$$P+R_s+R_g=E+R'_s+R'_g+u+\Delta S \tag{13.1}$$

式中 P——时段内湖面的降水量；

R_s、R'_s——时段内地表径流入湖量、出湖量；

R_g、R'_g——时段内地下径流入湖量、出湖量；

E——时段内有效蒸发量；

ΔS——时段内湖泊蓄水量变化量。

研究湖泊、水库水量平衡的意义在于：①水量平衡是研究湖泊沙量、热量、盐量的基础；②通过水量平衡计算，由进入湖泊、水库的水量预报，推算流出湖泊的水量和水库的相应水位，为湖泊、水库的控制和运用提供决策依据。

13.2 湿 地

13.2.1 湿地的定义

湿地与森林、海洋并称为全球三大生态系统，具有涵养水源、调节气候、改善环境、维护生物多样性等多种生态功能，被誉为"地球之肾""物种基因库"。湿地位于陆生生态系统和水生生态系统之间的过渡性地带，在水土交界的特定环境下，生长着很多具有湿地特征的动植物，拥有着多样性的物种资源，是重要的生态系统。很多珍稀水禽的繁殖和迁徙离不开湿地，因此湿地还被称为"鸟类的乐园"。

在人口爆炸和经济发展的双重压力下，20世纪中后期，大量湿地被改造成农田，加上过度的资源开发和污染，湿地面积大幅度缩小，湿地物种受到严重破坏。1971年2月2日，来自18个国家的代表在伊朗拉姆萨尔共同签署了《关于特别是作为水禽栖息地的国际重要湿地公约》（简称《湿地公约》）。《湿地公约》已经成为国际上重要的自然保护公约，受到各国政府的重视。为纪念公约诞辰，1996年10月，公约第19届常委会决定将每年2月2日定为"世界湿地日"。《湿地公约》把湿地的定义为：不论其为天然或人工、长久或暂时性的沼泽地，泥炭地或水域地带，静止或流动的淡水、半咸水、咸水水体，包括低潮时水深不超过6m的水域，同时还包括邻接湿地的河湖沿岸、沿海区域以及位于湿地范围内的岛屿或低潮时水深不超过6m的海水水体。

中国湿地面积占国土面积的比例远低于世界平均水平，并受气候变化和人类活动的影响，湿地面积减少、功能退化的趋势尚未得到根本遏制。1992年7月31日，我国正式加入《湿地公约》，并将中国湿地保护与合理利用列入《中国21世纪议程》和《中国生物多样性保护行动计划》优先发展领域。党中央国务院不断加强对湿地保护的重视程度。在党的十八大和十九大报告中分别提出"扩大森林、湖泊、湿地面积，保护生物多样性"和"强化湿地保护和恢复"。为了加强湿地保护，维护湿地生态功能及生物多样性，保障生态安全，促进生态文明建设，实现人与自然和谐共生，2021年12月24日

第十三届全国人民代表大会常务委员会第三十二次会议通过了《中华人民共和国湿地保护法》(详见附录2)。

近年来,我国采取一系列措施加强湿地保护修复,取得明显成效。目前,我国已初步建立了湿地保护管理体系,指定了64处国际重要湿地,建立了600余处湿地自然保护区、1600余处湿地公园和为数众多的湿地保护小区,湿地保护率超过50%。

13.2.2 湿地的功能

湿地广泛分布于世界各地,覆盖面积仅占地球的6%,却为地球上20%的已知物种提供了生存环境,具有不可替代的功能。

(1) 提供水源。湿地可以涵养水源,可以在汛期储存过量的雨水,在枯水期把径流释放出来。湿地常常作为居民生活用水、工业生产用水和农业灌溉用水的水源。

(2) 调节流量。湿地是一个巨大的蓄水库,具有和水库相同的调节径流的能力,可以有效地削减洪峰、延缓洪水。在暴雨和河流涨水期,湿地储存过量的降水,雨期后又均匀地把径流放出,从而减弱危害下游的洪水。

(3) 保护堤岸。湿地中生长着多种多样的植物,这些湿地植被可以抵御海浪、台风和风暴的冲击力,防止对海岸的侵蚀,同时它们的根系可以固定、稳定堤岸和海岸,保护沿海工农业生产。如果没有湿地,海岸和河流堤岸就会遭到海浪的破坏。例如生长在海岸滩涂的红树林,既能化解海潮风浪的冲击,又能起到保护堤岸的作用,同时也起到了保护滩涂、净化海水的作用。

(4) 净化水质。湿地有助于减缓水流的速度。当含有毒性、杂质或富营养化的流水经过湿地时,缓慢的水流有助于有毒物质、杂质和营养物质的沉淀、吸收和转化。许多湿地能够有效地吸收水流中的有机营养物、无机营养物、有毒污染物、悬浮物等,从而起到净化下游水质的功能。在实际中,不少湿地可以用做小型生活污水处理地,这一过程能够有效提高水质。

(5) 补充地下水,防止海水入侵。地下水常被人类开采利用,而湿地可以为地下蓄水层补充水源,从湿地到蓄水层的水可以成为地下水系统的一部分。同时,沼泽、河流、小溪等湿地向外流出的淡水限制了海水的回灌,沿岸植被也有助于防止潮水流入河流。如果湿地受到破坏或消失,就无法为地下蓄水层供水,地下淡水资源就会减少,海水会大量入侵,从而减少了对人们生活、工农业生产及生态系统的淡水供应。

(6) 调节气候。湿地可以影响局部小气候。湿地水分通过蒸发成为水蒸气,然后又以降水的形式降到周围地区,保持当地的湿度和降雨量,影响当地人民的生活和工农业生产。

(7) 保护生物多样性。湿地孕育了多种多样的珍稀动植物,同时也为人类提供了大量的经济产物,如木材、药材、鱼虾、牧草、水果、芦苇等,还可以提供泥炭薪柴等多种能源。同时,湿地还是许多鸟类、鱼类、两栖动物的繁殖、栖息、迁徙、越冬的场所,湿地以其适宜的生态环境极大地保护了全球物种的多样性,被形象地誉为"物种基因库"。

(8) 航运。湿地的开阔水域为航运提供了条件,具有重要的航运价值,沿海沿江地区经济的迅速发展主要依赖于此。

(9) 景观娱乐。湿地具有自然观光、旅游、娱乐等美学方面的功能，蕴涵着丰富秀丽的自然风光，成为人们观光旅游的好地方，给人们带来了极大的景观娱乐价值。

(10) 教育和科研。复杂的湿地生态系统、丰富的动植物群落、珍贵的濒危物种等，在自然科学教育和研究中都具有十分重要的作用。有些湿地还保留了具有宝贵历史价值的文化遗址，是历史文化研究的重要场所。

13.2.3 湿地的水文情势

湿地具有自己独特的生态环境，形成一套自我动态调整的平衡体系，从而长期处于一种稳定的生态结构。影响湿地生态系统稳定的因素有很多，包括水文条件、气候变化、土壤肥沃度等，这些要素共同维持着湿地生态系统的稳定。当某一要素脱离自然演变规律发生显著变化时，就会导致当地生态系统的演变方向发生偏离，从而对生态系统的稳定性造成威胁。湿地生态系统中，水文条件尤为重要，可以说水参与了湿地生态系统中的每一个环节。

湿地水文过程是湿地发育和生物种群及群落演替的主要驱动力，作为一种动态过程，洪泛过程发生的时机、波及的范围、漫散的程度以及持续的时间都为湿地内不同生境的塑造提供了多种可能，对保护湿地生物多样性具有重要价值。水文过程会直接或间接作用于湿地，并通过湿地内部的生态环境进行反馈。因此，湿地水文过程决定着湿地的形成与演化，湿地水文情势塑造了其生物特征及理化特征。

湿地的水文情势主要包括水位、水量、蒸散发量等。水文情势的改变会直接导致湿地水域面积和含水率的变化，严重的水文改变甚至可以破坏湿地生态系统的整体结构和生态功能，进而破坏湿地生态系统中动植物的栖息地和繁殖场所。因此，湿地水文情势是保证湿地生态系统生物组成、结构与功能健康完整的核心要素。对湿地水资源进行合理的开发和利用时，就不得不考虑水文情势变化所带来的生态效应。

(1) 水位。湿地内不同的物种对湿地水位有着不同的需求，过低的水位会导致湿地萎缩，物种多样性发生衰退；而过高的水位则会超出湿地生态系统的承受范围，缩减丹顶鹤等鸟类的生存及觅食空间，使生态系统严重失衡。因此，将湿地水位维持在合理的区间范围，对于湿地生态系统的保护与修复至关重要。

(2) 水量。湿地水分多以重力水、毛管水、薄膜水的形式存在，其水分运动缓慢，湿生植物丛生，排水不畅。蒸发量大、径流量小是湿地水量平衡的重要特点。在多年变化中，前者变化小，后者变化相对较大。通常上游河流都与中下游的湿地直接连通，河流径流的流速、流量也决定了湿地的水量，进而影响湿地生态格局的发展与走向。

(3) 蒸散发量。湿地蒸散发量的大小与湿地类型、气候条件及湿地蓄水量有关。一般来说，潜育湿地、低位湿地蒸散发量大，当湿地蓄水量多时，蒸发量与辐射平衡值呈正相关。在夏季，当湿地前期蓄水量基本耗尽时，湿地蒸散发量与降水量也呈正相关。

13.2.4 湿地的研究重点

湿地水文过程决定湿地的水文情势，湿地的水文过程主要包括湿地植物截留、蒸散发、湿地渗漏、地表径流和地下径流等水文环节。由于湿地蒸散发量大，植物截留和湿地蒸散发是湿地水文过程区别于一般流域水文过程的重要特征，是湿地水分收支循环的重要因素。因此,植物截留量和湿地蒸散发量的观测和计算是湿地水文研究的重点。

目前,植物截留的观测仪器和方法均不太完善,模拟和计算方法的验证存在困难,所以观测仪器和观测方法的改进是湿地水文研究的一个重要方向。充分利用遥感技术,获取大面积湿地的水文要素数据,对于提高湿地水文研究水平具有重要意义。实际上,这方面的研究已经开始取得进展。

湿地蒸散发的研究手段和方法与一般流域区别不大,通常可以利用水量平衡法、热量平衡法进行估算。

建立湿地模型,对湿地水文过程进行模拟也是湿地水文研究的重要技术手段。目前,有关湿地水文过程的模型尚不完善,模型赖以构建的大气-植被-土壤界面的各种水分循环机理仍有待于进一步研究,湿地水文模型的原理和结构尚需进一步发展。下面总结了湿地研究的主要方向和重点。

(1) 湿地的形成和演化机理。了解湿地的自然演化过程和规律是人类利用湿地、保护湿地的理论基础。只有充分了解湿地的自然演化机制,才能指导人们有效地开发湿地资源。

(2) 退化湿地的恢复与重建。长期以来,由于人们对湿地缺乏足够的认识,一直将湿地视为荒地。人们在经济利益的驱使下,过度地向大自然索取资源,通过各种方式排干湿地,从事农业生产或其他生产活动。人类对湿地的不合理开发、无节制的利用,致使湿地面积大幅度减少,湿地资源严重退化,使湿地遭受前所未有的破坏。据估计,自1900年以来,全世界已有1/2的湿地消失。湿地大面积消失已经使人类尝到了苦果,修复湿地功能已经被许多国家提上了议事日程。发展湿地生态恢复理论和技术,合理恢复与重建湿地生态功能显然具有重大意义。

(3) 湿地温室气体排放、温室效应和全球环境变化研究。湿地被认为是世界上最重要的温室气体排放源,与全球环境变化关系密切,不同类型湿地(各类自然与人工湿地)温室气体排放的气候效应研究就非常重要。

(4) 湿地的保护与管理。随着经济发展和人口的增加,人们对湿地的过度利用与开发导致了湿地生态系统的破坏,从而引发了更为严重的生态和环境问题。加强湿地保护已成为一种迫切需要,各国政府、各界学者都开始重视湿地的保护和管理,世界各地已经建立了许多重要的湿地自然保护区。

(5) 湿地生态系统与评价。科学的湿地生态系统评价指标、评价方法和评价内容是合理评价、正确认识湿地生态系统的保障。

思 考 与 练 习 题

13.1 湖泊的分类有哪些?

13.2 请标出题图13.1中的特征水位和特征库容,并对每个特征水位和特征库容进行解释。

13.3 请写出湖泊(水库)的水量平衡方程,并解释每个字母的含义。

13.4 世界湿地日是每年的哪一天?请介绍它的由来。

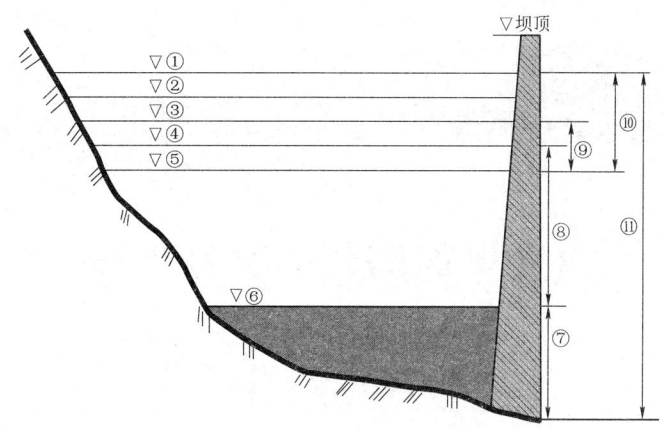

题图 13.1　水库特征水位和相应容量

13.5　湿地的定义是什么？列举几种常见的湿地类型。

13.6　简述湿地的功能。

13.7　湿地的水文情势包括哪些方面？湿地的水文过程又包括哪些方面？

13.8　《中华人民共和国湿地保护法》在何时通过？何时开始施行？

扫码查看答案

项目 14

水文学的创新研究及进展

【知识要点】

通过本项目的学习,了解水文学创新研究的典型案例、数字水文的研究与进展、数字孪生流域研究及建设进展、生态水文学发展趋势与研究方向等理论知识。

【技能要求】

通过本项目的学习,能列举水文学研究的经典案例,能区分分布式水文模型和集总式水文模型的不同,能阐明数字水文、数字孪生流域、生态水文学的研究重点。

【重点与难点】

重点:水文学创新研究的典型案例、数字水文的研究与进展、数字孪生流域研究及建设进展、生态水文学发展趋势与研究方向。

难点:水文学创新研究的经典理论和方法。

14.1 水文学创新研究的典型案例

科学研究旨在对新知识进行探求。科学上的发现即创新,是科学发展和学科进步的灵魂,科学创新固然与科学家的聪明才智和勇气分不开,但更重要的是取决于研究方法论的运用。"科学就在于用理性方法去整理感性材料",所谓理性方法即指科学研究方法。水文学作为地球物理科学的分支之一,自 17 世纪形成以来,已成为一门内容丰富、有重要应用价值的学科,在其 300 余年的发展过程中,科学研究方法论所发挥的作用是十分重要的,也的确出现过许多引人入胜、富有启发性的研究事例。对这些事例加以归纳总结,不仅能起到弘扬自然辩证法的作用,而且对启发人们的科学创新精神具有一定的意义。

14.1.1 在"假设"中创新

"假设"的主要作用是设想出解决问题的方案或方法。合理的"设"可使面临的难题迎刃而解。反复被实践证明是正确的"假设"一般存在一定的理论基础,寻找这一理论基础将有力地推动学科的进步。

14.1.1.1 谢尔曼(Sherman)单位线

1932 年,谢尔曼为解决由降落在流域上的净雨过程线推求流域出口断面流量过程线的问题，提出了单位线的概念。他假设单位线服从倍比、叠加原理和总历时不变。从此以后，该法在世界范围内的许多流域的流域汇流计算中获得了好的精度。直至现在，该法仍是极具生命力的流域汇流计算方法。这就是说，实践反复证明，谢尔曼提出的单位线概念及三项"假设"在一定范围内无疑是正确的。

14.1.1.2 杜格（Dooge）系统水文学

1959年，杜格明确地将系统的概念引入流域汇流，提出了一般性流域汇流单位线。1967年，杜格建立了"系统水文学"的科学体系。按照系统理论，自然界的系统有线性和非线性之分，凡满足倍比和叠加原理的系统称为线性系统；凡不满足倍比原理而满足叠加原理，或既不满足倍比原理，也不满足叠加原理的系统称为非线性系统。因此，一个流域的汇流系统只要属于线性系统，那么使用单位线推流就是符合事物的客观规律的，并且对于线性时不变流域汇流系统，单位线的三项假设也不再是"假设"了。但为什么有的流域汇流系统属于线性系统，而有的则属于非线性系统呢？这又促使人们进一步去探求流域汇流的物理机理。

14.1.1.3 马斯京根（Muskingum）法的建立

1934—1935年间，美国水文学家麦卡锡（MaCarthy）在研究美国马斯京根河的洪水运动规律时，为了解决由河段上断面洪水过程线推求河段下断面洪水过程线的问题，提出了一个假设：时刻的河段槽蓄量$W(t)$与t时刻河段上下断面的流量$I(t)$和$O(t)$有如下线性关系：

$$W(t)=K[xI(t)+(1-x)O(t)] \tag{14.1}$$

式中　x——流量比重因子；

　　　K——具有时间因次的常数。

这样，将式（14.1）与有限差分形式的河段水量平衡方程式联立求解，就很容易通过简单的代数运算解决由河段上断面洪水过程线推求河段下断面洪水过程线的问题，而且取得了令人满意的精度。这种洪水演算法被后人称为马斯京根法。自那以后，马斯京根法在世界上许多河流的洪水演算中得到成功的应用。这就必然引起人们的进一步思考：由式（14.1）表达的"假设"，如果不是揭示了某种条件下的洪水波运动的基本规律，怎么可能有这样广泛的适应性呢？水文学家早在20世纪60年代就开始探讨这个问题。直至现在，人们已能根据水力学及洪水波运动理论证明，马斯京根法实际上是具有自由下边界的扩散波方程的二阶精度的数值解；式（14.1）实际上就是近似的扩散波运动的动力方程，而扩散波则是大多数河流经常发生的一种洪水波。业已证明x与特征河长或扩散波的波速C、扩散系数D之间有如下理论关系：

$$x=\frac{1}{2}-\frac{l}{2\Delta x}=\frac{1}{2}-\frac{D}{C\Delta x} \tag{14.2}$$

式中　Δx——演算河段的长度。

14.1.2 在"猜想"中创新

"猜想"与"假设"之区别在于前者主要是指思维上的符合逻辑的奇想，而后者主要是指所设想的用于解决问题的具体办法。"猜想"是一种比"假设"更高层次的科学思维，它表现了研究者的想象力，因而更能体现科学研究的创造性。"猜想"一经实践或实验证实，就可能成为一种原创性的科学理论。

14.1.2.1 霍顿（Horton）产流理论的创立

1935年，霍顿发表了著名论文《地表径流现象》，文中提出了一个"猜想"：降雨落到地面产生径流，将经历两次再分配作用。其一为地面的"筛子"作用。由于包气带由多孔介质组成，故地表像一面"筛子"，其筛孔大小用地面下渗能力表示。当降雨强度 $i<f_p$ 时，地面实际出现的下渗率为 $f=i$，而地面径流率 $r=0$；当 $i=f_p$ 时，则 $f=f_p$，$r=0$；当 $i>f_p$ 时，则 $f=f_p$，$r=i-f_p$。这就是说，降雨经过地表这面"筛子"的作用就分成下渗水量和地面径流量两部分。其二为包气带的"门槛"作用。按 f 在降雨历时 T 内下渗到包气带中的水量 $I=\int_0^T f\mathrm{d}t$，还将经历第二次分配，其中一部分提供给包气带的蒸散发量 E，余下的还要补充给包气带的缺水量 D（D 为包气带田间持水量 W_f 与其初始含水量 W_0 之差）。如果 $I-E\leqslant D$，即包气带没"蓄满"或刚好"蓄满"，则不产生地下径流；如果 $I-E>D$，即包气带"蓄满"且有余水，则产生地下径流。从产生地下径流的角度看，包气带田间持水量 W_f，则起着一个"门槛"作用。根据这一"猜想"，霍顿认为均质包气带的产流机制取决于 i 与 f_p 的对比关系和 $(I-E)$ 与 D 的对比关系。这一"猜想"后来得到了许多水文观测和实验资料的证实。上述霍顿关于均匀包气带产流机制的"猜想"已成为极具影响力的产流理论，即后人所称的霍顿产流理论。该理论对现行实用的降雨产流计算方法的形成起到了十分关键的作用。

14.1.2.2 流域汇流机理的揭示

流域汇流是一种比河道洪水运动更为复杂的水流运动。从1921年水文学家Ross提出面积-时间曲线到1979—1980年间水文学家Rodriguez-Iturbe和Gupta等提出的地貌瞬时单位线理论，人们关于流域汇流机理的探索实际上都使用了将水体可看作由大量水滴组成的这一"猜想"。由于降雨注入流域中是呈散布状的，所以同时刻降落到流域上的雨水水滴将散布在流域的各处。这样就可以猜想每个水滴不仅到达流域出口断面的路径及其长度不同，而且运动速度也各异，因此只有能在某一时刻到达流域出口断面的水滴才能组成该时刻流域出口断面的流量；或者说各水滴流速虽相同，但由于到流域出口断面的距离不等，故水滴即使是同时注入流域的，它们也不可能在同一时刻到达流域出口断面。当然也有这样的情况，有些水滴虽然它们到流域出口断面的距离相同，但由于速度不同，这些水滴即使是同时注入流域的，也不可能在同一时刻到达流域出口断面。基于前一种解释，Rodriguez-Iturbe和Gupta等借助统计物理学的理论和方法证明：当各水滴之间存在弱相互作用时，流域瞬时单位线 $u(t)$ 即为水滴流达流域出口断面时间的概率密度函数 $f_B(t)$ 即

$$u(t)=f_B(t) \tag{14.3}$$

基于后一种理解，Rinaldo得出了流域汇流是地貌扩散和水动力扩散共同作用所引起的结论。若地貌扩散和水动力扩散作用分别用 $u_g(t)$ 和 $u_h(t)$ 表示，且两者之间互为独立，则流域瞬时单位线 $u(t)$ 又可表达为

$$u(t)=u_g(t)*u_h(t) \tag{14.4}$$

式中"*"表示卷积运算。在这里，地貌扩散作用是由于水滴路径及其长度不同而引起的，水动力扩散作用则是由于水滴流速空间分布不均匀引起的。上述关于流域汇流机理的"猜想"的正确性已被许多实际资料证实，而且已经预示，建立在这种"猜想"基础上的流域汇流理论，将为人们进一步揭示流域汇流系统的线性或非线性特性提供有力的工具。

14.1.3 在"推理"中创新

如果说"猜想"是由"因"求"果"的话，那么"推理"的科学思维方式则主要是根据所获得的"结果"，反过来推测其"成因"。这是科学研究中比较直观的一种思维方法

14.1.3.1 径流的组成成分问题

水文学家在对所观测到的大量的洪水过程线的消退部分即退水曲线的形状进行考察时发现，该曲线并非为处处连续可微的光滑曲线，它常常呈现出一个或多个转折点。如果将退水曲线绘在单对数纸或双对数纸上，则得到的通常不是单一直线或光滑曲线而是一条带有一个或多个转折点的折线。由于这种折线的不同坡度代表了不同的退水速度，因此，由一个或多个转折点组成的折线显然可以"推理"出以下结论：洪水过程线应当是由具有不同速度的径流成分组成的，其中退水最快的一般为地面径流，而最慢的一般为地下水径流，壤中水径流的退水速度则在两者之间。这一"推理"结果已得到了许多实验的证实，其中国外部分可参见 *Hillslope Hydrology* 一书，国内部分可参见浙江省姜湾径流试验站、水利部南京水文水资源研究所滁县径流试验站和安徽省五道沟水文实验站的分析报告。这一"推理"也完全符合迄今为止人们所建立的产流理论。在实用上，这一"推理"的合理性还促使人们创立了按径流成分进行流域汇流计算的概念，这无疑是有利于提高流域汇流计算精度的。

14.1.3.2 蓄满产流计算方法的建立

20 世纪 60 年代，赵人俊等在分析制作中国南方湿润地区的降雨径流相关图时发现：影响这些地区径流量的因素中最主要的因素是降雨量、初始流域蓄水量和雨期流域蒸发量，而与降雨强度几乎无关；当降雨量较小时，降雨-径流关系为曲线，表明径流系数是变化的，且小于 1；当降雨量较大时，降雨-径流关系为直线，径流系数保持为常数，且为 1；降雨-径流关系的曲线部分的点据比较散乱，且多偏于径流量大的方向，而在直线部分点据分布趋势则和线比较吻合。根据这样的观察结果，赵人俊等做了如下"推理"：在中国南方湿润地区，由于气候湿润，包气带缺水量一般较小，一场降雨很容易使包气带达到田间持水量；另外，这些地区植被良好，表土疏松，地面下渗能力一般很大，出现降雨强度超过地面下渗能力的情况十分罕见。因此，在中国南方湿润地区，产流的主要机制是降雨量超过包气带缺水量，这种产流机制必然表现为：当包气带缺水量和雨期蒸散发量得到满足后，降雨量的增量必然等于产流量的增量，即径流系数等于 1。此外，由于这种降雨-径流相关图是针对一个流域来制作的，而在一个流域上包气带缺水量并非处处相同，而是在空间上呈不均匀分布的，因此，即使降雨在流域上分布均匀，也不可能出现一旦开始产流就是全流域产流的情况，而必然是包气带缺水量小的地方先产流，缺水量大的地方后产流。这就是说，随着降雨量的增加，产流面积将越来越

大，当降雨量达到一定值时才会出现全流域产流。同样，径流系数也经历着一个由小于1增加到1的发展过程。所以，流域降雨-径流相关图的曲线部分表示了局部流域产流的情况，而直线部分表示了全流域产流的情况。当然，降雨的空间分布一般也是不均匀的，如果考虑到这一点，则由于建立流域降雨-径流相关图时，降雨量采用流域平均值（显然这是一个空间均化值），而径流深采用实测径流量按全流域平均，故在流域降雨-径流相关图上就会出现两种不合理的情况：一是按流域平均降雨量应为不产流，而实际实测径流量则不为零；二是实际上只是局部产流，但却按全流域来求平均径流量。不难理解，这就是流域降雨-径流相关图点据散乱的主要原因。针对这一现象，赵人俊等提出了流域蓄水曲线的概念和按雨量站控制面积进行产流计算的方法。这样就可以避免以上两种不合理情况，进一步完善蓄满产流计算方法，提高了蓄满产流的计算精度，也为新安江流域水文模型的建立奠定了坚实基础。

14.1.4 在"比拟"中创新

"比拟"俗称"比喻"，就是使用一些看上去与所研究的问题无本质联系的概念和方法，来处理人们所面临的问题。当所研究的问题比较抽象时，"比拟"方法可以给人以比较直观的感觉。

14.1.4.1 概念性汇流模型问题

这里所讨论的"汇流"包括河道汇流和流域汇流。如果对比一下无区间入流河段上、下断面的洪水过程线，或流域净雨过程线与流域出口断面洪水过程线，则不难发现河段下断面洪水过程线或流域出口断面洪水过程线上同位相的流量将滞后于河段上断面洪水过程线或流域净雨过程线；河段下断面的洪峰或流域出口断面洪水过程线峰值通常小于河段上断面的洪峰或流域净雨过程线峰值，而且过程线形状也会发生变形，前一个现象称为"推移"作用；后一个现象称为"坦化"作用。这就是说，河段下断面洪水过程线可看作是河段上断面洪水过程线经由河段的推移和坦化作用演变而来的，而流域出口断面洪水过程线可看作是流域净雨过程线经由流域的推移和坦化作用演变而来的。水文学家的研究表明，这种"推移"作用可用"渠道"来比拟，而"坦化"作用则可用"水库"来比拟。无论是"渠道"还是"水库"，又都有线性和非线性之分。采用若干个大小不等的"渠道"和"水库"，按串联、并联或混联的组合方式，就可以构成一个可用于模拟河段或流域汇流过程的模型。"渠道"和"水库"称为概念性元素，由它们组成的汇流模型称为概念性汇流模型。现在，概念性汇流模型已成为汇流计算中重要的一类方法，它以使用简便、对资料要求不高、适用性强而受到水文工作者的青睐，有些概念性模型还找到了相应的理论解释，如线性水库串联模型在河道汇流中就是特征河长连续演算；线性水库并联模型则与地下水汇流的动力学解析解十分一致等。

14.1.4.2 三水源新安江流域水文模型的水源划分问题

按 *Hillslope Hydrology* 一书所提出的产流机制，湿润地区分层包气带产生的总径流一般由饱和地面径流、壤中水径流和地下水径流三种径流成分组成。"山坡水文学"产流机制是霍顿产流理论的新发展。如何将这三种水源区分出来，是新安江流域水文模型必须处理的一项重要工作。赵人俊认为，可将湿润地区的产流比拟为蓄水体出流，利用一个具有有限容积和侧孔、底孔的蓄水体就可以比拟饱和地面径流、壤中水径流和地下水径流等三水源的生成。当蓄水体的蓄量超过其有限容积时，超过部分的水量将从蓄水体顶部溢出，成为饱和地面径流；而从底孔流出的为地下水径流，从侧孔流出的为壤中水径流。实践证明，应用这种新方法来划分三种水源显然提高了新安江流域水文模型的模拟和预测精度，其合理性是毋庸置疑的。

14.1.5　在"综合"中创新

"综合"属于一种统计研究方法。人们探索自然规律总是从感性开始，即从观察现象、量测数据开始，而从大量的观测数据中寻找规律性最易使用的方法通常就是"综合"方法。通过对大量观测数据的综合分析，就可确定主要的影响因素，建立研究变量与其影响因素之间的经验关系，如经验公式、相关图等

14.1.5.1　综合单位线的提出

确定谢尔曼单位线必须具备足够多的实测降雨和径流资料。为了解决缺乏实测降雨径流资料情况下流域的谢尔曼单位线的推求问题，早在20世纪30年代斯奈德（Snyder）通过大量资料的分析，发现单位线的形状与降雨特性和流域地形地貌特征有关。因此，他提出可以根据若干有资料流域分析出的单位线，建立单位线要素如峰值、峰值滞时、单位线底长等与降雨强度、流域面积、干流河长、流域坡度、河网密度等影响因素之间的经验关系，然后移用到有关的无资料流域。这种经验关系可用公式形式表示，也可用相关图形式表示。综合单位线在许多情况下能成功地应用，增强了人们从机理上探求流域汇流与降雨特性和流域地形地貌特征之间理论关系的信心。1979年Rodriguez-Iturbe等所建立的地貌瞬时单位线理论就是受到了综合单位线思想的启迪所提出的。

14.1.5.2　霍顿下渗公式的建立

通过供水充分条件下的下渗试验可以得到一组表达下渗能力与时间关系的试验数据。1933年，霍顿根据这样的数据，通过综合法提出了以下下渗公式：

$$f_p = f_c + (f_0 - f_c)e^{-kt} \tag{14.5}$$

式中　f_p——下渗容量；

f_0——初始下渗能力，相当于土壤含水量为零时的下渗能力；

f_c——稳定下渗率；

k——经验参数。

霍顿下渗公式的提出与谢尔曼单位线一样也是水文学发展史上一个代表性事件。在世界上许多地方，式（14.5）都有较好的适用性，这就促使人们去寻找其理论根源。事实上，现在已经证明，式（14.5）是垂向一维理查兹（Richards）方程式的一种解析解，而垂向一维理查兹方程是一种描写下渗物理过程的数学物理方程。"综合法"所获得的结论一般只具有经验性，但也有可能揭示出现象的规律性，上述霍顿下渗公式就是垂向一维理查兹方程的解析解。

14.1.6　在"实验"中创新

在自然科学研究中，"实验"是最基础的研究方法。广义的水文实验包括在流域上布设站网进行水文观测、代表性流域和实验性流域实验，以及室内实验室实验等。这里仅涉及代表性流域和实验性流域实验以及室内实验室实验两种实验研究方法。

14.1.6.1 非饱和产流机制的揭示

按霍顿产流理论,只有当包气带含水量达到田间持水量时才具备产生地下水径流的条件。这种理论的适用性如何?自然界是否存在其他产生地下水径流的机制?为此,Hewlett 和 Zaslausky 分别于 1963 年和 1970 年在室内和野外进行了水文实验。Hewlett 在实验室内取一长 13.71m,宽和高均为 0.9144m 的倾斜水泥槽,槽中充填均质沙土,利用人工降雨灌水至槽中使土壤含水量达到田间持水量,然后在槽的顶部加盖塑料膜,以防止蒸发,并在槽的坡脚处观测槽内出流情况,结果表明,在 150d 内可明显地观测到槽内有水排出。Zaslausky 在野外选一边长为 21.33m 的正方形实验区,区内土质均一,地下无不透水隔板。试验时用人工降雨器保持降雨空间分布均匀,并将降雨强度控制在不致发生地面径流现象的程度。雨止后 10d 发现区内 0.2m 和 0.4m 土深处的土壤水量与地形的曲率有密切的关系,地形凹处的土壤水量明显大于凸处。这两个实验的一致结论是存在非饱和产流机制,它是一种霍顿产流理论不能解释的地下水或壤中水径流形成机制。Hewlett 甚至断言:"陡峻流域层中的非饱和流是维持河流中基流的主要机制"。不过在自然条件下,由于蒸散发不可避免,该断言的科学性就值得进一步讨论了。

14.1.6.2 同位素追踪实验在水文学中的应用

在水文学研究中,出现了一些长期停留在分析现有的实测降雨径流资料而得到的一些猜测上,这些猜想难以确定是对是错,例如:降雨和径流的一一对应关系,径流成分形成机制及分割方法,流域汇流速度的计算公式,坡面水流的存在形式,以及水流在多孔介质中的运移形态等。水文学家认为,要获得这些水文基本现象的真实规律,必须使用水文示踪技术,尤其是同位素示踪技术。可以这样认为,现存于水文学中若干不同见解,或似是而非的见解,很可能要依靠同位素水文学才能"正本清源",而对于水文学理论中至今仍为未知的若干领域,也可能要依靠同位素追踪实验才能有所发现。同位素水文学在发达国家已普遍受到重视。国际原子能组织在同位素水文学的形成和发展中也作出过杰出的贡献,我国水文学应在过去做过一些贡献的基础上更上一层楼。

14.1.7 水文模型的创新——分布式水文模型

早在 1961 年,彭曼曾言简意赅地指出,水文学可认为是一门回答"降雨后发生了什么"的科学。因此,揭示降雨径流形成即产汇流机理,并寻找根据降雨时空分布计算流域出口断面流量过程的方法,是水文学研究的核心问题之一。应该说,水文学发展到今天,产汇流理论是水文学理论中较为成熟的部分,在生产中得到了广泛的应用。但是产汇流理论中仍有许多未被完全揭示的领域,因此,现有的产汇流计算方法的精度还不能在任何情况下都能很好地满足实际生产的需要。目前,国内外水文学家对产汇流理论的研究仍十分活跃,据粗略估计,每年在国际公认的 5 种水文学期刊上发表的有关产汇流理论方面的文章约占总数的 40%,而且年年会有新进展。我国水文学家过去在这方面是有所建树的,今后应当有更大、更多的建树。自 17 世纪水量平衡理论创立以来的 300 余年中,水文学基本上都是将流域作为一个整体来进行研究的,这样势必忽略了气候因子和下垫面因子均呈现空间分布不均匀的事实。根据这种观点建立起来的集总式水文模型显然只能用于模拟气候和下垫面因子空间分布均匀的虚拟状态,只能给出空间均化的模拟结果,这样必然使得集总式水文模型的结构和参数的物理意义模糊,使其在模拟现实世界的流域降雨径流形成过程时必然存在较大的局限性，精度也常常不尽如人意。这种局限性还可能将一些学者的研究注意力引向寻找如何解算模型参数的纯数学方法上，试图用某些最优化算法来解决其中出现的问题，而忽略了对模型结构和参数物理意义的进一步探讨。

只有分布式水文模型才能为真实地模拟现实世界的流域降雨径流形成的物理过程提供有力的工具，因为分布式水文模型能客观地反映气候和下垫面因子的空间分布对流域降雨径流形成的影响。虽然分布式水文模型的建模思想早在20世纪60年代就已萌芽，但其长足的进步和广泛的研制和应用，出现在计算机技术、地理信息系统技术、遥感技术、雷达测雨技术和水文理论有了进一步发展的今天。分布式水文模型已成为水文学研究的长期热点课题之一。

14.1.8 水文尺度问题

水文学家通常所揭示的水文规律几乎都是针对一定的时空尺度而言的。也就是说，在不同的时空尺度下，水文现象一般具有不同的规律。在这种情况下，水文学家寻求水文规律总是先认识一定尺度的水文规律，然后通过揭示不同尺度之间的联系，再把这个规律推论到其他尺度上去。近20年来，水文学家十分重视这方面的研究，认为水文尺度问题是水文学基础研究的一个前沿课题和难题。

水文尺度问题与水文相似性问题密切相关，如果能寻找出水文相似性，那么就可以通过这种相似性来处理水文尺度问题。例如，水文学家近些年来研究发现，有些水文现象受到分形理论的支配，这就是说，它的局部与整体之间存在着称为自相似性的水文相似性。按照分形理论，在一定尺度范围内，具有自相似性的水文现象，其不同尺度的规律性之间的关系，取决于一种称为标度变换的简单变换。因此，对于具有自相似性的水文现象，通过标度变换就可以将该水文现象从一种尺度下获得的规律变换成另一种尺度的规律。由于水文现象的复杂性，水文学家目前对水文相似性了解还相当初步，亟待深入探讨。

容易看出，水文尺度和水文相似性的研究，对从理论上解决无实测水文资料情况下水文规律的探求问题具有深远的理论意义和重大的应用价值。

14.2 数字水文的研究与进展

14.2.1 数字水文的概念

数字化是信息革命时代最具代表性的特征。数字化技术正在对人类的生产和生活产生极其深刻的影响，它对水文学来说，不仅使水文信息的采集、传输、储存、处理和显示方法发生了根本性的改变，也使揭示和探索水文规律的手段发生了巨大变化，从而导致了数字水文学的创立。在现阶段，暂可将数字水文学定义为"基于数字化技术描述水文现象时空变化，探索、揭示水文规律的水文学分支学科"。在数字化技术的支持下，水文信息的采集将从目测、器测发展到遥测遥感，从点测发展到面测，从静态观测发展到动态观测。水文信息的传输、储存、处理、显示将从人工、机械辅助发展到自动化、智能化。

数字化技术给揭示和探索水文规律或机理带来的影响更值得水文学家关注。相当长时间以来，水文学家通常只能通过对现象的直接观测，然后借助于物理模型试验或数学模拟来揭示水文规律或机制。事实证明，用这种伽利略、牛顿等人开创的研究方法来揭示十分复杂的水文现象的规律或机理一般具有较大的局限性。但如在数字化平台上作水文研究，则可以在一定程度上克服其中某些局限性，得到用传统研究方法几乎无法得到的结论。现以获得流域瞬时单位线为例来说明之。流域瞬时单位线可视为流域汇流机理的一种表达，以往获得流域瞬时单位线的方法主要由实测降雨径流资料间接求得，因为那时只能从数学上来定义它。20世纪70年代末，水文学家根据统计物理学理论从水滴汇集的机理上获得"流域瞬时单位线是同时注入流域的无数水滴的汇流时间的概率密度函数"的重要结论，根据这个结论，水文学家已能根据数字高程模型（DEM）构建的数字流域平台直接从机理上求得流域的瞬时单位线。

概括来说，"数字水文"就是借助现代测量技术、通信技术、计算机网络技术和软件技术，采集河流及流域的水位、流量、沙量、气象（降雨、降雪、温、压、湿、风、水质）等基础信息，对流域及相关地区的雨情、水情、旱情、冰情、灾情等要素构建整体化数字平台。借助这一平台，以功能强大的系统软件与反映各种数学模型的应用软件，对防汛抗旱、水质监测、水资源管理保护等各种管理和开发方案进行模拟、分析和研究，提供决策支持，增强决策的科学性和预见性。同时，它也为流域水文气象预报以及水利水电工程的规划、设计、施工及管理运用提供更为科学合理的数据。以遥测遥控、尖端通信为手段，以电脑为核心，实现水文信息收集、传输、存储、整编、加工、应用的一体化、自动化、数字化、智能化、网络化本身，就是"数字水文"的重要体现。这一进程极大推进了以建立自动测报系统为标志的水文现代化，推动了水文信息科学和信息技术的蓬勃发展。

14.2.2 早期国外数字水文的发展

一些国家开发以无线电为主要手段的水文自动测报系统已有60多年的历史，在引入单板机、微机后的开发历史也有40多年。其中美国、加拿大、英国、日本、意大利等国的水文自动测报系统起步最早，设备与技术比较先进。

（1）日本数字水文的发展。1958年，日本富士通株式会社研制的水文自动测报系统运行成功。1974年，日本在淀川流域建立自动化洪水预报。目前，日本已经开发建立了三代河流信息系统。1975年，日本在木曾川水系建立了第一个世界先进的河流信息系统。1978年，日本建设省建成了能处理全国数据的河流信息系统。为满足信息的多样化需求，建设省1994年开发了第二代河流信息系统，即"综合河流信息系统"，它使信息收集的周期缩短了，监测的数据扩大了。除监测以前的雨量、水位、水库等数据外，增加了对水质、积雪、气象、水土流失、堤坝安全等方面数据的监测。但第二代系统的缺点是信息处理时间仍需要几十分钟，使得信息提供的周期仍无法缩短。为完善第二代管理系统，1997年，日本开发了第三代系统，1999年12月底系统正式启用。

（2）美国数字水文的发展。1966年，美国天气局在波托马克河流域建立了最早的水文自动遥测系统。从20世纪70年代开始，美国利用超短波无线电和微机建立了更为先进的自动遥测系统。80年代初期，美国开始采用卫星传输水文数据。由于卫星通信具有可靠性高、便于遥测、遥控和实现自动化等特点，采用卫星通信的测站数逐年增加。美国地质调查局目前普遍采用卫星实时数据传输系统，该系统由野外观测站卫星平台、GOES 地球同步环境卫星、弗吉尼亚 WALLOPS 数据采集与命令中心、卫星地面站、国内通信卫星与用户卫星平台、地理信息系统（GIS）及数据处理计算机组成。地质调查局在全美有 11 个卫星地面接收站。卫星实时数据传输系统有四种类型的数据自动记录器：纸带模拟记录器、模拟-数字记录器（ADR）、电子固态存储器（EDL）、数据收集平台（DCP）。数据收集平台可将接收到的数据发送到 GOES 地球同步环境卫星上。数据收集平台有两种类型：应答式与自报式。应答式 DCP 因装备有 GOES 接收器，而且接收器一直处于待命状态，所以成本及运行费用较高。鉴于此，地质调查局不使用应答式 DCP。自报式 DCP 有一内置时钟，内置时钟控制 DCP 定时发射数据。为避免多个 DCP 的交叉干扰，每个 DCP 每 4h 在其特定的发射窗口上以事先分配的频道发射 1min 时间，窗口与频道分配由国家地球卫星信息分配系统（NESDIS）决定。为监测突发事件，NESDIS 为报警数据发射提供了独立频道。美国建立的美国哥伦比亚河业务水文气象管理系统（CROHMS），以规模大著称于世。该系统在流域面积 67 万 km^2 范围内，有 80 多座水电站。美国从 50 年代开始至 80 年代初，基本建成了由人工、电传、无线电、通信卫星、流星余迹相结合的水文遥测系统。它拥有 10 个子系统和 1 个控制中心和数据库，并由 9 个联邦政府机构联合协作组建，包括 400 多个遥测站（共有 900 多个站）、100 多个中继站，是实时作业警报预报遥测系统。美国各地经常发生突发洪水（山洪），故分散的小规模的水文遥测系统也很多，目前正在逐步联网，向大范围、大规模的方向发展。美国先进的自动化水文数据遥测系统和地球静止卫星系统（GOES）进行的水文数据实时传输，以及因特网的应用，已使水文站点做到了无人值守，每个野外水文观测人员负责的站点数高达 12～18 个。

（3）其他国家数字水文的发展。除日本、美国外，1970 年法国在多尔顿流域、1972 年英国在迪河流域、1975 年澳大利亚在墨尔本市郊、1976 年意大利在欧姆布隆河流域也开始建立水文自动遥测系统，并成功实现了水文数据采集、传输、自动化洪水预报、自动警报等功能。

14.2.3 现代数字水文系统

随着微电子技术、计算机技术、空间技术以及其他新技术的广泛应用，水文遥测系统正向多测站、多参数、多制式、多通道（特别是利用卫星）、多功能（与其他系统联网）、全自动、低功耗、高精度、长周期和程序包（应用软件）等方向发展。美国地质调查局的水文站网和收集、存储、检索系统，20 世纪 80 年代初经过规划、研制和试点，正在付诸实施，命名为自适应水文资料采集系统（AHDAS）。

面对科技的迅猛发展，从 1998 年 1 月美国副总统戈尔的《数字地球》演讲，到美国"数字地球"战略计划出台，"数字"便以现代化的化身，成为国际"现代化战略"发展的核心问题，成为世界各国所关心的热门话题。美国、加拿大、日本、澳大利亚及欧洲发达国家在自然资源、河流或流域"数字"化管理方面的研究和应用起步较早，促进和逐步实施了现代化管理。它与现代管理、计算机技术、现代通信技术等紧密地联系在一起，成为科技发展不可缺少的部分。在水文领域内也不例外，海量的和源源不断的水文数字信息流的采集、传输、整编、存储、专业加工、咨询服务等构成了完整的数字水文系统。其中水文自动测报系统和各类水文数据库成为"数字水文"的主体。

构建基于地理信息系统（GIS）的数字水文平台，可以全面实现地理和水文信息数据的采集、存储、管理、分析、网上发布、空间数据的快速查询、三维可视化显示与输出等一体化的数据流程，从地理空间和专业属性两个方面对现实对象进行查询、检索和分析。由此可见，数字水文平台就是水文综合数据组织、管理和应用的平台。

数字水文系统，就是利用数据库技术建立完善的信息处理和信息存储体系；利用海量数据库和数据挖掘技术建立信息提取和分析体系；利用地理信息系统等工具建立气象、水文、地形地貌、植被、土壤水分、人类活动影响措施等信息的空间分布数字体系；利用中尺度数值预报模式和分布式水文模型建立数字化的空间和时间分布预报体系；依托网络、地理信息系统和数据库等技术，建立为防汛决策、专业应用、电子政务等提供决策支持的信息应用与服务体系。其核心在于如何形成数字化的、覆盖整个指定地域空间的、多重时空尺度的、多种要素的、对水文分析有用的数据产品。

对于依托"数字水文"的水文现代化而言，要形成与水利信息化相适应的信息服务能力，必须大力建设水文信息数据库，使之成为水利信息资源的重要组成部分。这里有两层含义：一是要丰富数据库的内容，二是要对水文部门内部的各类信息资源进行集成，形成有一定聚合度和服务目标的水文信息资源。同时建立一个基于最先进科技的水文自动测报系统，这是非常重要的。

14.2.4 水文自动测报系统

水文自动测报系统是远距离采集和传输水文信息的整套设备及其自动化技术，这一系统包括传感器（一种或多种）、通信设施（有线或无线）以及接收、处理与控制装置等。它要求准确、高效、快速，传输和处理的信息量大。

水文自动测报系统一般由三部分组成：①遥测站的一次仪表（即传感器和控制设备）；②信息传输通道（即通信设备，其中包含中继站或卫星）；③接收站或接收中心的通信和计算机设备。

遥测和传输的项目（或称参数）根据需要而定，通信功能则随信息量、距离和选用的通信手段而异，形式多种多样。如遥测范围甚广并受地形等不利条件的限制，往往需设一个或多个中继站传递信息。接收中心一般只有一处，有时需要设一两个分中心。信息向用户分配一般由中心负责。如采用卫星或流星余迹作为中继，往往要与大范围甚至全国的资料存储检索、情报预报、管理调度等系统联网，则在遥测站上安装资料收集平台，并需设置若干处地面接收站。

传输制式有两种可供选择，也可结合应用：

（1）自报式，又称主动式。遥测站通过编码器将信息按预先规定的编码方式定时主动地向中继站或直接向接收中心发送，称为定时控制。还可根据需要事先规定，当遥测参数的变化达到一定的数量（如雨量增加1mm、水位增加1cm）时，立即向中心发送数据，称为增量控制。一般兼用定时、增量两种控制。自报式具有设备简单、可靠性高、功耗小、费用省、数据过程完整等优点。但遇故障停报又无电话相通时，就会与中心失去联系。美国和加拿大等国主要采用这种制式。

（2）应答式，又称被动式。遥测站经常处于待命状态和被动地位，当收到中心或经由中继站传来的指令时，立即启动设备将所存储的时段累积数据（雨量）或实时数据（水位）向中心或经由中继站发送。中心定时地向各遥测站依次巡测，遇有疑问即向该站查询订正；还可根据需要随时向所有遥测站或个别遥测站要求发报。应答式的优点是数据量大、功能较多，既可统一巡测，又可灵活选测，指挥自如（如站上有人驻守），还可与中心互通电话，使用方便。但设备比较复杂、功耗较大、维修较难、投资较贵，且不宜在多中继站的系统中使用。日本和意大利等国主要采用这种制式，中国对两种制式都在研究和试点。

水文自动测报系统建设必须统一规划，严格论证，并与有关部门和单位协调合作，以充分发挥系统的经济效益和社会效益，并注意节约投资。遥测系统一般适用于需要快速传递水文信息的流域、地区或工程地点。在人烟稀少、交通不变、无人经常驻测的情况下，发展遥测系统可以省人、省钱和有利于弥补驻测站网的不足。因此要求系统能够长期稳定、性能可靠并在恶劣气候条件下保持正常工作；要求保证电源、避免雷击和防止盗窃。国际上已可一次传输16个遥测参数，但蒸发量和流量的实测参数还不能实时联机自动传输。前者可通过传送影响蒸发的有关气候因子来计算蒸发量；后者除少数超声波法和电磁法测流以及利用量水建筑物测流（水位直接推算流量）可以传输外，其他测流方法所得流量数据只能用人工置数机输入信道向中心发送。

14.2.5　我国水文自动测报系统的发展

20世纪70年代后期，为向防洪调度管理等部门提供实时水文数据，我国开始研制和兴建水文遥测系统，通过20多处小规模系统的试验，积累了一定的技术经验。已经投产应用的水文遥测系统有：浙江省的浦阳江、珠江流域的西枝江、长江流域汉江的丹江口库区、黄河流域三门峡至花园口区间的陆浑库区、长江流域的陆水、淮河流域王家坝以上干支流等。水文遥测系统兼有自报和应答两种传输制式；通信手段有微波、超短波并结合无线电话。20世纪90年代中后期，我国水文自动测报系统又使用卫星通信设备发送和接收水文信息。

采用卫星通信作为水文自动测报系统通信平台已成为一种新的趋势。它的出现从根本上解决了在流域内偏远地区及山区内部署自动测站的通信问题，为水利、水电部门实现全流域水情自动测报提供了重要手段。我国许多重要水文站都设在远离城镇的地方，常规邮电通信较困难。目前采用的信息传输手段主要有短波、超短波、邮电电话和卫星小站，少量使用了国际海事卫星的系统。由于偏远地区陆地公众通信网络覆盖不到，架设专用的地面无线通信网络又在施工、维护等方面存在很大的困难，另外受恶劣环境的制约无法由常规电力提供设备的电力供应，在这种情况下，卫星通信独具优势。

目前水文或水情自动测报领域所采用的卫星系统多种多样，卫星设备型号也很丰富，各个系统都有其独特的优势和特点，同时也存在着不同程度的缺陷。例如多数VSAT（甚小孔径终端）可提供较高的带宽和通信速率，但其使用通信波段为Ku波段，受雨衰影响严重，并且设备采购和基建成本较高；某些卫星系统不存在雨衰的影响，但受其系统容量和地面站处理能力的限制，对自动测报领域多用户数据并发业务的处理无法满足用户要求。我国多数使用北斗卫星系统和海事卫星系统。其中北斗卫星系统可以依据客户和水文信息的需求,提供灵活的通信组网方案,以满足用户的特殊需求,增强系统的通信保障。

近三十年来,我国水文自动测报系统发展迅猛,积累了丰富的经验,并且刊布了水文自动测报系统技术规范,这对推动自动测报系统的建立与发展,起到至关重要的作用。

14.3 数字孪生流域的研究与进展

数字孪生流域与数字孪生水网、数字孪生水利工程互联互通、信息共享、各有侧重,共同构成数字孪生水利系统核心,是推动新时代水利高质量发展的重要实施路径之一。当前水利部已编制完成《数字孪生流域建设技术大纲(试行)》《数字孪生水利工程建设技术导则(试行)》《水利业务"四预"功能基本技术要求(试行)》《数字孪生水网建设技术导则(试行)》等一系列文件,为数字孪生流域、数字孪生水网、数字孪生水利工程建设提供了技术指南。在水利部统一部署下,长江水利委员会、黄河水利委员会等7大流域管理机构和三峡、小浪底等11家水利工程管理单位均完成了数字孪生流域或数字孪生水利工程建设先行先试实施方案编制工作,为流域防洪和水资源管理调配等业务系统建设提供了指南。

14.3.1 数字孪生流域的起源与发展

数字孪生流域构想可追溯到21世纪初提出的"数字黄河",随着数字孪生技术的发展,数字流域和数字孪生逐步融合嬗变,诞生了"数字孪生流域"。

(1)数字黄河。数字黄河的基础是数据,核心是模型,目标是应用。围绕模型这个核心,清华大学王光谦等主持研发了数字流域模型,数字流域理论和技术在水利信息化的推动下逐步深化拓展,为流域水循环及其伴生过程耦合模拟提供了关键支撑。

(2)数字孪生技术。2002年美国密歇根大学Michael Grieves教授首次明确提出"物理产品的数字等同体或数字孪生体"的概念,2017年我国提出"数字中国"的概念,数字孪生技术与流域及城市管理等行业逐步融合,形成了数字孪生技术下的数字孪生城市等一系列新概念。

(3)数字孪生流域。2021年,水利部正式启动数字孪生流域建设工作,指出要按照"需求牵引、应用至上、数字赋能、提升能力"要求,以数字化、网络化、智能化为主线,以数字化场景、智慧化模拟、精准化决策为路径,以算据、算法、算力建设为支撑,加快推进数字孪生流域建设,实现预报、预警、预演、预案功能。在现代人类活动影响下,流域物理空间实体既包括自然地貌、植被和水系,也包括水库、堤防、闸坝、泵站等水利工程体系,还包括流域和水利工程监测、管理及服务机构等,对象种类繁多、关系复杂、系统耦合,亟待研发一套技术实现上述实体与自然水系数字体、水利工程智能体和水利管理智慧体的全要素映射、多过程模拟和复杂场景推演。

14.3.2 数字孪生流域研究进展

数字孪生流域建设及应用主要包括信息化基础设施、数字孪生平台、业务应用系统三大部分。在以往信息化建设基础上通过理念更新、数字赋能、奋发建设,数字孪生流域已经取得一系列重要进展和成果。

(1) 信息化基础设施。基于全国水文水资源监测站网,构建了"天-空-地"一体化水利监测感知网,实现了重要水信息及时掌握。全国各类水情站点达到12万处,5186条有防洪任务的中小河流实现了水文监测全覆盖,11万座国家报汛站雨量水情监测信息收集传输时间由过去的小时级缩短到分钟级,在有防治任务的2076个县建设了山洪灾害监测预警平台,监测预报预警能力显著提升。水利信息网传输能力、安全性、可靠性大幅度提升。综合应用低功耗物联网、北斗卫星通信技术等实现了偏远、无公共网络覆盖地区的水文要素监测与数据传输。水利云服务设施随着业务系统的建设和升级稳步拓展,业务覆盖范围越来越广,智慧水利管理类APP等"微应用"在水利业务管理中的应用日益广泛。

(2) 数字孪生平台。2022年4月水利部启动数字孪生流域建设先行先试项目,黄河、长江、淮河等主要江河流域的数字孪生平台建设陆续规划实施,在数据底板、模型和知识平台方面进展显著。全国规划在建主要流域L1级数据底板,蓄滞洪区等重点区域L2级数据底板,以及重点水利工程L3级工程模型,部分接入水文水资源监测基础设施获取的多要素实时监测数据,构建了流域及工程动态数据资源库。水利部汇聚完成全国水利一张图,覆盖55类1600万个水利对象,全国范围内规模以上江河湖泊、水利设施、水行政主管单位都实现了空间化管理,为水利高质量发展提供了坚实数据支撑。在模型和知识平台方面,基本建成洪水调度和水资源配置专业化模型和知识库等,水利部正在组织专业机构研发完善具有自主知识产权的流域产汇流及洪水预报模型、全国地下水通用模型和水土保持预报预警模型等。北京市、深圳市等依托市域智慧水务工程建设开展了数字孪生流域和数字孪生水利工程实践探索,流域、省级、市域的数字孪生平台建设稳步推进。

(3) 业务应用系统。按照需求牵引、应用至上原则,数字孪生流域和数字孪生水利工程建设特别强调业务化应用,尤其是预报、预警、预演、预案"四预"功能。水利业务应用主要包括流域防洪、水资源管理调配以及水利工程建设和运行管理等"N"项业务,目前已经探索建立水利业务数字孪生建模平台,强化大数据、人工智能等新一代信息技术与水利业务的深度融合,水旱灾害监测预报预警、水资源管理调配、水利工程建设和运行管理能力显著提升。

14.3.3 数字孪生流域未来研究方向

数字孪生流域要通过全面感知、动态模拟、虚拟现实、增强现实等技术融合,建立流域物理空间实体在虚拟数字空间的动态映射。未来需重点研究解决"感、存、仿、知、行"五方面技术难题,以获得科学认知、开展快速推演、实施精准操控。

(1) "感"——流域透彻感知。研发"天-空-地-水""车-船-站-网"全方位立体监测技术体系,突破关键设备技术瓶颈,开发数据采集端边缘计算和智能感知技术,支撑流域透彻感知,实现流域水循环物质-能量全要素、多过程、跨尺度实时动态监测。

(2) "存"——数据融合存储。研究汇聚多来源涉水数据,突破数据噪声去除、多源数据融合协同等关键技术,构建水利数据模型和网络模型,创新发展流域大数据分析算法与应用体系,打通水利多领域知识关联,提升数据价值和信息、知识服务能力,为流域数字孪生平台建设提供数据处理技术支撑。

（3）"仿"——过程数字仿真。通过仿真技术与水利专业模型相结合，研发流域洪水快速演进模型、城市洪涝精细化模拟及风险评估模型、水工结构运行安全监控及风险预警模型、水电站智能运维关键技术模型等，采用 GPU、CPU 并行计算加速技术及分布式并行调度算法，实现流域"自然-社会"二元水循环流场实时、动态、精细化模拟，综合构建流域、区域/城市、工程不同尺度的智慧模拟平台，为数字孪生流域和数字孪生水利工程建设提供科技支撑。

（4）"知"——业务智能决策。面向"2+N"典型业务应用需求，深入研究流域自然规律，创新升级现有水动力学、水资源配置、防洪决策、灌区需耗水预测和用水多过程调控等模型；研究典型水利应用场景"预报、预警、预演、预案"决策智慧推演技术；开发水旱灾害防御、水资源管理调配、城市水系统智慧调度、灌区高效用水调控等业务方面具有四预功能的智慧决策系统。

（5）"行"——工程安全运行。基于芯片级国产硬件设备、国产操作系统、国产数据库系统环境，开展安全可控的水利工程智能测控一体化平台研发，重点突破水工程"堤-库-渠-闸-泵-阀"等运行智能诊断、智能控制、智能处置等技术，同时强化水利控制网络安全防护能力，支撑水利工程智能体系建设和业务智能管理能力升级。

数字孪生流域建设是强化水旱灾害防治、优化水资源配置、改善水生态环境、促进区域协调发展的重要手段，是流域管理治理现代化的必由之路。通过数字孪生流域建设先行先试项目引领推动，提升水利行业在信息化基础设施、数字孪生平台、业务应用系统等方面的水平。数字孪生流域研究的重要方向包括流域透彻感知、数据融合存储、过程数字仿真、业务智能决策、工程安全运行等基础理论与关键技术。通过以上关键技术突破，未来数字孪生流域、数字孪生水利工程和数字孪生水网建设可为水利管理提供透彻感知的数据底板、高保真高效力的模型及算法、强大的数据融合能力和智慧化的决策推演和平台，总体提升国家水安全保障能力。

14.4 生态水文学发展趋势与研究方向

近 20 年来，生态学家已越来越认识到水文过程对生态系统功能有重要影响。水文学家也深刻认识到植物对水文过程的不可忽视的影响。一个明显的例子是：在干旱、半干旱环境中，水文学家发现植物的分布对地表径流和地表侵蚀的影响巨大，反过来水分的可获得性也严重地制约着植物的分布和覆盖度。此外，大约从 20 世纪 80 年代开始，水文学家又注意到自然与人造景观中水与生态过程的相互关系问题。基于这样的背景，一门以生态过程和生态格局的水文机制为核心，以植物与水分关系为理论基础，研究对象涉及旱地、湿地、森林、草地、山地、湖泊、河流等的生态水文学就以独立的分支展现在水文学科的大家庭中了。长期以来，那些无序的人类活动已造成地球陆地生态系统以前所未有的速度退化。但科学家们相信，对生态水文学的深入研究，应该可以使这些退化了的生态系统得到恢复，甚至更新，实现水资源的可持续利用。生态水文学是水文学的一个新的发展点，应给予足够的重视。

生态水文学是探讨变化环境下水文过程对生态系统结构与功能影响以及生物过程对水循环要素影响的交叉学科。尽管生态与水文学科之间的交叉研究如森林水文、湿地水文等已有较长历史，但生态水文（学）一词直到20世纪90年代才在都柏林召开的国际水与环境大会上被正式提出。作为一门学科，生态水文学的内涵、外延、研究对象、理论和方法等学科体系的核心内容还亟待进一步完善。随着国际地圈生物圈计划（IGBP）中水文循环的生物圈部分（IGBP/BAHC）、联合国教科文组织主持的国际水文计划（IGBP/BAHC 2.3~2.4）等重大计划的实施，生态水文学得到了迅速发展，已成为当今水文学研究热点之一。

14.4.1 生态水文学的发展历程与研究进展

1961年，国际水文科学协会（IAHS）的国际水文十年计划（1965—1974年）提出水文过程研究需要考虑来自生态等过程的影响，生态和水文过程的交叉研究开始起步。随着研究的逐步深入，生态学或水文学单一学科已无法解释完整的生态水文过程及其相互作用机制，由此衍生出了由生态学和水文学交叉的新兴学科，即"生态水文学"。不少学者分别从生态和水文等不同方向探索了生态系统与水文过程的相互作用，如生态水力学、土壤水文学及河流生态学等。

"生态水文学"（Ecohydrology）一词首次由Ingram在1987年作为专业学术词汇使用，随后在20世纪90年代得到广泛使用，如Pedrolic、Bragg等和Hensel等应用于以湿地为主的生态水文过程研究。生态水文学科也在1992年联合国水和环境国际会议上正式确立。1993年第一本以生态水文学为主题的著作 *Mires：Process，Exploitation and Conservation* 出版问世。生态水文学科由此得到了不断发展，但其研究重点仍然以"过渡带"湿地生态系统为主，如Gieske等针对植被格局、湿地生态系统等与水文过程的交互作用开展了研究。1996年Wassen等对生态水文学给出了较为完善的定义，特别关注河流保护和修复中水文因素的功能价值。同年，国际水文计划（UNESCO/IHP）第五阶段（1996—2001年）正式启动，生态水文学首次成为重要研究内容之一，由此生态水文学也进入快速发展阶段。Zalewski出版了联合国教科文组织国际水文计划"生态水文学"专集，认为生态水文研究实质是不同时空尺度上的水文过程与生物过程的综合科学，并提出生态水文研究应进一步推广到流域水文过程的调节和综合大尺度、长时间水文过程的研究。1997年Poff等提出了自然水流范式理论（Nature Flow Paradigm），利用与河流生态相关的径流情势指标（如流量、幅度、频率、历时、出现时间和变率）对自然径流过程进行全面描述，促进了河流生态水文的发展。1999年Baird等以植物和水为研究对象，总结20世纪80年代以来植被生态水文研究发展，并阐述旱地、湿地、温带、热带及河流湖泊等各种环境下植物与水之间的响应关系，极大地促进了植被生态水文学的全面发展。生态水文学研究已由"过渡带"湿地生态系统研究逐步发展成为植被、河流湖泊等淡水资源、森林等多种系统的综合研究。从2008年起，UNESCO/IHP连续两个五年计划将生态水文学作为一个独立的主题进行研究。Wood等编著了 *Hydroecology and Ecohydrology：Past，Present and Future*，全面总结了生态与水文相关领域的研究进展与方法。此后，Goldsmith、Buchanan等针对不同生态系统的土壤-植物-大气连续体（Soil-Plant-Atmosphere Continuum，SPAC）开展生态水文过程及其效应的深入研究。同时，随着经济社会快速发展对自然环境的影响愈加强烈，人类活动影响下的流域生态水文、城市生态水文学等研究也得到了发展。此外，*Ecohydrology*、*Ecohydrology&Hydrobiology* 等学术期刊也应运而生。目前陆地及水生综合生态水文学科框架已基本确立，涵盖了森林、草地、湿地、农业、河流湖库及城市等多种生态系统。生态水文学的研究也逐步从小尺度实验观测和数据分析转向多尺度综合性模型探索，学科理论和方法等均取得了长足的进步。

中国生态水文学研究起步于20世纪80年代，最初主要涉足于农田的SPAC系统中水分运移和能量平衡问题。基于SPAC理论，中国学者发展了一系列理论概念及计算模型，如邵明安等确定了SPAC系统中水流各项阻力计算公式；康绍忠探究了SPAC水分传输的力能关系，构建了作物根系吸水模式及农田蒸腾与蒸发分摊计算模式；刘昌明探究了从SPAC系统界面上控制水分消耗的方法，并提出了农田SPAC系统的"五水转化"概念。随着生态水文学研究的不断深入，中国陆地及水生系统的生态水文过程研究均取得了迅猛发展，目前已在植被及其变化等对径流、泥沙、土壤水分变化与耗散、水文循环等过程的影响研究方面取得了突出成果。在水生系统生态水文研究方面，基于河流连续体、洪水脉冲、自然水流范式等理论，中国学者已在河流湖泊的径流情势和水质过程对水生生物群落的影响机制、生态水文过程模拟等方面取得了显著成果，并在太湖蓝藻水华控制、径流情势变化下鱼类栖息地模拟、三峡水库生态调度等方面得到了实际应用。

14.4.2 生态水文学存在的问题与挑战

虽然生态水文学已在湿地、河流湖库、森林、草地、农田等生态系统研究中取得了迅猛发展，但大都还关注于单一生态系统的实验观测、机理探索、数值模拟等方面。随着地球系统各圈层物质和能量交换频繁、气候变化和人类活动扰动加剧等，全球许多流域，特别是中国重点流域（如黄河、长江、海河、淮河、辽河）均面临着生态系统退化、洪涝、干旱、水土流失、水污染等诸多问题。对于单一系统小尺度生态水文过程而言，在探究以上问题的成因、辨识其关键影响因素并制定对策建议等方面仍存在诸多问题与挑战，如生态水文多要素同步观测与融合，点或田间尺度生态水文规律向流域或全球尺度的转换机制，气候变化和高强度人类活动等对生态水文过程多重影响的检测与归因、流域尺度生态与水文过程要素双向耦合和系统模拟等。另外，随着全球社会经济和城市化进程的加快，传统生态水文研究在关注物理过程的同时，亟须融入社会经济、人类发展等人文过程的影响，特别是在城市生态水文研究领域。

因此，随着地球系统科学相关领域理论的不断完善发展以及观测、信息传输和计算能力等的技术革新，未来亟待增强生态水文学科各生态系统之间、生态水文各过程间的紧密联系和作用关系探索，在水土气生多要素综合观测、生态水文多过程作用以及环境变化和人类活动的影响机制、综合模拟与系统集成、多学科交融等方面加强探索，最终完善生态水文学的基础研究框架、理论体系和技术方法等。

14.4.3 我国生态水文学的发展趋势

我国政府一直高度重视生态保护和生态文明建设，特别是习近平总书记多次强调生态的重要性，如"绿水青山就是金山银山""山水林田湖是一个生命共同体"等。纵观生态水文学的发展历程和挑战,结合生态水文学建设和绿色发展等国家重大需求,总结主要发展趋势如下。

(1) 探索生态水文监测的新技术新方法,完善生态水文系统综合观测网络。野外观测是生态水文过程研究的基础。生态水文要素包括气象要素(如降雨、气温、风速、辐射、蒸散发)、水文要素(如水位、流量、流速)以及不同类型生态系统中的环境要素(如水、碳、氮、磷)、生态要素(如植被、植被净初级生产力、浮游生物、底栖生物和鱼类物种及多样性)等。各要素不同尺度的观测技术和方法多样,但目前重点仍在点或者田块尺度碳通量、土壤水分运移、蒸散发以及与土壤水相关参数的观测。遥感手段是实现由点到面尺度扩展的有效方法。同位素作为土壤、植被、大气和海洋间不同形式水分运动的良好示踪剂,已成为大气、水文和生态等多种学科的重要研究工具。因此,未来应重点关注通量与同位素连续测量、野外监测与遥感、雷达多源信息多尺度综合性监测技术与方法的发展。

随着对生态要素与水文要素之间相互作用机理认识的深入,在全国范围内建立并完善综合性生态水文观测网络是十分必要的。全球已经兴起了多个长期生态监测计划,如全球通量网(Flux Net)、美国生态监测网计划(NEON)和长期生态学研究网络(LTER)、欧洲通量计划(EUROFLUX)等。目前,中国重点关注单一气象、水文、水质和生态要素的监测网络建设,如气象局的地面气象观测网和高空气象观测网、水利部的全国水文站网、环保系统的地表水水质监测网络、野外站点监测网络、中国生态系统网络(CERN)和中国陆地生态系统通量观测研究网络(ChinaFLUX)等。以上观测和网络建设极大地促进了中国生态学和水文学等学科的发展,但大多局限于气象、水利、生态环境等单一部门,大尺度长期监测网络的完善和数据共享集成有待进一步发展。同时,中国生态水文观测仍需综合考虑自然地理、生态和水文水资源等分区,拓展水文、生态、气候和土壤等多个领域指标,优化和完善已有监测网络系统,实现各学科各部门生态水文相关数据的共享,发展中国多尺度下生态水文过程监测体系,为中国综合性生态水文学的发展提供坚实的数据基础。

(2) 加强生态水文学机理和完善基础理论。解析陆地及水生生态水文过程中各要素的相互作用机制,探索水文过程与生态过程的耦合机制及其对全球变化的响应,既是生态水文综合理论中的关键与核心主题,也是认识水循环演变规律的基础。陆地生态水文过程研究重点关注农田、森林植被等中的生态水文要素间的响应机制,大多基于SPAC理论、Budyko水热平衡理论等分析土壤、植被、大气界面之间能量和水分的交换机制,对田间尺度生态水文转换机理的探索及其在流域或全球尺度的拓展等研究仍有待进一步加强。以河流、湖库为研究对象的水生生态系统是自然生态系统的重要组成部分,也是陆地和水生生态系统间的物质循环、能量转换和信息交流的主要途径。目前,针对河湖生态水文过程的研究大多处于野外实验观测和半定量研究阶段。结合野外监测、室内控制实验、数值模拟等,全面揭示河湖生态水文过程连续性特征与区域差异是未来水生生态水文机理研究的重要内容之一。

随着生态水文学机理和基础理论范式的不断完善,未来仍亟待加强陆地与水生生态水文过程耦合机制与理论范式的探索;明确碳氮等生源要素、生物因素、环境因素及气候因素等在土壤、植被、大气以及水体等界面的迁移转化规律及其演变特征。同时，随着气候变化与人类活动对关键带生态水文过程扰动的不断增强，探索生态水文要素对气候变化、人类活动的响应机制也已成为研究热点之一。在探索变化环境下陆地-水生生态水文过程的机理基础上，发展多尺度多要素陆地-水生综合生态水文过程研究的理论体系。

（3）研制陆地-水生生态系统多尺度综合模拟与集成。中国"十三五"规划纲要明确提出"以提高环境质量为核心，以解决生态环境领域突出问题为重点，加大生态环境保护力度"。自开展生态-水文过程耦合机制研究以来，以森林、植被和农田等为对象的陆地生态水文过程研究重点关注垂直梯度的水分传输和植被生理生态过程，同时关注生态系统对水文过程及下垫面的影响。以河流、湖泊为主的水生生态水文过程研究重在生物栖息地、生态系统组成等与径流过程的作用关系。植被、土壤和水是陆域和河湖生态系统中各种生命活动的关键载体，也是连接生物、物理和化学过程的主要反应场所。传统的经济社会发展与生态环境健康之间的矛盾日益增大，引起植被、生物群落结构等格局的改变，导致生态系统发生明显变化，进而加剧生态环境恶化的风险，直接约束国家生态文明建设。因此，全力发展陆地-水生生态水文过程综合性研究具有十分重要的科学价值和现实意义。随着学科交叉的发展，生态水文过程研究融入了生态原理、生态模型与时空尺度等，正向"陆地-水生"综合性研究方向发展。综合考虑社会需求与区域可持续发展，融合卫星遥感和站点等多源观测数据，构建站点、斑块和流域等多尺度生态水文过程综合模型，评估并调控生态水文各系统的稳定性，将成为生态水文应用实践、服务社会的必然趋势，也将是中国合理调配水资源、保障陆地和水域生态系统结构与物种多样性的重要手段。

（4）开展生态水文与社会科学融合，推进全球生态水文学综合性研究。农业生产、城市扩张、水利工程建设和调控等社会经济发展的多个方面对生态水文过程造成强烈的扰动，导致生态系统原有的平衡发展被打破。生态水文学综合性研究是解决资源短缺、环境污染和生态系统退化等诸多水问题的关键途径之一，也一直是全球重大研究计划关注的核心内容之一。2004年，地球系统科学联盟（ESSP）提出了"全球水系统计划（GWSP）"，重点探讨人类活动对全球水系统过程（水循环物理过程、水质水生态过程和人类经济过程）的作用。2013年，国际水文科学协会（IAHS）正式启动了水文科学十年计划（Panta Rhei），主题是"变化中的水文科学与社会系统"，其中面向可持续世界的生态水文学是六大核心议题之一。2017年，在波兰召开的国际生态水文学大会上，也提出要推进面向循环经济的生态水文学研究，倡导融合循环经济理念和遵循自然生态过程的解决方案。开展生态水文和社会科学的集成研究，揭示人类活动对生态水文过程的影响等，对分析生态水文要素演变特征、生态水文系统修复重建方案的制定等具有重要的科学意义和现实价值。

在全球变化和经济一体化的大背景下，站点或流域尺度生态水文学研究亟待向全球尺度生态水文学综合研究扩展。全球对地观测技术、数据共享机制以及计算机技术等的飞速发展，也为全球生态水文多过程综合性研究提供了强有力的基础支持。比如，已有大量全球尺度生态水文要素的时空分布产品，包括全球降水产品（NCEP/NCAR、

CRUTS、CPC 等)、全球径流数据库 (GRDC)、全球陆地覆盖数据 (Glob Cover 等)、全球土地利用数据 (UMD、GLCC 等)、全球蒸散发和土壤数据集 (GLDAS 等)。因此，在全球尺度上探索能量、水文、陆地和河湖生态、经济人文等多过程的耦合机制，实现全球生态水文多要素综合模拟，评估气候变化和大规模人类活动的影响等已成为生态水文学领域的研究热点。

14.4.4 中国生态水文学重点发展方向

(1) 生态水文多源信息融合与综合观测网络构建。多源信息监测与综合网络构建是发展多要素、多尺度综合生态水文研究的基石。针对目前监测技术及尺度受限等问题，未来应大力推进研制生态水文要素综合监测方法，进一步改善大型蒸渗仪、涡度相关、稳定同位素及定量遥感等技术对蒸发、土壤水运移、碳水通量、植物蒸腾及土壤蒸发过程的观测精度与尺度；促进多种监测技术相结合的多源信息综合监测，完善通量观测与同位素的综合连续测量技术；促进点尺度野外观测与遥感测量等多种尺度观测数据的融合；研发生态水文要素自动监测的信息采集-实时传输-远程监控的物联网技术；制定国家生态水文长期监测及系统观测网络的观测技术标准与规范；进一步构建生态水文要素综合监测网络，整合已有气象、水文、水质以及生态系统等观测网络系统，形成陆地-水生系统综合生态水文监测网络。同时，综合考虑生态、水文水资源、综合自然地理等分区进一步完善监测网络系统，为中国生态水文的研究提供坚实的基础支撑。

(2) 生态水文系统关键要素的时空格局及其演变特征。生态水文关键要素的时空格局及其演变特征是生态水文机理研究的核心内容，对揭示生态水文关键过程演变机制和基础理论的发展有十分重要的意义。水文要素时空演变的生态水文特征表现为：自然径流变异被认为是河道景观发生变化的驱动力；径流情势（流量、幅度、频率、历时、出现时间和变率等）时空变化及其与地下水的相互作用将引起河流生态系统结构与功能的改变，径流情势指标分析已成为水体生态水文系统景观格局等研究的重要方法；蒸散发是生态水文过程的重要环节，蒸散发特征的变化如蒸散发加强会导致生态水文格局紊乱、湿地景观退化等。水质作为水环境的重要指标，其类型和浓度是对生态水文系统的响应。生态要素时空演变的生态水文特征表现为：植被类型及其结构变化直接影响水循环各个环节（如截流、产流、蒸散发)，关乎流域或地区"生态-水文-社会经济耦合系统"健康运行；植被净初级生产力作为重要的生态指标，直接影响蒸散发和水分利用效率等时空格局，可用于调节生态系统过程的影响和能量存储等；浮游生物作为水生生态系统的重要组成，其物种的时空分布特征可以反映生态水文系统的健康状况；鱼类或大型无脊椎生物是监测生态水文系统健康的重要指标，通过运用栖息地、物种类型及其分布等指标评估河流生态健康状况，揭示河流生态系统的主要问题及成因。在了解流域内上述各要素时空格局的基础上，综合分析生态水文演变特征与驱动机制是开展各项生态水文学研究的基础。

(3) 陆地-水生多尺度多要素生态水文综合模型与不确定性量化分析。陆地生态水文模型是在传统降雨-径流关系模型基础上耦合植被生长模型、土壤生物地球化学过程模型等，以定量描述植被、营养物质与水文过程的相互作用，以及水文过程的相互作用机制和耦合研究作为核心内容。结合全球重人科学计划前沿，进一步促进环境科学、人气科学等自然科学与社会经济、人类活动等社会科学的交融将成为未来生态水文学的重点发展方向之一。比如，气候变化在改变水文循环和地表生态系统物质循环、植被生理生态等方面发挥着重要作用，探索气候变化对生态水文相关过程的作用机制与反馈也是未来生态水文学的前沿问题之一。

另外，伴随着经济的飞速发展，水利工程的修建和调控、农药化肥的大量施用、污染物过度排放、植被破坏和森林砍伐、城镇化等诸多人类活动对流域生态水文系统的影响日益加剧。以上诸多问题的解决也亟待生态水文学多学科的交融。涉及生态水文相关的关键科学问题如：水利工程调控对河流生态水文系统影响机制和珍稀物种保护、SPAC系统中营养物质循环及其污染特征、点源和面源的环境效应及其对生态系统的影响、人类活动引起的下垫面变化对生态-水文变化格局的影响、城市生态水文演变机制与海绵措施的调控特征等。中国政府提出了美丽中国、长江大保护、黄河流域生态保护和高质量发展、海绵城市、海岸带生态建设等重大战略，许多重大科技专项也应运而生，如国家重点研发计划项目"典型脆弱生态修复与保护研究"和"水资源高效开发利用"、中国科学院A类战略性先导科技专项"美丽中国生态文明建设科技工程"等。国家自然科学基金委员会也长期重视生态水文学的发展，特别是在用水矛盾突出、生态环境恶劣的干旱半干旱区，专门设立"黑河流域生态-水文过程集成研究"重大研究计划、"干旱区生态水文学"等创新研究群体项目等，其中黑河流域生态水文研究不仅建立了先进的流域观测系统和生态水文过程集成模型，而且实现了可持续发展应用的决策支持；针对流域生态环境保护，设立国家自然科学基金重大项目"长江经济带水循环变化与中下游典型城市群绿色发展互馈影响机理及对策研究"等。另外，在中国"十三五"规划中也明确提出发展"生态-水文-经济"的集成研究等。以上重大国家需求和学科前沿将进一步推动中国自然、社会等多学科交融的生态水文学研究，以及生态水文过程中经济发展与人类活动的影响和反馈等研究。此外，作为中国生态文明建设的关键内容之一，生态系统水流动调节及其价值估算是生态系统和自然资本可持续管理的重要手段，也是生态学、水文学、生态经济学、环境经济学等交叉领域的研究热点。

14.4.5 中国生态水文学应用前景

生态水文学科经过几十年的发展，在森林生态、草地生态、河流湖库生态、湿地生态、农业生态、城市生态等各个分支领域从基础理论、技术方法和应用实践等方面已开展了深入研究并取得了长足的进步，为生态水文学提供了广阔的应用前景。特别是在中国生态文明建设的大背景下，生态水文学也将广泛应用于山水林田湖草及城市等共同体的修复和保护等方面。

在森林和草地生态领域，植被生态修复、退耕还林还草及水土流失防治等是中国"十三五"规划、生态文明建设中的重要决策和技术手段。植被生态修复方面，需开展针对不同区域、植被类型、水分补给情况等条件限制下的植被生理和生态耗水规律研究，探索植被对水文循环的响应关系，估算符合植被生理生态规律的生态需水等，从而提高植被的水分有效利用率。退耕还林还草方面，重点研究植被类型、功能、结构及其空间分布格局，揭示其变化带来的水文效应等，为退耕还林还草提供技术支撑和决策依据。水土流失防治方面，需探索不同水土保持措施对生态水文过程的影响机制，实现小流域侵蚀时空耦合模拟向大中尺度流域的扩展，为中国水土流失防治提供理论基础和技术支持。

在河流湖库和湿地生态领域，以保持河流健康为目标的生态水利工程、河湖生态修复、湿地恢复重建等将在生态水文系统的保护与治理方面有着更为广泛和深入的应用。在生态水利工程设计和建设方面，需探索水利工程建设对关键保护物种栖息地、水力学要素和径流情势、物种群落等的影响特征，促进水利工程从传统防洪兴利调度向生态调度的转变。在河湖生态修复方面，开展生态系统现状调查，制定修复目标和措施；探索生态修复过程中水生生物对河流生境变化的影响机制问题，完善生态修复的效果评价体系等。在湿地生态恢复重建方面，应开展大江大河流域湿地生态需水估算和"水文-生态-社会"系统的综合管控研究；探索面向湿地生态保护和恢复的水系连通理论和关键技术等。

在农业生态领域，将重点探究作物不同尺度需水探测和估算方法、作物需水对变化环境的响应与适应机制；关注从理论和技术上提高农作物水资源利用率、减少田间的无效蒸发，进一步推进农业节水。在城市生态水文领域，将重点关注城市化的生态水文效应及海绵城市建设问题，包括探索林地植被蒸散发、绿色基础设施等对城市热雨岛、径流效应等的缓解机制；通过渠系整治、黑臭水体治理和河湖生态修复等，改善城市河湖的水环境质量，恢复水生态功能。

思 考 与 练 习 题

14.1 请列举几个水文学研究方面的经典理论和方法，并简要说明其提出的背景。

14.2 分布式水文模型和集总式水文模型的区别是什么？

14.3 什么是数字水文？

14.4 什么是数字孪生流域？

14.5 生态水文学提出的背景是什么？生态水文学研究有哪些应用前景？

扫码查看答案

附录1 2018—2022年全国水文大事记

2018年全国水文行业十件大事

一、习近平总书记考察城陵矶水文站

2018年4月25日下午,中共中央总书记、国家主席、中央军委主席习近平考察被誉为洞庭湖及长江流域水情"晴雨表"的城陵矶水文站,了解长江湖南段和洞庭湖流域水资源综合监测管理、防灾减灾情况。

二、水文情报预报与应急监测再立新功

2018年,全国强降雨过程多局地强,洪水频发超警河流多,台风登陆偏多偏强影响重,水文部门超前部署,及时准确监测预报,强化联合会商分析,为成功防御长江、黄河、淮河、松花江等流域7次编号洪水和科学防范"山竹""玛莉亚""温比亚"等台风袭击提供重要支撑。10月10日至11月3日,金沙江、雅鲁藏布江连续4次山体滑坡形成堰塞湖,长江委和西藏、四川、云南水文部门发扬担当、奉献精神,连续作战,不畏艰险,主动作为,全力投入水文应急监测工作,为堰塞湖应急处置和保障下游人民生命财产安全作出了突出贡献。

三、水文资料整编改革全面推进

2018年4月1日,水利部在北京召开以"深化改革,强化服务"为主题的2018年水文工作会议,叶建春副部长出席会议并讲话。会议明确要求将水文资料整编工作方式转变为即时整编,实行日清月结,次年1月底前完成上一年度资料整汇编工作,改变长期以来的传统做法,大幅提升基本水文资料的时效性。各地水文部门认真贯彻落实会议精神,转变观念,攻坚克难,水文资料整编时效取得历史性突破。

四、水文体制机制改革取得新进展

辽宁省整合组建河库管理服务中心(水文局),为水利厅所属正厅级事业单位,原地市水文局全部保留并升格为正处级,水文工作得到了强化。广东省水利厅在深圳市水文水质中心加挂"广东省水文局深圳水文分局"牌子,理顺水文双重管理体制。江苏省成立首家镇级水文服务站"常州市金坛区指前水文服务站"。山东省出台《关于规范向社会力量购买服务人员监督管理工作的指导意见》和《山东省水文部门向社会力量购买服务绩效管理办法》,落实2018年政府购买项目经费6705万元,购买社会劳务服务516人,在防御"温比亚"台风水文测报工作中发挥了重要作用。

五、水资源监测分析评价工作取得新成效

水利部印发《省界断面水文监测管理办法(试行)》《关于加强水文服务河长制湖长制工作的通知》,全面推进了跨省界断面水文站建设和生态流量(水量)控制断面水文监测及分析评价等工作。各地水文部门实施对省级河湖长负责河湖的水文信息全覆盖,湖北省水文水资源局对省级党政领导担任河湖长的18个河湖的水量水质状况进行逐月分析;安徽省水文局积极推进市界断面水量水质监测,为水资源管理、跨省江河流域水量调度管理、促进落实河长制湖长制提供基础支撑。

六、江河湖泊水生态监测取得可喜成果

青海省水文水资源勘测局采用空天地一体化的立体监测手段，组织开展可鲁克湖的水生态监测调查，并在三江源地区加密布设 5 处水文站点，开展监测和调查分析，获取宝贵的基础数据，填补了高原河湖生态水文监测空白。河北省水文水资源勘测局开展白洋淀淀区水质、底质和浮游植物等指标监测和分析，全面掌握白洋淀水文水生态状况。在全国水利系统水质监测质量管理中，完成 300 家实验室能力验证工作，并首次列入国家认监委能力验证计划。

七、联合国教科文组织水文国际会议首次在我国举办

2018 年 11 月 6—9 日，联合国教科文组织国际水文计划第八届国际会议在北京召开，主题为变化环境下的水文过程与水安全。水利部副部长叶建春出席开幕式并发表重要讲话。来自联合国教科文组织 40 多个成员国和相关国际组织的 200 多名专家开展为期 4 天的学术报告和交流研讨。本次会议是中国首次举办的全球性国际水文学术盛会，人民日报、新华网、中国新闻网、凤凰新闻网等 10 多家国内主流媒体从多个角度对会议和水文工作情况进行了报道，在国内外引起了极大反响，提升了中国水文的国际影响力。

八、中央电视台在新闻联播中播报水文建设成就

11 月 13 日，中央电视台新闻联播播出"我国水文测站实现大中小河流全覆盖"水文站网建设成就。2 月 19 日（农历大年初四）晚，中央电视台新闻频道《非常年夜饭》栏目播出《悬崖上的春节》纪录片，真实展现了黄河龙门水文站职工在春节阖家团圆之际坚守岗位、履职尽责的水文精神。

九、华北地下水超采综合治理河湖地下水回补试点水文监测启动开展

为开展华北地下水超采综合治理，河北省在滹沱河、滏阳河和南拒马河选择三个典型河段，利用南水北调中线等补水水源，开展为期一年的地下水回补试点。从 2018 年 9 月 13 日开始，水文部门启动华北地下水超采综合治理行动河湖地下水回补试点水文监测和分析评估工作，布设了 30 个地表水水文监测断面和 119 眼地下水监测井。

十、水文行业精神文明建设成果丰硕

青海省水环境监测中心获"全国三八红旗集体"荣誉称号。福建省水文局双获"第八届全国水利文明单位"和"第十三届省级文明单位"荣誉称号。湖北省水文局获"第八届全国水利文明单位"荣誉称号。江苏省徐州分局陈磊同志获得"全国五一劳动奖章"。李书光等 6 名水文职工获第十届全国水利技能大奖，李凯等 11 名水文职工获第十届"全国水利技术能手"。湖南省益阳市水文局李国庆、海南省三滩水文站庞书智李瑞兰夫妇被水利部评为全国第一届"最美水利人"。

2019 年全国水文行业十件大事

一、水文工作首次列入政府工作报告

李克强总理在 2019 年《政府工作报告》中要求加强和创新社会治理，"做好地震、气象、水文、地质、测绘等工作"，这是在历届政府工作报告中首次对水文工作提出明

确要求。

二、水文工作思路进一步明确

2月26日，水利部在郑州召开水文工作会议。叶建春副部长在会上指出，当前水文工作的主要矛盾是新时代水利和经济社会发展对水文服务的需求与水文基础支撑能力不足之间的矛盾，明确了水文改革发展的工作思路就是要紧紧围绕治水思路的转变，全面提升现代化水平，努力做好对水利和经济社会发展的"两个支撑"，要求水文工作要围绕水资源管理、水生态保护和防灾减灾等方面新的需求进行工作思路调整，使水文成为水利行业监管的尖兵和耳目。

三、水文测报工作再立新功

2019年，全国共出现41次强降雨过程，长江、黄河、淮河、珠江、松花江、太湖等六大江河流域发生14次编号洪水，共有615条河流超警、119条河流超保，有5个台风登陆我国，南方出现伏秋连旱。全国水文部门超前部署，汛期水文测报工作精细，水文情报预报及时准确，为水库超汛限水位监管提供了成效显著的支撑作用，为保障人民群众生命财产安全、减轻洪涝干旱灾害损失做出了重要贡献。水利部水文司在组织各地水文单位开展自查工作的基础上，首次采取暗访的检查方式组织完成水文测站"百站检查"和地下水监测井的"千眼检查"，促进了水文测报质量的规范化管理。珠江三角洲及河口同步测验正式启动。

四、启动《水文现代化建设规划》编制工作

为做好水文现代化建设顶层设计，水利部水文司启动《水文现代化建设规划》编制，依托先进科技手段和技术装备应用，确立监测手段自动化、信息采集立体化、数据处理智能化、服务产品多样化的现代化水文业务体系的发展方向和重点任务，该规划将作为专项规划纳入《"十四五"水安全保障规划》。地方现代化规划同步推进，《江西省水文事业发展规划（2017—2035年）》已获批。山东、浙江、西藏等省（自治区）针对水文工作存在的突出问题和短板，加大水文基础设施建设投入力度，补齐短板，强化支撑。

五、水文测报新技术研发推广取得良好效果

水利部水文司组织南京水利水文自动化研究所等单位在全国50处水文测站开展基于侧扫雷达的在线流量监测系统等9项水文测报新技术研发推广和示范应用，开展270个水文测站和48个水文中心新技术应用设备更新改造，印发了《水文现代化建设技术装备有关要求》和6项新技术成果应用指南，水文测报新技术研发推广取得了良好的成效。

六、深入开展华北地区地下水超采综合治理水文监测工作

水利部水文司组织编制监测方案，安排部署地表水/地下水协同监测相关工作任务；海委、北京、天津、河北水文部门按照相关技术规范，认真开展监测工作，及时报送监测数据，进行逐月滚动分析评价，定期编制动态监测分析评价报告。在开展为期一年的河湖地下水回补试点工作中，河北省水文水资源局精心组织监测，编报分析评价成果，水文职工现场运行维护1882站次，有效提高了监测数据的准确性。这项工作的开展为河湖生态补水效果评估提供了翔实的监测数据和分析评价成果，为综合治理行动和治理

目标考核提供了科学依据。

七、水文服务水利强监管取得突破

水利部水文司推动完成53条跨省江河水量监测省界断面监测站点建设任务，组织开展省界和重要控制断面水文监测与分析评价。长江委水文局参与长江大保护监管督查、取水工程核查、小型水库安全度汛专项督查等12项水利督查工作，精确测量275个岸线项目，现场核查3000多个涉河项目，积极参与长江流域全覆盖水监控系统建设、采砂管理规划编制以及《长江保护法》制定工作。各省、自治区、直辖市水文部门制定了水文服务河湖长制工作实施方案，积极服务河湖长制。福建省与各级河长办建立联席会商工作机制；江西省制作省内 $10\sim50km^2$ 的河流数字画像，并开展鄱阳湖19个子湖和35个碟形湖水环境调查；宁夏承担的河长制综合信息管理平台建设项目顺利通过竣工验收。

八、水质监测工作进入新阶段

水利部印发《地表水国家重点水质站名录》，重新确定了反映我国江河湖库地表水水资源质量状况的基本站网布局。首次在水利系统开展高层次、大规模水质监测技能竞赛，由水利部、中国农林水利气象工会主办，水利部水文司业务指导，长江水利委员会、上海市水务局承办，上海市水文总站协办的"助推绿色发展，建设美丽长江"水质监测技能竞赛取得圆满成功。水质监测能力验证首次列入国家认证认可监督管理委员会国家级能力验证B类项目，对系统内外400多家实验室进行了考核。

九、全面完成国家地下水监测工程建设任务

完成全国10298个站、1个国家中心、7个流域中心、31个省级和新疆建设兵团以及280个地市级中心等建设任务，40个单项工程通过验收，质量合格，实现了对全国大型平原、盆地及岩溶山区350万平方公里地下水动态的有效监测。制定颁布《国家地下水监测工程水利部与自然资源部信息共享管理办法》。

十、精神文明建设成果丰硕

长江水文情报预报中心水情室、江苏省水文局常州分局水质科、江西省鄱阳湖水文局水质室荣获"全国青年文明号"称号；河北省水文局水质处被全国妇联评为"全国巾帼文明岗"；河南省南阳勘测局团支部被评为"全国五四红旗团支部"。广西壮族自治区水文中心莫建英同志荣获第九届全国"人民满意的公务员"称号；长江中游水文水资源勘测局罗兴同志荣获全国农林水气象工会"绿色工匠"称号；全国4名水文职工入选第二届"最美水利人"。陕西省水文博物馆于2019年6月28日建成开馆。13家水文单位和14名水文职工获得人力资源和社会保障部、水利部表彰，荣获"全国水利系统先进集体"和"先进工作者"称号。水利部组织开展水情工作先进集体和先进报汛站评选表扬活动，共有18家水文单位和41个水文测站受到通报表扬。

2020年全国水文行业十件大事

一、习近平总书记向水文职工了解南水北调东线源头水质情况

2020年11月13日，习近平总书记在江苏扬州考察调研，了解南水北调东线工程

规划建设和江都水利枢纽建设运行等情况，要求把实施南水北调工程同北方地区节约用水统筹起来，坚持调水、节水两手都要硬，要求依托大型水利枢纽设施和江都水利枢纽展览馆，积极开展国情和水情教育。

二、我国向湄公河国家及湄委会提供澜沧江全年水文信息

2020年8月24日，我国在澜湄合作第三次领导人会议上提出"中方将从今年开始，与湄公河国家分享澜沧江全年水文信息"。2020年11月1日，云南省水文水资源局将澜沧江允景洪、曼安水文站的非汛期36组水文信息发往湄公河五国（柬埔寨、老挝、缅甸、泰国、越南）和湄公河委员会秘书处，标志着我国向湄公河五国和湄公河委员会秘书处从过去提供澜沧江汛期（6月1日至10月31日）水文信息转为提供全年水文信息。

三、水文测报有力支撑应对1998年以来最严重汛情

2020年，我国发生了1998年以来最严重的汛情，长江、太湖发生流域性大洪水，淮河、松花江发生流域性较大洪水，大江大河共发生21次编号洪水。全国水文部门认真贯彻党中央国务院领导指示批示精神和水利部党组工作部署要求，克服新冠肺炎疫情影响，多措并举，扎实做好汛前准备，精心组织，密切监视水雨情，汛期抢测洪水13559场次，发布洪水作业预报48.2万站次，发送水情预警短信8463万条，有力支撑了防汛抗旱减灾科学指挥决策，保障了人民群众生命财产安全。广西水文构建"预测-预警-预报"渐进式的水情工作新机制，将水情服务延伸到了县、乡、村党政主要领导和防汛责任人，有效破解了长期以来水文服务不接地气的"最后一公里"问题。

四、《水文现代化建设规划》通过水利部审查

水利部水文司在总结"十三五"以来全国水文建设经验、开展广泛调查研究、科学深入分析、充分征求意见的基础上，组织编制完成《水文现代化建设规划》，确定了未来5年至15年水文现代化建设和发展的指导思想、基本原则、目标、主要任务和重点项目。2020年12月22日，《水文现代化建设规划》通过水利部审查，履行审批程序后，将作为"十四五"及今后一段时期全国水文现代化发展和基础设施建设的重要依据。

五、国家地下水监测工程通过竣工验收，水文测站和水文监测中心提档升级取得新成效

国家地下水监测工程建设启动于2015年6月，总投资达22亿元，共建设20469个监测站点，由水利部和自然资源部共同实施。水利部建设完成10298个地下水自动监测站，形成了较为完整、合理的国家级地下水自动监测站网，建成了覆盖国家、流域、省、地市四级的国家地下水监测系统，提高了地下水监测信息采集、传输处理的时效性和准确性，2020年1月，工程通过水利部组织的竣工验收。水利部印发《水文测报新技术装备推广目录》，指导各地加快应用配备水文测报先进技术手段和仪器设备。全国20家水文单位完成264个水文测站和65个水文监测中心提档升级任务，更新配置各类先进仪器设备1345台（套）并投入试运行，投资2.01亿元；福建省水文水资源勘测中心着力打造了一批独具人文景观、生态气息、现代化要素的水文测站，实现了80%以上测站使用现代化设备开展流量施测，50%国家基本水文站实现流量自动在线监测。

六、水文支撑水资源管理和水生态修复取得显著成效

水利部水文司组织开展华北地下水超采区生态补水和西辽河流域"量水而行"专项水文监测分析,应用卫星遥感技术开展华北地下水超采综合治理生态补水的河流有水河长、水面面积和河湖清理整治情况解译;全面开展地表水国家重点水质站监测和重点河湖生态流量(水位)监测,首次组织开展53条河湖水生态水环境监测试点,拓展底栖动物、鱼类等水生生物监测,圆满完成试点任务。北京市首次向社会发布《2019年北京市水生态监测及健康评价报告》,完成全市水域有水河长和有水面积监测,编制发布《水生生物调查技术规范》和《水生态健康评价技术规范》,开展水生态指示性物种筛查和永定河水生态修复监测评价。天津、重庆、浙江等省市推进农村供水安全保障水质监督性监测。安徽省积极开展生态流量监测评价工作,对颍河、涡河、淮干、巢湖等8条河流22个控制断面进行生态流量监测和预警。内蒙古、陕西水文部门开展"一湖两海"、秦岭北麓重要峪口等重点区域水量水质同步监测分析。

七、水文机构改革取得新进展

四川省级水文机构明确为副厅级单位建制,同时先后新设立了11个市(州)水文机构,资阳、攀枝花、自贡3个新设市(州)水文机构挂牌运行,实现全省21个市(州)水文机构全覆盖。江西省政府领导分工中将水文单列,凸显水文工作重要性。山东建成了"省市县乡村"五位一体的水文管理服务体系,基层水文监测及日常管理均由县级水文中心统筹组织,打通了水文管理服务"最后一公里"。长江水利委员会成立长江流域水质监测中心,进一步完善流域综合监测站网、强化水质监测职能。湖南省水质监测中心加挂农村饮水安全水质监测中心牌子,强化农村饮水安全水质监测工作,水文机构和队伍建设取得新进展。

八、水文法规建设取得新突破

为充分发挥水文服务国民经济和社会发展的作用,水利部制定了《水文监测资料汇交管理办法》,并于10月22日以水利部令第51号公布,自2020年12月1日起施行。8月13日,十一届西藏自治区人民政府第53次常务会议审议通过《西藏自治区水文管理办法》,以自治区人民政府令第157号颁布,自2020年10月1日起施行,对规范西藏水文工作,促进水文事业健康有序发展具有重要的推动和保障作用。

九、"京杭大运河百年水文联盟"成立

为深入贯彻习近平总书记治水重要论述精神和大运河文化保护传承利用的重要批示指示,展示"把脉江河、担当作为"时代水文风采,适逢杭州拱宸桥水文站建站百年之际,2020年11月29日,浙江省水文管理中心、杭州市林水局联合运河沿线北京、天津、河北、山东、江苏等6省(直辖市)水文部门,共同发起创建"京杭大运河百年水文联盟"活动,现场发布了《京杭大运河百年水文联盟杭州宣言》,联盟坚持以共同保护、共同传承、共同利用为宗旨,建立共识共保机制,弘扬新时代水文精神,努力使百年水文站成为展示大运河文化带建设的重要窗口。

十、水文精神文明和文化建设再创佳绩

黄河水利委员会水文局(机关)、黄河水利委员会中游水文水资源局、北京市水文总站、河北省水文勘测研究中心、福建省水文水资源勘测中心、山东省水文局、四川省

水文水资源勘测局被中央文明委授予第六届"全国文明单位"荣誉称号；长江委中游水文局罗兴同志荣获"全国先进工作者"荣誉称号。人民日报、新华网及央视等主流媒体多次报道防汛水文测报工作；"绿水青山 巡河有我"第四届巡河志愿活动在山东海阳成功举办；重庆水文登上央视《新闻联播》和《新闻直播间》栏目；"湘江流域水文文化展示馆""湖南水文文化展示厅""湘江流域水文化走廊"先后开放；陕西水文博物馆2020年被中国水利博物馆联盟评为首届"十佳精品展陈"。

2021年全国水文行业十件大事

一、党中央国务院和水利部领导十分重视水文工作

2021年10月20日，习近平总书记在东营市黄河入海口考察期间，察看河道水情，详细询问径流量、输沙量等，听取黄河流路变迁、水沙变化和黄河三角洲生物多样性保护等情况汇报；22日，习近平总书记在深入推动黄河流域生态保护和高质量发展座谈会上强调"针对防汛救灾暴露出的薄弱环节，迅速查漏补缺，补好灾害预警监测短板，补好防灾基础设施短板"。李克强、胡春华等中央领导同志多次对水文工作作出指示批示和要求。2021年2月，水利部李国英部长明确批示"水文监测网络建设是水利现代化最重要的基础支撑，要予以高度重视"；10月，李国英部长主持召开部务会议，专题研究水文现代化建设规划等工作，他指出，水文是推动新阶段水利高质量发展的重要支撑，要统筹除害与兴利、地表与地下、供给与需求、流域与区域、硬件与软件、生产与科研，做好国家水文站网顶层设计，找准问题短板，有针对性地强化工作措施，加快实现水文现代化。

二、《全国水文基础设施建设"十四五"规划》《水文现代化建设规划》印发实施

2021年12月，水利部、国家发展改革委联合印发《全国水文基础设施建设"十四五"规划》，水利部印发《水文现代化建设规划》。规划明确了水文现代化建设的总体思路和总体布局，确定了建设目标、主要任务和重点项目，是当前和今后一段时期全国水文现代化建设的重要依据。黄委、浙江、广东、云南等强化规划引领，印发实施水文规划。水文现代化建设持续推进，浙江、山东、广东、四川等积极落实投资，新改建一批水文测站，水文监测自动化水平不断提升，福建80%以上测站使用现代化设备开展流量监测，湖南建成全国水文系统第一套X波段双极化相控阵雷达。

三、水文为打赢洪水防御攻坚战提供有力支撑

2021年，黑龙江上游、海河流域卫河上游发生特大洪水，松花江发生流域性较大洪水，长江上游和汉江、黄河中下游、海河南系等流域发生罕见秋汛。全国水文部门认真贯彻党中央国务院领导指示批示精神和水利部党组要求，周密部署，扎实做好备汛工作，精心监测，密切监视雨情水情，强化"四预"措施，汛期共采集雨水情信息27.2亿条，抢测洪水8490场次，发布洪水预报44.2万站次，为打赢洪水防御攻坚战提供有力支撑。长江委、黄委、淮委、海委及浙江、福建、重庆、贵州等省（直辖市）积极开展河湖水文映射试点，构建试点河流（段）数字流域模型，搭建具有"四预"功能的河湖水文映射场景，实现洪水过程的数字流场映射和模拟推演，在洪水防御中得到初步应

用，取得预期的效果。

四、水文积极服务抗旱保供水

面对南方地区冬春连旱、西北地区夏旱和华南地区秋冬旱，水文部门认真贯彻水利部组织部署，密切关注旱情发展趋势，积极发挥技术优势，加强监测，全力做好抗旱水文测报工作。珠江委水文局超前部署珠江流域雨水咸情的预测预报预警，实时监测雨水咸情信息，对雨水咸情进行滚动预报，创新性地形成珠江河口雨水咸情的预测预报体系。广东水文强化低水流量监测，提升测验精度，加强旱情规律分析和重点水库的资料收集，为有效应对东江、韩江和粤东等地的旱情提供了重要支撑，保障了香港、澳门及珠江三角洲城乡供水安全。江西水文多措并举支撑水工程抗旱调度保南昌供水，强化151处县级取水水源地监测预警，实地调查全省974个千吨万人农村饮水工程，助力防灾减灾取得实效。

五、水质水生态监测工作亮点纷呈

水利部首次与市场监管总局等五部门联合开展全国检验检测机构监督抽查，完成"水利水质监测领域10家"国家级资质认定检验检测机构监督检查。水生态监测工作由点到面持续推进，在长江口、黄河河口三角洲湿地、白洋淀等全国248个水域开展水生生物监测与调查，在鄱阳湖创新开展江豚智慧监测，北京对外发布《北京市水生态健康等级指示物种（2021版）》。切实保障群众饮水安全，实施全国93个地级及以上城市饮用水水源地水质摸底监测和监督监测，安徽、湖北、广西、重庆、云南、甘肃等地水文部门全年完成近千个农村供水工程饮水点的水质监督性监测，抽检农饮水水样一万余点次。水利部印发《河湖生态流量监测预警技术指南（试行）》，推动建立生态流量监测预警机制。加强对生态流量保障目标管控断面监测和分析评价，湖南生态流量监控系统正式运行，实现对全省66个重要控制断面生态流量的实时监控和预警；广西出台地方标准《河流无实测流量资料断面水量计算规范》，实施37条重点河流47个控制断面生态流量监测预警，按月提供57条河流247个断面水量监测评价信息。

六、水文担当华北地区河湖生态补水重要尖兵

海委水文局组织指导北京、天津、河北等水文单位开展华北地区地下水超采治理生态补水水文监测和分析，对补水河段的地表水水量（水位）、水质、水生态和地下水水位等实施全过程监测分析，编制多期监测信息通报，在支撑华北地区河湖生态补水工作中发挥了重要尖兵作用。北京水文参与永定河、潮白河、北运河等多水源、多目标联合调度生态补水工作，通过全过程开展地表水、地下水、水质和水生态多要素联合监测，实时研判分析、动态评价补水效益。河北水文积极配合水利部2021年夏季滹沱河、大清河（白洋淀）生态补水行动，制定水文监测方案，实时跟踪监测水头、补水水量、地表水水质、地下水水位等动态变化情况，完成95处生态补水和40处引黄调水监测断面的水文监测和信息报送，提供了大量监测分析成果。北京、河北水文部门强化冬奥赛区雨水情、水质等监测分析，积极为北京冬奥会筹备提供技术支撑。

七、地下水监测数据与评价成果在地下水监督管理工作中发挥重要作用

各级水文部门认真贯彻《地下水管理条例》，不断优化完善地下水监测工作体系，全力保障监测站和地下水监测系统正常运行，国家地下水监测工程持续发挥建设成效。

地下水动态监测与分析评价成果已广泛应用,《地下水动态月报》《全国地下水超采区水位变化通报》等信息服务成果,为开展重点区域地下水超采治理、地下水双控管理等工作提供了重要支撑。

八、正式启动百年水文站认定工作

为挖掘长期观测水文站宝贵的历史和文化价值,做好水文历史文化遗产的传承与保护,充分发挥其作用,水利部印发了《百年水文站认定办法(试行)》,启动百年水文站认定工作。各流域管理机构和有关省(自治区、直辖市)水行政主管部门积极响应,踊跃开展工作。同时,面向社会开展了百年水文站标识设计征集活动,共征集到数百件投稿作品,引起社会强烈反响。百年水文站认定工作有利于提高全社会对水文工作认知和保护意识,推动和促进水文事业发展。

九、全国水文系统多种形式献礼建党 100 周年

突出抓好党史学习教育,积极做好"我为群众办实事"实践活动,庆祝建党百年活动精彩纷呈,江苏南京分局依托百年老站,在南京潮水位站建成党员实境教育课堂,树立红色地标;湖北省水文水资源局精心制作献礼建党 100 周年党建宣传片《峰顶浪尖党旗红》;吉林省水文水资源局举办"颂歌献给党"庆祝建党 100 周年文艺汇演;河南省水文水资源局制作了庆祝建党百年水文宣传视频,编纂了《水文记忆》,制作出版了 2021 年《防汛画册》。在中国共产党成立 100 周年之际,安徽省水文局宣城水文勘测队党支部被中共中央授予"先进基层党组织"荣誉称号,支部书记作为全国先进基层党组织代表参加庆祝中国共产党成立 100 周年全国"两优一先"表彰大会,受到习近平总书记接见并合影。水利部直属水文单位深入开展巡视整改"三对标、一规划"专项行动,扎实进行政治对标、思路对标、任务对标,认真谋划水文事业发展。

十、水文精神文明和文化建设成果丰硕

人民日报、新华网及央视等主流媒体多次报道防汛水文测报工作,央视《黄河人家》栏目播出龙门水文站工作纪实。长江委水文职工何涛、李凯、汪卫东获"全国五一劳动奖章""全国技术能手""国家技能人才培育突出贡献个人"等奖项。广东省水文局佛山水文分局水情科、河南安阳局水质科被评为"全国青年文明号"。湖南益阳水文中心段意花荣获中央文明委授予的"第八届全国道德模范"提名奖。山西大同水文站职工书屋荣获中华全国总工会"职工书屋"称号。湖南省水文中心任美庆荣获水利部授予的"全国水利扶贫先进个人"称号。中国水文专家河海大学余钟波教授当选联合国教科文组织政府间水文计划理事会主席。云南省水文局荣获"全国水利扶贫先进集体"。长江中游水文水资源勘测局等 13 家水文单位获"第九届全国水利文明单位"称号。海委水文局党支部被水利部评为第一届"水利先锋党支部"。北京市水文总站龚义新荣获"北京大工匠"称号。山东水文全系统 17 家单位实现省部级以上文明单位全覆盖。

2022 年全国水文行业十件大事

一、党中央国务院和水利部领导高度重视水文工作

2022 年 6 月,习近平总书记在四川考察时强调,要加强统筹协调,提高降雨、台

风、山洪、泥石流等预警预报水平,抓细抓实各项防汛救灾措施。8月,习近平总书记在辽宁考察时强调,要加强汛情监测,及时排查风险隐患,抓细抓实各项防汛救灾措施,确保人民群众生命安全。李克强总理、胡春华副总理多次对水文工作作出指示批示和要求。李国英部长多次强调水利现代化建设,水文要先行。要求进一步完善水文监测手段,加强水文现代化建设,做到"知其然、知其所以然、知其所以必然",加快构建气象卫星和测雨雷达、雨量站、水文站组成的雨水情监测"三道防线",抓实抓细"降雨-产流-汇流-演进"等"四个链条"。

二、全国水文系统深入学习贯彻落实党的二十大精神

党的二十大明确提出,构建现代化基础设施体系,完善风险监测预警体系,提高防灾减灾救灾和重大突发公共事件处置保障能力,坚持山水林田湖草沙一体化保护和系统治理,推进资源节约集约利用,统筹水资源、水环境、水生态治理,为水文工作指明了前进方向、确立了行动指南。全国水文系统认真学习贯彻落实党的二十大精神,坚持以人民为中心的发展思想,坚持统筹发展和安全,坚持人与自然和谐共生,坚持科技引领、创新驱动,立足推动新阶段水利高质量发展,按照部党组的要求,完善水文站网,改进水文测报手段,提升监测能力,强化"四预"功能,加强水文科技创新、基础理论研究和推广应用,为全面提升国家水安全保障能力和水利科学管理能力提供了有力支撑。

三、2022年全国水文工作会议在京召开

3月21日,水利部在北京召开水文工作会议,刘伟平副部长出席会议并讲话。会议以习近平新时代中国特色社会主义思想为指导,深入贯彻新时代治水思路,落实水利部党组关于推动新阶段水利高质量发展和2022年全国水利工作会议的部署要求。会议明确,要不断开创水文工作新局面,按照《水文现代化建设规划》和《全国水文基础设施建设"十四五"规划》确定的水文发展方向、思路、目标和任务,建立覆盖全面、精准高效、智能先进的高质量现代化国家水文站网,打造"空天地"一体化水文监测体系;实现水文全要素、全量程自动监测,水文数据测验、归集、存储、处理、预测预报和分析评价全流程自动化、智能化和精准化,建立智能高效的水文信息服务体系;引领水文化建设,传承和彰显优秀水文文化;改革创新管理体制和运行机制,强化科技支撑和人才队伍保障,建立稳定高效可持续的建设运行管理体系。

四、水文现代化建设取得新成效

国家地下水监测工程入选"人民治水·百年功绩"治水工程,我国已建成世界范围内规模最大的国家级地下水自动监测站网,形成了技术自主可控的国家地下水监测系统。水利部制定印发《关于推进水利工程配套水文设施建设的指导意见》,对拟建、在建和已建水利工程配套水文设施建设提出要求,以加快推动建立与防汛调度和国家水网相匹配的现代化国家水文站网。水文基础设施建设进一步加强,新建改建水文测站、水文监测中心3500余处,加快构筑雨水情监测"三道防线"。新装备各类流量在线监测系统692台(套)、各类泥沙在线监测系统、走航式声学多普勒流速仪、无人机、无人船、自动蒸发观测系统应用分别较上年增加26%、46%、14%、30%、40%、27%。积极构建基于卫星遥感、无人机航拍及地面地下定点观测和巡测相结合的"空天地"一体化水文监测体系，最新一代相控阵测雨雷达在湖南湘江流域和河北雄安新区等地投入试点应用。

五、水文支撑打赢水旱灾害防御硬仗成绩突出

2022年，我国主要江河发生10次编号洪水，626条河流发生超警戒以上洪水，27条河流发生超历史实测记录洪水；珠江、长江流域相继发生历史罕见气象水文干旱，长江口发生历史罕见咸潮入侵。全国水文单位牢固树立"人民至上、生命至上"理念，坚持"预"字当先、"实"字托底，抓实抓细"四个链条"，推进构筑雨水情监测"三道防线"，加强"四预"措施，为成功防御北江1915年以来最大洪水、珠江流域性较大洪水、辽河流域严重暴雨洪水等提供有力支撑。长江委及流域内水文单位加强墒情、低枯水流量监测和旱情预测分析，积极服务两轮"长江流域水库群抗旱保供水联合调度"专项行动，加密水量水质同步监测，实施开展长江口咸潮入侵应急专项监测，有力保障人民群众饮水安全和秋粮作物灌溉用水需求。

六、水资源水生态监测服务能力提升

海委、黄委和京津冀鲁等水文单位在京杭大运河永定河全线贯通和华北地区河湖生态环境复苏行动中，采用遥感、无人机技术，实施全要素全过程监测，建立河流回补入渗模型，开展地下水水位变化和回补影响范围分析评价，圆满完成监测评估任务。水利部编制《全国水质水生态监测规划》和《河湖水生态监测技术指南（试行）》，规范水利系统水质监测质量和安全管理工作，组织完成汉江、赤水河、长江口、黄河河口三角洲湿地、三峡库区、鄱阳湖等水域拓展底栖生物、浮游动植物及鱼类等水生生物监测与分析评价。全国水文单位加大江河水量分配断面、河湖生态流量管控断面监测力度，强化监测分析。北京、浙江、河南、甘肃积极开展泉水资源调查、水资源综合评价体系设计、水资源管理"双控"指标调整、河流健康评估，水文服务水资源管理能力进一步加强。

七、水文体制机制法治建设取得新成绩

《水文设施工程验收管理办法》《水质监测质量和安全管理办法》《水利部本级水文行政许可事中事后监管实施方案（试行）》等规范性文件印发实施。《四川省水文条例》出台，《江苏水文精细化管理》出版，《吉林省国家基本水文站标准化管理办法（试行）》印发。福建组建平潭水文中心，联合流域、属地成立太湖流域福建省平潭海岛水文水资源研究中心。山东省水文计量检定中心调整为独立法人，安徽2个地级市农村供水水质监测中心正式挂牌。珠江委、松辽委、太湖局和江苏泰州、镇江5个水文单位成功创建水利安全生产标准化一级单位。

八、水文精神文明和文化建设成果丰硕

水文司在水利部第四批"我为群众办实事"实践活动中，组织完成帮扶新疆克尔古提、西大桥水文站提高供水保障水平项目和西藏自治区水文水资源勘测局尼洋河洪水预报软件开发项目，通过水利部验收，切实解决了基层水文测站急难愁盼问题。长江委、黄委、北京、江苏、浙江、福建、山东、湖北、湖南的12家省级及以下水文单位入选第二届水利系统基层单位文明创建案例，对新形势下做好水利精神文明建设工作起到了模范带头作用。

九、科技创新和国际交流合作再创佳绩

在 2022 年"大禹水利科学技术奖"评选中,水文单位作为主要完成单位共入选特等奖 1 项、一等奖 3 项、二等奖 4 项、三等奖 4 项。其中,长江委水文局"长江上游梯级水库群多目标联合调度技术""变化环境对跨境流域径流的影响及水利益共享研究"入选特等奖和一等奖。黄委、海委水文局"缺资料水文模拟预报的理论技术创新与应用",太湖流域水文水资源监测中心"流域河湖治理工程水生态影响监测与评估关键技术及应用"入选一等奖。联合国教科文组织政府间水文计划中委会、国际水文科学协会中委会积极组织参与国际、国内学术活动,扩大对外宣传,各项工作取得新成效。积极推进跨界河流水文资料交换,与周边国家和国际组织建立互信和良好合作关系,圆满完成国际河流水文报汛任务。

十、水利部首次发布《中国水文年报》

水利部组织南京水利科学研究院等编写单位及各流域管理机构和省级水行政主管部门,按照任务分工和进度要求,高质高效完成《中国水文年报 2021》编制、审查和发布等工作。该年报是水利部首次编制发布的我国水文综合信息年报,主要包括降水、蒸发、径流、泥沙、地下水、冰凌等水文要素和暴雨洪水、干旱、水库蓄水量等年度综合信息及时空变化特征,为经济社会和水利高质量发展提供基础资料,也为流域综合治理、水旱灾害防御、水资源管理、涉水工程建设运行及水生态修复等提供科学依据。《中国水文年报 2021》的发布引发社会广泛关注。

附录 2 瞬时单位线 S 曲线查用表

t_r\k	1	1.1	1.2	1.3	1.4	1.5	1.6	1.7	1.8	1.9	2	2.1	2.2	2.3	2.4	2.5	2.6	2.7	2.8	2.9
0	0	0	0	0	0	0	0	0	0	0	0	0	0	0	0	0	0	0	0	0
0.1	0.0952	0.0721	0.0542	0.0406	0.0302	0.0224	0.0165	0.0121	0.0089	0.0065	0.0047	0.0034	0.0024	0.0017	0.0012	0.0009	0.0006	0.0004	0.0003	0.0002
0.2	0.1813	0.1468	0.1181	0.0946	0.0754	0.0598	0.0472	0.0370	0.0290	0.0226	0.0175	0.0135	0.0104	0.0080	0.0061	0.0047	0.0035	0.0027	0.0020	0.0015
0.3	0.2592	0.2180	0.1823	0.1517	0.1257	0.1036	0.0850	0.0694	0.0565	0.0458	0.0369	0.0297	0.0238	0.0190	0.0151	0.0120	0.0095	0.0075	0.0059	0.0046
0.4	0.3297	0.2847	0.2445	0.2090	0.1778	0.1505	0.1269	0.1065	0.0891	0.0742	0.0616	0.0509	0.0419	0.0344	0.0282	0.0230	0.0187	0.0151	0.0122	0.0099
0.5	0.3935	0.3466	0.3037	0.2649	0.2299	0.1987	0.1711	0.1466	0.1252	0.1065	0.0902	0.0762	0.0641	0.0537	0.0449	0.0374	0.0311	0.0258	0.0213	0.0175
0.6	0.4512	0.4037	0.3594	0.3186	0.2811	0.2470	0.2161	0.1884	0.1635	0.1414	0.1219	0.1047	0.0896	0.0765	0.0650	0.0551	0.0466	0.0393	0.0330	0.0277
0.7	0.5034	0.4563	0.4116	0.3697	0.3306	0.2945	0.2612	0.2308	0.2032	0.1782	0.1558	0.1357	0.1178	0.1020	0.0880	0.0757	0.0649	0.0555	0.0473	0.0403
0.8	0.5507	0.5045	0.4602	0.4180	0.3781	0.3406	0.3057	0.2733	0.2435	0.2161	0.1912	0.1686	0.1482	0.1298	0.1134	0.0988	0.0857	0.0742	0.0641	0.0552
0.9	0.5934	0.5487	0.5053	0.4633	0.4232	0.3851	0.3491	0.3153	0.2837	0.2545	0.2275	0.2027	0.1801	0.1595	0.1408	0.1239	0.1088	0.0952	0.0831	0.0724
1	0.6321	0.5892	0.5470	0.5058	0.4659	0.4276	0.3910	0.3563	0.3236	0.2929	0.2642	0.2376	0.2131	0.1905	0.1697	0.1509	0.1337	0.1182	0.1042	0.0916
1.1	0.6671	0.6262	0.5854	0.5453	0.5061	0.4681	0.4313	0.3962	0.3626	0.3309	0.3010	0.2729	0.2467	0.2224	0.1999	0.1792	0.1601	0.1428	0.1269	0.1126
1.2	0.6988	0.6599	0.6209	0.5821	0.5439	0.5064	0.4699	0.4346	0.4007	0.3682	0.3374	0.3082	0.2807	0.2549	0.2309	0.2085	0.1878	0.1687	0.1512	0.1352
1.3	0.7275	0.6907	0.6536	0.6163	0.5792	0.5425	0.5065	0.4714	0.4374	0.4046	0.3732	0.3432	0.3147	0.2877	0.2624	0.2386	0.2165	0.1958	0.1767	0.1591
1.4	0.7534	0.7188	0.6835	0.6479	0.6121	0.5765	0.5413	0.5066	0.4728	0.4399	0.4082	0.3776	0.3484	0.3206	0.2941	0.2692	0.2458	0.2238	0.2033	0.1842
1.5	0.7769	0.7444	0.7111	0.6771	0.6428	0.6084	0.5741	0.5401	0.5067	0.4740	0.4422	0.4113	0.3816	0.3531	0.3259	0.3000	0.2755	0.2523	0.2306	0.2102
1.6	0.7981	0.7677	0.7363	0.7041	0.6713	0.6382	0.6050	0.5719	0.5391	0.5067	0.4751	0.4442	0.4142	0.3853	0.3575	0.3308	0.3054	0.2813	0.2584	0.2369
1.7	0.8173	0.7890	0.7594	0.7290	0.6978	0.6660	0.6340	0.6019	0.5698	0.5381	0.5068	0.4760	0.4460	0.4168	0.3886	0.3614	0.3353	0.3104	0.2866	0.2641
1.8	0.8347	0.8083	0.7806	0.7519	0.7223	0.6920	0.6612	0.6302	0.5990	0.5680	0.5372	0.5067	0.4769	0.4477	0.4192	0.3917	0.3651	0.3395	0.3150	0.2916
1.9	0.8504	0.8259	0.8000	0.7729	0.7449	0.7161	0.6867	0.6568	0.6267	0.5964	0.5663	0.5363	0.5067	0.4777	0.4492	0.4214	0.3945	0.3685	0.3434	0.3193
2	0.8647	0.8419	0.8177	0.7923	0.7659	0.7385	0.7104	0.6818	0.6527	0.6234	0.5940	0.5646	0.5355	0.5067	0.4784	0.4506	0.4235	0.3971	0.3716	0.3470
2.1	0.8775	0.8564	0.8339	0.8101	0.7852	0.7593	0.7326	0.7052	0.6773	0.6489	0.6204	0.5917	0.5632	0.5348	0.5067	0.4790	0.4519	0.4254	0.3996	0.3745

续表

n\k	1	1.1	1.2	1.3	1.4	1.5	1.6	1.7	1.8	1.9	2	2.1	2.2	2.3	2.4	2.5	2.6	2.7	2.8	2.9
2.2	0.8892	0.8696	0.8487	0.8265	0.8031	0.7786	0.7533	0.7271	0.7003	0.6731	0.6454	0.6176	0.5896	0.5618	0.5340	0.5066	0.4796	0.4531	0.4271	0.4018
2.3	0.8997	0.8816	0.8622	0.8414	0.8195	0.7965	0.7724	0.7476	0.7220	0.6958	0.6691	0.6422	0.6150	0.5877	0.5605	0.5334	0.5066	0.4801	0.4542	0.4288
2.4	0.9093	0.8926	0.8745	0.8552	0.8346	0.8130	0.7903	0.7667	0.7423	0.7172	0.6916	0.6655	0.6391	0.6125	0.5858	0.5592	0.5328	0.5065	0.4807	0.4552
2.5	0.9179	0.9025	0.8858	0.8678	0.8485	0.8282	0.8068	0.7845	0.7613	0.7373	0.7127	0.6876	0.6620	0.6362	0.6102	0.5841	0.5581	0.5322	0.5065	0.4811
2.6	0.9257	0.9115	0.8960	0.8793	0.8613	0.8423	0.8221	0.8010	0.7790	0.7562	0.7326	0.7085	0.6838	0.6588	0.6335	0.6080	0.5825	0.5570	0.5316	0.5064
2.7	0.9328	0.9197	0.9054	0.8898	0.8731	0.8553	0.8363	0.8164	0.7955	0.7738	0.7513	0.7282	0.7045	0.6803	0.6558	0.6310	0.6060	0.5810	0.5559	0.5311
2.8	0.9392	0.9271	0.9139	0.8995	0.8839	0.8672	0.8495	0.8307	0.8110	0.7903	0.7689	0.7468	0.7240	0.7007	0.6770	0.6529	0.6286	0.6041	0.5795	0.5550
2.9	0.9450	0.9339	0.9217	0.9083	0.8938	0.8782	0.8616	0.8439	0.8253	0.8058	0.7854	0.7643	0.7425	0.7201	0.6972	0.6738	0.6502	0.6263	0.6022	0.5781
3	0.9502	0.9400	0.9287	0.9164	0.9029	0.8884	0.8728	0.8562	0.8387	0.8202	0.8009	0.7807	0.7599	0.7384	0.7163	0.6938	0.6708	0.6476	0.6241	0.6005
3.1	0.9550	0.9456	0.9352	0.9238	0.9113	0.8977	0.8832	0.8676	0.8511	0.8336	0.8153	0.7962	0.7763	0.7557	0.7345	0.7128	0.6906	0.6680	0.6451	0.6221
3.2	0.9592	0.9506	0.9411	0.9305	0.9189	0.9063	0.8927	0.8781	0.8626	0.8461	0.8288	0.8106	0.7917	0.7720	0.7517	0.7308	0.7094	0.6875	0.6653	0.6428
3.3	0.9631	0.9552	0.9464	0.9366	0.9259	0.9142	0.9015	0.8879	0.8733	0.8578	0.8414	0.8242	0.8062	0.7874	0.7679	0.7479	0.7272	0.7061	0.6846	0.6627
3.4	0.9666	0.9594	0.9513	0.9423	0.9323	0.9214	0.9096	0.8969	0.8832	0.8686	0.8532	0.8369	0.8197	0.8019	0.7833	0.7641	0.7442	0.7239	0.7030	0.6818
3.5	0.9698	0.9632	0.9557	0.9474	0.9382	0.9281	0.9171	0.9052	0.8924	0.8787	0.8641	0.8487	0.8325	0.8155	0.7978	0.7794	0.7603	0.7407	0.7206	0.7001
3.6	0.9727	0.9666	0.9597	0.9521	0.9436	0.9342	0.9240	0.9129	0.9009	0.8880	0.8743	0.8598	0.8444	0.8283	0.8114	0.7938	0.7756	0.7568	0.7374	0.7175
3.7	0.9753	0.9697	0.9634	0.9564	0.9485	0.9398	0.9303	0.9199	0.9087	0.8967	0.8838	0.8701	0.8556	0.8403	0.8242	0.8074	0.7900	0.7720	0.7533	0.7342
3.8	0.9776	0.9725	0.9668	0.9602	0.9530	0.9450	0.9361	0.9265	0.9160	0.9047	0.8926	0.8797	0.8660	0.8515	0.8363	0.8203	0.8037	0.7864	0.7685	0.7500
3.9	0.9798	0.9751	0.9698	0.9638	0.9571	0.9497	0.9415	0.9325	0.9227	0.9122	0.9008	0.8887	0.8757	0.8620	0.8476	0.8324	0.8165	0.8000	0.7829	0.7651
4	0.9817	0.9774	0.9726	0.9670	0.9609	0.9540	0.9464	0.9380	0.9289	0.9191	0.9084	0.8970	0.8848	0.8719	0.8582	0.8438	0.8287	0.8129	0.7965	0.7795
4.1	0.9834	0.9795	0.9751	0.9700	0.9643	0.9579	0.9509	0.9431	0.9347	0.9254	0.9155	0.9048	0.8933	0.8811	0.8681	0.8544	0.8401	0.8250	0.8094	0.7931
4.2	0.9850	0.9814	0.9773	0.9727	0.9674	0.9616	0.9550	0.9478	0.9400	0.9313	0.9220	0.9120	0.9012	0.8897	0.8774	0.8645	0.8508	0.8365	0.8215	0.8059
4.3	0.9864	0.9832	0.9794	0.9751	0.9703	0.9649	0.9589	0.9522	0.9448	0.9368	0.9281	0.9187	0.9085	0.8977	0.8861	0.8739	0.8609	0.8473	0.8330	0.8181
4.4	0.9877	0.9847	0.9813	0.9774	0.9729	0.9679	0.9623	0.9561	0.9493	0.9418	0.9337	0.9249	0.9154	0.9052	0.8943	0.8827	0.8704	0.8575	0.8439	0.8297

附录2 瞬时单位线 S 曲线查用表

续表

t/k \ n	1	1.1	1.2	1.3	1.4	1.5	1.6	1.7	1.8	1.9	2	2.1	2.2	2.3	2.4	2.5	2.6	2.7	2.8	2.9
4.5	0.9889	0.9862	0.9830	0.9794	0.9753	0.9707	0.9655	0.9598	0.9535	0.9465	0.9389	0.9306	0.9217	0.9121	0.9019	0.8909	0.8793	0.8671	0.8541	0.8406
4.6	0.9899	0.9875	0.9846	0.9813	0.9775	0.9733	0.9685	0.9632	0.9573	0.9508	0.9437	0.9360	0.9276	0.9186	0.9090	0.8987	0.8877	0.8760	0.8638	0.8509
4.7	0.9909	0.9886	0.9860	0.9830	0.9795	0.9756	0.9712	0.9662	0.9608	0.9548	0.9482	0.9409	0.9331	0.9247	0.9156	0.9059	0.8955	0.8845	0.8728	0.8606
4.8	0.9918	0.9897	0.9873	0.9845	0.9813	0.9777	0.9736	0.9691	0.9640	0.9584	0.9523	0.9455	0.9382	0.9303	0.9218	0.9126	0.9028	0.8924	0.8814	0.8697
4.9	0.9926	0.9907	0.9885	0.9859	0.9830	0.9797	0.9759	0.9717	0.9670	0.9618	0.9561	0.9498	0.9429	0.9355	0.9275	0.9189	0.9097	0.8998	0.8894	0.8783
5	0.9933	0.9915	0.9895	0.9872	0.9845	0.9814	0.9780	0.9741	0.9697	0.9649	0.9596	0.9537	0.9473	0.9404	0.9329	0.9248	0.9161	0.9068	0.8969	0.8864
5.1	0.9939	0.9923	0.9905	0.9883	0.9859	0.9831	0.9799	0.9763	0.9722	0.9678	0.9628	0.9574	0.9514	0.9449	0.9378	0.9302	0.9221	0.9133	0.9040	0.8940
5.2	0.9945	0.9930	0.9914	0.9894	0.9871	0.9845	0.9816	0.9783	0.9746	0.9704	0.9658	0.9607	0.9552	0.9491	0.9425	0.9353	0.9276	0.9194	0.9106	0.9012
5.3	0.9950	0.9937	0.9922	0.9904	0.9883	0.9859	0.9832	0.9801	0.9767	0.9728	0.9686	0.9638	0.9586	0.9530	0.9468	0.9401	0.9329	0.9251	0.9168	0.9079
5.4	0.9955	0.9943	0.9929	0.9912	0.9893	0.9871	0.9846	0.9818	0.9786	0.9751	0.9711	0.9667	0.9619	0.9566	0.9508	0.9445	0.9377	0.9304	0.9226	0.9142
5.5	0.9959	0.9948	0.9935	0.9920	0.9903	0.9883	0.9860	0.9834	0.9804	0.9771	0.9734	0.9694	0.9648	0.9599	0.9545	0.9486	0.9422	0.9354	0.9280	0.9201
5.6	0.9963	0.9953	0.9941	0.9928	0.9912	0.9893	0.9872	0.9848	0.9821	0.9790	0.9756	0.9718	0.9676	0.9630	0.9579	0.9524	0.9465	0.9400	0.9331	0.9256
5.7	0.9967	0.9957	0.9947	0.9934	0.9919	0.9903	0.9883	0.9861	0.9836	0.9807	0.9776	0.9741	0.9702	0.9659	0.9611	0.9560	0.9504	0.9443	0.9378	0.9308
5.8	0.9970	0.9961	0.9952	0.9940	0.9927	0.9911	0.9893	0.9873	0.9850	0.9823	0.9794	0.9761	0.9725	0.9685	0.9641	0.9593	0.9541	0.9484	0.9422	0.9356
5.9	0.9973	0.9965	0.9956	0.9946	0.9933	0.9919	0.9903	0.9884	0.9862	0.9838	0.9811	0.9781	0.9747	0.9710	0.9669	0.9624	0.9575	0.9521	0.9463	0.9401
6	0.9975	0.9968	0.9960	0.9951	0.9939	0.9926	0.9911	0.9894	0.9874	0.9852	0.9826	0.9798	0.9767	0.9732	0.9694	0.9652	0.9606	0.9556	0.9502	0.9443
6.1	0.9978	0.9971	0.9964	0.9955	0.9945	0.9933	0.9919	0.9903	0.9885	0.9864	0.9841	0.9815	0.9786	0.9753	0.9718	0.9679	0.9636	0.9589	0.9538	0.9483
6.2	0.9980	0.9974	0.9967	0.9959	0.9950	0.9939	0.9926	0.9911	0.9894	0.9875	0.9854	0.9830	0.9803	0.9773	0.9740	0.9703	0.9663	0.9619	0.9571	0.9520
6.3	0.9982	0.9976	0.9970	0.9963	0.9954	0.9944	0.9932	0.9919	0.9903	0.9886	0.9866	0.9844	0.9819	0.9791	0.9760	0.9726	0.9688	0.9647	0.9603	0.9554
6.4	0.9983	0.9979	0.9973	0.9966	0.9958	0.9949	0.9938	0.9926	0.9912	0.9895	0.9877	0.9856	0.9833	0.9807	0.9778	0.9747	0.9712	0.9673	0.9632	0.9586
6.5	0.9985	0.9981	0.9976	0.9969	0.9962	0.9954	0.9944	0.9932	0.9919	0.9904	0.9887	0.9868	0.9847	0.9823	0.9796	0.9766	0.9734	0.9698	0.9659	0.9616
6.6	0.9986	0.9982	0.9978	0.9972	0.9966	0.9958	0.9949	0.9938	0.9926	0.9912	0.9897	0.9879	0.9859	0.9837	0.9812	0.9784	0.9754	0.9720	0.9684	0.9644
6.7	0.9988	0.9984	0.9980	0.9975	0.9969	0.9962	0.9953	0.9944	0.9932	0.9920	0.9905	0.9889	0.9870	0.9850	0.9827	0.9801	0.9773	0.9741	0.9707	0.9670

续表

t/k \ n	1	1.1	1.2	1.3	1.4	1.5	1.6	1.7	1.8	1.9	2	2.1	2.2	2.3	2.4	2.5	2.6	2.7	2.8	2.9
6.8	0.9989	0.9986	0.9982	0.9977	0.9972	0.9965	0.9957	0.9948	0.9938	0.9926	0.9913	0.9898	0.9881	0.9862	0.9840	0.9816	0.9790	0.9761	0.9729	0.9694
6.9	0.9990	0.9987	0.9983	0.9979	0.9974	0.9968	0.9961	0.9953	0.9944	0.9933	0.9920	0.9906	0.9891	0.9873	0.9853	0.9831	0.9806	0.9779	0.9749	0.9716
7	0.9991	0.9988	0.9985	0.9981	0.9976	0.9971	0.9965	0.9957	0.9948	0.9938	0.9927	0.9914	0.9899	0.9883	0.9865	0.9844	0.9821	0.9796	0.9768	0.9737
7.1	0.9992	0.9989	0.9986	0.9983	0.9979	0.9974	0.9968	0.9961	0.9953	0.9944	0.9933	0.9921	0.9908	0.9892	0.9875	0.9856	0.9835	0.9811	0.9785	0.9757
7.2	0.9993	0.9990	0.9988	0.9984	0.9981	0.9976	0.9971	0.9964	0.9957	0.9948	0.9939	0.9928	0.9915	0.9901	0.9885	0.9867	0.9848	0.9826	0.9801	0.9775
7.3	0.9993	0.9991	0.9989	0.9986	0.9982	0.9978	0.9973	0.9967	0.9961	0.9953	0.9944	0.9934	0.9922	0.9909	0.9894	0.9878	0.9859	0.9839	0.9816	0.9791
7.4	0.9994	0.9992	0.9990	0.9987	0.9984	0.9980	0.9976	0.9970	0.9964	0.9957	0.9949	0.9939	0.9929	0.9916	0.9903	0.9887	0.9870	0.9851	0.9830	0.9807
7.5	0.9994	0.9993	0.9991	0.9988	0.9985	0.9982	0.9978	0.9973	0.9967	0.9961	0.9953	0.9944	0.9934	0.9923	0.9911	0.9896	0.9880	0.9863	0.9843	0.9821
7.6	0.9995	0.9994	0.9992	0.9989	0.9987	0.9983	0.9980	0.9975	0.9970	0.9964	0.9957	0.9949	0.9940	0.9929	0.9918	0.9905	0.9890	0.9873	0.9855	0.9835
7.7	0.9995	0.9994	0.9992	0.9990	0.9988	0.9985	0.9981	0.9977	0.9973	0.9967	0.9961	0.9953	0.9945	0.9935	0.9924	0.9912	0.9898	0.9883	0.9866	0.9847
7.8	0.9996	0.9995	0.9993	0.9991	0.9989	0.9986	0.9983	0.9979	0.9975	0.9970	0.9964	0.9957	0.9949	0.9941	0.9930	0.9919	0.9906	0.9892	0.9876	0.9859
7.9	0.9996	0.9995	0.9994	0.9992	0.9990	0.9988	0.9985	0.9981	0.9977	0.9972	0.9967	0.9961	0.9954	0.9945	0.9936	0.9926	0.9914	0.9901	0.9886	0.9869
8	0.9997	0.9996	0.9994	0.9993	0.9991	0.9989	0.9986	0.9983	0.9979	0.9975	0.9970	0.9964	0.9957	0.9950	0.9941	0.9932	0.9921	0.9908	0.9895	0.9879
8.1	0.9997	0.9996	0.9995	0.9993	0.9992	0.9990	0.9987	0.9984	0.9981	0.9977	0.9972	0.9967	0.9961	0.9954	0.9946	0.9937	0.9927	0.9916	0.9903	0.9889
8.2	0.9997	0.9996	0.9995	0.9994	0.9992	0.9991	0.9988	0.9986	0.9983	0.9979	0.9975	0.9970	0.9964	0.9958	0.9950	0.9942	0.9933	0.9922	0.9910	0.9897
8.3	0.9998	0.9997	0.9996	0.9995	0.9993	0.9991	0.9989	0.9987	0.9984	0.9981	0.9977	0.9972	0.9967	0.9961	0.9954	0.9947	0.9938	0.9928	0.9917	0.9905
8.4	0.9998	0.9997	0.9996	0.9995	0.9994	0.9992	0.9990	0.9988	0.9986	0.9982	0.9979	0.9975	0.9970	0.9964	0.9958	0.9951	0.9943	0.9934	0.9924	0.9912
8.5	0.9998	0.9997	0.9997	0.9996	0.9994	0.9993	0.9991	0.9989	0.9987	0.9984	0.9981	0.9977	0.9972	0.9967	0.9962	0.9955	0.9948	0.9939	0.9930	0.9919
8.6	0.9998	0.9998	0.9997	0.9996	0.9995	0.9994	0.9992	0.9990	0.9988	0.9985	0.9982	0.9979	0.9975	0.9970	0.9965	0.9959	0.9952	0.9944	0.9935	0.9925
8.7	0.9998	0.9998	0.9997	0.9996	0.9995	0.9994	0.9993	0.9991	0.9989	0.9987	0.9984	0.9981	0.9977	0.9973	0.9968	0.9962	0.9956	0.9948	0.9940	0.9931
9	0.9999	0.9998	0.9998	0.9997	0.9997	0.9996	0.9995	0.9993	0.9992	0.9990	0.9988	0.9985	0.9982	0.9979	0.9975	0.9971	0.9965	0.9960	0.9953	0.9946
9.5	0.9999	0.9999	0.9999	0.9998	0.9998	0.9997	0.9997	0.9996	0.9995	0.9994	0.9992	0.9990	0.9989	0.9986	0.9984	0.9981	0.9977	0.9973	0.9969	0.9964
10	1.0000	0.9999	0.9999	0.9999	0.9999	0.9998	0.9998	0.9997	0.9997	0.9996	0.9995	0.9994	0.9993	0.9991	0.9989	0.9988	0.9985	0.9983	0.9980	0.9976

附录2 瞬时单位线S曲线查用表

续表

n t/k	3	3.1	3.2	3.3	3.4	3.5	3.6	3.7	3.8	3.9	4	4.1	4.2	4.3	4.4	4.5	4.6	4.7	4.8	4.9
0	0	0	0	0	0	0	0	0	0	0	0	0	0	0	0	0	0	0	0	0
0.1	0.0002	0.0001	0.0001	0.0001	0.0000	0.0000	0.0000	0.0000	0.0000	0.0000	0.0000	0.0000	0.0000	0.0000	0.0000	0.0000	0.0000	0.0000	0.0000	0.0000
0.2	0.0011	0.0009	0.0006	0.0005	0.0004	0.0003	0.0002	0.0001	0.0001	0.0001	0.0001	0.0000	0.0000	0.0000	0.0000	0.0000	0.0000	0.0000	0.0000	0.0000
0.3	0.0036	0.0028	0.0022	0.0017	0.0013	0.0010	0.0008	0.0006	0.0005	0.0003	0.0003	0.0002	0.0002	0.0001	0.0001	0.0001	0.0000	0.0000	0.0000	0.0000
0.4	0.0079	0.0064	0.0051	0.0041	0.0032	0.0026	0.0020	0.0016	0.0013	0.0010	0.0008	0.0006	0.0005	0.0004	0.0003	0.0002	0.0002	0.0001	0.0001	0.0001
0.5	0.0144	0.0118	0.0096	0.0078	0.0064	0.0052	0.0042	0.0034	0.0027	0.0022	0.0018	0.0014	0.0011	0.0009	0.0007	0.0006	0.0004	0.0004	0.0003	0.0002
0.6	0.0231	0.0193	0.0160	0.0133	0.0110	0.0091	0.0075	0.0061	0.0050	0.0041	0.0034	0.0027	0.0022	0.0018	0.0015	0.0012	0.0010	0.0008	0.0006	0.0005
0.7	0.0341	0.0289	0.0244	0.0205	0.0172	0.0144	0.0121	0.0101	0.0084	0.0069	0.0058	0.0048	0.0039	0.0032	0.0027	0.0022	0.0018	0.0015	0.0012	0.0010
0.8	0.0474	0.0406	0.0347	0.0296	0.0252	0.0214	0.0181	0.0153	0.0129	0.0108	0.0091	0.0076	0.0064	0.0053	0.0044	0.0037	0.0030	0.0025	0.0021	0.0017
0.9	0.0629	0.0544	0.0470	0.0406	0.0349	0.0299	0.0256	0.0219	0.0186	0.0159	0.0135	0.0114	0.0096	0.0081	0.0068	0.0058	0.0048	0.0040	0.0034	0.0028
1	0.0803	0.0702	0.0613	0.0534	0.0463	0.0402	0.0347	0.0300	0.0258	0.0222	0.0190	0.0162	0.0139	0.0118	0.0101	0.0085	0.0072	0.0061	0.0052	0.0044
1.1	0.0996	0.0879	0.0774	0.0679	0.0595	0.0521	0.0454	0.0395	0.0343	0.0298	0.0257	0.0222	0.0191	0.0165	0.0141	0.0121	0.0104	0.0088	0.0075	0.0064
1.2	0.1205	0.1072	0.0951	0.0842	0.0744	0.0656	0.0577	0.0506	0.0443	0.0387	0.0338	0.0294	0.0255	0.0221	0.0192	0.0165	0.0143	0.0123	0.0105	0.0090
1.3	0.1429	0.1280	0.1144	0.1020	0.0908	0.0806	0.0714	0.0631	0.0557	0.0490	0.0431	0.0378	0.0331	0.0289	0.0252	0.0219	0.0191	0.0165	0.0143	0.0124
1.4	0.1665	0.1502	0.1351	0.1213	0.1087	0.0971	0.0866	0.0771	0.0685	0.0607	0.0537	0.0474	0.0418	0.0368	0.0323	0.0283	0.0248	0.0216	0.0188	0.0164
1.5	0.1912	0.1734	0.1570	0.1418	0.1279	0.1150	0.1032	0.0925	0.0826	0.0737	0.0656	0.0583	0.0517	0.0458	0.0405	0.0357	0.0314	0.0276	0.0242	0.0212
1.6	0.2166	0.1977	0.1800	0.1635	0.1482	0.1341	0.1211	0.1091	0.0981	0.0880	0.0788	0.0705	0.0629	0.0560	0.0498	0.0442	0.0391	0.0346	0.0305	0.0269
1.7	0.2428	0.2227	0.2038	0.1861	0.1697	0.1543	0.1400	0.1269	0.1147	0.1035	0.0932	0.0838	0.0752	0.0673	0.0602	0.0537	0.0478	0.0425	0.0378	0.0335
1.8	0.2694	0.2483	0.2284	0.2096	0.1920	0.1755	0.1601	0.1457	0.1324	0.1201	0.1087	0.0982	0.0886	0.0797	0.0717	0.0643	0.0576	0.0515	0.0459	0.0409
1.9	0.2963	0.2743	0.2535	0.2337	0.2151	0.1975	0.1810	0.1656	0.1512	0.1378	0.1253	0.1138	0.1031	0.0933	0.0842	0.0759	0.0683	0.0614	0.0551	0.0493
2	0.3233	0.3006	0.2790	0.2583	0.2388	0.2202	0.2027	0.1863	0.1708	0.1564	0.1429	0.1303	0.1186	0.1078	0.0978	0.0886	0.0801	0.0723	0.0652	0.0586
2.1	0.3504	0.3271	0.3047	0.2833	0.2629	0.2435	0.2251	0.2077	0.1913	0.1758	0.1614	0.1478	0.1351	0.1233	0.1124	0.1022	0.0928	0.0842	0.0762	0.0689
2.2	0.3773	0.3535	0.3306	0.3086	0.2875	0.2673	0.2480	0.2298	0.2124	0.1961	0.1806	0.1661	0.1525	0.1398	0.1279	0.1168	0.1065	0.0970	0.0882	0.0800

续表

t/k \ n	3	3.1	3.2	3.3	3.4	3.5	3.6	3.7	3.8	3.9	4	4.1	4.2	4.3	4.4	4.5	4.6	4.7	4.8	4.9
2.3	0.4040	0.3799	0.3565	0.3339	0.3122	0.2914	0.2714	0.2523	0.2342	0.2170	0.2007	0.1852	0.1707	0.1571	0.1443	0.1323	0.1211	0.1107	0.1010	0.0921
2.4	0.4303	0.4060	0.3823	0.3593	0.3371	0.3156	0.2950	0.2753	0.2564	0.2384	0.2213	0.2050	0.1897	0.1751	0.1615	0.1486	0.1366	0.1253	0.1148	0.1050
2.5	0.4562	0.4317	0.4078	0.3845	0.3619	0.3400	0.3189	0.2985	0.2790	0.2603	0.2424	0.2254	0.2092	0.1939	0.1794	0.1657	0.1528	0.1407	0.1293	0.1187
2.6	0.4816	0.4571	0.4331	0.4096	0.3867	0.3644	0.3428	0.3220	0.3019	0.2825	0.2640	0.2463	0.2293	0.2132	0.1980	0.1835	0.1698	0.1569	0.1447	0.1333
2.7	0.5064	0.4820	0.4580	0.4344	0.4113	0.3887	0.3668	0.3455	0.3249	0.3050	0.2859	0.2675	0.2499	0.2331	0.2171	0.2019	0.1874	0.1737	0.1608	0.1486
2.8	0.5305	0.5063	0.4824	0.4588	0.4356	0.4128	0.3907	0.3690	0.3480	0.3277	0.3081	0.2891	0.2709	0.2535	0.2368	0.2208	0.2056	0.1912	0.1775	0.1646
2.9	0.5540	0.5301	0.5063	0.4827	0.4595	0.4367	0.4143	0.3925	0.3712	0.3505	0.3304	0.3109	0.2922	0.2742	0.2568	0.2402	0.2244	0.2093	0.1949	0.1812
3	0.5768	0.5532	0.5296	0.5062	0.4831	0.4603	0.4378	0.4158	0.3942	0.3732	0.3528	0.3329	0.3137	0.2952	0.2773	0.2601	0.2436	0.2278	0.2128	0.1984
3.1	0.5988	0.5756	0.5523	0.5292	0.5062	0.4834	0.4609	0.4388	0.4171	0.3959	0.3752	0.3550	0.3354	0.3163	0.2980	0.2803	0.2632	0.2468	0.2311	0.2161
3.2	0.6201	0.5973	0.5744	0.5515	0.5287	0.5061	0.4837	0.4616	0.4398	0.4184	0.3975	0.3770	0.3571	0.3377	0.3189	0.3007	0.2831	0.2662	0.2499	0.2343
3.3	0.6406	0.6182	0.5958	0.5732	0.5507	0.5283	0.5061	0.4840	0.4622	0.4407	0.4197	0.3990	0.3788	0.3591	0.3399	0.3213	0.3033	0.2859	0.2691	0.2529
3.4	0.6603	0.6384	0.6164	0.5943	0.5722	0.5500	0.5279	0.5060	0.4843	0.4628	0.4416	0.4208	0.4004	0.3805	0.3610	0.3421	0.3237	0.3058	0.2885	0.2719
3.5	0.6792	0.6579	0.6364	0.6147	0.5930	0.5711	0.5493	0.5276	0.5059	0.4845	0.4634	0.4425	0.4220	0.4018	0.3821	0.3629	0.3441	0.3259	0.3082	0.2911
3.6	0.6973	0.6766	0.6557	0.6345	0.6131	0.5916	0.5701	0.5486	0.5272	0.5059	0.4848	0.4639	0.4433	0.4231	0.4032	0.3837	0.3647	0.3461	0.3281	0.3105
3.7	0.7146	0.6945	0.6742	0.6535	0.6326	0.6115	0.5904	0.5692	0.5480	0.5268	0.5058	0.4850	0.4644	0.4441	0.4241	0.4045	0.3852	0.3664	0.3480	0.3301
3.8	0.7311	0.7117	0.6919	0.6718	0.6514	0.6308	0.6100	0.5892	0.5683	0.5474	0.5265	0.5058	0.4852	0.4649	0.4449	0.4251	0.4057	0.3867	0.3680	0.3499
3.9	0.7469	0.7281	0.7090	0.6894	0.6696	0.6494	0.6291	0.6086	0.5880	0.5674	0.5468	0.5262	0.5057	0.4855	0.4654	0.4456	0.4261	0.4069	0.3880	0.3696
4	0.7619	0.7438	0.7253	0.7063	0.6870	0.6674	0.6475	0.6274	0.6072	0.5869	0.5665	0.5462	0.5259	0.5057	0.4857	0.4659	0.4463	0.4270	0.4080	0.3894
4.1	0.7762	0.7588	0.7409	0.7225	0.7038	0.6847	0.6653	0.6457	0.6259	0.6059	0.5858	0.5657	0.5456	0.5256	0.5057	0.4859	0.4663	0.4469	0.4279	0.4091
4.2	0.7898	0.7730	0.7558	0.7380	0.7199	0.7014	0.6825	0.6633	0.6439	0.6243	0.6046	0.5848	0.5649	0.5451	0.5253	0.5056	0.4861	0.4667	0.4476	0.4287
4.3	0.8026	0.7866	0.7700	0.7529	0.7353	0.7173	0.6990	0.6803	0.6614	0.6422	0.6228	0.6034	0.5838	0.5642	0.5446	0.5250	0.5056	0.4863	0.4671	0.4482
4.4	0.8149	0.7994	0.7835	0.7670	0.7501	0.7327	0.7149	0.6967	0.6782	0.6595	0.6406	0.6214	0.6022	0.5828	0.5634	0.5441	0.5247	0.5055	0.4864	0.4675
4.5	0.8264	0.8117	0.7964	0.7805	0.7642	0.7473	0.7301	0.7125	0.6945	0.6762	0.6577	0.6390	0.6200	0.6010	0.5819	0.5627	0.5436	0.5245	0.5055	0.4866

附录2 瞬时单位线 S 曲线查用表

续表

t/k \ n	3	3.1	3.2	3.3	3.4	3.5	3.6	3.7	3.8	3.9	4	4.1	4.2	4.3	4.4	4.5	4.6	4.7	4.8	4.9
4.6	0.8374	0.8233	0.8086	0.7933	0.7776	0.7614	0.7447	0.7276	0.7102	0.6924	0.6743	0.6560	0.6374	0.6187	0.5999	0.5810	0.5620	0.5431	0.5242	0.5054
4.7	0.8477	0.8342	0.8202	0.8056	0.7904	0.7748	0.7587	0.7422	0.7252	0.7079	0.6903	0.6724	0.6543	0.6359	0.6174	0.5988	0.5801	0.5614	0.5427	0.5240
4.8	0.8575	0.8446	0.8312	0.8172	0.8026	0.7876	0.7721	0.7561	0.7397	0.7229	0.7058	0.6883	0.6706	0.6526	0.6345	0.6162	0.5978	0.5793	0.5607	0.5422
4.9	0.8667	0.8544	0.8416	0.8282	0.8143	0.7998	0.7849	0.7694	0.7536	0.7373	0.7207	0.7037	0.6864	0.6688	0.6511	0.6331	0.6150	0.5967	0.5784	0.5601
5	0.8753	0.8637	0.8514	0.8386	0.8253	0.8114	0.7970	0.7822	0.7669	0.7511	0.7350	0.7185	0.7016	0.6845	0.6671	0.6495	0.6317	0.6138	0.5958	0.5776
5.5	0.9116	0.9026	0.8931	0.8831	0.8725	0.8614	0.8498	0.8376	0.8250	0.8119	0.7983	0.7843	0.7699	0.7550	0.7398	0.7243	0.7084	0.6923	0.6759	0.6593
6	0.9380	0.9313	0.9240	0.9163	0.9081	0.8994	0.8903	0.8806	0.8705	0.8599	0.8488	0.8373	0.8253	0.8128	0.8000	0.7867	0.7730	0.7590	0.7446	0.7299
6.5	0.9570	0.9520	0.9466	0.9407	0.9345	0.9279	0.9208	0.9133	0.9054	0.8970	0.8882	0.8789	0.8692	0.8590	0.8484	0.8374	0.8260	0.8141	0.8019	0.7893
7	0.9704	0.9667	0.9627	0.9584	0.9538	0.9488	0.9435	0.9377	0.9316	0.9251	0.9182	0.9109	0.9032	0.8951	0.8866	0.8777	0.8683	0.8586	0.8485	0.8379
7.5	0.9797	0.9771	0.9742	0.9711	0.9677	0.9640	0.9600	0.9557	0.9511	0.9461	0.9409	0.9352	0.9292	0.9229	0.9162	0.9091	0.9016	0.8937	0.8855	0.8769
8	0.9862	0.9844	0.9823	0.9801	0.9776	0.9749	0.9719	0.9688	0.9653	0.9616	0.9576	0.9533	0.9488	0.9439	0.9387	0.9331	0.9273	0.9210	0.9145	0.9076
9	0.9938	0.9928	0.9918	0.9907	0.9894	0.9880	0.9865	0.9848	0.9830	0.9810	0.9788	0.9764	0.9738	0.9710	0.9680	0.9648	0.9614	0.9577	0.9537	0.9495
10	0.9972	0.9968	0.9963	0.9957	0.9951	0.9944	0.9937	0.9928	0.9919	0.9908	0.9897	0.9884	0.9870	0.9855	0.9839	0.9821	0.9802	0.9781	0.9758	0.9734
11	0.9988	0.9986	0.9984	0.9981	0.9978	0.9975	0.9971	0.9967	0.9962	0.9957	0.9951	0.9944	0.9937	0.9929	0.9921	0.9911	0.9901	0.9889	0.9877	0.9864
12	0.9995	0.9994	0.9993	0.9992	0.9990	0.9989	0.9987	0.9985	0.9983	0.9980	0.9977	0.9974	0.9970	0.9966	0.9962	0.9957	0.9952	0.9946	0.9939	0.9932
12.1	0.9995	0.9994	0.9993	0.9992	0.9991	0.9989	0.9988	0.9986	0.9984	0.9981	0.9979	0.9976	0.9972	0.9969	0.9965	0.9960	0.9955	0.9949	0.9943	0.9937
13	0.9998	0.9997	0.9997	0.9996	0.9996	0.9995	0.9994	0.9993	0.9992	0.9991	0.9989	0.9988	0.9986	0.9984	0.9982	0.9980	0.9977	0.9974	0.9970	0.9967
14	0.9999	0.9999	0.9999	0.9998	0.9998	0.9998	0.9997	0.9997	0.9996	0.9996	0.9995	0.9994	0.9994	0.9993	0.9992	0.9990	0.9989	0.9988	0.9986	0.9984
15	1.0000	0.9999	0.9999	0.9999	1.0000	0.9999	0.9999	0.9999	0.9998	0.9998	0.9998	0.9998	0.9997	0.9997	0.9996	0.9996	0.9995	0.9994	0.9993	0.9992
16	1.0000	1.0000	1.0000	1.0000	1.0000	1.0000	1.0000	0.9999	0.9999	0.9999	0.9999	0.9999	0.9999	0.9999	0.9998	0.9998	0.9998	0.9997	0.9997	0.9997
17	1.0000	1.0000	1.0000	1.0000	1.0000	1.0000	1.0000	1.0000	1.0000	1.0000	1.0000	1.0000	0.9999	0.9999	0.9999	0.9999	0.9999	0.9999	0.9999	0.9998
18	1.0000	1.0000	1.0000	1.0000	1.0000	1.0000	1.0000	1.0000	1.0000	1.0000	1.0000	1.0000	1.0000	1.0000	0.9999	0.9999	0.9999	0.9999	0.9999	0.9999
18.5	1.0000	1.0000	1.0000	1.0000	1.0000	1.0000	1.0000	1.0000	1.0000	1.0000	1.0000	1.0000	1.0000	1.0000	1.0000	1.0000	1.0000	1.0000	1.0000	1.0000

续表

t/k \ n	5	5.1	5.2	5.3	5.4	5.5	5.6	5.7	5.8	5.9	6	6.1	6.2	6.3	6.4	6.5	6.6	6.7	6.8	6.9	7.0
0	0	0	0	0	0	0	0	0	0	0	0	0	0	0	0	0	0	0	0	0	0
0.1	0.0000	0.0000	0.0000	0.0000	0.0000	0.0000	0.0000	0.0000	0.0000	0.0000	0.0000	0.0000	0.0000	0.0000	0.0000	0.0000	0.0000	0.0000	0.0000	0.0000	0.0000
0.2	0.0000	0.0000	0.0000	0.0000	0.0000	0.0000	0.0000	0.0000	0.0000	0.0000	0.0000	0.0000	0.0000	0.0000	0.0000	0.0000	0.0000	0.0000	0.0000	0.0000	0.0000
0.3	0.0000	0.0000	0.0000	0.0000	0.0000	0.0000	0.0000	0.0000	0.0000	0.0000	0.0000	0.0000	0.0000	0.0000	0.0000	0.0000	0.0000	0.0000	0.0000	0.0000	0.0000
0.4	0.0001	0.0000	0.0000	0.0000	0.0000	0.0000	0.0000	0.0000	0.0000	0.0000	0.0000	0.0000	0.0000	0.0000	0.0000	0.0000	0.0000	0.0000	0.0000	0.0000	0.0000
0.5	0.0002	0.0001	0.0001	0.0001	0.0001	0.0001	0.0001	0.0001	0.0001	0.0000	0.0000	0.0000	0.0000	0.0000	0.0000	0.0000	0.0000	0.0000	0.0000	0.0000	0.0000
0.6	0.0004	0.0003	0.0003	0.0002	0.0002	0.0002	0.0002	0.0002	0.0001	0.0001	0.0001	0.0001	0.0001	0.0001	0.0001	0.0001	0.0001	0.0001	0.0000	0.0000	0.0000
0.7	0.0008	0.0006	0.0005	0.0004	0.0003	0.0003	0.0002	0.0002	0.0001	0.0001	0.0001	0.0001	0.0001	0.0001	0.0001	0.0001	0.0001	0.0001	0.0001	0.0001	0.0001
0.8	0.0014	0.0012	0.0010	0.0008	0.0006	0.0005	0.0004	0.0003	0.0003	0.0002	0.0002	0.0001	0.0001	0.0001	0.0001	0.0001	0.0001	0.0001	0.0001	0.0001	0.0001
0.9	0.0023	0.0019	0.0016	0.0013	0.0011	0.0009	0.0008	0.0006	0.0005	0.0004	0.0003	0.0003	0.0002	0.0002	0.0002	0.0001	0.0001	0.0001	0.0001	0.0001	0.0001
1	0.0037	0.0031	0.0026	0.0022	0.0018	0.0015	0.0013	0.0010	0.0009	0.0007	0.0006	0.0005	0.0004	0.0003	0.0003	0.0002	0.0002	0.0002	0.0001	0.0001	0.0001
1.1	0.0054	0.0046	0.0039	0.0033	0.0028	0.0023	0.0020	0.0017	0.0014	0.0012	0.0010	0.0008	0.0007	0.0006	0.0005	0.0004	0.0003	0.0003	0.0002	0.0002	0.0001
1.2	0.0077	0.0066	0.0056	0.0048	0.0041	0.0035	0.0029	0.0025	0.0021	0.0018	0.0015	0.0013	0.0011	0.0009	0.0007	0.0006	0.0005	0.0004	0.0004	0.0003	0.0003
1.3	0.0107	0.0092	0.0079	0.0068	0.0058	0.0050	0.0042	0.0036	0.0031	0.0026	0.0022	0.0019	0.0016	0.0014	0.0011	0.0010	0.0008	0.0007	0.0006	0.0005	0.0004
1.4	0.0143	0.0124	0.0107	0.0093	0.0080	0.0069	0.0059	0.0051	0.0044	0.0037	0.0032	0.0027	0.0023	0.0020	0.0017	0.0014	0.0012	0.0010	0.0009	0.0007	0.0006
1.5	0.0186	0.0162	0.0141	0.0123	0.0107	0.0093	0.0080	0.0069	0.0060	0.0052	0.0045	0.0038	0.0033	0.0028	0.0024	0.0021	0.0018	0.0015	0.0013	0.0011	0.0009
1.6	0.0237	0.0208	0.0182	0.0160	0.0140	0.0122	0.0106	0.0092	0.0080	0.0070	0.0060	0.0052	0.0045	0.0039	0.0034	0.0029	0.0025	0.0021	0.0018	0.0016	0.0013
1.7	0.0296	0.0262	0.0231	0.0203	0.0179	0.0157	0.0137	0.0120	0.0105	0.0092	0.0080	0.0070	0.0060	0.0052	0.0045	0.0039	0.0034	0.0029	0.0025	0.0022	0.0019
1.8	0.0364	0.0323	0.0287	0.0254	0.0224	0.0198	0.0175	0.0154	0.0135	0.0118	0.0104	0.0091	0.0079	0.0069	0.0060	0.0052	0.0046	0.0040	0.0034	0.0030	0.0026
1.9	0.0441	0.0393	0.0351	0.0312	0.0277	0.0246	0.0218	0.0193	0.0170	0.0150	0.0132	0.0116	0.0102	0.0090	0.0078	0.0069	0.0060	0.0052	0.0046	0.0040	0.0034
2	0.0527	0.0472	0.0423	0.0378	0.0337	0.0301	0.0268	0.0238	0.0211	0.0187	0.0166	0.0146	0.0129	0.0114	0.0100	0.0088	0.0077	0.0068	0.0059	0.0052	0.0045
2.1	0.0621	0.0560	0.0503	0.0452	0.0405	0.0363	0.0325	0.0290	0.0258	0.0230	0.0204	0.0182	0.0161	0.0143	0.0126	0.0111	0.0098	0.0086	0.0076	0.0067	0.0059
2.2	0.0725	0.0656	0.0592	0.0534	0.0481	0.0433	0.0389	0.0348	0.0312	0.0279	0.0249	0.0222	0.0198	0.0176	0.0156	0.0139	0.0123	0.0109	0.0096	0.0085	0.0075

附录2 瞬时单位线S曲线查用表

续表

t/k \ n	5	5.1	5.2	5.3	5.4	5.5	5.6	5.7	5.8	5.9	6	6.1	6.2	6.3	6.4	6.5	6.6	6.7	6.8	6.9	7.0
2.3	0.0838	0.0761	0.0690	0.0625	0.0565	0.0510	0.0460	0.0414	0.0372	0.0334	0.0300	0.0268	0.0240	0.0214	0.0191	0.0170	0.0151	0.0135	0.0119	0.0106	0.0094
2.4	0.0959	0.0874	0.0796	0.0724	0.0657	0.0595	0.0539	0.0487	0.0440	0.0396	0.0357	0.0321	0.0288	0.0258	0.0231	0.0207	0.0185	0.0165	0.0147	0.0130	0.0116
2.5	0.1088	0.0996	0.0910	0.0830	0.0757	0.0688	0.0625	0.0567	0.0514	0.0465	0.0420	0.0379	0.0342	0.0307	0.0276	0.0248	0.0222	0.0199	0.0178	0.0159	0.0142
2.6	0.1226	0.1126	0.1032	0.0945	0.0864	0.0789	0.0719	0.0655	0.0596	0.0541	0.0490	0.0444	0.0402	0.0363	0.0327	0.0295	0.0265	0.0238	0.0214	0.0192	0.0172
2.7	0.1371	0.1263	0.1162	0.1068	0.0980	0.0897	0.0821	0.0750	0.0684	0.0623	0.0567	0.0516	0.0468	0.0424	0.0384	0.0347	0.0313	0.0283	0.0254	0.0229	0.0206
2.8	0.1523	0.1408	0.1300	0.1198	0.1102	0.1013	0.0930	0.0852	0.0780	0.0713	0.0651	0.0594	0.0541	0.0492	0.0446	0.0405	0.0367	0.0332	0.0300	0.0271	0.0244
2.9	0.1682	0.1560	0.1444	0.1335	0.1232	0.1136	0.1046	0.0962	0.0883	0.0810	0.0742	0.0678	0.0620	0.0565	0.0515	0.0469	0.0426	0.0387	0.0351	0.0317	0.0287
3	0.1847	0.1718	0.1595	0.1479	0.1369	0.1266	0.1169	0.1078	0.0993	0.0914	0.0839	0.0770	0.0705	0.0645	0.0590	0.0538	0.0491	0.0447	0.0407	0.0369	0.0335
3.1	0.2018	0.1882	0.1752	0.1629	0.1513	0.1403	0.1299	0.1202	0.1110	0.1024	0.0943	0.0868	0.0798	0.0732	0.0671	0.0614	0.0562	0.0513	0.0468	0.0426	0.0388
3.2	0.2194	0.2051	0.1915	0.1786	0.1663	0.1546	0.1436	0.1332	0.1233	0.1141	0.1054	0.0973	0.0896	0.0825	0.0758	0.0696	0.0638	0.0585	0.0535	0.0489	0.0446
3.3	0.2374	0.2225	0.2083	0.1947	0.1818	0.1695	0.1578	0.1468	0.1363	0.1264	0.1171	0.1084	0.1001	0.0924	0.0852	0.0784	0.0721	0.0662	0.0608	0.0557	0.0510
3.4	0.2558	0.2404	0.2256	0.2114	0.1979	0.1850	0.1727	0.1610	0.1499	0.1394	0.1295	0.1201	0.1113	0.1030	0.0952	0.0878	0.0810	0.0746	0.0686	0.0630	0.0579
3.5	0.2746	0.2586	0.2433	0.2285	0.2144	0.2009	0.1880	0.1757	0.1640	0.1529	0.1424	0.1324	0.1230	0.1141	0.1057	0.0978	0.0905	0.0835	0.0770	0.0710	0.0653
3.6	0.2936	0.2771	0.2613	0.2461	0.2314	0.2173	0.2039	0.1910	0.1787	0.1670	0.1559	0.1453	0.1353	0.1258	0.1169	0.1084	0.1005	0.0930	0.0860	0.0794	0.0733
3.7	0.3128	0.2959	0.2797	0.2639	0.2488	0.2342	0.2202	0.2067	0.1939	0.1816	0.1699	0.1588	0.1482	0.1381	0.1286	0.1196	0.1111	0.1031	0.0956	0.0885	0.0818
3.8	0.3322	0.3149	0.2982	0.2821	0.2665	0.2514	0.2369	0.2229	0.2095	0.1967	0.1844	0.1727	0.1616	0.1510	0.1409	0.1314	0.1223	0.1137	0.1057	0.0981	0.0909
3.9	0.3516	0.3341	0.3170	0.3005	0.2844	0.2689	0.2539	0.2395	0.2256	0.2122	0.1994	0.1872	0.1755	0.1643	0.1537	0.1436	0.1340	0.1249	0.1163	0.1082	0.1005
4	0.3712	0.3533	0.3360	0.3191	0.3026	0.2867	0.2713	0.2564	0.2420	0.2282	0.2149	0.2021	0.1899	0.1782	0.1670	0.1564	0.1463	0.1366	0.1275	0.1189	0.1107
4.1	0.3907	0.3726	0.3550	0.3378	0.3210	0.3047	0.2889	0.2736	0.2588	0.2445	0.2307	0.2174	0.2047	0.1925	0.1808	0.1697	0.1590	0.1489	0.1392	0.1300	0.1214
4.2	0.4102	0.3919	0.3741	0.3566	0.3395	0.3229	0.3067	0.2910	0.2758	0.2611	0.2469	0.2331	0.2199	0.2072	0.1951	0.1834	0.1722	0.1616	0.1514	0.1417	0.1325
4.3	0.4296	0.4112	0.3932	0.3755	0.3582	0.3412	0.3247	0.3087	0.2931	0.2780	0.2633	0.2492	0.2355	0.2224	0.2097	0.1976	0.1859	0.1748	0.1641	0.1539	0.1442
4.4	0.4488	0.4304	0.4122	0.3943	0.3768	0.3597	0.3429	0.3265	0.3106	0.2951	0.2801	0.2655	0.2514	0.2379	0.2247	0.2121	0.2000	0.1884	0.1772	0.1665	0.1564
4.5	0.4679	0.4494	0.4311	0.4131	0.3955	0.3781	0.3611	0.3445	0.3283	0.3124	0.2971	0.2821	0.2677	0.2537	0.2401	0.2271	0.2145	0.2024	0.1908	0.1796	0.1689

续表

t/k \ n	5	5.1	5.2	5.3	5.4	5.5	5.6	5.7	5.8	5.9	6	6.1	6.2	6.3	6.4	6.5	6.6	6.7	6.8	6.9	7.0
5	0.5595	0.5414	0.5233	0.5053	0.4874	0.4696	0.4520	0.4347	0.4175	0.4006	0.3840	0.3678	0.3518	0.3362	0.3209	0.3061	0.2916	0.2775	0.2639	0.2506	0.2378
5.5	0.6425	0.6255	0.6084	0.5912	0.5740	0.5567	0.5395	0.5222	0.5051	0.4880	0.4711	0.4543	0.4377	0.4213	0.4051	0.3892	0.3735	0.3582	0.3431	0.3284	0.3140
6	0.7149	0.6997	0.6841	0.6684	0.6525	0.6364	0.6201	0.6038	0.5873	0.5708	0.5543	0.5378	0.5213	0.5049	0.4886	0.4724	0.4563	0.4403	0.4246	0.4090	0.3937
6.5	0.7763	0.7630	0.7494	0.7354	0.7212	0.7067	0.6919	0.6770	0.6618	0.6464	0.6310	0.6153	0.5996	0.5839	0.5680	0.5522	0.5363	0.5205	0.5048	0.4891	0.4735
7	0.8270	0.8157	0.8041	0.7920	0.7797	0.7670	0.7540	0.7407	0.7272	0.7133	0.6993	0.6850	0.6705	0.6559	0.6411	0.6262	0.6111	0.5960	0.5808	0.5655	0.5503
7.5	0.8679	0.8586	0.8489	0.8388	0.8283	0.8175	0.8064	0.7949	0.7831	0.7710	0.7586	0.7459	0.7329	0.7197	0.7063	0.6926	0.6788	0.6648	0.6506	0.6363	0.6218
8	0.9004	0.8928	0.8848	0.8765	0.8679	0.8589	0.8495	0.8398	0.8298	0.8194	0.8088	0.7978	0.7865	0.7749	0.7630	0.7509	0.7385	0.7258	0.7130	0.6999	0.6866
8.5	0.9256	0.9196	0.9132	0.9065	0.8995	0.8921	0.8844	0.8764	0.8681	0.8594	0.8504	0.8411	0.8314	0.8215	0.8112	0.8007	0.7899	0.7787	0.7674	0.7557	0.7438
9	0.9450	0.9403	0.9353	0.9299	0.9243	0.9184	0.9122	0.9057	0.8989	0.8917	0.8843	0.8766	0.8685	0.8601	0.8515	0.8425	0.8332	0.8236	0.8138	0.8036	0.7932
10	0.9707	0.9679	0.9649	0.9617	0.9583	0.9547	0.9508	0.9467	0.9423	0.9378	0.9329	0.9278	0.9225	0.9168	0.9110	0.9048	0.8984	0.8916	0.8847	0.8774	0.8699
11	0.9849	0.9833	0.9816	0.9798	0.9778	0.9756	0.9733	0.9709	0.9683	0.9655	0.9625	0.9593	0.9560	0.9524	0.9486	0.9446	0.9404	0.9360	0.9314	0.9265	0.9214
12	0.9924	0.9915	0.9906	0.9896	0.9885	0.9873	0.9860	0.9846	0.9830	0.9814	0.9797	0.9778	0.9758	0.9736	0.9713	0.9689	0.9663	0.9635	0.9606	0.9575	0.9542
13	0.9963	0.9958	0.9953	0.9948	0.9942	0.9935	0.9928	0.9920	0.9912	0.9903	0.9893	0.9882	0.9870	0.9858	0.9844	0.9830	0.9815	0.9798	0.9780	0.9761	0.9741
14	0.9982	0.9980	0.9977	0.9974	0.9971	0.9968	0.9964	0.9960	0.9955	0.9950	0.9945	0.9939	0.9932	0.9925	0.9918	0.9910	0.9901	0.9891	0.9881	0.9870	0.9858
15	0.9991	0.9990	0.9989	0.9988	0.9986	0.9984	0.9982	0.9980	0.9978	0.9975	0.9972	0.9969	0.9965	0.9962	0.9957	0.9953	0.9948	0.9943	0.9937	0.9930	0.9924
16	0.9996	0.9995	0.9995	0.9994	0.9993	0.9992	0.9991	0.9990	0.9989	0.9988	0.9986	0.9984	0.9983	0.9981	0.9978	0.9976	0.9973	0.9970	0.9967	0.9964	0.9960
17	0.9998	0.9998	0.9998	0.9997	0.9997	0.9996	0.9996	0.9995	0.9995	0.9994	0.9993	0.9992	0.9991	0.9990	0.9989	0.9988	0.9987	0.9985	0.9983	0.9981	0.9979
18	0.9999	0.9999	0.9999	0.9999	0.9999	0.9998	0.9998	0.9998	0.9997	0.9997	0.9997	0.9996	0.9996	0.9995	0.9995	0.9994	0.9993	0.9993	0.9992	0.9991	0.9990
19	0.9999	0.9999	0.9999	0.9999	0.9999	0.9999	0.9999	0.9999	0.9999	0.9999	0.9998	0.9998	0.9998	0.9998	0.9997	0.9997	0.9997	0.9996	0.9996	0.9995	0.9995
20	1.0000	1.0000	1.0000	1.0000	1.0000	1.0000	1.0000	1.0000	0.9999	0.9999	0.9999	0.9999	0.9999	0.9999	0.9999	0.9999	0.9998	0.9998	0.9998	0.9998	0.9997
21	1.0000	1.0000	1.0000	1.0000	1.0000	1.0000	1.0000	1.0000	1.0000	1.0000	1.0000	1.0000	1.0000	1.0000	1.0000	1.0000	0.9999	0.9999	0.9999	0.9999	0.9999
22	1.0000	1.0000	1.0000	1.0000	1.0000	1.0000	1.0000	1.0000	1.0000	1.0000	1.0000	1.0000	1.0000	1.0000	1.0000	1.0000	1.0000	1.0000	1.0000	0.9999	0.9999
23	1.0000	1.0000	1.0000	1.0000	1.0000	1.0000	1.0000	1.0000	1.0000	1.0000	1.0000	1.0000	1.0000	1.0000	1.0000	1.0000	1.0000	1.0000	1.0000	1.0000	1.0000

参 考 文 献

[1] 于维忠. 水文学原理 [M]. 北京：水利电力出版社，1988.
[2] 芮孝芳. 水文学原理 [M]. 北京：中国水利水电出版社，2004.
[3] 缪韧. 水文学原理 [M]. 北京：中国水利水电出版社，2007.
[4] 沈冰，黄红虎. 水文学原理 [M]. 北京：中国水利水电出版社，2008.
[5] 范世香，刁艳芳，刘冀. 水文学原理 [M]. 北京：中国水利水电出版社，2014.
[6] 叶守泽. 水文水利计算 [M]. 北京：水利电力出版社，1992.
[7] 詹道江，叶守泽. 工程水文学 [M]. 北京：中国水利水电出版社，2000.
[8] 宋孝玉，马细霞. 工程水文学 [M]. 郑州：黄河水利出版社，2009.
[9] 王文川. 工程水文学 [M]. 北京：中国水利水电出版社，2012.
[10] 邓先俊. 陆地水文学 [M]. 北京：水利电力出版社，1985.
[11] 黄锡荃. 水文学 [M]. 北京：高等教育出版社，1993.
[12] 芮孝芳. 径流形成原理 [M]. 南京：河海大学出版社，1991.
[13] 黄廷林，马学尼. 水文学 [M]. 北京：中国建筑工业出版社，2006.
[14] 文康，金管生，李蝶娟，等. 地表径流过程的数学模拟 [M]. 北京：水利电力出版社，1991.
[15] 王家耀. 空间信息系统原理 [M]. 北京：科学出版社，2004.
[16] 中华人民共和国水利部. 防洪标准：GB 50201—94 [S]. 北京：中国水利水电出版社，2002.
[17] 中华人民共和国水利部，电力工业部. 水利水电工程设计洪水计算规范（试行）：SDJ 22—79 [S]. 北京：水利电力出版社，1980.
[18] 水利部长江水利委员会. 水利水电工程水文计算规范：SL 278—2002 [S]. 北京：中国水利水电出版社，2000.
[19] 张培昌，戴铁王，杜秉玉. 雷达气象学 [M]. 北京：气象出版社，2001.
[20] 刘昌明，李道峰，田英，等. 基于 DEM 的分布式水文模型在大尺度流域应用研究 [J]. 地理科学进展，2003，22 (5).
[21] 王浩，贾仰文. 变化中的流域"自然-社会"二元水循环理论与研究方法 [J]. 水利学报，2016，47 (10).
[22] 严登华，桑学锋，王浩，等. 水资源与水生态若干工程技术研究述评 [J]. 水利水电科技进展，2007 (4)：80-83，89.
[23] 王浩，游进军. 中国水资源配置30年 [J]. 水利学报，2016，47 (3)：265-271，282.
[24] 芮孝芳，凌哲，刘宁宁，等. 新安江模型的起源及对其进一步发展的建议 [J]. 水利水电科技进展，2012，32 (4)：1-5.
[25] 芮孝芳，刘方贵，邢贞相. 水文学的发展及其所面临的若干前沿科学问题 [J]. 水利水电科技进展，2007，27 (1)：75-79.
[26] 芮孝芳，黄国如. 分布式水文模型的现状与未来 [J]. 水利水电科技进展，2004，24 (2)：55-58.

[27] 严登华，何岩，邓伟，等. 生态水文学研究进展［J］. 地理科学，2001，21（5）：467－473.
[28] 严登华，王浩，王芳，等. 我国生态需水研究体系及关键研究命题初探［J］. 水利学报，2007，38（3）：267－273.
[29] 左其亭. 人水关系学的基本原理及理论体系架构［J］. 水资源保护，2022，38（1）：1－625.
[30] 左其亭，郝林钢，刘建华，等. "一带一路"分区水资源特征及水安全保障体系框架［J］. 水资源保护，2018，34（4）：16－21，28.
[31] 夏军，丰华丽，谈戈，等. 生态水文学概念、框架和体系［J］. 灌溉排水学报，2003，22（1）：4－10.
[32] 夏军，张永勇，张印，等. 中国海绵城市建设的水问题研究与展望［J］. 人民长江，2017，48（20）：1－5，27.
[33] 陈家琦，王浩，杨小柳. 水资源学［M］. 北京：中国科学出版社，2002.
[34] 左其亭，窦明，马军霞. 水资源学教程［M］. 北京：中国水利水电出版社，2008.
[35] 葛维亚. 数字水文［EB/OL］. 2020－11－05/2023－03－15.
[36] 赵人俊. 流域汇流的计算方法［J］. 水利学报，1962（2）：19.
[37] Eagleson P S. Dynamic Hydrology［M］. McGraw－Hill Book Company，1970.
[38] Dooge J C I. Linear Theory of Hydrologic Systems［J］. USDA Tech. Bull，1973.
[39] Cunge J A，Holly F M，Verwey A. Practical Aspects of Computation River Hydraulics［M］. Pitman Publishing Limited，London：1979.
[40] Overton D E et al. Stormwater Modeling［M］. Academic Press，1979.
[41] Raudkivi A J. Hydrology［M］. Pergamon Press，1979.
[42] Meadows M E，Stephenson D J. Kinematic Hydrology and Modeling［M］. Elsevier，1986.
[43] Ponce V M. Engineering Hydrology（Principles and Practices）［M］. Prentice－Hall：1989.
[44] Bras R L. Hydrology［M］. Addison-Wesley，Reading，MA：1990.
[45] Horton R E. Surface Runoff Phenomena［J］. Horton Hydrology Laboratory Publication，101. Ann. Arbo，Michigan，1935（73）.
[46] 中华人民共和国水利部. 中国水文年报2021［M］. 北京：中国水利水电出版社，2022.